Elsa Sophia von Kamphoevener

Anatolische Hirten-erzählungen

Elsa Sophia von Kamphoevener

Anatolische Hirtenerzählungen

LANGEN MÜLLER

2. Auflage

Lizenzausgabe für den Albert Langen · Georg Müller Verlag GmbH, München · Wien
Typographie des Umschlags: Josef Fink unter Verwendung eines Fotos von Eckhardt Glaser
Gesamtherstellung: Wiener Verlag
Printed in Austria 1984
ISBN 3-7844-1630-6

Inhalt

Vorwort

Die Stimme der Erzählerin ist wohl jedem noch im Gedächtnis, der sie einmal hörte. Es sind Tausende, die Elsa Sophia von Kamphoevener in Rundfunksendungen zuhörten, und wer Glück hatte, erlebte sie in großem oder kleinem Kreis, wie sie die Geschichten und Märchen aus dem alten Orient einem Publikum erzählte, das – dem Zuhören längst entwöhnt – unfehlbar zu einer in beinah kindlicher Aufmerksamkeit lauschenden Hörerschaft wurde. Vielen ging es so wie jenem Hamburger Zuhörer, der an die Erzählerin schrieb, er sei durch die Stadt gegangen und habe die Ankündigung eines Vortrags türkischer Nomadenmärchen gelesen, habe sich in einen Vortragssaal gesetzt, einen Raum wie viele andere, und gewartet. Schließlich sei auf dem Podium eine alte, dunkel gekleidete Dame erschienen und habe mit dem Friedensgruß gegrüßt. Dann aber sei alles um ihn verschwunden, er habe an den nächtlichen Lagerfeuern der Hirten gesessen und er habe gelauscht. Ob er eine ganze Nacht gelauscht habe oder nur für die kurze Dauer zweier Vortragsstunden – er wisse es nicht.

Die Wirkung dieses Erzählens, dieses Erzähltons läßt sich gewiß zum größten Teil darauf zurückführen, daß jede Geschichte, jedes Märchen im Moment des Erzählens neu entstand.

Elsa Sophia von Kamphoevener wußte genau, wie wichtig diese Unmittelbarkeit war, noch mehr: die Wiedergeburt der Erzählung aus der Erzählung war ihr teuer wie ein Vermächtnis oder sogar als ein Vermächtnis. Nichts konnte ihren Zorn so rasch aufflammen lassen wie die Bemerkung, sie habe im Rundfunk ja wieder so schön gelesen – und sie konnte zornig sein; wer sie kannte, zieht noch heute beim Gedanken daran den Kopf ein wie vor einem plötzlich einsetzenden Ungewitter, und sie konnte ausgelassen, auch noch im hohen Alter, sich kindlich freuen an den schönen Dingen dieser Welt, aber vor allem an sprachlichem Witz, an sprachlicher List. Ihre Freude an schöpferischer Verwandlung brachte es mit sich, daß beinahe niemand, mit dem sie einen etwas näheren Kontakt hatte, seinen Namen behielt, sie taufte alle um, meist durch eine Geschichte, die sie mit diesen Menschen erlebte oder die sie erfand. Was hätte für sie nähergelegen?

Wie sie ihre Geschichten gefunden hat, erzählte sie gern; und wieder ist es, als hörten wir eine Geschichte vom Lagerfeuer der Hirten Anatoliens. Höhepunkte waren dann jedesmal die Worte des berühmten Märchenerzählers Fehim Bey, der zu dem hochgewachsenen jungen Bey aus dem Westen sagte: »Bey, du kennst ja alle meine Märchen, erzähl du weiter, ich will ein wenig schlafen.«

Der junge Bey aus dem Westen war natürlich niemand anderes als die Erzählerin selbst, die, als Jüngling verkleidet, durch Anatolien ritt und die Nächte in den Lagerplätzen der Hirten und Nomaden verbrachte.

Wie die 1878 in Hameln geborene junge Dame in die Türkei kam, beschrieb sie so: »Im reifen Alter von vier Jahren faßte ich den Entschluß, zusammen mit meiner Mutter meinem Vater nachzureisen, der schon längere Zeit am Hofe des Sultans Abdul Hamid in Konstantinopel als Reorganisator des türkischen Heeres tätig war; dorthin, zusammen mit drei anderen deutschen Offizieren, entsandt durch S. M. Kaiser Wilhelm I., der aus der Jugendzeit ein Freund des Sultans war.«

So wuchs Elsa Sophia von Kamphoevener in der Türkei auf und lernte die Kunst des Märchenerzählens, sie kam etwa um die Jahrhundertwende nach Deutschland zurück; im Ersten

Weltkrieg arbeitete sie an der Seite ihres Mannes in dessen zum Lazarett umgewandelter Klinik, im Zweiten Weltkrieg begann sie wieder, Märchen und Geschichten zu erzählen und zwar den Soldaten in entlegenen Zonen dieses Krieges. »Kamerad Märchen«, das war ein Ehrentitel nach ihrem Herzen. Die letzten Jahre ihres Lebens verbrachte sie in Marquartstein in Oberbayern oder auf Reisen an der Seite der im wahrsten Sinne des Wortes nimmermüden Freundin Ilse Wilbrandt, der wir biographische Aufzeichnungen verdanken und auch diese Geschichte vom Abenteuer der verkleideten jungen Erzählerin in der alten Türkei:
»Wenn man in der Nähe eines Dorfes über Nacht bleiben und seine Zelte aufschlagen wollte, mußte man bei dem Kameikan, dem Bürgermeister würden wir sagen, die Erlaubnis dafür einholen. Die wurde natürlich erteilt, und dann wurden aus dem Dorf große Kupferplatten gebracht mit allen herrlichen Speisen, die man auftischen konnte. Auch – ein Mädchen für den Bey wurde mitgesendet, wie das üblich war. Was tun, nachdem der Bey gar kein Bey war? Das Mädchen unberührt zurückzuschicken, wäre schwerste Beleidigung gewesen. Doch der älteste Diener wußte auch da Rat. Er ließ dem Kameikan sagen, sein Bey habe ein Gelübde getan, keine Frau anzurühren, ehe er nicht eine Pilgerfahrt nach Mekka gemacht habe. Das wurde anerkannt. Ein paar Jahre später wurde wieder in der Nähe desselben Dorfes ein Lager aufgeschlagen, und dasselbe wiederholte sich. Da kam der Kameikan wütend selbst heraus in das Zeltlager und in ganz unorientalischer Erregung fuhr er den Bey an: ›Wann gehst du denn endlich nach Mekka?! So ein schöner junger Bey und rührt keine Frau an! Ein Schande ist das!‹ – ›Nie wieder‹, sagte Elsa Sophia, ›sind wir in die Nähe dieses Dorfes geritten‹«.

In der ersten Geschichte dieses Bandes sagt die Erzählerin, daß der größte Schatz dieser Hirten die Wolle ihrer Tiere gewesen ist, den größeren Schatz hat sie uns herübergerettet mit den Erzählungen, die sie dann doch niederschrieb, trotz des Vermächtnisses des alten Fehim Bey. Sie tat es unter dem Eindruck, daß auch in den Bergen Anatoliens das natürliche Gedächtnis der Menschen verlorengehe und damit die Geschichten der Hirten.

Hirten sehen mehr als gewöhnliche Menschen. Diese, ja nicht zuletzt biblisch zu begründende Ansicht, hat sich Elsa Sophia von Kamphoevener ganz zu eigen gemacht. Ihre Hirtengeschichten haben auch in der schriftlichen Fassung den geheimnisvollen Zauber, die Buntheit, die Unmittelbarkeit behalten. Ihre Sprache blieb die der mündlichen Überlieferung – und so nehmen wir dankbar entgegen, was uns der Orient aus vielhundertjähriger Erzähltradition durch den Mund einer Dichterin überliefert hat.

Hans A. Neunzig

Gülbeg, Gülül und das Lamm Djanum

Viel Sinn hat es nicht, sie getrennt zu nennen, aber es geschehe der Ordnung halber, die besonders unter den Hirten sehr notwendig ist. Denn wohin käme ein Hirte, wenn er nicht wüßte, welches seiner Lämmer gedeckt werden muß, welches noch nicht? Er muß in seinem Kopf, der nicht von Gedanken an Schreibzeug und ähnlichem belastet ist, eine gute Berechnung für alle diese Erfordernisse seiner Herde besitzen. Und somit wußte der Hirte Mirmin, zu dessen Herde sie alle drei gehörten, sie — Gülbeg, Gülül und das Lamm, — daß für das Lamm nunmehr die Zeit des Deckens gekommen sei. Genauso, wie es Mirmin wußte, war es aber auch Gülbeg und Gülül bekannt, und sie, die seit ihrer Geburt keinen getrennten Gedanken gehabt hatten, dachten auch jetzt das gleiche. Es möge nicht vergessen werden, daß auf den Bergen Anatoliens das langhaarige Schaf daheim ist, das sogenannte Angoraschaf (alter Name für Ankara). Die Wolle dieses Tieres bedeutet den eigentlichen Reichtum der Hirten, nicht aber seine Milch oder Nachkommenschaft. Solange das Schaf jungfräulich ist, bleibt die Wolle besonders glatt und wertvoll. Hat es Junge gehabt, verliert sie an Glätte und Wert, weshalb mit dem Decken dieser Tiere oft sehr lange Zeit gewartet wird.

Man muß wissen, daß der Knabe Gülbeg und das Mädchen Gülül Zwillinge waren. Sie wußten von ihrer Mutter nichts, denn sie war bei ihrer Geburt gestorben. Von ihrem Vater wußten sie nichts, denn er war zu jener Zeit, als ihre Mutter starb, von einem fremden Stamme getötet worden, weil er im Verdacht stand, er habe einen Bock gestohlen, um seine Herde aufzubessern. Alle diese Dinge aber sind nicht von besonderer Bedeutung, denn ob eine Mutter stirbt innerhalb der Hirtenvölker, ob nicht, ob ein Vater ermordet wird, ob nicht, das ist so sehr wichtig nicht. Im Stamm eines Hirtenvolkes sind Mutter und Vater vorhanden, ganz gleich wie auch ihr Name laute. Da ist immer eine Frau, die gerade ein Junges gebar, und sie gibt dann mit einer Brust dem eigenen Kinde Lebensmilch und mit der anderen dem fremden. Da ist auch immer ein Mann vorhanden, dem gerade der Berg in seiner Wildheit den Knaben raubte und der bereit ist, das fremde Gewächs als seines zu betrachten, hoffend, einen guten Hirten aus ihm zu machen mit der Zeit.

So eben geschah es bei Gülbeg und Gülül, die niemals an Verlassenheit litten. Doch ist zu bedenken, daß sie nicht nur Bruder und Schwester waren, sondern Zwillinge. Das will besagen: Gleichheit der Gesichtszüge, der Haltung, des Verlangens nach Freiheit, des Sehnens nach der Höhe und der Kraft, die sie überwindet — ja, auch Gleichheit der Träume, jenes geheimnisvollen Lebens des scheinbar Unwirklichen, das in Wahrheit wirklicher ist als das Greifbare, alles dieses war ihnen gemeinsam. Ihnen ja. Doch es besteht noch eine Sitte bei den Hirten, und das ist diese: ein Lamm, das am selben Tage geboren wird wie ein Mensch, gehört dem Geborenen, wenn es genau zur selben Stunde geworfen wird, in der die Menschenmutter ihrer Last ledig wird. Und so begab es sich, daß Gülbeg und Gülül seit ihrem ersten Luftschrei bereits ein Besitztum hatten, davon sie noch nichts wußten, das ihnen aber unveräußerlich zu eigen war, im Leben und im Sterben: das Lamm Djanum.

Nun weiß ja jeder, daß Djanum heißt »meine Seele« und der Ruf ist, den wir ausstoßen in Freude, in Kummer, in Erstaunen, ja, wann immer eben jenes Etwas, das man Seele nennt, angerührt wird. So nannten sie später das Lamm »Djanum«, denn es war wie die Seele, die einem ja auch ungerufen beschieden wird, ob man sie nun begehre, ob nicht. Und mittlerweile, da wir anheben, all dieses zu berichten, waren sie alle drei, der Bedeutung und der Reihe nach zu benennen, Gülbeg, Gülül und das Lamm, fünf Jahre alt geworden. Es war zu diesem Zeitpunkte, daß der Oberhirte des gesamten Herdenbetriebes sich zu Gülbeg, Gülül und dem Lamm begab, das seine Ruhestatt immer bei ihnen zu haben pflegte — womit gesagt sein soll, daß sie alle drei zusammen schliefen, die Zwillinge und das Lamm, ein jeder des anderen Hauptes weiches Ruhelager. Der Oberhirte begann zu sprechen, tat es in aller Höflichkeit, obgleich er nur mit Kindern im Alter von fünf Jahren sprach, die aber seiner Ansicht nach Besitzer waren eines Tieres, das einmal Stammutter gesunder und edler Jungtiere werden konnte, welche dann allen heute nur Fünfjährigen gehören würden. Also sagte der Oberhirte, während Gülbeg und Gülül, tief zur Erde gebeugt, ehrfurchtsvoll lauschten: »Meine teuren und geliebten Kinder, unseres Stammes Stolz und Hoffnung, nunmehr beginnt eure Zugehörigkeit zum Stamm der Benscharabin vom Gandhar Dagh Wahrheit und Tat zu werden. Euer Lamm, das ihr Djanum nennt, ist zum Decken reif, und es wird euch, meine Kinder, mit der Zeit Reichtum und Ruhm einbringen. In der Nacht, da der Mond über dem Gipfel des Gandhar Dagh heraufkommt zur Stunde des Abend-Azan und sein junges, leuchtendes Horn den Gipfel zu berühren scheint — zu dieser Stunde, meine Kinder, wird euer jungfräuliches Lamm Djanum gedeckt werden von unserem stärksten Bock, und alles, was es hervorbringt jetzt oder später, wird euch gehören, wie ihr uns gehört, meine geliebten Kinder.«

Der Oberhirte schwieg, denn seines Wissens war in dieser Angelegenheit nichts weiter zu sagen. Er aber, der doch gewohnt war, den Zug der Wolken zu erkennen und den Ruf der Gipfel-Schwalben zu deuten, er bemerkte nicht den Blick dieser beiden zutiefst verbundenen Geschöpfe Allahs, der wie ein Lichtstrahl zwischen Auge und Auge daherzuckte. Was galt

es ihnen, ob sie Mitinhaber der Herde sein würden durch jene Wesen, die aus dem Decken ihres Lammes hervorgingen? Ihnen gehörte dieses Lamm Djanum, ihnen allein, und so sollte es auch bleiben, mochte ein Mondhorn den Gipfel des Gandhar Dagh berühren, wann immer es ihm beliebte. Und so geschah es, daß zum ersten Male in dieser stürmischen Nacht am Fuße des Gandhar Dagh die Stätte leer blieb, die drei junge Geschöpfe Allahs seit ihrem ersten Schrei beherbergt hatte, denn Gülbeg, Gülül und das Lamm Djanum waren auf und davon, um das Mondhorn am Gipfel des Gandhar Dhag zu begrüßen. Es hatte zur Ausführung dieses tollkühnen Unternehmens weiter keiner Worte zwischen den Zwillingen bedurft. Gülbeg hatte nur gesagt: »Du denkst auch so, Gülül?« Worauf sie nur genickt hatte, und daß Djanum gleicher Ansicht sein würde, das stand ihnen außer Zweifel. Denn was begehrt ein junges Lamm mehr, als sich in Freiheit auf Bergpfaden zu tummeln, stets wissend, daß ein noch so leiser Ruf der Unsicherheit Helfer herbeibringt?
Also waren sie alle drei schon im Abenddämmern bereit zum Aufbruch, wissend, daß in die verborgenen Winkel, wo sie zu nächtigen pflegten, niemand jemals spähen kam. Denn wozu? Diese drei Geschöpfe Allahs waren ineinander, aneinander geborgen. Gülbeg — man darf nicht vergessen, daß ein anatolischer Hüterbube von fünf Jahren einem Knaben der Ebene von neun Jahren gleicht — schritt voran. An dem Zipfel seines Turbantuches hielt sich Gülül fest, die hinter sich her Djanum zog. Sie alle drei waren so glücklich, wie man es nur einmal im Leben ist, denn sie befanden sich auf dem Gipfel der Vollendung. Und jetzt sahen sie das Mondhorn, wie es sich am spitzen Gipfel des Gandhar Dagh anzuklammern schien — und es leuchtete, leuchtete! Man muß nämlich wissen, daß das Horn des aufgehenden Mondes dafür da ist, alle Wünsche des Menschenvolkes angehängt zu bekommen. Ein jeder weiß, daß das Horn des absinkenden Mondes für

die Verehrung der Fahne des Propheten geschaffen wurde — aber jenes eben entstand aus der gewaltigen Schöpferkraft »Mitleid« und besagt: »Nun also, ihr Kleinen und Beklagenswerten, nun seht, ich gab euch einen Haken, daran aufzuhängen euer Wünschen und Hoffen. Sucht ihn zu erhaschen, diesen Haken aus Glanz und Macht, und möge er eurer Ohnmacht und Machtlosigkeit dienlich sein!«

Das — man weiß es, ist das Horn des aufgehenden Mondes, wie es heute sichtbar wurde am Gipfelzelt des Gandhar Dagh. Und dorthin strebten die drei, die es wagen wollten, des Gesetzes der Hirtenvölker zu lachen, des ältesten Gesetzes, das die Welt kennt. Eines zwar wußte von all dem nichts: das Lamm Djanum, das nicht ahnte, welchen Namen es trug. Aber es wurde getragen von Menschenwärme, die auch nicht ihres Weges Ende kannte. Es war wunderbar, solcherart dem Licht der Nacht entgegenzuschreiten. Weiß es ja ein jeder, daß zu dieser Stunde des Wechsels vom Tag zur Nacht, von der Helligkeit zum Dunkel alles, was aus des Berges Brust hervorwächst, am süßesten, am stärksten duftet. Da sind die vielen kleinen Kräuter der Berge, da sind die wilden Veilchen, dunkler und holder als alles, was der Mensch zu züchten vermag, da sind die gelben Vergißmeinnicht, die nur auf höchsten Höhen sichtbar werden, und ferner kleine Blüten, deren Arten in der Ebene groß werden, hier oben aber zart und klein bleiben, süß duftend und stark duftend, nicht wie gezüchtet. Man nennt sie herkaf meneksé, was auf deutsch Stiefmütterchen bedeuten würde — und weiß man auch, warum sie so genannt werden? Weil sie zwei große bunte Blütenblätter haben, darauf die eigenen Kinder sitzen, während die fremden, die Stiefkinder, sich mit einem einzigen Sitz gemeinsam begnügen müssen. Schöner sehen sie aus, viel schöner als die Bevorzugten.

Nun, wie dem auch sei, durch all dieses duftende Blühen suchten die jungen Füße ihren Weg; das Lamm zappelte immer

wilder in Gülüls Arm, und Gülbeg verspürte ein Ziehen an seinem Turbanzipfel, wandte sich um, zuckte fragend die Achseln und bekam als Antwort einen stummen Hinweis auf das sich wild gebärdende Lamm. Hat es einen Zweck zu sprechen, wenn zweie sich vollkommen verstehen? Noch dazu auf der Bergeshöhe, wo jeder Atemzug lebenswert ist? So wies Gülbeg nur auf den duftenden Bergboden, und im gleichen Augenblick schon ließen die haltenden Arme los, lief Djanum schnüffelnd und suchend frei herum. Eine Handbewegung von Gülül wies auf das ferne Mondhorn hin, und auch sie zuckte fragend die Achseln. Da zeigte sich zum ersten Male in diesem Leben tiefster Gemeinsamkeit die Verschiedenheit des Geschlechts, denn ein Hochweisen des Armes mit einer Bewegung des Besitznehmens, ja, ein Hochschleudern ließ den zur Höhe strebenden männlichen Geist erkennen wie auch den zögernden weiblichen. Aber im seltsamen Lichte jenes Mondhornes, einem nahezu rötlichen Lichte unbekannter Sterne, riß das junge Männliche das werdende Weibliche mit sich hinauf. Ein Spruch unserer Heimat sagt so: »Du Zarte, du dem Duft des Bodens Zugehörige, o Weib, Schwester, Teure, halte mich, daß nicht die Höhe mich zerschmettere!«
Gewiß dachte es so nicht der junge Knabe Gülbeg, doch ebenso gewiß lebte es in seinem noch verborgenen Manneswissen, das aus Urzeiten kommt. Jene Gebärde des Hochreißens bewies es. Und das junge Weibkind folgte dem aus Urzeiten kommenden Befehl. Sie stiegen, sie stiegen. Das Lamm spielte um sie her. Oben aber stand am Gipfel des Gandhar Dagh noch jenes Mondhorn, und das lockte, lockte die Jugend! Es war die erste sich ihrer Kraft ganz bewußt werdende Jugend, in der das Erbgut vieler bergsteigender Hirten-Vorväter sich regte, eine Jugend, für die der Berg immer höchste Lockung bedeuten würde. Da war nun aber das Ziehen am Turbantuch, jenes zarte Mahnen des Weiblichen an das werdende Männliche: hab acht, ich bin da, nimm mich mit! Seltsam war es,

was Gülbeg jetzt tat, war es eine Antwort, sollte sie es sein? Er riß sich den Fes mit dem Turbantuch vom Kopf und schwenkte das Tuch in der Luft, stieß dabei einen Laut des Jubels aus. Gülül lachte, verstummte aber dann — woran sich nun halten? Ja, woran, Gülül?
Wenn er es auch weder wußte noch wollte, so trennte sich hier doch Knabe vom Mädchen und jubelte der Freiheit zu, die in unserer Heimat dem Manne gehört. Gülül aber lachte nur freudig auf, denn auch sie wußte nicht, was ihr geschehen war — wie wir alle niemals um das wissen, was uns beschieden wird, da es sich stets nur ganz geheim ankündigt. Hier aber kam nun noch ein äußeres Zeichen hinzu, denn es ist verständlich, daß sich jenes Mondhorn nicht immer weiter am Gipfel-Fels des Gandhar Dagh anklammern konnte, hatte es doch noch einen weiten Weg zu durchziehen in den Wolken, die ihm Heimat waren. Und da es scheinbar plötzlich vor den Augen der Kinder versank, um hinter dem Berggipfel weiterzuwandern, entstand um die drei jungen Wesen eine unerwartete Finsternis, die als erstes das Lamm erschreckte. Es stieß einen Ruf aus, der kläglich um Hilfe bettelte und dem Gülül sogleich gehorchte, während Gülbeg noch für eines Atemzuges Dauer horchend stand, ob er wohl solcherart erkennen könne, wo sich Djanum befinde — auch dieses verschiedene Wesenheit anzeigend, da das weibliche Kind nur dem Gefühl folgte, das männliche aber dem Gedanken. Gülül beschattete die Augen, um in der plötzlichen Dunkelheit besser unterscheiden zu können, beugte sich vor und sah alsbald unter sich, offenbar in einer Felsspalte, das Lamm liegen. Sie rief und lockte es, aber es gehorchte zum ersten Male der vertrauten Stimme nicht. Gülül wandte sich um, rief: »Gülbeg, Djanum muß verletzt sein, es rührt sich nicht!«
Schon stand der Bruder hinter ihr, sagte ruhig: »Nimm das Turbantuch und halte es fest! Ich werde mich daran hinablassen und Djanum holen. An diesen Fels hier werde ich das

Tuch knoten, und du halte es auch noch, so wirst du uns heraufziehen können, Gülül! Du hast keine Angst allein zu bleiben, nein?« Sie lachte nur, wie sie es bei seinem Jubelruf getan hatte, und so verknotete er sorgfältig das Tuch am nächsten Fels, ein Hirte, der die Berge kennt, auch wenn er erst fünf Jahre zählt. Gülül saß und sah ihm nach, wie er jede Felsspalte als Fußhalt nutzte, wie er wußte, was zu geschehen habe, und sie hielt in ihren wenn auch kleinen, doch kräftigen Händen das alte Turbantuch gepackt. Da durchfuhr sie ein eisiger Schreck, denn sie spürte, wie die Seide leise, ganz leise zu reißen begann, und was das bedeutete, begriff Gülül. Sie beugte sich weit, ganz weit vor, schrie mit aller Kraft ihres Herzens: »Gülbeg, halte dich, es reißt!« Aber gerade in diesem Augenblicke war der Aufschlag von Geröll für des Knaben Ohr hörbar, und er verstand der Schwester Worte nicht. Doch gleich danach begriff er, denn der Halt ließ nach, und es war ihm, als flöge er, war ihm, als brause die Luft gewaltig auf, und sein Gedanke war: »So wie ein Bergfalke!« Dann war es schon vorbei, und einmal noch konnte das Lamm Djanum seinem jungen Freund und Herrn eine weiche Lagerstatt sein.

Droben, Gülül, wußte nicht, was tun, erkannte nur eines: zu Gülbeg, zu Djanum, alles andere erschien ihr sinnlos. So begann sie denn hinabzuklettern, tat es vorsichtig, konnte sich auch mit den Zehen, die fest in Fellschuhen steckten, jungem Getier gleich, an manchem Stein festhalten, rief immer wieder, sich nach rückwärts umschauend, den Namen, der ihres Herzens zweites Ich war. Und wieder tat sie es, vermochte sich dabei an einem Gesträuch festzuhalten — doch ach: — hier war die Stunde, die eine, die unabänderliche Stunde auch für dieses junge Leben gekommen, und so riß der Strauch, blieb in Gülüls Hand, und auch sie trat den Flug an, den des Bergfalken. Keine Zeit blieb mehr für Schreck oder Bangen. Denn plötzlich — was weiß man, ob in noch menschlich erkennbarer Zeit — stand Gülül auf der Höhe eines weit in das Land schauenden Berges, und vor ihr stand ein Hirte, einer, den sie noch niemals erblickt hatte, der hielt Gülbeg an der Hand, und als sie ihn sah, beugte er sich eben nieder, um das Lamm Djanum zu liebkosen, das sich solches Tun auch gefallen ließ, obgleich es sich sonst gegen fremde Hände sträubte.

Der Hirte, der ein schönes und freies Lächeln hatte, war gekleidet wie jeder Hirte der Berge, will sagen, er hatte ein Bocksfell über der einen Schulter, während der Steigarm frei blieb, und einen Gurt aus Bocksleder um die Mitte. Sein reiches dunkles Haar über seiner hohen Stirn war gelockt, und er stand frei und aufrecht. Gülbeg sah ihn fragend an, während der Hirte Gülül die andere Hand gab, und der Knabe entsann sich plötzlich, wie sie, die Hirten, wenn er heimlich herbeigekrochen kam, sich in einem Winkel zu verbergen, während sie berichteten von des Tages Ereignissen, immer wieder gesagt hatten: »Ganz schön und gut, was da geschah, aber wie wäre es geworden, wenn nicht der Sohn der Hazret Miryam geholfen hätte — er, der Hirte aller Hirten?«

Dieser Worte entsann sich Gülbeg jetzt, und da an dem Hirten, dessen Hand ihn hielt, etwas war, das Freude und Vertrauen eingab, fragte er ohne Scheu: »Bist du der Sohn der Hazret Miryam, o Hirte aller Hirten?« Der Hirte lächelte, und Gülül sah ihn erstaunt an, da sie noch niemals etwas so Schönes erblickt hatte, und er gab zur Antwort: »Du sagst es, kleiner Bruder, ich bin so gesegnet, der Sohn der Hazret Miryam zu sein. Und jetzt gehen wir zusammen, sie suchen — wollt ihr?« Gülül reckte sich ein wenig an der Hand des Hirten hoch und fragte erstaunt: »Gehen wir denn nicht zurück, zu Mirmin und unserer Herde?« Der Hirte ließ Gülbeg los, der sich erschrocken nahe an ihn schmiegte, hob Gülül auf den Arm, was ein wunderschönes Gefühl war und ein ganz neues dazu, und sagte überredend: »Aber warum denn zurückgehen? Vorwärts ist schöner, kleine Gülül — und sieh nur, welch herrliche Straße wir vor uns haben, sieh nur, wie alles an ihr in Blüte steht! Ist es nicht schön, dort weiterzugehen, kleine Gülül?«

Völlig in seliges Erstaunen versunken, sah Gülül, daß sie nicht mehr auf einem steinigen Berge standen, vielmehr sich vor ihnen der Weg in einen blühenden Garten breitete, desgleichen sie noch niemals erblickt hatte, dieses Kind der herben Berge. Sie drückte sich an den Hirten aller Hirten und jubelte: »O, Blumen! Sieh nur, Gülbeg, Blumen! Aber Djanum soll sie nicht fressen, nein, Sohn der Miryam?« Der ließ sie wieder zu Boden gleiten, und sie fühlte jauchzende Freude in sich. Der Hirte packte ihrer beider Hände fester, während das Lamm voranlief, nach Art junger Tiere sich überschlagend vor Lebenslust, und er sagte im Schreiten auf dem Blumenweg: »Es ist nicht nur meine Mutter, Miryam die Gepriesene, die auf euch wartet — auch eure Mutter harrt eurer voll Freude. Heute erst, als der Mond versank, fragte sie nach euch, sagte traurig: wie lange noch, Herr? Nun, ich lachte, und sie war getröstet. Freut ihr euch, Kinder der liebenden Sehnsucht?« Gülbeg und Gülül sahen zum Hirten aller Hirten auf und sagten wie aus einem Munde, einer Seele: »Bei dir bleiben, Herr.« Er lächelte auf sie herab, und der Blumenweg nahm kein Ende. Dann aber sahen sie Hazret Miryam. Sie stand mit ausgebreiteten Armen dort und lächelte. Dieses Lächeln rief die heimatlosen Kinder, die von dergleichen nie gewußt hatten. Sie stürzten vorwärts und wurden an dieses göttliche Herz geschlossen. — Hier aber ist heiliger Boden, und uns bleibt nur, in Ehrfurcht zu schweigen.

Der Fischer und des Fisches grüner Stein

Es war ein Fischer, der hatte sich müde gearbeitet einen ganzen Tag lang und nichts erreicht. Endlich, da es schon dämmerte, zog er sein Netz ein und fand darin einen einzigen ganz kleinen Fisch. Er nahm ihn heraus, hielt ihn zornig in der Hand und sagte: »Ist das für einen ganzen Tag? Du elendes Ding, ich werfe dich zurück!« Noch aber hielt er ihn in der Hand und betrachtete ihn erstaunt, denn es schien, als habe der Fisch drei Augen. Als er näher zuschaute, sah er, daß das, was er für ein drittes Auge in der Mitte zwischen den beiden anderen gehalten hatte, in Wahrheit ein grüner Stein war, der glänzte, wie die letzte Meerestiefe leuchtet, wenn die Fischer ihre Lichter hineinsenken, um die Fische zu erschrecken.

Der Fischer hielt den kleinen Fisch eine Weile, ihn erstaunt betrachtend, in der Hand, wobei er leise prüfend mit den Fingerspitzen den grünen, leuchtenden Stein berührte. Kaum war das geschehen, so schien es ihm, als höre er den Fisch sprechen. Einer Torheit solcher Annahme war er sich nicht mehr bewußt, denn er hörte die Worte innerlich in sich, und es waren diese: »Schau dich um, dort auf der Höhe steht ein Serail! Siehst du es?«

Der Fischer schaute sich um. Er kannte seine Heimat wohl, und da war niemals auf der Höhe ein Serail gewesen; ja, es war kaum eine Höhe irgendwo. Aber als er sich jetzt umschaute, war wirklich eine Höhe da und prunkte ein Serail auf dieser Höhe, das strahlte und war von einer Macht und Herrlichkeit, wie es kaum vorstellbar schien.

»In dieses Serail, das du dort oben siehst, gehe hinein!« hörte der Fischer in sich die Stimme, während die Finger auf dem grünen Stein ruhten. »Und am ersten Tor wirst du deinen Freund finden, ihn, den die Wellen dir raubten. Er wird dich bitten, zu bleiben. ›Bleibe‹, wird er sagen, ›verlasse mich nicht, endlich sind Freunde wieder vereint!‹ — Du höre nicht auf ihn, gehe hindurch, durch das erste Tor hindurch! Am zweiten Tor dann wirst du deine Liebe finden, das Mädchen, das du vergeblich als Weib ersehntest und das von Räubern in die Berge entführt wurde. Sie wird dich anflehen: ›Bleibe! Endlich sind Liebende vereint!‹ wird sie sagen; — du höre nicht auf sie, gehe durch das zweite Tor hindurch!

Am dritten Tor — und hier ist deine schwerste Aufgabe — wirst du deine Mutter finden, sie, die vor so vielen Jahren verstarb. Und sie wird glückselig auf dich zukommen und sagen: ›Bleibe bei mir, mein Sohn, endlich sind wir wieder vereint!‹ — Du höre nicht auf sie, gehe auch durch das dritte Tor!

Dann wirst du in einer Riesenhalle stehen inmitten dieses Serails, und was dann geschieht, das wirst du sehen und erfahren.«

Dem Fischer zitterten die Hände — und so ließ er die Fingerspitzen von dem grünen Stein und hörte nichts mehr. Aber er behielt den Fisch in der Hand und ging auf dieses seltsame Serail zu, das vorher niemals dagewesen war, ging und ging — und wirklich, am ersten Tor, am gewaltigen Tor stand sein Freund. Wie schön, wie herrlich, dieses geliebte Gesicht wiederzusehen! Denn gibt es Größeres und Schöneres für einen Mann als die Freundschaft eines Mannes? Der Fischer schritt hindurch, und der Freund — ach, seine Stimme nur wieder zu hören! — bat und sagte: »Endlich, mein Freund, sehen wir uns wieder! Bleibe bei mir! Wie schön und wie gesegnet, zusammen zu sein!«

Der Fischer wollte stehenbleiben, da biß ihn der Fisch ganz fest in seinen Finger. Und da erinnerte er sich: Ich darf nicht stehenbleiben! Er ging hindurch, und das Erinnerungsbild des Freundes verblich, wie auch das Schattenbild des Tores schwand. — Der Fischer kam zum zweiten Tor.

Da stand sie, die er so heiß ersehnt hatte, stand dort in aller Lieblichkeit, halb verhüllt von Schleiern; doch ihre dunklen Augen sahen ihn an, und durch den Schleier sah er das Leuchten ihrer roten Lippen, und die Lippen sprachen: »Endlich, mein Geliebter, bin ich wieder bei dir! Oh, laß uns nun für immer zusammenbleiben!« — Die Füße schienen ihm im Boden zu wurzeln, er wollte die Arme nach ihr ausstrecken, — da biß ihn wieder der Fisch. Aman, er durfte nicht! Warum, wußte er zwar nicht, aber er durfte nicht! Als er den Fuß vorsetzte, um an ihr vorbeizugehen, war sie wie ein Wolkenbild verschwunden, und er schritt durch ein Schattentor, das hinter ihm verblich.

Jetzt aber kam das Schwerste — denn schon sah er sie, die Mutter, die verehrungswürdige Mutter, sie, vor der jeder in Ehrfurcht versinkt! Die Hände streckte sie ihm entgegen, und er hörte die Stimme, die seine Jugend behütet hatte, sagen: »Bleib bei mir, mein Sohn, da wir uns endlich wiederfanden!« An ihr vorbei trugen ihn die Füße nicht mehr. Da wand sich in seiner Hand der Fisch hin und her und her und hin, und seine Handfläche brannte wie Feuer, und er entsann sich: Es ist gesagt, du sollst weitergehen. So schritt er auch hier durch dieses qualvollste aller Tore hindurch, und das Bild der Mutter schwand dahin, wie die andern geschwunden waren, einem Nebelstreifen gleich. Hinter ihm war nichts, vor ihm eine riesenhafte Halle, in deren Mitte ungezählte Menschen versammelt waren, die viele wehende Banner trugen. Da war das vertraute Banner des Propheten, die große grüne Fahne, die heilige — aber die anderen? Siehe dort: weiße Banner, in deren Mitte wie Licht, das morgens strahlt, das Zeichen des Kreuzes leuchtete. Dabei standen Männer in silberleuchtenden Rüstungen, und die anderen, die das Banner des Propheten hielten, trugen dunkle Panzerhemden, geflochten nach der Art, wie sie in Arabistan hergestellt wurden.

Alle, die da waren, aber schauten auf ihn, den armen Fischer, in dessen Hand sich nun kühl und weich der Fisch schmiegte. In der Mitte aber stand einer, der rief: »Fischer, komm herbei, ich liebe die Fischer!« »Das war Ischahs Stimme!« sagte der Fischer bei sich und kam eilends herbei.

Aber in der Mitte derer, die das grüne Banner hielten, stand einer — oh, wie vertraut war dieses Bild: ein großer schöner Mensch mit dem so wohlbekannten Bart; der lächelte und sagte: »Mein Sohn, mein Freund, komm herbei, wir gehen zusammen!«

»Mohammed, es ist Mohammed!« rief der Fischer. »Oh, Allah, was geschieht mir?« Nahe Ischah stand er, nahe Mohammed auch und sah nun plötzlich die Banner wehen, mehr Banner noch, vieler Farben, und die Männer, die sie hielten, trugen Helme, wie er solche noch niemals gesehen hatte. Hinter diesen nun erhob sich einer ganz gewaltig, gekleidet in ein weißes Gewand, und er trug einen großen wallenden Bart, und er rief: »Komm auch zu mir, du Sohn des Propheten!«

Leise in sich, fast zweifelnd noch, sagte der Fischer: »Dieser muß Moischi sein.« Und da fühlte er in seiner Hand wieder des Fisches Brennen, und aus seinen Händen schlug eine Flamme empor, die warf sich vorwärts und hatte Gestalt dieses Fisches mit dem grünen Stein, war rötlich und klein, wurde größer, dehnte sich, bildete aus sich eine Brücke, schlank und leuchtend wie ein Fisch. Die Brücke schwang sich über einen gewaltigen Abgrund, und es setzten sich alle, die dort unter den Bannern standen, in Bewegung.

Als erster schritt über diesen Brücken-Abgrund fort Moischi und hinter ihm die Seinen. Danach kam Mohammed, und sie folgten ihm und riefen: »Yah, Mohammed! Yah, Mohammed!« Schweigend aber durch sie alle hindurch glitt Ischah.

Und wo er vorbeiglitt, leuchteten die Rüstungen, leuchteten die Helme, und er wandte sich zurück zu dem Fischer, der reglos stand, und sagte: »Kommst du nicht mit uns, mein Bruder?«
Dieser Stimme nicht zu folgen, war unmöglich; so ging der Fischer. Sie schritten über die unendlich weite Brücke, über unendliche Fernen in eine ewige Weite hinein, und es war, als singe unter ihnen jeder ihrer Fußtritte.
Am Abend dieses Tages fanden die Fischer dieser Küste einen Toten. Der lächelte und hatte die Hände über der Brust gefaltet. »Yah, Mohammed«, sagten die Fischer ehrfürchtig. »Seht nur, seine Hände glänzen, als hielte er ein verborgenes grünes Licht — Yah, Mohammed!«

Der Traum des Kara Ali Baba imdatli

Vorbemerkung: Es ist bei dem nun folgenden Stoff folgendes zu bedenken und sich in das Gedächtnis zurückzurufen: Helena (griechisch Eleni), die Mutter des Kaisers Çonstantin von Byzanz (Kosename Costa), war die Tochter eines Gastwirts vom bythinischen Olymp. Im Jahre 306 kam der Tribun Constantius Chloros (der Bleiche), der in Diensten des Kaisers Maxinian stand, mit seinem Heer nach Bythinien und pflegte in der Schenke des Vaters der Eleni den Abendtrunk zu nehmen. Er liebte das Mädchen, das er von ihrem Vater verlangte, der aber wollte sie ihm nur als Eheweib geben, und so nahm der Tribun sie als sein Weib mit. Sie lebten glücklich und hatten den einen Sohn Constantin, den die Mutter, wie üblich, Costa rief. Nach einigen Jahren bot Maxinian dem Chloros an, sein Mitkaiser zu werden, wenn er seine Tochter ehelichen und die Schankwirtstochter verbannen würde. Eleni wollte der Erhebung des Constantius nicht im Wege stehen und ging im Jahre 310 freiwillig in die Verbannung, wurde aber zu gleicher Zeit Christin. Sie pilgerte nach Jerusalem, und die Legende will, daß sie dort unter dem auf Golgatha erbauten Venustempel ein Stück vom Kreuz des Herrn fand, das sie in mühevoller Reise zu ihrem Sohne brachte, der inzwischen Kaiser geworden war. Constantin erhob seine Mutter dann sogleich zur »Augusta«, und als solche lebt sie weiter, die byzantinische Kaiserin, die Heilige Eleni.

Dieses ist der legendenhafte Hintergrund jenes Traumes vom Schnee des Olymp und den Rosen darin.

Kara Ali Baba war Einsiedler, münsevi. Er hatte sich in einer der Höhlen des Gandhar Dagh seine kleine Welt irdischer Art geschaffen, aber seine Gefährten waren die Bergfalken und eine Ziege, die sich vor langer Zeit dorthin verstiegen hatte und von Kara Ali als willkommene Milchquelle angesehen und behandelt wurde. Die Ziege teilte seine Höhle mit ihm, vermittelte ihm oft in besonders kalten Nächten Wärme und gab ihm zugleich das Gefühl der Geborgenheit, wie auch er der keçi. Kara Ali stieg nur dann tiefer hinab, wenn die keçi Futter brauchte. Aus den zähen Wurzeln der Bergheide hatte sich Ali eine Art Korb geflochten, und in diesem Behältnis brachte er seiner Ziege das würzige Grünzeug der Berge herauf. Sie wäre ohne ihn verhungert, denn damals hatte sie sich einen ihrer zierlichen Füße gebrochen und vermochte sich deshalb nicht mehr frei im Gestein zu bewegen.

Alles dieses war ja nun nichts Ungewöhnliches, denn solche als heilig angesehenen Männer hat es in unseren Bergen immer gegeben, und sie werden wohl auch — Inschallah — niemals aussterben. Das Besondere an Kara Ali Baba aber war, daß er Träume hatte, seltsame und fremdartige Träume, die ihn weit fortführten bis hin an die Ufer fremder Meere, die er noch niemals erblickt hatte, und zu Bergeshöhen, welche ihm unbekannt waren. Er lag dann völlig steif und regungslos auf seinem harten Lager und wurde in dieses Leben der sichtbaren und fühlbaren Dinge immer wieder nur durch seine keçi zurückgerufen, deren harte warme Zunge ihm das Gesicht leckte. Kara Ali, der ein kluger Kopf war, bereitete dieses Erwachen dadurch vor, daß er sich das Gesicht mit Salz einrieb, um solcherart der keçi die Lockung für ihre Lebenserweckung zu geben.

Um die ganze Wahrheit zu sagen, lag dem Ali so sehr viel nicht daran, aus seinem Traumland, dem weiten und unbegrenzten, wieder in die Enge des Körperlichen zurückzukehren, aber er fand, das Kismet habe ihm so viele Gnaden geschenkt, indem es ihm dieses Wandern des Geistes gewährte, daß er verpflichtet sei, sich dafür dankbar zu erweisen durch die Hilfe, die er den jungen Hirten gewährte, wenn sie heraufkamen, um ihn zu befragen über dieses und jenes, das ihnen Sorgen bereitete. Zwar erschien alles, was ihm

vorgebracht wurde, dem Ali sehr bedeutungslos, aber ihm genügte das Wissen, helfen zu können. Da es sich zudem meist um verstiegene Herdentiere handelte, vermochte Ali den jungen Hirten des öfteren Felsspalten und Höhlungen zu zeigen, welche sie dann mehrfach mit Erfolg durchsuchten. Auf diese Art glaubte Ali dem Kismet zurückzuzahlen, was es ihm an Freiheit und jener herrlichen Gabe der Bergeinsamkeit schenkte. Kara Ali Baba war ein glücklicher Mensch und blieb es auch bis zum letzten bewußten Gedanken seines irdischen Lebens, bis der Traum begann.
Das war so: an diesem Tage hatte von früh bis Abend ein heftiger Sturm um die Felsen des Gandhar Dagh getobt, und es wurde sehr kalt. Kara Ali Baba hatte sich in seine verschiedenen Felle gewickelt und die keçi zu sich herangezogen, um sich und sie zu wärmen. Er rieb sich das Gesicht nicht mit Salz ein, weil er sicher war, in solcher Kälte nicht zu träumen, und schlief bald ein. Unmittelbar bevor ihm der Schlummer alles Denken auslöschte, schoß dieses eine ihm noch durch den Sinn, fast wörtlich solcherart: »Sie sagen, auf dem Olymp bei Burssa gäbe es immer Schnee — ob das wohl wahr ist? Kälter als hier kann es dort auch nicht sein.« Und dann schlief er ein. Aber er fror, oh, wie er fror! Denn er stand im Schnee und rief mit starker Stimme: »Wo bin ich?« Antwort kam sogleich — oder war es der Sturm vom Gandhar Dagh, der die Antwort heulte? »Olympos! Olympos!« klang es um Ali in allen Tonarten des Bergsturmes. »So bin ich auf dem Olymp Bythiniens?« glaubte Ali vor sich hin zu flüstern, aber er mußte wohl lauter gesprochen haben, als er annahm, denn eine dunkle Frauenstimme sagte deutlich: »Ja, auf dem Olympos von Bythinien bist du, gekommen, mir zu helfen, o Eremitos.«
Seltsam nun war es, daß Ali, der nicht das Griechische verstand, wußte, diese Frau dort, die wie aus dem Schnee erstanden war, spräche griechisch zu ihm, und er verstände doch

jedes ihrer Worte. Er dachte auch gar nicht darüber nach, ob sie wohl sein Türkisch verstehen werde, vielmehr schien es ganz natürlich, daß sie sich verstanden, er und diese unverschleierte Frau, deren Züge voll von Ruhe und Kraft waren. Sie hatte das Wort »helfen« ausgesprochen, und eben dieses war es, was Ali, mit dem Beinamen imdatli, der Helfende, sogleich packte. »Dir helfen?« sagte er eifrig. »Nenne mir, was ich tun kann, und es ist auch schon geschehen!« Sie wies auf den Schnee zu ihren Füßen, und da erst bemerkte Ali, daß in all das Weiße eingebettet etwas Bräunliches sichtbar wurde. Die Frau sagte: »Das Holz, siehst du, Eremitos, das muß ich zu meinem Sohn Costa in seine Stadt bringen, denn er bedarf dieses Holzes, um darauf seinen Thron zu bauen, der noch nicht ganz fest steht. Ich habe das Holz bis hierher gebracht, wo ich geboren bin, denn du mußt wissen, daß ich Eleni bin, die Tochter des Gastwirts dort unten, wo es keinen Schnee mehr gibt. Aber es ist mir aufgegeben, dieses Holz über den Berg hier durch den Schnee zu bringen, hinunter bis zum Meer, und von dort kann es dann schwimmen. Denn Einer ist, Der wird die Strömung solcherart leiten, daß es richtig hingelangt zu Costa, meinem Sohne.« »Und soll ich dir dieses dein Kismet ein kleines Stück weitertragen helfen, o Herrin Eleni? Ich tue es gerne, wolle es mir glauben.« Sie stand im Schnee und sah ihn an, blickte ihm in die Augen, schien ihm hinunterzusehen bis in das heiße Herz des Helfers. »So ist es. Das eben wurde dir bestimmt. Wir nennen es Tychi, aber wie man es auch bezeichne, es ist das gleiche und kommt immer aus der Hand des Ewigen, einem Strome gleich, und fließt von da in die Herzen der Menschen. Darum, Eremitos, kamst du heute hierher zu mir.«
Ali beugte sich tief und hob das Stück Holz aus dem Schnee auf. Es sah nicht besonders schwer aus, dennoch brauchte er seine ganze Kraft, um es bewegen zu können, und der Schweiß tropfte ihm von der Stirn, als er es endlich auf die Schulter

hob. Kaum aber lag es dort, wo er schon Steinbrocken getragen hatte, als es zu drücken begann, immer stärker zu drükken, so daß Ali sich nur keuchend den Weg durch den Schnee erkämpfte. Er sagte zwischen mühsamen Atemzügen: »Wie aber, Herrin Eleni, konntest du auf deinen zarten Schultern diese gewaltige Last tragen?« Sie lächelte, und Ali wurde es seltsam zumute, als er das vertrauende Lächeln eines Kindes auf diesem reifen und edlen Antlitz sah. »Ich hatte Hilfe«, sagte sie geheimnisvoll, halb flüsternd. Wie er so mühsam unter seiner Last dahinschritt, die immer schwerer zu werden schien, blickte er sich einmal nach der Frau um, die ihm langsam folgte. Da erschrak er tödlich, denn er sah, daß die Spur seiner Füße sich mit Blut füllte, das von dem Holz herabtropfte. Er schrie auf und ließ das Holz fallen, schrie: »Kan-aman, aman-kan!« Elenis Lächeln vertiefte sich, und sie sagte heiter: »Wo siehst du denn Blut, Eremitos? Rosen sind es, schaue nur hin, es sind Rosen! Habe ich nicht recht?« Und sie ließ sich im Schnee nieder, sammelte die Rosen zusammen, band einen Kranz davon, den sie mit einem ihrer langen Haare befestigte, und hängte ihn an dem Holz auf. Das Holz aber schien jetzt federleicht geworden zu sein, denn es hob sich ihrer Hand entgegen, als wolle es den Rosenkranz begrüßen. »Nimm es auf, Eremitos, es wird dich nicht mehr drükken, nun es mit Rosen geschmückt wurde.«

Ali hob das Wunderholz, dem Befehl gehorchend, wieder hoch, und es lag auf seiner Schulter, als sitze eine Taube dort oben. Eleni ging jetzt neben ihm, und in unglaublich kurzer Zeit langten sie am Meeresufer an, so als würden sie getragen. Da wagte Ali die Frau zu fragen: »Dieser dein Sohn Costa, von dem du sprachst, wo befindet er sich? Und warum bedarf er dieser Thronstütze, Herrin Eleni?« Sie sagte, wie halb aus einem Schlummer sprechend: »Er befindet sich jetzt schon nicht mehr unter denen, die wir lebend nennen, aber sein Thron steht nur noch für kurze Zeit, und er muß gestützt werden. Danach kommen dann deine Freunde, Eremitos, und werfen ihn nieder, den schönen Thron von Costa — aber den anderen Thron, den können sie niemals niederwerfen, denn der ist im Erdmittelpunkt gegründet. Wirf nun das Holz in das Meer, Eremitos — du wirst sehen, es schwimmt!« Ali tat, wie ihm geheißen wurde, und dann schwamm das geheimnisvolle Holz dahin, aufgerichtet, so daß der Rosenkranz über den Wellen schwebte.

Ali aber, der Eremit, wachte aus diesem Traume nicht mehr auf, sank vielmehr in den großen tiefen Traum, den manche »Tod« nennen, der jedoch nur eine andere Art des Lebens ist, eine unvergänglichere. Da er ein Helfender gewesen war, ein Reiner und ein Starker, durfte er, als die Engel an der Brücke, die von Messerschärfe ist, ihn befragten nach seinem Leben, weitergehen in das große Licht, darin nur die nicht geblendet werden, deren Augen durch Tränen des Mitleids mit dem Menschenleid geweiht sind. Auf seiner Schulter aber war ein tiefes Mal eingebrannt, und es geschah, daß es manchmal leuchtete, wenn ein Gerechter wieder über die Schwertbrücke schritt.

Er wußte nun auch, wer jene Eleni gewesen war, und wer ihr Sohn Costa, obgleich er ihn unter den Beglückten vergeblich suchte, unter jenen, die Allahs Nähe genießen und dadurch ewig jung bleiben. Auch wußte er von dem Rosenkranz und dem blutenden Holze — wußte alles, denn denen, die in Allahs Nähe sind, bleibt nichts mehr verborgen. Doch da er ein Helfer war, es immer blieb und nichts anderes zu sein anstrebte, war ihm noch ein geringer kleiner Menschenschmerz geblieben, der ihn peinigte und nicht ganz glückselig sein ließ. Als einmal ein Engel eilig an ihm vorbeistrebte, einer jener Vielbeschäftigten, die zwischen den Menschen und Allah Botschaften zu vermitteln haben, packte Ali ihn an einem Zipfel seines lichten Gewandes und hielt fest, ehe der Engel sich wieder losmachen konnte. Ärgerlich, aufgehalten wor-

den zu sein, fragte der Engel: »Was willst du denn noch? Hast du nicht schon alles?« Ganz bescheiden, wie es sich großen Herren gegenüber zu sprechen gebührt, sagte Ali: »Ich schon, Erhabener — aber meine keçi nicht!« Tief betroffen vergaß der Engel seine Eile, denn dieses war etwas ganz Neues: um einer Ziege willen aufgehalten zu werden — »Djanum! Was ist es denn mit deiner keçi, du Anspruchsvoller?« Ali besann sich, dachte, diesem mußt du es jetzt ganz beweglich darstellen, sagte ernsthaft: »Es ist dieses, Erhabener, wolle Geduld haben mit deinem Diener! Meine keçi und ich, wir lebten zusammen in einer Höhle des Gandhar Dagh, und sie gab mir Wärme wie auch Milch, ich ihr Futter. Nun ich nicht mehr da bin, muß die Arme verhungern. Ist das gerecht, Erhabener? Auch sie ist ein Geschöpf Allahs, ein treues und bescheidenes, begehrte nichts als Bergkräuter — und soll nun verhungern! Was, Erhabener, hältst du davon?«
Es ist hier zu bemerken, daß jetzt nicht nur jener so eilige Engel den Worten Alis lauschte, sondern eine größere Menge von anderen Engeln, die ebenfalls eifrig zuhörten. Man darf nicht vergessen, daß die Engel meist sehr schwierige Aufgaben zu erledigen haben und daß es für sie eine wahrhafte Erholung bedeutet, einmal um das Schicksal einer Ziege befragt zu werden. So ergab es sich dann, daß unter den verschiedenen Engeln, deren Beschäftigungsart sich aus den Farben ihrer Gewänder erkennen ließ und die nun deshalb einen schönen, blumengleich bunten Haufen bildeten, ein lebhaftes Hin und Her begann, bei dem Ali gar nichts mehr zu sagen hatte. Um die ganze Wahrheit zu sagen: die Engel langweilten sich meist, auch dann, wenn sie es scheinbar eilig hatten, denn die Beschwernisse der Menschen, die sie schon seit Jahrmillionen nicht mehr verstanden, waren ihnen eben ganz einfach langweilig. Hier aber gab es endlich einmal etwas Neues, nämlich eine Ziege. Viele von ihnen sahen sich zum ersten Male diesen Ali an, der ihnen solcherart die Langeweile vertrieb,

und fast jeder schenkte ihm ein Lächeln, was immerhin Jahrtausende frohen Lebens bedeutet. Aber keiner befragte ihn mehr um die keçi, dazu waren sie viel zu beschäftigt mit ihrer beglückenden Beratung. Der eilige Engel — war er doch der erste, der diese schöne Luftblase ergriffen hatte im Vorbeifallen — sagte ernsthaft: »Was glaubt ihr, meine Brüder, sollen wir die keçi hier heraufholen und uns allen ewig und ewig Milch der Bergkräuter geben lassen oder sollen wir sie dort unten füttern mit Bergkräutern und sie so lange, lange am Leben erhalten? Was meint ihr, das geschehen sollte?«
Die Engel überlegten lange hin und her und vergaßen dabei Ali noch mehr als zu Beginn dieser ganzen Angelegenheit. Er aber meldete sich zum Wort einfach dadurch, daß er wieder den Eiligen am Gewande zupfte. Der wischte ihn ärgerlich beiseite, merkte dann erst, wer es war, der sich in Erinnerung brachte, und sagte herablassend: »Nun, was hast du vorzuschlagen, Ali münsevi?« Ali räusperte sich, was man auch im Paradiese vor einer längeren Ansprache zu tun gezwungen ist, und brachte bescheiden vor: »Die Erhabenen verkennen das Wesen einer Ziege, vermutlich, weil die Erhabenen kaum noch jemals mit ihr in Berührung kamen — habe ich recht? Sie gehört nicht zu den Obliegenheiten der Erhabenen — oder irre ich?« Ihm wurde völlige Zustimmung und zugleich die Aufforderung zuteil, allen Wissensmangel der Engel durch seinen menschlichen Wissensreichtum auszugleichen. Hier erweist es sich nun, was es bedeutet, ein Engel zu sein. Denn diese vielfarbigen Engel, arbeitend im Auftrage der höchsten Weisheit, zeigten sich bereit, dem zu lauschen, was Ali vorzubringen hatte aus seinem Wissen um die Ziege, sowohl als Wesen an sich wie auch als Teil der allgemeinen Schöpfung Allahs. Es bleibt tief bedauerlich, daß von diesem Ziegenvortrag Alis nichts erhalten ist, denn wie vieles wäre für die Hirtenwelt daraus zu lernen gewesen! Ist es nicht so?

Hier bleibt uns nur zu berichten, daß die keçi Alis, die arme, verlassene, hungernde und klagende, sich urplötzlich von einer vielfarbigen Wolke umfangen fühlte, die bunter war als der leuchtendste Sonnenuntergang auf Bergeshöhen, und dann innerhalb dieser Wolke lange schwebte, sehr lange, sich dann aber urplötzlich auf einer Weide befand, dergleichen sie noch niemals gekostet hatte. Es ist verständlich, daß in einem Paradiese, in dem die Quellen ewig fließen, die Blumen ewig blühen, sich auch die Geschöpfe Allahs befinden, die ewig lieben, ewig singen und sich vermehren. Da sind die Pferde, die edlen, die Hunde, die treuen, und die prächtigen Adler der Berge sowie alle Vögel. Aber eine keçi, eine bescheidene milchgebende Bergziege, war noch niemals dort gewesen. Als nun die Engel in jener farbenreichen Wolke Alis Ziege heraufgeholt hatten, geschah es, daß sie vor Schreck eine Zeitlang keine Milch hergab, was die Engel schwer enttäuschte und wofür sie Ali mit Vorwürfen überschütteten. Er aber ließ es sich nahezu lachend gefallen und vertröstete sie, indem er mahnte, dem erschreckten Tier einige Jahrtausende Zeit zu lassen — und alles würde bald sein, als habe die keçi immer hier oben gelebt. Einer der Engel wurde daraufhin als Beobachter der Ziege beigeordnet, und genau wie Ali gesagt hatte, geschah es. Der Engel kam in höchster Aufregung herbeigeflattert und verkündete glückselig: »Süd, süd werior — keçi süd werior!« Hierauf fanden sich alle Engel zusammen, um dieses Wunder nahe zu betrachten, und holten Ali herbei, er solle die kostbare Milch in einer Schale aus Bergkristall sammeln, was er bereitwillig tat.

Alle Engel tranken aus der gleich dem Morgenlicht strahlenden Schale, und jetzt ereignete es sich, daß von den jüngeren Engeln einige nicht warten wollten, bis die Reihe an sie kam, sondern die Schale den anderen aus den Händen rissen. Als der eilige Engel, jener, der wohl eine Vormachtstellung irgendwelcher Art hatte, dieses Verhalten bemerkte, ging ein so strahlendes Leuchten über seine Züge, daß Ali, bei seiner keçi hockend, davon fast geblendet wurde. Es war nämlich geschehen, daß die Engel sich nicht vollkommen benommen hatten, nicht so, wie es als vollkommen angesehen wurde, und wenn das möglich war, dann konnte die Langeweile, welche der Vollkommenheit Begleiterin ist, nie mehr im Paradiese ihre Herrschaft ausüben, wie sie das bisher getan hatte.

Es gab von nun an nichts mehr, was sich Ali hätte wünschen können, das ihm der Eilige nicht zu Gefallen getan hätte — alles, aber auch alles konnte er haben, der imdatli Ali. Wie es nun aber so ist, wenn einem das erhabenste Kismet auch noch dieses gewährt, sich einen Engel zu verpflichten — dann, ja, dann ergibt es sich, daß man leider wunschlos ist! Ali hatte seine keçi, und trotz des Aufenthaltes im Garten des Paradieses roch sie immer noch wie eine Bergziege, brachte sie Ali die geliebten Berge wieder näher. So sagte er einmal vor sich hin: »Oh, den Ruf eines Bergfalken zu hören, statt des Singens der Vögel — welch ein Glück wäre das!« Da nun die Engel auch die Gedanken zu hören vermögen, ward dem Eiligen Alis Wunsch mitgeteilt, und noch am selben Abend — zeitlich gerechnet nach Menschenart —, als ein Falke von einem Pfeil getroffen niedersank, holte ihn ein ganz junger Engel herauf. Ali hörte — ja, hörte er recht? Es war der Ruf des freiesten Vogels der Berge — und nun blieb nicht einmal mehr eine Sehnsucht für Alis Herz zurück! Ist das Glück? Es ist das Paradies — aber Glück der Menschenseele? Nicht fragen, niemals zu viel fragen! Allah preisen und nicht fragen!

Das Mädchen Aymineh und die harten Schuppen

Das Mädchen Aymineh war von tiefster Verlassenheit. Es besaß nicht Vater noch Mutter, wußte nichts von einem Heim oder Geschwistern, und alles, was es von Freundlichkeit und Güte kannte, bestand in der leckenden Zunge der Schäferhündin, die sie von klein auf beschützte und vor allen Angriffen bewahrte. Das war hoch oben in den Karstbergen von Anadolu, wo die großen weißen Schäferhunde daheim sind, vor denen sich alle Talbewohner fürchten. Die Hündin rief ihre Herrin »Vefa«, das heißt Treue, und den Namen verdiente sie wahrhaft, doch hätte auch Aymineh so genannt werden können, denn als ein Steinwurf derer, die in Furcht lebten, die Hündin Vefa erblinden ließ, da war es Aymineh, die sie hegte und pflegte, auch späterhin führte. Doch darf nicht vergessen werden, daß eines Tieres Blindheit nicht der des Menschen gleicht, denn Allah hat seinen Tieren Sinne gegeben, die Er den Menschen vorenthielt, und Vefa konnte Aymineh noch immer vor möglichen Gefahren hüten, die in den Bergen, wenn es dunkelt, stets drohen. Vor einer Gefahr aber vermochte Vefa nicht zu behüten, das war die des Menschenblikkes. Es geschah, daß Aymineh und Vefa sich zu nahe zu dem großen Nomaden-Han hinwagten, und hier sah ein Herdenführer das Mädchen, das nun in seinem zwölften Jahre stehen mochte und wie ein Ifrit der Berge anzuschauen war. Bekleidet war Aymineh mit einigen Schaffellen, die sie mit den langen Dornen des Judasbaumes zusammengesteckt hatte. In gleicher Weise war auch ihr langes Haar am Kopf befestigt, und zwar so, daß es ihr nicht über die Augen falle und die Sicht hindere, was eine Gefahr bedeutete für den Bergsteiger. Sie war braungebrannt an allen Teilen ihres Körpers, die trotz

der Felle sichtbar blieben, und jeder mochte sie für einen Hirtenbuben der Berge halten, die wild sind und ungezähmt, ihren gefürchteten Hunden gleich.
Dieser große Herdenführer sah auf das Mädchen nun aber nicht etwa mit Begehren, ja, er glaubte sogar, es mit einem Buben zu tun zu haben, da der schreckenerregend große weiße Hund mit den blutgetränkten blinden Augen sich dicht an der Seite des jungen Wesens hielt. Nein, diesem großen Herdenführer ging es um etwas ganz anderes. Er litt Pein, tiefe, furchtbare Pein, denn er stand unter einem Fluch. Zwar war er der Reichste weit und breit, und das Gebiet, das er beherrschte, vermochte auch der schnellste Reiter nicht zwischen Sonnenauf- und -untergang zu durchreiten, aber all dieses war wie Asche auf seiner Zunge, denn der Fluch, unter dem er stand, war das Schreckbild seines Sohnes. Dieser Knabe, nein, dieses schreckliche Wesen, hatte bei der Geburt den armen Leib der Mutter, die ihn gebar, in blutige Fetzen gerissen und war dann, noch mit diesem Mutterblut befleckt, im Zelt herumgekrochen, anzuschauen wie eine riesenhafte Eidechse. Der große Herdenführer, der sein junges Weib geliebt hatte, wollte das Grausen töten mit einem Schlage seiner kleinen Axt, mit welcher er räuberische Wölfe vernichtete, da klang urplötzlich in seinem Inneren eine starke Stimme, die nur er vernahm, die sagte: »Osman, mein Diener, töte nicht deinen Sohn, warte und harre! An ihm hat sich deines Reichtums Fluch erwiesen, der, einem eklen Tiere gleich, auf dem Boden kriecht, mit Blut besudelt. Doch wenn du einen Knaben siehst mit einem blinden Hund, dann nimm sie beide mit dir, und du wirst sehen, was du sehen wirst. Gehorche, mein Diener, und lerne erkennen, wie reich Armut zu sein vermag!«
Osman hatte Gehorsam geleistet, wenn er auch niemals begriff, was da vom Reichtum und der Armut gesagt worden war, und hatte seitdem Ausschau gehalten nach dem verheißenen Knaben mit dem blinden Hunde. Und jetzt — Allah Kerim —

standen sie vor ihm, diese zwei ihm Verheißenen! Er vermochte nur mühsam seine Freude zu verbergen, eilte zu Ayminch heran, wich aber vor dem wilden Knurren des blinden Hundes sogleich wieder zurück. Aus einiger Entfernung sprach er dann, mit einer Stimme, die bebte vor Ergriffenheit: »Gesegneter Knabe, seit Jahren halten meine Augen Ausschau nach dir, und jetzt endlich ist die ersehnte Stunde gekommen. Sei der Augenblick vielfach gesegnet, da dein Fuß diesen Boden betrat, und gib mir Antwort im Namen dessen, der mir dein Kommen verhieß: willst du mit mir kommen in mein Zeltlager, drei Tagereisen von hier, und ein unglückliches Geschöpf pflegen, das nicht Tier ist, nicht Mensch, und das anzurühren sich niemand getraut?«
Wenn dieser Osman jahrelang nachgedacht hätte, um einen Weg zu ersinnen, wie er das Herz der jungen Aymineh rühren könne, er würde sich nichts Besseres haben ersinnen können. Sie trat näher zu Osman heran, und als Vefa knurrte, beugte sie sich nieder, legte ihren Kopf auf den der Hündin und flüsterte ihr etwas ins Ohr. Die Hündin drehte den Kopf, leckte Ayminehs Hand, die an ihrer Seite hing, und verhielt sich von da an ruhig, stand aber, eng an Ayminehs Beine geschmiegt, neben ihr. Sie fragte eifrig mit der rauhen Stimme jener, die bei allen Wettern in den Bergen nächtigen: »Du sagtest, Herr, es sei ein unglückliches Geschöpf, das sich niemand anzurühren getraue?« Osman sah in die Augen, die zu ihm aufgeschlagen waren und in denen ein tiefes Fragen stand zugleich mit dem, was er nur als Mitleid zu deuten vermochte. Augen, dachte der unglückliche reiche Mann, die dem Bergwasser glichen in ihrer klaren Tiefe. »So ist es, Knabe, niemand will es anrühren, das arme Wesen.« Aymineh sah ihn an, und dabei streichelte sie unbewußt den großen, weißen, struppigen Hund, was die Hirten, die im Zelt herumsaßen, mit Erstaunen betrachteten, da sie noch niemals gesehen hatten, daß sich einer der gefürchteten Hunde berüh-

ren ließ. Es war dieses der Grund, warum von nun an das junge Wesen, das als Hüterbube angesehen wurde, von allen Hirten mit einer Art abergläubischer Furcht betrachtet wurde: ein Waldmensch, ein Bergmensch, ein Ifrit!
Aymineh fragte Osman halblaut: »Warum will niemand das arme Wesen anrühren, Herr?« Die Antwort rang sich qualvoll aus dem Herzen des reichen Mannes. Er senkte den Kopf und sagte kaum vernehmlich: »Weil es Schuppen hat, harte, schneidende Schuppen, und wenn eine Menschenhand sich ihm nähert, stellt es die Schuppen hoch, und die schneiden.« Aymineh nickte verstehend, sagte: »Weil es merkt, wie sie sich fürchten. Alle Tiere wissen, wenn ein Mensch sich fürchtet, und sind dann böse, weil die Angst ihnen schlecht riecht.« Sie sprach den Dialekt der Bergleute, und die Hirten redeten in gleicher Art mit ihr, wie nicht verwunderlich, da ihr Geschäft sie immer mit dem Bergvolk zusammenführte. Als sie von der Angst sprach, die den Tieren schlecht riecht, erhob sich ein alter Hirte vom Boden, kam herbei und fragte: »Wird dein Hund, o Knabe, mir erlauben, ihn zu berühren, da ich noch niemals vor einem Tiere Angst hatte?« Aymineh sah sich den alten Hirten an, und von Blick zu Blick ging eine Botschaft verwandter Art. Sie lächelte dem Hirten zu und sagte ruhig: »Warte einen kleinen Augenblick, Babadjim, ich will es ihm sagen, weil er oft vor einer Berührung erschrickt in seiner Blindheit, wenn er nicht gewarnt wird.«
Sie hockte sich nieder vor Vefa, sprach leise zu ihr, ergriff dann die Hand des alten Hirten, die ihr sogleich gereicht wurde, und führte sie an des Hundes Nase. Vefa richtete sich ein wenig auf, was so viel bedeutete, daß sie die Vorderpfoten auf des Hirten Schultern legen konnte, und stand so an ihm, ihn beriechend. Dann legte sie sich nieder, und ihr Kopf sank auf die Füße des Hirten, die in weichen Zeltschuhen staken. Die Freundschaft war geschlossen. Der Hirte sprach einige leise Worte, beugte sich herab und strich über des Hundes

geneigten Kopf, sagte dann: »Würde er erlauben, daß ich seine Augen betrachte, Knabe? Ich kenne viele Mittel, und es könnte sein, daß eines ihm helfe. Wie geschah es, daß er erblindete?« Aymineh berichtete von dem Steinwurf, hob dann Vefas Kopf hoch und hielt ihn in ihren behutsamen Händen, die zwar rissig waren von Dornen und Gestrüpp, aber doch zart und weich halten konnten, was ihnen lieb war. Ohne sich zu sträuben, ließ Vefa alles mit sich geschehen, und auch der alte Hirte war sorgsam, denn er hatte schon manches wunde Lamm vor dem Sterben errettet. Mit Scheu und Schweigen sahen die Hirten dem allem zu, fast mit Andacht tat es Osman, denn er glaubte nun sicher sein zu können, daß diese Knabenhände auch die harten Schuppen des armen Tierwesens nicht fürchten würden.

An diesem Weideplatz hielt sich Osman nicht lange auf, denn die Zeit für das Decken stand nahe bevor, und da mußte man sich bereits in wärmeren Gegenden befinden, vom Karst weit entfernt. Aymineh und Vefa zogen mit, denn so schien ihrer beider Kismet zu sein. Daß in der Lagergemeinschaft bisher noch niemand bemerkt hatte, es ziehe nicht ein Knabe mit ihnen, lag daran, daß Vefa niemanden an ihre Herrin heranließ außer dem alten Hirten, der die Augen der Hündin mit allerlei Kräutermitteln zu behandeln pflegte. Noch fürchtete sich im ganzen Lager alles vor dem großen weißen Hund, dessen Gehör um so schärfer war als sein Augenlicht schwach. Doch schien der alte Hirte, wie es nun einmal Hirtenart ist, schärfere Sinne zu besitzen als alle anderen, und als er wieder einmal damit beschäftigt war, der Hündin die Augen zu pflegen, während Aymineh Vefas Kopf in ihrem Schoße hielt, sagte er leise, ohne den Blick zu heben: »Hast du auch bedacht, Mädchen, daß du dir eine Aufgabe gestellt hast, die eines Weibes Kräfte übersteigt, ja, jedes Menschen deiner zarten Jahre? Denn du kannst nicht viel älter sein als dreizehn Jahre, ist es nicht so?« Ohne zu zögern nahm dieses

Naturwesen hin, was die Worte des Alten besagten, und erwiderte: »O Hassan, der du von Anbeginn an gut zu Vefa warst, ich kann dir mein Alter nicht nennen, weil ich es nicht kenne. Aber ob Knabe, ob Mädchen, mir will es scheinen, hier sei die Aufgabe für einen gestellt, der nur mit Tieren lebte und gleich ihnen Scheu hegt vor den Menschen. Kein Tier war je schlecht und rauh zu mir, doch Menschen wohl. Auch ist mir, es sei vollkommen gleich, ob Knabe, ob Mädchen — sind beides nicht Geschöpfe Allahs?« Der alte Hassan hob erstaunt den Blick, fragte halblaut: »Woher weißt du von Allah, Knabenmädchen?« Aymineh lächelte und flüsterte: »Oftmals, Hassanbaba, kamen zugleich mit den Mazarlikdjiler auch Derwische zu uns dort oben in die Berge, und sie berichteten von Allah, Dessen Kinder wir sind und Der uns das Kismet bereitet nach Seiner Weisheit. So denke ich, dieses hier sei nun mein Kismet und es komme von Allah, wie hart auch immer die Schuppen sein mögen. Verstehst du mich, Hassanbaba?« Der alte Hirte neigte den Kopf, murmelte: »Allah bereket wersin«, und mit diesem Segenswunsche war für ihn das Ganze auf eine Bahn geschoben, die weit, weit über sein nur menschliches Hilfsvermögen hinauf in die Wolken führte. Hassan hatte nicht angenommen und in Erwägung gezogen, daß dieses Bergwesen, das er »Knabenmädchen« genannt hatte, etwas von Allah und dem Kismet wisse. Nun aber dem so war, mußte sie allein ihren Weg weitergehen, wohin immer er auch führe. Hatte er vorher daran gedacht, dem Herrn Osman seine Entdeckung über des Hundeknaben Geschlecht mitzuteilen, so fühlte er sich dazu nun nicht mehr berechtigt. Wer war er, hier einzugreifen, da eines von Allahs Kindern im Vertrauen auf Dessen Weisheit nach Seinem Willen den Weg des Opfers beschritt? Denn der alte Hassan hatte das arme Tierwesen einmal erblickt und wußte, was dem Knabenmädchen bevorstand — will sagen, er glaubte es zu wissen.

Und dann kam der Tag, an welchem sie zu dem heimischen Zeltlager gelangten, einer, den Aymineh niemals mehr vergessen sollte, obgleich der Anlaß zu diesem Gedenken ein ganz einfacher war. Der Stolz dieses Stammes war es nämlich, daß Osman, der Reiche und Bedeutsame, seinen Hirten ein Hamam hatte bauen lassen, eines, darin der weite Waldbesitz und sein Holz leicht verwendet werden konnte, um das Quellwasser zu heizen. Nun ist es eine bekannte Tatsache, daß alle islamischen Völker der Körperpflege sehr stark ergeben sind, insbesondere Hirten, da sie durch das Herdengetier und dessen Pflege mit allerlei Beschmutzung zu rechnen haben. So war es für diesen Nomadenstamm eine Selbstverständlichkeit, unmittelbar nach der Rückkehr in das heimatliche Lager sich zum Hamam zu begeben. Wie selbstverständlich wurde auch das Knabenmädchen in dem Strome der Hirten mit fortgerissen, und da sie nicht wußte, worum es ging, folgte sie willig. Doch hätte sie es auch gewußt, würde das keinen Unterschied für sie bedeutet haben, denn seit ihrer verlassenen Kindheit hatte sie in den Flüssen und Quellen zu gleicher Zeit mit den Männern gebadet, ohne daß weder sie noch die anderen sich etwas dabei dachten. Jetzt aber, da sich ihr schmaler Knabenkörper schon mählich mit den Merkmalen des Weibtums zu schmücken begann, mußte naturgemäß alles anders werden — in Wahrheit naturgemäß!
Aymineh warf ihre spärlichen Fellhüllen ab und begann sich wohlig in dem mit heißem Wasser gefüllten Becken hin und her zu bewegen, schwimmend wie ein Otter, als eine grobe Hand ihren Fuß packte und sie beinahe zum Untergehen brachte. Aber dieselbe grobe Hand zog den sinkenden Körper wieder hoch, und ein Hirte hielt die Erschrockene in der gleichen Art mit erhobenen Armen in der Luft, wie es zu geschehen pflegt, um dem Käufer Lämmer zu zeigen. Hilflos war Aymineh diesem harten Griff gegenüber, und so hing

sie denn über dem Wasserbecken, der Schau aller Männer preisgegeben, und wußte nicht, warum ihr solcherart mitgespielt wurde von denen, die bisher immer gut, wenn auch gleichgültig zu ihr gewesen waren. Die Stimme des Mannes, dessen kraftvolle Hand sie gepackt hatte, rief jetzt zornig: »Seht her, Freunde und Brüder, welche Beschimpfung uns zuteil geworden ist! Dieses Geschöpf hier, dem wir Obdach gewährten und das mit uns speisen durfte, ist ein Mädchen — zu unsrer Schande sei es gesagt! Seit wann durfte ein Weibswesen sich in unsrer Gemeinschaft aufhalten, als gehöre es zu uns? Wird es nicht am besten sein, diese Unwürdigkeit auszulöschen und in das Schattenreich zu befördern, wohin es gehört?« Aymineh verstand das alles nicht. Sie begriff nicht, daß sie in Wahrheit gegen Männerwürde verstoßen hatte, denn streng halten die Nomaden auf Trennung des Lebens von Weib und Mann, strenger noch als die Moslim es sonst tun. Doch sie sträubte sich nicht, lag still im Halten der starken Hände und dachte an Allah und das ihr bestimmte Kismet. Da aber stand plötzlich der alte Hassan neben dem Hirten Achmed, nahm ihm das nackte kleine Wesen aus den Händen und sagte ruhig: »Beflecke du dich nicht mit der Vernichtung der Unschuld, mein Bruder Achmed, denn dieses Kind weiß nichts von ehrfurchtslosem Tun, ja, es hat kaum eine Ahnung davon, anderen Geschlechts zu sein als wir; das habe ich seit langem erkannt. Lasse mir das Knabenmädchen, ich werde alles, was sie anlangt, in Ordnung bringen mit unserem Herrn — ihr wißt, ihr könnt mir vertrauen.« Damit nahm Hassan den jungen Körper in Empfang, hielt ihn an sich gepreßt, dessen kraftvolle Nacktheit noch schön und stark war, und trug Aymineh davon. Im Vorbeigehen ergriff er seinen eigenen weißen Wollburnus, schlang ihn um sich und das junge Geschöpf und strebte dem eigenen Zelte zu.

Aymineh lag ruhig an der Brust des alten Mannes und fühlte sich zum ersten Male in ihrem kurzen Leben geborgen und

umsorgt. Sogleich aber bewies sie auch, daß sie wirklich ein junges Weibchen war, denn ihre eine Hand machte sich frei und griff hoch nach dem bärtigen Gesicht des Hassanbaba, leise und leicht seine Wange liebkosend. Er lächelte ein wenig und sagte leise: »Evet Kusum«, und mit diesem zärtlichen Lammesnamen, des Hirten innigstem Kosewort, hatte er das einsame Knabenmädchen ganz in seine besondere Herde aufgenommen. Im Zelte angelangt, stellte der alte Hassan Aymineh behutsam auf den Boden, so als sei sie wirklich ein junges Lamm, das noch wackelig stehe, und betrachtete sie prüfend von allen Seiten. Dann lachte er leise auf und sagte: »Eine schöne Geschichte hast du angerührt, du Lamm, du unschuldsvolles – eine Geschichte, wie sie nur eine Frau anrühren kann zur Verzweiflung der Männer, auch dann, wenn sie noch kaum eine Frau ist, wie du, Knabenmädchen! Warte hier und rühre dich nicht von der Stelle! Ich hole meine alte Schwester, denn sie allein vermag uns jetzt zu helfen. Rühre dich nicht, hörst du? Dort liegt ein Reitermantel, wickle dich darein! Ich bin bald zurück.«
Damit ging er und ließ ein sehr geängstigtes junges Wesen zurück, denn vor Frauen hatte Aymineh mehr Angst als vor einem wilden Wolfe. Als dann aber nach kurzer Zeit eine lachende ältere Frau in das Zelt trat, schwand diese Angst sogleich, denn Bruder und Schwester sahen sich sehr ähnlich. Zadekiah nahm das junge Geschöpf einfach in die Arme, drückte es an ihren warmen molligen Körper und sagte heiter: »Sei bedankt, kleine Schwester, daß du meinem Bruder endlich ein wenig Angst vor den Weibern beigebracht hast – endlich, nach so langer Zeit! Und du, noch ein Stückchen ganz frisches Gras, hast das vermocht – aferim, aferim!«
Aymineh verstand auch dieses alles kaum, aber sie fürchtete sich nicht mehr und war neugierig darauf, was nun folgen würde. Die heitere Zadekiah, die Töchter aller Altersklassen besaß und darum auch Aymineh passende Kleidung würde

verschaffen können, drehte das Stückchen Mensch, das sie ein frisches Gras genannt hatte, hin und her, im Geiste schon erwägend, wie das so Frauenart ist und bleibt, wie dieses nackte junge Wesen zu bekleiden wäre. Doch Hassan fand, es sei nun genug gelacht worden, und obgleich er die heitere Schwester sehr liebte und sie für ein gutes Mutterschaf hielt, das seine Jungen mustergültig versorgte, hatte er genug vom Lachen, stand es ihm doch bevor, den Herrn Osman von dem ganzen Geschehen in Kenntnis zu setzen — ein schweres Stück Arbeit, denn im ganzen Lager kannte jeder Hirte den Wortlaut der Weissagung von dem Knaben mit dem blinden Hund. Und nun ein Mädchen? Wie würde der Herr den Schlag ertragen? Der Schwester hatte Hassan wohlweislich nichts gesagt von der Bestimmung des Knabenmädchens, denn er konnte sich gut vorstellen, welches Gerede im Haremlik ausbrechen würde, wüßten die Frauen davon.
So kleidete sich Hassan eilends an, kaum daß Zadekiah mit Aymineh davongegangen war, warf den noch feuchten weißen Burnus über und begab sich zum Zelte des Herrn Osman. Der war immer, ob Tag, ob Nacht, für seine Hirten zu sprechen, denn er war trotz seines bedeutenden Reichtums selbst ein Hirte geblieben und wußte, daß Tiere immer der Sorgfalt bedürfen, ihre Hüter demnach stets um Rat zu ihm kommen könnten. Da er Hassan als den ältesten Hirten, der allem gewachsen war, besonders schätzte, begrüßte er ihn freudig, fragte aber gleich danach: »Ist etwas geschehen, Hassan, mit einem deiner Tiere?« Hassan griff diese Frage sogleich auf, gab zur Antwort: »An keinem meiner Tiere, Herr, wohl aber an einem jungen Geschöpf, dessen Schutz ich übernommen hatte.« Das ganze Lager wußte von der Fürsorge Hassans für den Hüterbuben und seinen blinden Hund, und da für Osman dieser Hüterbube gegenwärtig von hoher Kostbarkeit war, fragte er erregt: »Dem Hundeknaben ist etwas geschehen, Hassan? Und konntest du es nicht verhindern,

ihm nicht helfen?« Hassan erlaubte sich zu lächeln, denn er war gleich seiner Schwester von heiterer Art, und erwiderte, zuversichtlich geworden: »Verhindern konnte ich es nicht, Herr, kann doch kein Mensch hindern, was die Natur in ihrer Macht geschaffen hat. Vernimm es denn, was ich schon lange wußte, Herr: Der Hüterbube ist — ein Mädchen!« Für eines Augenblickes Dauer schien es, als wolle der Herr Osman aufspringen und seinem Hirten Hassan an die Kehle fahren, aber gleich danach breitete sich ein Strahlen auf seinen dunklen Zügen aus, darin alle Bergwetter ihre Spuren hinterlassen hatten. Er stand auf, hob die Hände und sagte aus tiefster Seele: »Allah kerim!« Dann sank er wieder auf seine Sitzkissen nieder und bedeckte die Augen mit der Hand, offenbar in Gebet vertieft.

Hassan rührte sich nicht, wagte kaum zu atmen, denn alles hatte er erwartet als Wirkung seiner Mitteilung, ja, er hatte schon in Erwägung gezogen, mit seinem Schützling, der gewißlich verstoßen werden würde, zu einem anderen Hirtenstamm davonzugehen. Und nun dieses! Waren sie jemals zu verstehen, die großen Herrn? Aber sein Erstaunen sollte noch zunehmen, denn jetzt erhob sich der Herr Osman, kam zu Hassan, legte ihm die Hand auf die Schulter, sagte voll sichtlicher Bewegung, demnach ganz leise sprechend: »Sei Gesegnet, o Bote eines Gnadenbeschlusses Allahs! Da es sich nun um ein Mädchen handelt und dieses mir angekündigt wurde als Erlöser meines unglücklichen Sohnes, so werde ich die vielfach zu Preisende mit ihm vermählen, und solches wird dann die Erfüllung der Gnade sein!« Hassan starrte seinen Herrn an und traute seinen Ohren nicht. »Vermählen, Herr? Mit diesem Entsetzen die arme Kleine vermählen? Und das sollen wir dulden, wir, die wir gelernt haben, daß Erbarmen mit Tieren alles bedeutet, wir sollen Grausames gegen junges Menschenleben dulden? Niemals, Herr, nein niemals!« Anstatt jetzt zornig zu werden, wie Hassan es

erwartet hatte, zog Osman seinen Hirten neben sich nieder auf die Sitzkissen, holte schnell seinen Tschibuk, bot ihm dann mit der Zange eine glühende Holzkohle vom Mangal, um ihn zu entzünden, tat für sich ein gleiches, und als sie beide friedlich rauchend nebeneinander saßen, sie, die sich seit Jahrzehnten vertrauten, begann Osman zu sprechen, sagte halblaut und in reuiger Beschämung: »Dir, o Hassanbaba, den ich liebe und ehre, will ich gestehen, wie es geschah, daß jenes schreckliche Wesen, das ich meinen Sohn nennen muß, den zarten Leib meines jungen geliebten Weibes zerriß.« Hassan beugte sich vor, um besser zu lauschen, denn wenn es auch immer geheißen hatte, daß es sich bei der Geburt des schrecklichen Lebewesens um einen Fluch gehandelt habe, so wußte doch niemand darüber Genaueres.
Osmans Gesicht zeigte nun tiefe Traurigkeit, und er sprach leise weiter, sagte: »Damals lebten wir, wie du dich entsinnen wirst, mit dem Nachbarstamme in Feindschaft; du wirst dich erinnern, Hassan, daß es um den angeblichen Diebstahl eines weißen Kamels ging. Eines Tages nun lief mir am Brunnen, den wir damals trotz der Feindschaft mit dem Nachbarstamme teilen mußten, ein junges Weibgeschöpf in den Weg, und ich — Allah vergebe seinem Sohn — ward von heftiger Liebe zu dieser zierlichen Gazelle erfaßt und konnte nichts mehr denken und fühlen, als daß sie mein eigen werde. Ich schickte zu dem Nachbarstamme und bot eine große Summe als Brautgabe, aber jene ließen mir sagen, einem Kameldieb würden sie eine Tochter ihres Stammes nicht zu eigen geben. Ich blieb verzweifelt. Dann aber sagte ich mir, nachdem Wochen schlafloser Nächte vergangen waren, daß solches eines großen Herdenherren unwürdig sei, und eines Nachts nahm ich meine treuen Mannen zusammen, ritt gegen den Nachbarstamm, brach in das Zelt des Herdenherrn ein, riß das Gazellenmädchen in meine Arme und ritt davon. Als wir den Zeltplatz verließen, stand urplötzlich am Zelt-

eingang des Herdenherrn ein altes Weib, dessen graues Haar im Nachtwind wild um ihren Kopf wehte, und rief mit starker Stimme in das Dämmern hinein: ›Du Dieb, du Chirsis, du Elender, der mir mein geliebtes Kind geraubt hat, dich soll der Fluch einer Mutter treffen, und was immer sie dir auch gebären möge, es sei eine Schrecklichkeit, die dich zerstört und vernichtet!‹ Sie, die Gazelle, verbarg sich während dieser furchtbaren Worte an meiner Brust und hörte sie deshalb kaum, denn sie hatte, gleich mir, den Flügel des Engels Gabriyel gespürt, als wir uns zum ersten Male bei jenem Wüstenbrunnen erblickten, und es ist so, daß Töchter niemals ihrer Mutter Schmerzensworte vernehmen, wenn der geliebte Räuber sie entführt auf seinem Kamel, sei es nun weiß oder braun. So wurde es aber Wahrheit und geschah, nachdem die Zeit vollendet war, daß sie gebären mußte, diese schönste Blüte meiner Liebe, die ich niemals meinem Sehnen ersetzen konnte, trotz vieler Männerversuche des Vergessens. Und die Stunde kam, die gefürchtete. Der schrecklich geschwollene Leib der zarten Gazelle schien bersten zu wollen, die Frauen bemühten sich um sie, und dann zerriß jenes furchtbare Wesen die Hülle, die mein Entzücken gewesen war. Mein junges Weib starb, in viele blutende Fetzen zerrissen, und jenes Lebewesen kroch davon, mit dem Blut, dem kostbaren, geliebten Lebensblut besudelt. So, Hassanbaba, war es, was mich vernichtete. Und jetzt kommst du, Bote der Barmherzigkeit, und kündest mir, jener Hüterbube sei ein Mädchen. Verwundert es dich, daß ich die Barmherzigkeit preise und daß ich in Demut glaube, hier sei mir ein Ausweg geschenkt aus der Verzweiflung? Denn niemand, der lebt, wird mich glauben machen, daß aus einer Vereinigung zweier Wesen, die sich liebten, wie wir es taten, sich nichts als ein Ungeheuer bilden könne. Nein, niemals! Hier muß wieder Liebe helfen, nur sie vermag es — sie allein. Darum preise ich Allahs Erbarmen, und darum glaube ich an

die Erlösung des armen Geschöpfes, das uns entsprang, und darum sage ich: Vermählung. Kannst du mich verstehen, Hassanbaba?«
Der alte Hirte, dem die Kräfte der Natur in allen ihren Äußerungen, auch wenn sie schrecklich waren in Unwetter und Grausen, vertraut schienen wie das Atmen, nahm auch dieses, was ihm berichtet worden war, als ein Naturgeschehen hin, ebenso wie das Auftauchen des Knabenmädchens. Er neigte den grauen Kopf und sagte voller Ehrfurcht vor dem Unbegreiflichen: »Ich verstehe, Herr, und werde dem Knabenmädchen berichten von dir und deinem Leid. Soweit ich sie und ihr Sein kennenlernte, wird sie zu jeder Hilfe bereit sein, da sie sich als Werkzeug Allahs und des Kismets ansieht. So sei guten Mutes, Herr, Allah ist gnädig für dich!«
Osman neigte sich tief und sagte demütig: »Ich weiß und glaube es, du Bote des Erbarmenden. Sei gesegnet.«
Hassan erhob sich und verließ stumm das Zelt Osmans.
Der alte Hirte begab sich zum Zelte seiner Schwester und gedachte in der harmlosen Art, wie sie Männern eigen ist, dort einzutreten, um sein Knabenmädchen von dem bevorstehenden Schicksal zu unterrichten. Aber ihn empfing das heftige »Yassak!« vieler Frauenstimmen, das schrill erklang, und vor diesem Worte des Verbotes wich er gehorsam zurück. Drinnen aber stand, umgeben von den Frauen, den Dienerinnen und Töchtern der Zadekiah, die hilf- und ratlose Aymineh. Sie begriff gar nichts mehr, versuchte sich nur zu wehren gegen die vielen Fetzen, die ihr umgehängt wurden, ihr, die, seit sie kriechen konnte, ihren Körper allen Witterungen ausgesetzt hatte und deshalb auch niemals krank gewesen war. Da aber die Frauen Freude daran zu haben schienen, diese ihnen unversehens gelieferte Puppe herauszustaffieren, wobei jede etwas von ihren Besitztümern herbeibrachte und es prüfend an des knabenhaften Mädchens Körper hielt, ließ es sich Aymineh noch gefallen, denn sie spürte die all-

gemeine Freundlichkeit, davon sie noch so wenig genossen hatte. Das reiche, noch triefnasse dunkle Haar wurde jetzt mit gewärmten Tüchern bearbeitet, vor allem auch gekämmt, was dieser Tolle gänzlich neu war und deren Besitzerin gleichfalls. Dann kam Bürsten und Salben an die Reihe, davon Aymineh erstaunt Kenntnis nahm, doch als über das ganze Kunstwerk der für Mädchen übliche Schleier gelegt werden sollte, war es mit der Geduld des Hirtenmädchens vorbei. Sie brach einem kleinen Sturmwind gleich aus der Frauengruppe, riß sich das Schleierzeug vom Kopf und redete, redete, redete. Sie rief, ihr lebelang habe sie der Sonne ins Gesicht geschaut und das wolle sie auch weiterhin tun, nicht aber sich von einem Nebel verhüllen lassen. »Ihr dürft es mir nicht antun, nein, ihr dürft es nicht! Schon habt ihr mir eine Last um meine Glieder gehängt, so daß sie nicht mehr Luft, Regen, Sonne werden spüren können — mehr darf mir nicht geschehen, mehr nicht!«

Ratlos sahen die Frauen und Mädchen auf dieses fremdartige Geschöpf, aber Zadekiah begann zu begreifen, mit was sie es in dem Naturwesen zu tun habe, kam herbei, nahm Aymineh in die Arme, und die weiche, warme Berührung ließ alle Wildheit des Kindes entschwinden. Sie ließ sich willig fortführen in die mehr rückwärts gelegenen Gemächer des großen Zeltes, und als Zadekiah sie neben sich herunterzog auf die Sitzkissen, sträubte Aymineh sich nicht. Hassans Schwester aber begann nun das schwierige Geschäft der Befragung zunächst und dann des Unterrichtens darüber, was es heißt, ein islamisches Mädchen zu sein. Soweit es die körperlichen Beeinträchtigungen des weiblichen Wesens betraf, war alles sehr einfach, da die Schwester eines Hirten zu einem Hirtenmädchen sprach, für das die Natur keine Geheimnisse barg. Als es aber um das ging, was das islamische Frauenleben von einem jeden Mädchen verlangte, an Zurückgezogenheit und Ergebenheit dem Manne gegenüber, da rebellierte das

Naturkind mit aller Wildheit und erklärte, sich dem allen niemals fügen zu wollen. Zwar sei sie mannbar, sagte Ayminehm, aber niemals werde sie das Leben der Verborgenheit führen, wie es ihr Zadekiah schilderte.
Wer weiß, zu welchen Ausbrüchen der Wildheit eines freien Geschöpfes der Wildnis das noch geführt hätte, wenn hier nicht Hassan bei der Schwester erschienen wäre, der fand, er habe nun lange genug gewartet, um seine Nachricht anzubringen. Er führte Vefa mit sich, der Aymineh sogleich entgegeneilte, sie an sich drückend, damit sie kein Unheil anrichte. Die Mädchen flohen alle erschrocken vor dem Anblick der großen Hündin, und so waren die drei bald allein. Hassan hatte sich mit Mut gewappnet, um seine ihm schrecklich erscheinende Nachricht anzubringen, aber es zeigte sich bald, daß dieses Naturkind alle immer wieder in Erstaunen zu setzen vermochte, die an ein Leben nur menschlicher Gemeinschaft gewohnt waren und nicht an die wilde Bergeinsamkeit. Leise und zögernd sprach Hassan das Wort »Vermählung« aus, aber Aymineh wandte sich lachend zu Zadekiah, bemerkte heiter: »Siehst du, Herrin, daß ich mich nicht in das Leben werde fügen müssen, davon du mir soeben sprachst? Ich werde das Weib sein nicht eines Mannes, sondern eines armen Tierwesens, das alle fürchten, nur ich nicht, und es wird sich an mich schmiegen, wie das Vefa tut. Ich aber werde frei sein, ganz frei, soweit es die Ketten des Mitleids zulassen. Wann soll es geschehen, Hassanbaba? Hat der Herr Osman schon die Stunde bestimmt?«
Sprachlos vor Staunen sahen sich Bruder und Schwester an, denn sie begriffen das Kind der wilden Berge nicht. Hassan verneinte, aber es zeigte sich sogleich, daß er sich geirrt habe, denn die Ungeduld, das Werk der Erlösung zu vollenden, an das er glaubte, hatte den Herrn Osman nicht ruhen lassen. In höchster Eile kam ein Bote dahergerannt, rief, außen an der Zeltwand stehend, vom hastigen Lauf ganz außer Atem:

»Hassanbaba, der Herr Osman begehrt dich sogleich in seinem Zelt zu sprechen!« Hassan erhob sich von den Sitzkissen, ließ den duftenden Kaweh, der ihm gebracht worden war, stehen und ging zum Zelt des Herrn Osman zurück.
Zu seinem Erstaunen befand sich bei dem Herrn der junge Imam, der den Stamm auf seinen Zügen zu begleiten pflegte, und Osman stand vor ihm, lauschte ihm, so schien es, etwas beunruhigt. Hassan blieb nahe am Zelteingang wartend stehen und hörte den Imam sagen: »Es verhält sich so, Herr, daß die Austreibung eines bösen Geistes, darum es sich bei deinem unglücklichen Sohne handeln muß, weil er unter einem Fluch steht, nur von einer unberührten Jungfrau vorgenommen werden kann — das Mädchen ist es?« Hassan sagte ruhig: »Sie ist es, Herr.« »Gut also. Dann schreibt ein altes Gesetz vor, diese Jungfrau solle, vierzigfach in Schleier gehüllt, zu dem verfluchten Wesen gebracht werden und die vierzig Schleier — so gezählt nach unserer heiligen Zahl — ablegen, einen nach dem anderen, und auf das Wesen werfen. Ist sie rein und unberührt, so wird das verfluchte Geschöpf erlöst sein, doch weiß man nicht, ob es vielleicht wie dürres Laub zu Asche zerfällt. Was, o ihr Männer, wissen wir von solchen Geheimnissen? Sind sie nicht auch uns von vierzig geheiligten Schleiern verhüllt?« Der junge Imam schwieg. Hassan und Osman taten ein gleiches, in tiefe Gedanken versunken. Dann fragte Hassan, immer aus der Sorge um seinen Schützling heraus: »Und wie verhält es sich, Imam Efendi, mit der von Osman Efendi verlangten Vermählung hierbei?« Der Imam sagte lächelnd: »Erst die vierzig Schleier, danach sehen wir weiter.«
Sehr erleichtert atmete Hassan auf und erklärte, Aymineh benachrichtigen zu wollen. Wann bestimme Osman, daß die geheimnisvolle Handlung stattfinden solle? Voll fiebernder Ungeduld erklärte der unglückliche Vater: »Sogleich, noch vor dem Azan des Abends, sogleich!« Der Imam aber, seine

ganze Klugheit enthüllend und auch seine Vertrautheit mit den Lagersitten, fragte leise: »Und die Schleier? Vierzig Schleier? Glaubt ihr, es würden ihrer so viele im Lager zu finden sein?« Das aber beunruhigte Osman gar nicht. Er wandte sich an Hassan und befahl ihm: »Geh und hole von allen Frauen ihre Schleier — wir haben doch gewißlich mehr als vierzig Frauen bei uns? Sage ihnen, sie bekämen sie unbeschädigt wieder, es handle sich nur um — um — nun, um was?« Immer noch lächelnd sagte der junge Imam leise: »Um eine Wette des Herrn Osman, dann fragt keine Frau weiter.« Hassan nickte und begann seinen Rundweg durch die Zelte der vermählten Hirten, holte sich aber erst als Helferin eine Dienerin der Schwester, der er jedoch noch nichts von dem Vorhaben verriet. Als er dann mit seiner Beute wieder bei der Schwester eintraf, hob Vefa den Kopf, legte sich dann aber wieder zufrieden nieder. Wie würde die Hündin das ertragen, was Aymineh bevorstand? Was würde geschehen, wenn jenes Wesen mit Vefa zu kämpfen begann? Allaha ismagladyk! Hier halfen keine Menschengedanken mehr.

Es blieb nun Hassan nichts weiter übrig, als Aymineh mitzuteilen, was man von ihr erwartete. So sagte er tief beunruhigt: »Knabenmädchen, höre mich an! Der Herr Osman will dich jetzt zu dem schrecklichen armen Geschöpf bringen, von dem du weißt. Bei ihm ist der Imam, der gesagt hat, du mußt dich in vierzig Schleier hüllen und sie einzeln abwerfen, dann kannst du das Geschöpf erlösen. Willst du es tun?« Aymineh richtete sich stolz auf und sagte ruhig: »Nein.« Als habe er einen Schlag erhalten, fuhr der alte Hassan auf, rief zornig: »Und doch sprachst du mir einmal von Mitleid, du Falsche, du Feige!« Ruhig antwortete Aymineh: »Ich habe auch noch das gleiche Mitleid mit der armen Kreatur, aber ich lege keine Schleier an, nicht einen und nicht vierzig, das werde ich niemals tun, nie! Dennoch glaube ich, daß es, um helfen zu können, keiner Schleier bedarf. Führe mich zu dem Herrn Osman, ich werde es ihm sagen, und er soll mich tun lassen, was ich will, nicht aber was der Imam befiehlt. Löse mir das Haar, Herrin, das ist aller Schleier, dessen ich bedarf!«

Die ruhige Entschlossenheit des jungen Bergwesens war so stark, daß Zadekiah ihr gehorchte und ebenso Hassan. Zwar nahm er den gesammelten Haufen der vierzig Schleier unter den Arm, um zu beweisen, daß er dem Befehl gehorsamt habe, aber er sagte nichts mehr davon zu Aymineh, die stolz und ruhig neben ihm daherschritt, größer wirkend als bisher durch die ihr angelegten Frauengewänder. Das dunkle Haar wehte um ihr Gesicht, und Hassan sah mehrfach beunruhigt darauf hin, denn es darf nicht vergessen werden, daß das Lösen des Haares für die islamische Frau als der Verlust der Keuschheit betrachtet wird, und das ängstigte Hassan. So traten sie ein in das Zelt des Herrn Osman, ein junges Frauengeschöpf ohne Schleier mit gelöstem Haar. Der Imam fuhr von seinem Sitzkissen hoch, war mit zwei schnellen Schritten bei Aymineh, bedeckte sich das Gesicht mit seinem langen Ärmel und rief zornig: »Du Schamlose, du wagst es, dich als Jungfrau zu bezeichnen? Mache dich hinweg, dich können wir nicht brauchen!« Ruhig blieb Aymineh stehen, zog den verhüllenden Ärmel und damit den Arm des Imam herunter und sah den jungen Priester an. »Wenn du meinst, Diener Allahs, es habe mich schon einer besprungen, so irrst du. Ich bin, wie mich Allah schuf, das glaube mir.« Die Hirtin hatte geantwortet, und der klare Blick der Augen von der Farbe der dunklen Bergveilchen überzeugte den Imam. Er fragte nur leise und etwas beschämt: »Aber dein Haar, o Mädchen?« Aymineh erwiderte: »Ich werde es über jenes Wesen breiten anstelle der Schleier, deren Ihr vierzig an heiliger Zahl befahlt. Ich trage keine Schleier, werde sie niemals umlegen. Nun befehlt, was zu geschehen hat, und wenn eure Herzen Mitleid kennen, so bringt mich zu jenem armen Wesen, ohne weitere Worte zu verlieren — kommt!«

Die ganze Art des Hirtenmädchens war so tief überzeugend, daß Osman wortlos dem geheimen Teil des Zeltes zuschritt, dahinter das Wesen verborgen war. Hassan rief erschrocken: »Aber der Hund — du kannst doch deinen Hund nicht mitnehmen, Knabenmädchen!« Aymineh hatte Vefa zum ersten Male vergessen, die ihr, wie immer, gefolgt war und nun witternd, mit leisem Grollen neben ihr stand. Sie hockte sich nieder, nahm den Kopf des Hundes in die Arme, so daß ihr Haar ihm um die Nase hing, und sprach auf ihn ein, in Worten, die keine waren. Vefa aber verstand. »Er wird ruhig sein«, sagte Aymineh, »gehen wir nun!« Sie gingen, als erster Osman, dann der Imam, der voller Neugier war, weil noch niemand das Wesen gesehen hatte, wenn auch alle davon wußten, darauf Hassan und als letzte Aymineh mit Vefa. Die Hand des Mädchens lag auf des Hundes Kopf, und sie schritten in Einheit dahin.

Dann hob Osman einen schweren Teppich, und schon der Geruch, der sie traf, war erschreckend, wieviel mehr aber der Anblick! Das Nackenhaar des Hundes richtete sich steil hoch, und er ließ ein tiefes Knurren hören. Der Imam wich zurück, und Hassan murmelte einige fromme Worte, denn dort lag, sich auf dem Boden wälzend, etwas wie eine große Eidechse, auf deren Rücken die Schuppen steil aufgerichtet standen. Beim Eintritt der Menschen hob das Wesen den Kopf, und da war es, daß es Ayminehs Herz wie ein Stoß traf, denn das schreckerregende Geschöpf hatte Menschenaugen, Augen von so unbeschreiblich tiefer Traurigkeit, daß selbst Eblis, der Engel der Dunkelheit, darob Tränen vergossen hätte. Aymineh aber ließ Vefa loß — eben noch packte Hassan zu —, tat einige laufende Schritte und warf sich über das schreckliche Geschöpf, nichts achtend, gar nichts. Sie umschlang den grauenerregenden Kopf mit den todtraurigen Menschenaugen, und ihr gelöstes Haar fiel bergend darüber hin. Dann neigte sie sich tief, ganz tief, und ihre jungen Lippen legten sich auf die Schuppenlider der traurigen Augen, drückten den ersten Kuß ihres Lebens auf diesen anklagenden Schmerz hilfloser Pein. Sie spürte die Schuppen nicht, sie fühlte nur das salzige Naß der Tränen, die in diesen Augen standen. Doch kurz nur, ganz kurz war das, was sich den Blicken der drei Männer darbot und dessen Erinnern sie ein Leben lang nicht mehr verließ.

»Tor, o ich Tor!« dachte der junge Imam, »der ich Torheit verlangte! Was kann einem reinen Herzen voll Mitleidens gleichen — was unter Allahs Sonne?« Und er sprach leise für sich die erste Sure des Korans. Doch vermochte er sie nicht zu Ende zu sprechen, denn urplötzlich gab es etwas wie einen Knall, und am Boden lag, wie ein abgeworfener Mantel, die schreckliche Hülle, die eines Tieres gewesen war. Weit spritzte Feuchtes umher, traf Vefas blinde Augen, die sie erschreckt aufriß, um dann mit etwas, das einem Freudenschrei aus Menschenmund glich, hinzustürzen zu dem nackten Jüngling, der aus der Hülle des Fluches sich erhob, fest an sich drückend, was ihm gehören sollte für die Zeit zweier junger Leben. Dann wandte der Jüngling den Kopf, sprach das erste Wort seines Lebens in Menschengestalt, sagte leise und heiser: »Sevgi«, was Liebe heißt. Es war aber das letzte Wort gewesen, das Osmans Weib hervorgebracht hatte, ehe sie verblutend verschied; jetzt, nach achtzehn Jahren, klang es von des unglücklichen Sohnes Lippen in Osmans Herz. Er sank ohnmächtig zurück, und eben noch vermochte ihn Hassan aufzufangen, der sich bemühte, auch Vefa zu bändigen, die wie wild an dem Lederband riß, das ihr umgelegt worden war, und sich damit zu ersticken drohte.

Ein zorniges Wort rief der Hirte dem Imam zu, denn er fand, jetzt sei nicht die Zeit des Betens, sondern des Handelns gekommen. Der junge Imam erwachte aus seiner Versunkenheit, griff zu und hielt Osman aufrecht, der bereits wieder zum Bewußtsein erwachte und glaubte, geträumt zu haben, dann aber das gleiche Bild vor sich sah, das eines nackten Jünglings und eines mit vielerlei Kleidungsstücken behängten blutjungen Mädchens, das den Schwankenden, der sich an sie klammerte, mühsam aufrecht zu halten suchte. Da lief Osman herzu, packte den ihm soeben geborenen Sohn, hüllte ihn in seinen Burnus, den er sich bereits abgerissen hatte, und umfaßte ihn, daß er ihn fortführe aus dem Raume, der besudelt war. Der Jüngling aber wandte sich um, und mit der unbeholfenen Bewegung eines halb Schlafenden griff er rückwärts, wo seine Erweckerin stand, und tastete nach ihr. Sie faßte sogleich die suchende Hand, strich auch beruhigend über sie hin, denn die Hirtin wußte aus Erfahrung, wie schwer es für die Geschöpfe Allahs ist, aus der Geborgenheit des Mutterleibes in die Welt der Menschen geschleudert zu werden — und war hier nicht so etwas wie eine Geburt erfolgt? Sie sah, wie der Jüngling ein wenig lächelte, als er ihr Halten spürte, und dieses aus dem Dunkel des Unbewußten sich heraufringende Lächeln war für Aymineh das gleiche wie der erste klagende Ruf eines Lammes, das soeben geworfen wurde. Er tat ihr leid, der Jüngling, der, dessen war sie sicher, niemals sein würde wie andere, deren Werden und Entstehen naturgegeben war und unter dem Segen der Mutterliebe stand. So jung sie auch war, so unerfahren in Dingen der Liebe, so wissend-unwissend in allem, was Weibesschicksal ist, sie fühlte doch zu diesem, dessen Tränen der Pein sie getrunken hatte, das tiefe Mitleiden der Mutter, die das hilflose Geschöpf in die Welt entläßt.

In diese Gedanken versunken, spürte sie fast erschrocken die weiche Schnauze von Vefa an ihrer freien Hand und sah auf die Getreue hinab. Da entfuhr ihr ein leiser Schrei, denn klar und ungetrübt blickten sie die dunklen Hundeaugen an, und die warme Zunge leckte ihre Hand, tat es fast zitternd,

solcherart anzeigend, wie sehr sich Vefa ihres neuen Glükkes bewußt war. Vorsichtig löste Aymineh die haltenden Finger des Jünglings, den sein Vater umschlungen hielt, die unsicheren Schritte zu leiten, und kauerte sich neben Vefa nieder. Aber ein Klagelaut, unbeholfen und unbewußt aus des Jünglings Mund, ließ auch Osman stillstehen. Er sagte, fast feierlich sprechend: »Meine Tochter, du Gesegnete, entziehe meinem Sohn nicht deine Hand! Komm, wir gehen alle zusammen, willst du?« Aymineh nickte, rief jubelnd: »O Herr, Herr, sieh nur, meine geliebte Hündin ist nicht mehr blind, auch sie wurde geheilt! Lasse mich deinem Sohne Dank sagen, denn ohne Zweifel vollbrachte er dieses Wunder.«
Der Jüngling hatte, kaum daß Aymineh zu sprechen begann, den Kopf lauschend geneigt, und als sie jetzt schwieg, wiederholte er sein einziges, ihm aus dem Dunkel der Geheimnisse überliefertes Wort, sagte wieder heiser und mühsam: »Sevgi.« Osman vermochte es kaum zu ertragen, dieses im Innersten seines Herzens gehütete Wort laut, wenn auch gedämpft, wiederholt zu hören, und er neigte tief den ergrauenden Kopf, damit niemand seine Bewegung bemerke. Aber es geschah wieder ein Wunder: die Hand des Jünglings hob sich und strich weich über den geneigten Kopf mit seinem grauen Haarschopf. Der Mann erschauerte bis ins tiefste, und eben noch vermochte Hassan den Jüngling zu umfassen, da Osman sich niedergeworfen hatte und den Namen seines Weibes hauchte, rief, seufzte: »Melekla, yah Melekla!« Denn genauso hatte ihre Hand sein Haar oft kosend berührt. Und er begriff, dieser reich Beschenkte, daß innerhalb der furchterregenden Hülle die Liebe seines Weibes für ihn bewahrt worden war, in aller Wärme, Weichheit und Lieblichkeit.
So geschah es, daß der Fluch ausgelöscht ward und in Segen gewandelt, daraus ein Sohn Allahs begriff, Allah lasse den Sieg des Bösen nur zu, um den des Guten desto stärker zu erkennen zu geben. Auch wurde weiterhin bewiesen, daß ge-

ringe Kraft, wenn das große Mitleiden dahintersteht, mehr ist als Stärke der Glieder. Denn es war Aymineh, die es vermochte, aus dem Jüngling, der sich wie im Traum bewegte, einen Mann zu machen. Und gleichzeitig erreichte sie es, die ihr verhaßte Weiberkleidung loszuwerden. Das aber kam so: Sie ging zum Zelte des Herrn Osman, wo dessen Sohn sich nach wie vor befand, und wurde wie immer sogleich zum Herrn gebracht, denn es gab nichts, was Osman diesem Wesen, das ihm den Sohn zurückgab, nicht zu Gefallen getan hätte. So hatte er Aymineh auch gestattet, weiterhin im Zelte von Hassans Schwester zu verweilen, und rechnete ihr auch dieses als ein Geschenk an, das sie ihm gab, denn auf diese Art blieb ihm sein Sohn noch zu eigen. Zwar fragte der Jüngling morgens, mittags und abends nach »Sevgi«, wie er seine Befreierin nannte, aber noch war er zu sehr im Traume der Schöpfung befangen, zu sehr mit sich und seinem neuen Leben beschäftigt, um Ungeduld zu zeigen.

Nun also begab sich Aymineh zu Osman. Sie sagte ihm, was das Überlegen in vielen schlaflosen Nächten sie gelehrt hatte, sagte es in der Sprechart der Hirten, und er hörte ihr liebevoll und fast ehrerbietig zu. »Herr, auf diese Art, wie er hier lebt, wird dein Sohn niemals oder doch erst in vielen Jahren ein richtiger Mann werden. Auch kann es gut geschehen, daß er, wenn er sich nach Monaten unter die Hirten wagt, verlacht würde, und das darf nicht sein. Ich mache dir darum, Herr, einen Vorschlag, ich, eine Hirtin, du, ein Herr der Herden: Laß mich mit deinem Sohne fortziehen — erschrick nicht, es soll nicht in die Ferne gehen —, nur in solcher Art stellte ich es mir vor, daß er das Leben der Hirten kennenlerne. Sein Körper, immer noch weiß, soll sich bräunen, er soll auch einmal ringen müssen mit einem Hirten, der älter und kraftvoller ist als er. Und mich, Herr, lasse mit ihm ziehen. Ich werde mich kleiden einem Knaben gleich, wie ich war, als ich kam, und auch er soll so gekleidet sein, doch magst du ihm wertvolle Pelze umhängen, während ich ...« Hier aber unterbrach Osman das Mädchen, sagte freudig und lachend: »Während du, meine Tochter, die mir meinen Sohn wiedergab, im räudigen und stinkenden Fell eines an Altersschwäche verendeten Schakals neben ihm hergehen wirst — so hast du es dir gedacht, stimmt es?« Da mußte auch Aymineh von Herzen lachen, und sie erkannte, wie vollkommen sich der Herr Osman gewandelt hatte, der einstmals so düster Schweigende, nun aber lachend Beredsame.

So wurde es denn zwischen den zweien beschlossen, und die Hirtin Aymineh war es, die eines Morgens im Dämmern aufbrach mit dem Jüngling, dem der Vater den Namen »Rüya«, das ist »Traum« gegeben hatte, das Lager verließ, noch ehe es erwacht war. Mit Mädchen und Jüngling ging freudig bellend Vefa daher, und langsam folgte ihnen Hassan. Er hatte es sich ausbedungen, mitziehen zu dürfen, und er führte einen Esel mit, der das Zeltgerät trug. Rüya war gut so benannt worden, denn für ihn war alles noch Traum, nicht Wirklichkeit, es sei denn die Hand derer, die er Sevgi nannte, einfach »Liebe«. Aymineh, die wußte, daß sie mit ihm vermählt war, freute sich daran, daß alles dieses ihm noch verschlossen blieb, und war sicher, daß Natur und Zeit irgendwann einmal sie miteinander vereinen würden, wann immer er aus dem Traum erwachte, und sie dafür darin versank. Es eilte ihr nicht, sie fand das Warten auf das Glück des Glückes schönsten Teil, weise geworden durch das Leben mit Tieren, eben ein Hirtenmädchen.

Einmal, als er, müde geworden, seinen Kopf in ihren Schoß bettete, um zu schlafen, strich sie ihm durch das tiefdunkle Haar, tat aber einen kleinen Ausruf des Schmerzes, denn sie hatte sich den Finger an etwas Scharfem verletzt. Da sie sein Haar auseinanderstrich, um zu suchen, ob ein Dorn vom Judasbaum sich in der reichen Fülle verfangen habe, sah sie voll Schrecken, dort, wo die Hirnhaut zusammenwächst, eine scharfe Schuppe hochstehen, denen gleich, die das schreckliche Getier bedeckt hatten, und als sie die Schuppe berührte, fuhr der Jüngling mit einem Schmerzenslaut aus dem Schlafe auf. Sie starrten sich erschrocken an, und er, der nun schon richtig sprechen konnte, fragte ängstlich: »Warum hast du mir weh getan, Sevgi? Tue es nicht wieder, ich bitte dich.« Sie versprach es, aber ihr war, als habe sie eine Mahnung erhalten, und das Geschehen gab ihr viel zu denken. Wie sollte sie es erreichen, ihn auch von dieser Quelle des Schmerzes zu befreien?

Über dieses letzte Geheimnis aber, Freunde und Hirten, haben diese zwei uns nichts mehr verraten. Ihr wißt so gut wie der, der euch berichtet, daß Aymineh und Rüya von uns geliebt werden, weil es die Berge waren, die ihnen zum Glück verhalfen, und weil Vefa, die Treue, mit ihnen über die Berge zog. Aber ob jene schmerzende Schuppe Rüya genommen wurde in der Nacht, da er sein junges Weib erkannte, ob erst, als er seinen Sohn in den Armen hielt und er schon ein starker wirklicher çoban geworden war, ein Hirte unsrer Berge — wir wissen es nicht, und es möge ein Geheimnis bleiben zwischen Liebe und Traum.

Nur dieses ist sicher, und ihr habt es ebenso oft gehört wie der, der es euch berichtet: keiner in unsren Bergen glaubt mehr an den Fluch, seit der Kuß reiner Lippen, aus Mitleid verschenkt, eine Furchtbarkeit vernichtete. Und wenn je einmal ein çoban, zornig über einen Bock, der sich verstieg und den er durch Geröll kriechend suchen muß, zu fluchen anhob, dann war es genug, daß sein Hüterbub, hinter ihm steigend, leise sagte: »Kertenkele«, was Eidechse heißt, wie jenes Schreckenswesen erschien. Dann hob der Hirte die Hände, sprach andachtsvoll ein »Allah kerim«. Und so ist Er auch, ist kerim, der aus Qual Freude und Leben schafft, ist der Barmherzige, der ewig Weise, der zwischen Traum und Liebe seinen Kindern Gnade schenkt — Allah kerim!

Der vertrocknete Rosenstrauch

Ihr, meine Freunde, die ihr gleich dem, der berichtet, zum Hirtenvolke gehört, ihr werdet sogleich erkennen, daß diese Geschichte, die unter uns oftmals erzählt wurde, ihren Ursprung hat in der Sehnsucht. Dort oben sind und leben wir, finden unsere Tiere spärliche Nahrung, und dann, einmal im Jahre, wenn der Frühling anhebt, auch unsere Berge mit Blühen zu überschütten, ziehen wir hinunter, dorthin, wo unsere Heimat, vom Atem des Marmara-Meeres überhaucht, alle Blumenpracht hervorbringt, allen Reichtum an Schönheit und Duftfülle — dort, wo die Rosen blühen. Aber ihr wißt es auch, meine Freunde, daß die Rosen nicht nur um ihrer Schönheit willen gezüchtet werden, vielmehr um dessen willen, was auch aus ihnen an Verdienst erzielt werden kann, um des Duftöles willen, das über die ganze Welt hin bekannt ist und zu hohen Preisen verkauft wird. Kennt ihr nicht alle jene langen, schmalen, goldverzierten Flaschen, hergestellt auch sie von Künstlern aus Damas, darin nur ein einziger Tropfen des Rosenöles bewahrt wird, und dieser schenkt durch Jahre hindurch den Duft des Rosensommers unserer Heimat Anadolu? Alles dieses nun ist euch bekannt, ist es nicht so?
Doch hier wollen wir berichten von einer großen Sehnsucht und der Tat, die aus ihr entsprang, einer Tat, die vielleicht einmal nahe dem Unrecht stand, sich aber dennoch in Duft und Schönheit löste. Dieses, ihr entsinnt euch vielleicht noch, geschah in jenem Jahre, da die großen Stürme rasten und es auf unseren Bergen kaum mehr möglich war, einen Atemzug zu tun, ohne daß ein Windstoß ihn dir vom Munde riß. Damals lebte unter uns der Knabe Achmed, einer der unseren, doch ohne Vater oder Mutter, es sei denn, der Stamm bedeutete

ihm beides. Nun weiß ein jeder, daß des Hirten Leben und Sein einem Warten gleichkommt, sei es, daß er wartet, ob seiner Herde Gefahr drohe, sei es, daß er wartet, ob der Himmel hell bleibt oder sich umwölkt, sei es, daß er wartet auf sein eigenes Kismet. Nirgends wird dieses Warten auf das Kismet, auf das Leben und sein Geschehen dem jungen Hirten deutlicher kenntlich als droben auf den Bergen. Die Tiere ziehen umher, von Fels zu Ebene, von Talsenke zu blütenreicher Höhe, und er steht dort, auf seinen Stock die Hände gelegt, das Kinn auf die Hände gesenkt und schaut in die Ferne, den Hund neben sich, der ihm immer treuester Freund und Gefährte bleibt. Wenn der scharfe Wächter plötzlich davonstürmt, irgendein vorwitziges Tier vor dem Sturz zu bewahren — der Hirte merkt es kaum, es sei denn daran, daß der Hund die Aufgabe erfüllt, leise an sein Bein stößt, schweifwedelnd zu sagen scheint: Da bin ich wieder, bist du zufrieden mit mir, Herr?

Achmed aber, der Jüngling, von dem wir berichten, war ein ganz sonderlicher Mensch, denn er war jenes Einsamste und doch Reichste, das Menschentum hervorbringt: Er war ein Dichter. Für ihn lebte die Welt in einer Leuchtkraft, wie andere sie nicht sahen, mochten auch ihre Augen noch so scharf die Ferne durchforschen. Für Achmed war die Welt strahlend von Pracht, wie auch zeitweise von erschreckender Düsternis, und die nun alte Frau, die ihm einstmals die Brust gegeben hatte und in deren Blick etwas lebte, das an Achmeds Träumerei erinnerte, diese alte Haiiryeh pflegte zu sagen: »Sein Kismet wird so leuchtend sein, daß es uns alle blendet, oder aber so dunkel wie der Gandhar Dagh im Sturme.« Ja, und eben in jenem Sommer stand der Gandhar Dagh immer in stürmischer Düsternis, umwallt von gewaltigen Wolkenmengen — doch glaubt ihr, Achmed hätte sich gefürchtet? Ihr irrt. Er zog singend aus, er kam singend heim, und wenn auch seine starke, junge Stimme ihm vom Sturm von den Lippen gerissen wurde — Achmed sang in die wilde Bergferne hinein, die ihm Heimat war. Wild genug konnte es ihm nie zugehen. Wenn sogar sein Hund Atalama sich nahe an ihn drängte, um dem Hagelschlag etwas zu entgehen — Achmed jauchzte dem wilden Wetter entgegen, stemmte sich gegen den Sturm, lachte in das Hagelgeprassel hinein, war ganz und in allem ein Sohn seiner Berge, denen er zugehörte. Schön war er, und die Mädchen des Hirtenstammes sahen ihm verstohlen und in Sehnsucht nach, wenn er singend an ihnen vorbeikam, scheinbar nichts von ihrer Anwesenheit bemerkend. Scheinbar doch nur — denn auch nach dem Weibe lebte die Sehnsucht in dem Jüngling, nach ihr und den Rosen. Dieses jedoch war seltsam, denn mochten die Mädchen auch, wie geheim immer, für Achmed sichtbar sein, — die Rosen waren es nicht. Es gibt dort oben in unseren Bergen nur eine ganz kleine wilde Abart der Rosen — Flatterröschen und duftlos — kaum erblüht, schon verweht in der herben Höhenluft. Achmed aber, der — ihr wißt es — ein Dichter war, sah diese kleinen Flatterröschen an, hockte sich vor dem Strauch auf den Boden, hielt zwischen seinen Händen, die er wölbte wie zum Schutze gegen die wilden Winde, die Blüte umschlossen und versuchte einen Duft einzuatmen, der dennoch nicht vorhanden war. Dann sprang er geschmeidig auf, rief in die Bergferne seine Sehnsucht, rief singend, suchend: »Gül — Gül!« Und das Echo antwortete wie mit einem weichen Locken. Was er dichtete, dieser Dichter, der die Schrift nicht kannte, das schrieb er in die würzige Bergluft hinein mit seinem Gesang, und er glaubte, niemand wisse um seine Sehnsucht. Nur ein junger Dichter aber vermag so töricht zu sein, anzunehmen, niemand wisse etwas von ihm und über ihn, wenn es doch Mädchen gibt, die sogar auf dem steinigen Bergboden seinen Schritt zu unterscheiden vermögen, obgleich die Fellschuhe das Schreiten lautlos machen. Und weiter war die Torheit des Jünglings auch daran kenntlich, daß er niemals zu erforschen suchte, ob von den Mädchen, den erblühenden wie den reiferen, es keine gäbe, die den holden Rosennamen trüge, wie er doch bei uns häufig jungem Leben gegeben wird. Auch ward sich Achmed, versunken in seine Traumwelt, wie er war, nicht bewußt, wie oft er, vor sich hinsummend, das Sehnsuchtswort hören ließ, und er wäre ebenso erschrocken wie entrüstet gewesen, wenn er vernommen hätte, wie wieder einmal im Zelt der Frauen lachend hervorgesprudelt wurde: »Gül, wieder ruft er dich, dein Dichter – Djanum, welch ein Verlangen und welch ein Tor, daß er niemals etwas davon vor uns hören läßt!«

Nun ist es ja leicht und einfach für heitere Mädchen, den einen Toren zu nennen, der ein Träumer ist, aber seien wir gerecht: Wie hätte Achmed wissen sollen, daß ihm eine Rose blühte unter den Mädchen, und wie hätte er solches Wissen zu einem Tun irgendwelcher Art umwandeln können? Es ist leichter für einen Jüngling, einen Turm auf einer Insel im stürmischen Meer zu ersteigen und eine dort gefangengehaltene Jungfrau herabzuholen, als zu wissen, wer im Frauenzelte lebt und wie sie oder eine andere benannt sein könnte. Die Sterne oben am Himmel sind nicht ferner, auch wenn das Frauenzelt von dem der Männer nur zehn Schritte entfernt ist. Aber Mädchen sagen leicht, einer sei ein Tor, ebenso leicht aber auch, einer sei ein grober Flegel – es ist schwer, es ihnen recht zu machen, und ein Weiser versucht es am besten gar nicht. Doch ein Weiser? Wie anders als mit weißen Haaren denkbar, und solche denken wohl nicht mehr über Mädchentorheit nach – wenn anders sie wirklich »Weise« sind –, ist es nicht so? Dennoch achtet das Kismet auch auf dieses alles, denn es liegt ihm daran, seinen guten Ruf zu erhalten und auch von den Mädchen geachtet zu werden, seien sie noch so jung und lieblich, wodurch dem Kismet auch Erleichterung zuteil wird.

Bei einer so strengen Trennung nun, wie sie Männer- und Frauenzelt bedeutet, muß sich das Kismet eines bewährten

Bundesgenossen bedienen — der Frauenlist. Denn was könnte es für Mädchen Unterhaltsameres geben als, hinter einem Spalt des Zeltvorhangs verborgen, hinauszuspähen und voll Erwartung, in fröhlichem leisem Lachen fast erstickend, zu harren, ob wirklich richtig beobachtet wurde und die Zeit genau zusammentrifft, jene, da wieder einmal jener leichte Schritt erlauscht wurde, und die, zu der heuchlerisch und liebevoll zugleich Gül gebeten wurde, zur Wasserstelle zu gehen — nur heute einmal und so Nourhal zu vertreten, die sich vor Schmerzen krümme. Nourhal, eine der besten Schauspielerinnen, wenn es um dergleichen ging, und auch jetzt bemüht, wahrheitsgetreu Schmerzen zu zeigen, hätte durch allzu gute Darstellung fast alles verdorben, denn Gül war zwar bereit, Wasser zu holen, erklärte aber, wie ein Sonnenblitz so schnell wieder zurück zu sein, um die Schwester, die Arme, dann zu pflegen. »So geh doch schon, Gül«, sagte fast zornig das älteste der Mädchen, »lasse die arme Nourhal sich in Ruhe erholen! Niemand will gepflegt werden bei solchen Schmerzen, weißt du das nicht?«

Also ging Gül zur Wasserstelle, und hinter dem Zeltvorhang spähten heitere Augen der Gefährtinnen hervor, ertönte zwitscherndes Lachen, halb erstickt in weichen Gewänderfalten. Ahnungslos schritt Achmed der ihm gestellten Falle entgegen, ahnungslos auch Gül, denn sie hatte soeben Kaweh bereitet und darum den leichten Schritt, der sonst ihr Herz anrührte, nicht vernommen. Als sie aber das vertraute singende Summen vernahm, wollte sie schon entfliehen, doch dann hüllte sie sich fester in ihren Schleier, und im nächsten Augenblicke waren Achmeds Tiere schon an der Wasserstelle, und der Hund Atalama drängte sich mit hängender Zunge an dem Mädchen vorbei, um seinen Durst zu löschen. Gespannt beobachteten die Gefährtinnen vom Frauenzelte aus, was sich nun begeben würde, aber sie sahen nur einen höflichen Jüngling, der zurücktrat, um eine Frau nicht zu beleidigen, indem

er sie betrachtete, und glaubten schon, alles sei umsonst gewesen. Da aber benutzte das Kismet, dem nun schon genügend vorgearbeitet worden war, den Hund Atalama als Helfer, denn dieses sehr durstige Tier hatte mit solcher Kraft seiner Ungeduld das Mädchen Gül beiseite gedrängt, daß es rückwärts umgestürzt wäre, würden nicht nur zu willige Arme sich ausgestreckt haben, die Fallende zu stützen. »Maschallah!« hauchte es erstaunt hinter dem Zeltvorhang, denn einen so vollkommenen Erfolg des Unternehmens hatten sie nicht erwartet, die listigen, aber liebevollen Mädchen alle.
Indessen hielt Achmed das weiche und leichte Bündel jungen Weibtums umfangen und schien nicht die Absicht zu haben, es wieder freizugeben. Der Krug, um das Wasser zu holen, glücklicherweise aus Kupfer getrieben, also nicht zerbrechlich, rollte und hüpfte den zweien um die Füße herum, und Atalama, der seinen wilden ersten Durst schon gestillt hatte, stürzte sich auf dieses seltsame Wesen, das sich scheinbar wild gebärdete, und wollte es zerbeißen. Bei diesem Anblick vergaß Gül ihren Schrecken, vergaß auch, daß ihr der Schleier verschoben war, und brach in herzliches Lachen aus. Achmed tat desgleichen, und da nichts so schnell verbindet wie gemeinsames Lachen, war die Bekanntschaft geschlossen. Ein hüpfender Kupferkessel hatte sich gleichfalls als Helfer des Kismet erwiesen — warum auch nicht? Er glänzte im Abendlichte, blankgeputzt von fleißigen Mädchenhänden, denn die verschiedenen Frauenzelte wetteiferten darin, die am hellsten leuchtenden Kupferkessel zum Wasserquell zu bringen. Und jetzt war der Kessel auch wirklich zu Ehren gekommen, denn als Achmed ihn aufhob, um Atalama und sein Gebell endlich zu beruhigen, da sahen sich die zwei für eines Gedankens Dauer in dem hell-dunklen Kupfer, sahen beide dunklen Köpfe nebeneinander, war doch der Schleier nun ganz herabgesunken, lag einer Wolke gleich auf Achmeds Händen, die den Kessel hielten. Der Dichter nun, ja, jetzt der Dichter,

nicht der Hirte, der in ungeziemender Art eines Mädchens unverhülltes Antlitz sah, der Dichter sagte leise: »So sehe ich zum ersten Male meines jungen Weibes liebliches Gesicht. Wie heißest du, mir vom Kismet Bestimmte?« Der Kupferkessel, der arme, der schön geputzte, rollte bei der Antwort wieder zu Boden und vor Atalamas Füße, denn kaum hatte Achmed die hauchleise Antwort vernommen, dieses eine Wort: »Gül«, so geschah etwas, das hier noch niemals gesehen worden war, in diesem Hirtenstamme, wo so streng auf Sitte und Anstand geachtet wurde: Ein jauchzender Jüngling riß ein Mädchen hoch, hob es mit beiden starken Armen in die Höhe, ließ es dann sanft wieder zu Boden gleiten und sank auf ein Knie nieder, murmelte halb singend, halb betend: »Gül — sie heißt Gül, sie ist Gül!« Und er vergaß alles, wie auch sie es getan hatte.

Doch eine Wasserstelle zur Abendstunde in einem Hirtenlager ist wohl der am meisten besuchte Platz, den es geben kann, und ehe die zwei, die das Ungeheuerliche, das hier geschehen war, noch nicht begriffen hatten, waren sie schon umgeben von alten Frauen und Männern, die sich alle gleichermaßen entsetzt gebärdeten. Gül wurde fortgeschoben, denn auch die Gefährtinnen, mit hastig umgeschlungenen Schleiern, kamen herbeigelaufen, sie zurückzuholen, während die Männer Achmed umringten. Der war aus seinem Traume noch nicht erwacht, wehrte sich dagegen, fortgezogen zu werden, rief immer nur: »Sie ist Gül, sie ist mein — ich will zu ihr!« Eben ein Dichter, — was wollt ihr? Mit ihnen ist nicht vernünftig zu reden, mit diesen Gesegneten Allahs. Alle Mühe hatten sie, die Gefährten und Freunde, den sonst so ruhigen Jüngling auch nur zum Zuhören zu bewegen, ihm klarzumachen, daß er eben, wie er es doch ebenso gut wisse, den üblichen Weg zu gehen habe und daß niemand es ihm verwehren werde, Güllah zu seinem Weibe zu machen, nur erfordere das alles Zeit, das wisse er doch, ja? Der Brautpreis

und was alles dazu gehöre, und sie würde dann nach einigen Wochen ihm vom Imam angetraut werden — warum auch nicht? Jung und gesund alle beide und starke Hirtensöhne — Maschallah! »Laßt mich mit euren Hirtensöhnen zufrieden! Ich will zu ihr, denn sie ist mein, ist meine Rose, meine allein! Zu ihr will ich, habt ihr verstanden?« Sie hielten ihn fest und erklärten, ihn müsse die Sonne geschlagen haben, bis er endlich begriff, daß es besser sei, jetzt zu schweigen, aber geheim — leis sich zu erdenken, was geschehen müsse, und den Versuch zu machen, sich mit ihr in Verbindung zu setzen. Gut also, machen wir den Versuch — aber wie nur, wie? Man war ein Träumer, zugegeben, ein Dichter auch, wenn man so wollte, aber ganz umsonst war man nicht ein Hirte, der scheue Tiere hütete, und oftmals sich auch der List bedienen mußte, um ängstliche Muttertiere zu locken. Hier aber — Allah sei Dank — galt es keinem Muttertiere, nein, einer Rose, seiner Rose! Brautpreis? Lächerlich! sein ganzes Leben sollte der Brautpreis sein, das galt mehr als Gold, das man ja ohnehin nicht besaß. Bis er den Brautpreis abgedient haben würde, wäre seine Rose schon halb verwelkt und ihm aller heiße Jugendsaft vergoren. Also was tun? Welches war ihr Zelt? Wo verbarg sie sich? Da aber zeigte sich wieder das Kismet, das ihm wohlwollte, ihm, der Liebe, den Rosen — was weiß man. Muß auch alles immer gesagt werden und mit Worten verdorben — wozu? Hat man doch den Schleier der Rose noch in Händen, der bei all der Hastigkeit vergessen worden war. »Komm her zu mir, Atalama! Sieh her, riech hier — Rosenduft! Verstehst du? Zeig mir, wo sie ist, zeig mir den Weg — aber erst, wenn sie alle gingen und sich verliefen und es dunkelt! Du aber lerne den Rosenduft kennen indessen, Atalama, mein Hund, mein Freund!«
Sie hatten ihn jetzt allein gelassen, zogen sich zurück für die Abendmahlzeit und dachten, späterhin wieder ein Auge auf ihn zu haben. Ebenso auch ließen die Gefährtinnen jetzt von

Gül ab, nachdem sich die Flut des Erstaunens und der Mißbilligung reichlich genug über sie ergossen hatte. Welch eine Schande hatte sie ihnen allen angetan, sie, die entschleiert zu ihnen zurückgekehrt war — nicht mehr wert, eines ehrlichen Mannes Weib zu werden! Gül hatte sich in den äußersten Winkel des geräumigen Zeltes zurückgezogen, hockte am Boden, dort, wo die starken Zeltpflöcke einen kleinen Atemzug Luft einließen, hockte da und begriff nur, daß ihr etwas Wundervolles geschehen war, während die Freundinnen sie geschändet nannten und sie sich gesegnet fühlte vor allen Mädchen und Frauen der Welt. Dort hockte sie einsam und gemieden, hielt wie einen Schatz an sich gepreßt das herrliche Wissen dessen, was geschehen war. Da spürte sie plötzlich, wie etwas sie von außen anstieß, wieder und wieder, und sah dann — aman, aman — was sah sie? Etwas schob sich herein, etwas Helles, etwas Bekanntes — war es möglich: ihr Schleier? Und dann spürte Gül einen warmen Atem, weich, ganz weich und warm — das war sein Hund, dieser kluge Hund, der mit dem Kupferkessel gespielt hatte, *sein* Hund! Und dieses konnte nur eines bedeuten: eine Botschaft! Er rief sie, kein Zweifel, nur so konnte es sich erklären, daß sein Hund sie gesucht und gefunden hatte!
Ist es nicht erstaunlich, nicht wunderbar, wie schnell, wie kurz der Weg ist vom Kind zum Weibe? Noch vor wenigen Stunden war Gül ein Kind gewesen, spielerisch an den schönen Hirten denkend, der so frohe Lieder sang und von dem sie nur wußte, daß er Achmed hieß. Und jetzt? Jetzt kam seine Botschaft zu ihr, und die besagte: Mein Hund fand dich, und so weiß auch ich, wo du bist, o meine Gül. Hier draußen, wenn die Nacht sank, warte ich. Nimm deinen Schleier um und komme zu mir, meine Rose, meine Gül, und meine Liebe wird dich wärmen — komme zu mir, ich warte! Ist es nicht verwunderlich, dieses geheimnisvolle Wissen eines um des anderen Denken, das sich »Liebe« nennt, Sevgi? Es sagt sich so

leicht und einfach: Zweie lieben sich. Aber was es bedeutet, ist, daß mit der Schnelligkeit des Blitzes vom ersten Berühren an eines um das Wollen, Sehnen und Hoffen des anderen weiß — ist das so einfach? Marifet ist es, ein großes Wunder, *das* Wunder.

Und hier wurde es wieder zur Wirklichkeit, dieses stets neue Wunder. Mit der Geschmeidigkeit der Schlange, voll unendlicher Sorgfalt, wand sich Gül durch die am Boden auf ihren Matratzen ruhenden Gefährtinnen hindurch, und obgleich sie wußte, daß sie keine von ihnen jemals wiedersehen würde, sie, mit denen sie ihre ganze Jugend in engster Gemeinschaft verbracht hatte, bedeuteten sie ihr weiter nichts als nur zu umgehende Hindernisse auf dem Wege zu ihm. Wo sich eine rührte, achtete Gül darauf, zu warten, denn wenn sie auch denken mochten, sie begebe sich nur fort um eines natürlichen Bedürfnisses willen, Vorsicht mußte doch walten, und Lautlosigkeit war geboten, sonst war alles verloren. Jetzt war noch eines zu bewältigen: Die schwere Zeltwand des Außeneingangs mußte gehoben werden, die gewichtig war von Leder und Fell. Aber obgleich sie so leise wie möglich atmete, der draußen hatte sie doch gehört — war er nicht ein Hirte, der hellhörig den Herzschlag seiner Tiere kennen mußte? Die schwere Zeltwand hob sich um ein Winziges, so daß nur ein Schmaltier hindurchschlüpfen konnte, und dann hatte er sie schon umschlungen, zog sie ungestüm mit sich fort, beider leichte Schritte unhörbar wie auch die des Hundes neben ihnen.

Achmed hatte, kaum daß er sie erblickte, den Finger auf den Mund gelegt, und sie hatte nur stumm genickt, bereit, alles zu befolgen, was er von ihr verlangte, er, der von jetzt an Herr ihres Lebens und Schicksals war. Außerdem aber lebte eine starke Neugier in ihr, eine fast unerträgliche Spannung darauf, was sich denn nun alles ereignen werde. Das darf nicht falsch verstanden werden, denn es ist doch vollkommen klar, daß die Angehörige eines Hirtenstammes über die Dinge der Natur in allem Bescheid wußte. Nein, daß sie diesem schönen Jüngling zu eigen sein würde, ihm Kinder gebären seiner Schönheit gleich, das war alles für Gül so selbstverständlich wie die Folge der Nacht nach dem Sinken der Sonne. Die heiße, die atemraubende Spannung dieses jungen Wesens, das bisher nur unter seinesgleichen, streng behütet, gelebt hatte und von der Weite der Welt nichts wußte, als daß diese vorhanden sei, galt dem Gedanken, daß nun auch ihr die Welt gehören würde, die große, die geheimnisreiche, die immer sich wandelnde. Ihr, denen ich, euer bescheidener Diener, berichte, ihr wißt zwar, daß die Frauen und Töchter der Hirten auf den weiten Wanderungen mitzuziehen pflegen, aber ebenso wißt ihr auch, daß auf diese weiten Wanderungen nur jene mitgenommen werden, die von Aufzucht und Hütung der Tiere schon so viel wissen, daß sie als Hilfen wertvoll sind für den großen jährlichen Auszug. So muß es verständlich bleiben, daß Gül, die Junge, die vor kurzem sechzehn Jahre alt geworden war — will sagen, insoweit man es bei uns zu zählen vermag, wie hoch oder niedrig eines Menschen Lebensjahre sind —, noch niemals mitgenommen worden war zu den großen Auszügen, und so wurde ihre Welt von der gewaltigen Drohung des Gandhar Dagh begrenzt und umschlossen. Nun aber, zugleich mit der Verheißung des Liebeserlebens, würde sich ihr das Wunder der Welt erschließen, ihr, die noch Knospe war. Und Achmed, Bote Allahs für Gül, würde die Knospe zur blühenden Rose eröffnen — Maschallah — yah Maschallah!

Achmed aber, dieser Bote Allahs, dachte anderer Dinge. Auch ihm, dem Jüngling, der an diesem Geschehen zum Manne wurde, war der Gedanke der Ferne eine Lockung, doch erschien ihm diese Ferne nicht so unbegrenzt, wie es für Gül der Fall war, denn er kannte sein Ziel — und das waren die Rosengärten von Bogasköi, nicht weit vom Marmarameer entfernt. Bisher hatte er davon nur gehört, hatten sie ihm nur ein fernes Sehnen bedeutet, aber nun er diese ihm gehörende Rose neben sich hatte, nun konnte das große Abenteuer gewagt werden. Die ungefähre Richtung war nichts anderes als: bergab und südlich, immer südlich zu wandern, und es war sehr merkwürdig, wie sehr der Berghirte bei diesem Anliegen auf die Witterung seines Hundes Atalama vertraute, obgleich auch er auf dem Berge geworfen worden war und nur Bergwissen besaß. Aber ein Hirte weiß, daß Tiere mehr wissen denn Menschen, und vertraut ihnen auch deshalb mehr. Wie dem auch sei, jetzt, da er seine Rose hatte, ging Achmed sicheren Schrittes dahin, und der Hund Atalama, der den Geruch des Mädchens Gül in der Nase hatte durch die Beriechung ihres Schleiers, fügte sich der neuen Gemeinschaft seines Herrn, schritt stolz und freudig neben ihm und dem Schmaltier, das sein Arm umschloß. Jetzt waren sie außerhalb des Lagers und befanden sich auf besonders steilen Bergpfaden, bei deren Überwindung es aller Aufmerksamkeit bedurfte und keinerlei Gespräche möglich waren. Gül sorgte sich um nichts, sie war es zufrieden, im Dunklen immer wieder seine Nähe zu spüren oder auch das Atmen des Hundes neben sich zu erkennen, sie wußte sich zwischen ihnen geborgen und war von Kindheit an doch auch die steilsten Bergpfade gewohnt.

Sie war in tiefster Seele glücklich und hätte sich weiter nichts ersehnt, als immer so im ungewissen Lichte der Bergnacht mit Achmed einer ungewissen Zukunft entgegenzuschreiten. Auch sorgte sie sich keinen Augenblick darum, daß sie von ihrer schon so geringen Habe nichts, gar nichts bei sich hatte. Irgendwie — Allah mochte in Seiner Großmut wissen, wie — würde Achmed schon für alles Sorge tragen. Ganz so gedankenlos glückserfüllt war Achmed nicht, wenn ihm auch das Herz höher schlug jedesmal, wenn er einen Seitenblick auf die heitere Ruhe im schönen Gesicht seiner Rose warf. Aber er hatte zu bedenken nicht nur, nein auch zu berechnen, wie er dieses junge Wesen, nunmehr sein zu hütendes und zu hegendes Weib, kleiden, ernähren, erhalten werde. Zwar war ihm auch darin das Kismet gnädig gewesen, daß am gestrigen Abend, dem Mondwechsel, ihm seine Zahlung für die vergangenen achtundzwanzig Tage verabfolgt worden war — aber wer wußte denn, was Frauenkleidung kostete, welcher Art der Unterhalt der kostbaren Rose sein würde? Doch kann man sich lange mit solchen Gedanken beschweren, wenn man jung ist und die Geliebte, ohne eine Frage zu stellen, in schweigendem Vertrauen dem Ruf der Liebe folgte? Zwei Diebstähle schon in so kurzer Zeit seit dem Abend-Azan: den des Mädchens Gül, den des Hundes Atalama-Djanum — gab es dafür noch Verzeihung? Niemals mehr ein Hirte, niemals mehr auf dem Gandhar Dagh, aber im Lande der Rosen mit der Geliebten, die eine Rose war, leben — leben und den Duft Tausender von Rosen einatmen — welch ein herrliches Kismet! Unbewußt koste des Hirten Hand des Hundes Kopf, denn er wußte — Treueres als einen Hund gibt es auf der Welt nicht, und sein Schweifwedeln ist das einzige auf dieser Erde, das nicht mit dem Golde des Midas zu erkaufen wäre — nur dieses allein unkäuflich auf Allahs geschändetem Boden.

Es dämmerte schon, als sie zu dritt sich in einem kleinen Waldstück befanden, und ihre Müdigkeit war so groß, daß sie ohne ein Wort zu sagen, ohne dem Hund Atalama auch nur ein Zeichen zu geben, schon schlafend auf den Kiefernnadeln lagen, ehe sie noch recht wußten, wie ihnen geschah. Als das erste Morgengrauen sich in allen Farben des Regenbogens zeigte, spürte Gül ein leises Berühren und streckte die Hand aus, um Atalama zu streicheln, der sie während der Nacht einige Male mit seiner ihr nun schon vertrauten Schnauze berührt hatte, wohl, um ihr kenntlich zu machen, daß sie nicht ohne Schutz sei. Aber das Fell, das sie jetzt berührte,

fühlte sich ganz anders an als das von Atalama, das schmiegte sich in weichen Locken in ihre Hand und hielt diese arbeitsharte Hand wie gebannt fest — es waren die Locken des Geliebten. Wie einfach, oh, wie einfach ist die Vereinigung zweier Kinder der Natur, die sich gut sind! Wie herrlich auch ist es, wenn sie stattfindet unter dem Strahlen der aufgehenden Sonne, die in ihren vielfachen Färbungen auch alle Farben anzeigt, deren sie für die Liebe bedarf. Da ist erstmals das Heraufdämmern, das zwar grau zu sein scheint, aber doch rosige Ränder zeigt. Da ist danach der leuchtende Rosenglanz, der den ganzen Himmel füllt, und langsam, ganz langsam kommt dann ein grünliches Strahlen hervor, eines, das wie Hoffnung schimmert, um bald dem dunklen Blau des Glaubens Platz zu geben. Hoch, blendend hoch steigt sie dann herauf, die Herrscherin Sonne, hebt sich im Glanze ihrer Siegeskraft über alles hin, das von ihr lebt, und zerreißt die Herzen derer, die an der Liebe zu Lügnern wurden. Doch wenn zwei ihrer Kinder sich auf dem Boden der von ihr schon durchwärmten Bergeserde vereinen, aneinander glaubend, ineinander versinkend, dann leuchtet ihnen die Sonne diesen Beginn ihrer Gemeinschaft in einem Strahlen zu, das sie niemals mehr vergessen — Kinder der Natur, die im Schoße der Natur ihrem strengsten Gebot Folge leisten.
In tiefer Beglückung befolgten die zwei Hirtenkinder Gül und Achmed dies Gebot der Natur und blickten dann stolz zur Sonne auf. Achmed sagte: »Und so wurdest du mein Weib, Gül, meine Rose, in die ich mein Leben verströmte. Für immer wurzele ich in dir, und anderen Boden werde ich niemals suchen. Jetzt, da du mein eigen wurdest nach dem Gebot Allahs, der die segnet, die ihm gehorchen, jetzt werden wir in das nächste Schehir gehen und schauen, für dich, meine Rose, Kleidungsstücke zu finden, die dich vor der Kälte der Nächte und der Glut des Tages schützen. Ist es dir so genehm?« Sie neigte sich in Dankbarkeit für die Beglückung,

die er ihr geschenkt hatte, vor ihm und sagte leise, wie es die Ehrfurcht gebietet: »Wie du es befiehlst, Herr, ist es deiner Dienerin genehm.« Da aber wurde ihr das erste Anzeichen dessen, was ein Dichter von seiner Liebsten erhofft: Starke Arme rissen sie aus ihrer Neigung auf, und eine zornige Stimme sagte: »Lasse mich mit solchen Dingen zufrieden, Gül, Herz meines Herzens! Ich will dein Herr nicht sein, du sollst meine Dienerin niemals heißen. Mein Eigen, mein Glück, meine Freude, meine Liebe, alles, nur niemals meine Dienerin — das niemals! In Freiheit sollst du dich mir schenken oder gar nicht. Immer will ich mir deine Liebe neu erwerben oder sie ganz verlieren. Mein sollst du bleiben, solange ich dich liebe und du mich willst. Hast du mich verstanden, Gül, meine Rose?«

Das junge Weib starrte den Geliebten an, als spräche er eine ihr fremde Sprache, welches diese der Freiheit ihr ja auch war. Da er ihren Kopf umfaßt hielt und ihr mit leuchtendem Blick in die Augen schaute, vermochte sie es nicht, wie sie es bisher immer getan hatte, wenn eine Schwierigkeit sich bot, ihr Gesicht in den Schleierfalten zu verstecken. So blieb ihr nichts übrig, als ihm in diese so stark leuchtenden Augen zu schauen und leise zu fragen: »Was ist das, mein Gebieter — Freiheit, Hüriyet? Ich hörte das Wort noch nie?« Seine dunklen Brauen zogen sich ärgerlich zusammen, und sie sah angstvoll zu ihm auf, sagte scheu: »Hätte ich nicht fragen dürfen? Vergib mir, ich werde in Zukunft schweigen.« Jetzt hatte Achmed seine Ungeduld bezwungen, hatte begriffen, daß nichts schwieriger zu erfassen ist als der Gedanke, frei zu sein. Hinter diesem seinem jungen Weibe standen Ahnfrauen, die niemals etwas von Freiheit gewußt hatten. Wie kam er dazu, ihr zu zürnen, wenn sie die ersten Schritte in ein neues Leben zaghaft tat? Was auch konnte sie davon wissen, daß er, den sie einen Träumer nannten, dort oben in der Bergferne über diese hüriyet nachgesonnen hatte, nächtelang zum Himmel hochstarrend, vergraben in die würzigen Bodenkräuter, und daß sein erster Dienst für diese hüriyet der Diebstahl des jungen Weibes gewesen war, das den Namen seiner Sehnsucht trug? Noch auch wußte er selbst nicht, daß der Dienst an der Freiheit nicht im Zügellosen liegt, nicht im Diebstahl, nicht im Gehorsam gegen eigene Triebe, vielmehr in der Zügelung alles dessen, was wie ein ungezähmtes Etwas im Menschen lebt. So gab er Gül fehlerhafte Auskunft, wenn auch im Glauben, er teile ihr tiefste Wahrheit mit. Achmed sagte: »Freiheit, Weib meines Herzens und meine Geliebte, ist, sich nicht zu fürchten vor irgendeiner Obrigkeit außer der Allahs, Der selbst die Freiheit ist, und für eine Frau heißt sie, zu denken, daß der von ihr geliebte Mann nicht ihr Herr und Gebieter ist außer nur der Herr und Gebieter ihrer Liebe. Kannst du das verstehen, meine Rose?« Sie lächelte ein wenig und sagte hauchleise, während sie seinen Mund mit ihren Lippen berührte: »Ich werde mich bemühen, es zu verstehen, o mein Lehrer und mein Geliebter!«

Wie spielend pflückte er ihr die Worte von den Lippen und ahnte nicht, welch gefährlichen Samen er in dieses aufnahmefähige junge Gemüt gesenkt hatte, Samen, der schneller Frucht tragen würde als der, den ihr junger Leib empfing. Der sie aus diesen Gesprächen riß, war Atalama, der Hunger hatte und so Achmed veranlaßte, seinen Hirtensack für ihn zu entleeren — übrigens die einzige Vorsorge, die er für die Talwanderung mit einem jungen Weibe getroffen hatte. Aber Brot und Käse genügten auch ihnen beiden, zumal sie bald vernahmen, wie Atalama seinen Durst geräuschvoll löschte und sie ihm so nur zum Quell zu folgen brauchten.

Und dann begann der Abstieg zu jenen Gefilden hin, die zu betreten sich Achmed sein junges Leben lang gesehnt hatte. Es war aber schon Mittag geworden, als sie in der Ferne etwas glitzern sahen, davon sie nicht wußten, was es wohl sein könne. Gül griff nach des Gefährten Arm und kniff mit aller

Kraft ihrer arbeitsgewohnten Finger in sein festes Fleisch. »Djanum — yah Djanum, was ist das für eine lebende große Wüste, deren Helle den Augen weh tut? Müssen wir hinüber, Achmed?« Man will ja nun, wenn man sehr jung ist und sich eben erst ein ebenso junges Weib stahl, ihr die Meinung beibringen, man wisse alles und noch etwas mehr darum. Doch wenn man zum ersten Male von den Bergen her das Meer erblickt, dann ist es schwierig, mit Wissen aufzuwarten, das man nicht besitzt. Immerhin, man ist ein Dichter oder ist doch stets als solcher bezeichnet worden — also her mit allem, was den Dichter ausmacht! Achmed sagte mit dem Ausdruck weltweiter Überlegenheit: »Das, Gül, mein Weib, ist eine große Wasserfläche. Wüste und Wasser sehen, von der Höhe aus betrachtet, gleich aus, verstehst du. Aber wir müssen uns nicht darüber fortbewegen, wir gehen hier nach Westen, dem Sinken der Sonne entgegen. Dort, so vernahm ich, wachsen die Rosen, deren Namen du trägst, o meine Rose.«
Sie war es zufrieden, sah bewundernd zu diesem alles wissenden Jüngling auf und konnte nicht ahnen, daß hier wieder einmal ein Dichter mit dem Pfeil der Phantasie, diesem am weitesten fliegenden Geschoß der Welt, mitten ins Schwarze getroffen hatte. Denn was da unten glitzerte, war das Marmara-Meer, strahlende Begrenzung des Blütengartens der Erde, wo sie am schönsten ist für den, dessen Augen die eines Träumers sind, wenn auch nicht für die eines Kindes der Berge. Schon hier, schon während dieser ersten Annäherung an jene von Achmed so glühend ersehnte weiche Schönheit des Rosenlandes, begann sich im Herzen Güls, so sehr dieses Herzens Fülle Liebe war und deren Glück, die Scheu zu regen vor der neuen Welt. Da wurden die Wege ebener, da wehte die Luft milder, da wuchs am Wegrand unbeachtet, was droben in den heimatlichen Bergen Kostbarkeit gewesen wäre. Da breitete sich über ihren Häuptern ein Himmel von wolkenlos strahlendem Blau aus, und keine Bergzacke, keine

Wolke zeichnete Strenge in diese Unbegrenztheit. Gül fürchtete sich vor diesem Land, und außer ihr gab es noch einen, der ebenso fühlte: Atalama, der sich ängstlich an Gül drängte, seltsamerweise nicht an den singend vorausschreitenden Achmed. Es war bemerkenswert, wie sich der Hirtenhund, seit er den Schleier zu riechen bekommen hatte, an Gül anschloß, und wenn es nicht zu weit hergeholt wäre, könnte man denken, daß diese zwei, die noch einen weiten Lebensweg miteinander zu gehen hatten, sich schon jetzt als Gefährten erkannten. Jedenfalls muß berichtet werden, daß Achmed das letzte Wegstück in sein Rosenland allein beschritt, während Weib und Hund ihm nur langsam folgten. Die Hand von Gül lag auf des Hundes Kopf, der diese Fesselung zu lieben schien und sich ihr anschmiegte.
Als die Sonne zu sinken begann, sah Achmed mit einem Jubelruf die Rosenfelder von Bogasköi unter sich ausgebreitet liegen. Er wandte sich um nach Gül, rief fast singend: »Gül, meine Rose, sieh das Land meiner Sehnsucht vor dir ausgebreitet, schön wie du, Weib meines Herzens! Aber was ist dir, warum erbleichst du, was geschah?« Voller Schrecken lief Achmed einige Schritte zurück und konnte eben noch die Umsinkende auffangen, die er recht ratlos im Arm hielt. Doch wurde ihm schon Hilfe zuteil, denn das Kismet hatte es ergeben, daß dieses ihm Unerklärliche nahezu unmittelbar vor dem Eingang zu einem der bei uns üblichen rötlichen Holzhäuser, einem Konak, geschah, das, von Bäumen beschattet, nahe einer Quelle gelegen war, deren unermüdliches »Kommt, trinkt, Kinder Allahs!« deutlich zu vernehmen war.
Es war der Jubelruf, den Achmed beim Anblick der Rosenfelder ausstieß, der die Frau des Hauses an die Tür lockte, von wo sie unter ihrem Schleier hervor zu erspähen versuchte, was sich da begäbe. Doch währte das nur für eines Herzschlages Dauer, denn als Maryam bemerkte, wie ein Jüngling versuchte, ein junges Weib aufrecht zu halten, wobei

er sich recht hilflos umblickte, da war Maryam auch schon zur Stelle. In ruhigem Zufassen nahm sie dem Manne die leichte Last ab und bemerkte dabei sachlich: »Der Wind steht heute so, daß er den Geruch der Rosenfelder hertreibt, und es gibt viele, die diese starke Ausdünstung nicht ertragen. So mag es deinem jungen Weibe gehen. Kommt herein mit mir und sei euer Eintritt gesegnet, wer du auch seist, Sohn Allahs! Bringe auch deinen Hund mit — sieh nur, wie er um sie bangt! Er möchte sie mir aus dem Arm reißen — wie sehr muß er sie lieben!« So sprechend, hob und zog Maryam Gül in das schattige Innere des Hauses, und ihr folgte zuerst Atalama, dann Achmed, der nun völlig aus seinem Traum erwacht war. Daß diese Frau nicht vom »Duft« der Rosen gesprochen hatte, sondern von Geruch und Ausdünstung gar, das wollte ihm ebenso mißfallen wie dieser seltsame Schwächeanfall seiner Gül, die vor Sturm und Wetter auf den Bergen doch wohl kaum zurückgeschreckt wäre.

Ehe er das Haus betrat, tat er noch einen Atemzug, um den geliebten Duft, den ersehnten, ganz tief in sich aufzusaugen, und es wollte ihm gar nicht behagen, daß auch er danach ein leichtes Schwindelgefühl verspürte. War es wirklich an dem, daß man den Atem der Rosen nicht ungestraft in sich einsog, wie jene Frau gesagt hatte? Und sogar ihm, der sie ein lebelang ersehnte, gaben sie es zu erkennen? Seltsam, sehr seltsam! Zögernd nur trennte sich Achmed von der Verzauberung, in die ihn der Anblick der sich weithin erstreckenden Rosenfelder versetzte, und sagte sich, daß gewiß nur die übermäßige Freude jenen leichten, kaum spürbaren Schwindel verursacht hatte. Dann betrat er mit einem vernehmbaren Segenswunsch für das Haus, dessen Schwelle er überschritt, das Heimathaus der Maryam aus dem Geschlechte der Zehbadyeh.

In der Kühle des weiten Vorraumes war auf den Boden eine jener schnell aufrollbaren Matratzen gebreitet, von denen, die sich in jedem unserer Häuser befinden, aufbewahrt in den zahlreichen Wandschränken, deren Vorhandensein eine unbeschränkte Gastlichkeit erlaubt, wie es bei uns Brauch ist. Dort lag nun vor Achmeds erstaunten Blicken eine ihm fast fremd erscheinende junge Frau, deren Stirn von einem Tuch bedeckt war. Neben dem Lager kauerte Maryam, die aus einem wassergefüllten Kupferbecken das kühlende Tuch immer wieder erneuerte. Atalama, der aufmerksam beobachtend neben der fremden Frau am Boden hockte, schien jetzt den Zweck des Kupferbeckens begriffen zu haben und begann, immer durstig wie er war, hastig das köstlich frische Wasser aufzuschlecken. Bei diesem Anblick mußten Maryam und Achmed lachen, und dieses Lachen war es, das Gül aus ihrem seltsamen Zustand weckte. Sie sah sich um in dem ihr fremden Raum und schaute dann in ein Frauengesicht, dessen Ausdruck sie alles vergessen ließ, was sie hatte fragen wollen, denn solcherart war sie noch niemals angeblickt worden.

Der Schleier war Maryam bei ihrer Tätigkeit herabgeglitten, und sie hatte zudem den Jüngling und dessen Anwesenheit völlig vergessen, wenn er auch mit ihr gelacht hatte. Außerdem hätte Achmed gut ihr Sohn sein können und Gül — ja Gül! Da lag sie, die schon immer ersehnte Tochter! Da war die Erfüllung aller Träume dieser mütterlichen Frau, der das Kismet Frucht des Leibes versagte. Und jetzt? Taumelnd hatte sie das Kind ihres Sehnens vor ihrer Tür gefunden — mußte sie es wieder hergeben, wem immer es auch sein mochte? Nein, vielmals nein, das tat sie nicht! Sie schaute jetzt zu Achmed auf, diesem Jüngling, der ratlos da stand, und fragte: »Sie ist dein Weib?« Ruhig antwortete Achmed: »Sie ist es.« »Ihr wollt weiterziehen?« kam etwas angstvoll die nächste Frage der Maryam. Kurz und schnell die Antwort Achmeds: »Wir wollen es.« Die Frau sah ihn prüfend an, und keinem von beiden fiel es auf, daß sie auch jetzt den Schleier anzulegen vergaß, denn sie hatten irgend etwas miteinander auszuhandeln, von dem sie beide nicht wußten, was es war, es aber dennoch stark und deutlich spürten. »Und wohin zieht ihr, o Jüngling?« Sicher und schnell kam die Antwort: »Zu den Rosen.« »Du hast Arbeit in den Rosenfeldern? Du siehst nicht wie jene Gärtner dort aus, eher wie ein Hirte. Ich kenne die Hirten, denn mein Geschlecht ist das der Zehbadyeh.« Maryam sagte es stolz, und Achmed beugte seinen Nacken, antwortete ehrerbietig: »Ich grüße dich, Herrin.« Denn über alle Berge der Nachbarschaft hin war dieses alte reiche Hirtengeschlecht bekannt und geehrt. Einer Fürstin gleich, der des Untergebenen geziemende Ehrerbietung dargebracht wird, neigte Maryam den Kopf und fragte halblaut: »Du heißest, Jüngling?« Einem Knaben gleich, der dem Lehrer gehorsamt, antwortete er: »Achmed, Herrin.« »Ihr kommt vom Gandhar Dagh?« fragte Maryam, und bei diesem wohlvertrauten Worte war es, daß Gül zu voller Aufmerksamkeit erwachte. Während sie bisher halb dämmernd in seltsamem Behagen dort gelegen hatte, im Rückerinnern etwas verwirrter Geisteskräfte noch den warmen, tiefen Blick der fremden Frau genießend, wurde sie sich jetzt bewußt, daß nun auch von ihr die Rede war, denn wie konnte es anders sein, da der Name des großen Berges genannt worden war, unter dem und für den sie alle lebten? So richtete sie sich ein wenig auf und schaute die zwei Gesichter an, blickte einmal auf Achmed, einmal auf die fremde Frau. Als sie jetzt sagte, es nahezu vorwurfsvoll tat: »Ihr kommt vom Gandhar Dagh und zieht herab zu den elenden Rosenfeldern — warum und wozu, o Achmed?«, da flammte das Auge Achmeds zornig auf, und er gab hitzig zur Antwort: »Schon einmal, o Tochter der Zehbadyeh, hast du von schädlicher Ausdünstung der Rosenfelder gesprochen, und jetzt belegst du diese herrliche Schönheit mit dem Wort elend — warum zerstörst du solcherart das Wunderbare, o Herrin?« Gespannt wartete Gül auf die Antwort der fremden Frau, glaubte aber schon jetzt zu spüren, daß sie ihrem eigenen Sinn gemäß ausfallen würde. Maryam sagte mit etwas wie Mitleid in der Stimme und sah dabei Achmed ruhig prüfend an:

»Ich sehe, o Achmed, daß auch dich der Rosen-Ifrit gefangen hat, und so will ich dir einiges berichten von den Rosenfeldern und was sie in Wahrheit sind. Doch erlaube mir vorerst, deinem Weibe noch zu Dienst zu sein. Du lasse dich nieder auf dem Eskemleh dort und vergib die Ungastlichkeit, die euch noch nichts anbot – es geschah zu vielerlei, darum heische ich Verzeihung.« Bei diesen Worten schlug Maryam die Hände zusammen, und fast sogleich erschien eine Dienerin, die sich auf der Schwelle des Gemaches verneigte und mit über der Mitte gekreuzten Händen wartend stehen blieb. »Kaweh!« sagte Maryam nur, und die Dienerin verschwand. Maryam kauerte sich wieder auf dem Boden nieder, nahe dem Lager, darauf Gül ruhte, legte eine Hand auf den Rand der Matratze und lächelte glücklich zu Gül hin, als diese Hand sogleich ergriffen wurde. Dann begann sie zu berichten, ließ sich auch nicht stören, als die Dienerin fast lautlos hereinschlüpfte, tief verschleiert, wie es sich gebührt, und Achmed den Kaweh überreichte.

Maryam sagte: »Die Rosenfelder sind seit langem Quell des Reichtums der wenigen, denen sie als Erbtum vom Vater auf den Sohn und wieder auf den Sohn zu eigen sind. Sie bleiben auch Quell des Reichtums, denn zweierlei wird aus den Rosen gewonnen: das über weite Meere hin hochberühmte Rosenöl, das seinen Duft in Jahrzehnten nicht verliert, und die Rosenblätter zum Einzuckern unseres Tatleh, das jedem Gast großer Häuser geboten wird, auch im Haremlik des Padischah bekannt ist. Aus diesen beiden Dingen fließt Gold für die Besitzer. Doch fragt mich nicht, wie es mit denen steht, welche die Rosenblätter pflücken. Duft einer einzelnen Rose mag lieblich sein, wie ein Sommergruß, Geruch aber vieler in

Blüte stehender Rosen gleicht einem erschreckend betäubenden Dunst, den nur wenige zu ertragen vermögen. Es geschieht wieder und wieder, daß Jünglinge wie Mädchen beim Pflücken der Rosenblätter in Betäubung umsinken, und manche von ihnen vermögen dann die Arbeit nicht mehr fortzusetzen, bekommen, auch wenn sie nur einer Rose Duft verspüren, schon erschreckende Zustände. Den Besitzern der Felder aber ist das gleich, wie nur zu begreiflich. Sie wollen nichts anderes, als daß zur vereinbarten Stunde die Rosenblätter gepflückt sind, ohne die Pflanzen zu beschädigen, die oft bis zu vier Mal blühen. Die Speicher aber zu betreten, in denen die Rosenblätter aufbewahrt werden, ehe sie für das Öl in die Presse kommen, hat schon öfter solchen, deren Herzen nicht ganz kräftig sind, den Tod gebracht. Darum auch betreten die Arbeiter an den Pressen die Rosenspeicher nur mit Essigtüchern vor Mund und Nase. Wenn du, Achmed, also den Gedanken hegtest, mit deinem jungen Weibe in den Rosenfeldern zu arbeiten, so gib ihn für sie auf, denn du hast gesehen und erkannt, daß sie an dem Rosendunst Schaden erlitt. Und sollte sie einmal gesegneten Leibes sein, so wird sie völlig vernichtet werden von dem schlimmen Dunst und das Kind in ihr zugleich.«
Als Maryam geendet hatte, verspürte sie einen kleinen zaghaften Druck der Hand des jungen Weibes, und sie lächelte zärtlich vor sich hin. Achmed hatte all diesem sehr aufmerksam zugehört, und als nun Maryam schloß, erhob er sich, tief in Gedanken versunken, und begann mit seinen leichten lautlosen Schritten, denen des Bergmenschen, in dem weiten Gemach hin und her zu schreiten. Die Blicke der beiden Frauen, der reifen wie der kindlichen, folgten ihm erwartungsvoll, denn es war ersichtlich, daß sich in dem Jüngling etwas zusammenballte, das zu einem Entschluß werden würde, der sie alle beide betraf, hatte doch Gül schon das Gefühl, als werde die Frau mit dem warmen Blick sie vor dieser erschreckend

andersartigen Welt behüten, in welche sie durch den geliebten Jüngling unversehens geraten war. Aufmerksam schaute Atalama auf seinen Herrn, fühlte sich aber offenbar zu wohl und behaglich auf dem Boden neben Maryam, als daß er das unruhige Hin und Her mitmachen wollte. Plötzlich blieb Achmed vor Gül stehen, die auf ihrem Lager hockte, einem kleinen Mädchen gleich. »Gül, meine Rose«, sagte er sehr bewegt, »du hast vernommen, was die Herrin berichtet hat. Du, Weib meines Herzens, bist mein Kismet, doch sind es die Rosen auch, nach denen mich verlangt, seit ich zu denken vermag. Sage nun du, was geschehen soll, du, die am Rosendunst Erkrankte, du bestimme!« Doch ehe Gül, die recht ratlos war, noch ein Wort geäußert hatte, stand Maryam in ihrer gebietenden Ruhe zwischen den beiden jungen Menschen. Sie legte die Hand auf des Jünglings Arm und sagte warm: »Man soll nichts entscheiden, wenn die Sonne sinkt, und seht, schon dämmert es tiefer hier um uns! Wenn ihr mir Ehre und Freude schenken wollt, so verweilt für die Nacht unter meinem Dach, zu dem euch, so will mir scheinen, das Kismet geführt hat. Morgen dann, Achmed, wenn der Tag begann, besprich dich mit deinem jungen Weibe und berichte mir, was ihr beschlossen habt! Doch lasse mich es jetzt gleich sagen und wolle es während der Nacht in Erwägung ziehen, ob sich euch und mir dadurch eine Lösung böte; es ist dieses, was ich sagen muß: ich habe keine Tochter — Dienerinnen zur Genüge, eine Tochter nicht. Wenn diese, die du Gül nennst, Achmed, mir für kurze Zeit den Traum schenkte, meine Tochter zu sein, während ihr junger Ehemann hinuntergeht, um in den Rosenfeldern zu arbeiten, dann zur Nacht zurückkehrend, als sei auch er mein Sohn — wie deucht euch das, ihr einsamen Kinder? Ich gehe nun und lasse euch allein. Die Dienerinnen werden euch das Lager richten und euch die Abendmahlzeit bringen. Möge die erste Nacht unter meinem Dach euch beiden gesegnet sein, ihr Verlassenen

und Ratlosen — Allaha ismagladyk.« Damit grüßte Maryam und ging ihrer Wege.
Gül und Achmed sahen ihr beide mit gleichem Erstaunen nach; dann warf sich das junge Weib ihrem Mann in die Arme, brach in haltloses Schluchzen aus und ließ sich nicht beruhigen. Achmed wußte mit all diesen Ereignissen nichts anzufangen, denn es war ihm noch nicht bekannt, daß Frauen ebenso oft aus Kummer wie aus Freude weinen, am allerhäufigsten aber, weil es grade so wunderschön ist, sich in Tränen aufzulösen. So tröstete der allzu junge Ehemann an seiner jungen Liebsten herum, die gar keines Trostes bedurfte und immer nur stammelte, von Schluchzen unterbrochen: »Sie hat gesagt, ich solle ihre Tochter sein! Das hat sie gesagt, stelle dir das vor, Achmed — aman, aman!« Hier aber hatte Achmed einen wahrhaft erleuchteten Gedanken, den nämlich, Gül endlich einmal zu fragen, ob sie denn niemand habe auf dieser Erde Allahs — keine Schwestern, Mutter, Vater oder was man so als Angehörige besitzt. »Und du?« antwortete Gül fast verschmitzt. Er zuckte die Achseln und bemerkte, er sei eben ein Hirtenkind — sie wisse ja, was das bedeute, nicht wahr? »Genau weiß ich das, weil es bei mir das gleiche ist«, gab sie zur Antwort, und nun wußten sie beide, woran sie waren und daß keines weder Vater noch Mutter hatte, vom Hirtenstamme aber zu eigen aufgenommen worden war in der Hoffnung, tüchtige Hilfskräfte zu erziehen. »Sie hat aber zu dir auch gesagt — mein Sohn, ist es nicht so?« Er zuckte die Achseln, bemerkte trocken, das sage doch fast jeder ältere Mann zu einem Jüngling. »Auch jede noch nicht alte Frau?« fragte Gül halb lächelnd. Er wurde ungeduldig, weil er nichts zu antworten wußte, und brummte, sie solle ihn in Ruhe lassen, was sie auch lächelnd tat, offenbar nicht einmal ungern.
Aus all diesem ist zu ersehen, daß diese zwei sich wie ein Ehepaar benahmen, was immerhin erstaunlich erscheint, da

ihre Verbindung bisher nur von Sonnenaufgang bis Sonnenuntergang währte. Aber es gibt bei uns ein Sprichwort, das sagt: »Daran ist eine Rose zu erkennen, daß sie voll von Dornen ist, auch wenn sie nicht blüht«, und das gleiche ist vielleicht auch von der Liebe ebenso wahr — oder irrt, der euch berichtet, Freunde? In jedem Falle löschte dieser beider Zwietracht aus unter dem Schleier der Nacht, genau wie auch die verschiedenen Farben darunter vergehen und alle zum gleichen Schattengebilde werden, und stärker als das erste Mal erglühte das Feuer ihres jungen Liebens. Es wurde auch, wie nur zu begreiflich, nichts beraten und nichts besprochen während dieser Nacht der ewigen Geheimnisse, aber am nächsten Morgen waren sie sich dennoch ganz einig. Achmed küßte sein junges Weib noch einmal und ging dann in den dämmernden Morgen hinaus, gefolgt von Atalama, wie er es seit eh und je allmorgendlich getan hatte, Gül ohne ein weiteres Wort in der Obhut derjenigen zurücklassend, die sich eine Tochter ersehnte.
Zwar vernahm Maryam die leichten Schritte des Davonschreitenden nicht, wohl aber hörte das Ohr ihres Herzens das zaghafte Hin und Her der Zurückgebliebenen, und ohne ihre Dienerinnen zu befragen, eilte sie zum großen Gastraum, um sich zu überzeugen, daß sie von ihrem Hoffen nicht betrogen worden sei. Da stand sie nun wirklich, die ihr das Kismet, das gütige, als Tochter zugesandt hatte, und beide Frauen eilten aufeinander zu, als sei es niemals anders gewesen. Gül sank in einer tiefen Neigung zu Boden und legte die Hand der älteren Frau sich auf die Stirn, solcherart ihre Ergebenheit bezeugend, und Maryam beugte sich herab, sagte hauchleise: »Gesegnet sei Achmed, dein junger Gemahl, der dich mir zurückließ. Mögen ihm die Rosen sein Sehnen erfüllen — El hamd üllülah!« Gül erhob sich mit einem geschmeidigen Sprung, stand und sah Maryam an, fühlte wieder jene Wärme, die ihr so neu und beglückend war, und

sagte stolz: »Achmed ist nicht mein Gemahl, Herrin, denn kein Imam gab uns zusammen. Aber ich bin sein Weib, und er ist mein Herr und Geliebter. Er stahl mich, Herrin!« Das sagte sie so strahlend, daß Maryam in ein heiteres Lachen ausbrach, dann aber ernsthaft fragte, sie, die das Hirtenwesen und seine Gesetze kannte: »Er stahl dich, sagst du, Gül — und bist du ein Hirtenkind des Stammes?« Gül nickte, sagte leise: »So ist es, Herrin.« Maryam nahm sie in den Arm, zog sie neben sich auf den Divan, der die Wände entlang angebracht war, und sagte: »Weißt du nicht, Gül, daß der Stamm das Recht hat, dich jederzeit zurückzuholen und dich für immer von ihm zu trennen, dich und ein Kind, das du von ihm hättest? Wäre aber auch er ein Hirtenkind, so könnten sie ihn hinaufbringen lassen auf den Gandhar Dagh und ihn dort festhalten Jahr und Tag. Ist er es, Gül, mein Kind?« Angstvoll kam die Antwort: »Er ist es, Herrin.«
Maryam erhob sich und begann nun ihrerseits in dem weiten Gemach hin und her zu schreiten, wie es Achmed am Abend vorher getan hatte, denn diese Frau, die ihre eigene Herrin war, hatte fast die Gewohnheiten eines Mannes angenommen und wußte, daß sich so im Gehen am besten denken läßt. Beunruhigt durch dieses Verhalten folgte ihr der Blick des jungen Weibes, und dann stand Maryam plötzlich still vor Gül, sagte freudig und befreit: »Ich hab's! Ihr werdet vor einem Imam euch verbinden — ich kenne einen, der zu mir heraufkommt aus Bogasköi, ein ganz besonderer Mann und mein Freund. Dann kann euch niemand mehr trennen, außer ihr scheidet euch voneinander — ja, ja, ich weiß, du glaubst, Gül, mein Kind, daß das niemals möglich wäre. Und was Achmed anlangt, so werde ich dem Ober-Hirten eures Stammes eine Summe senden zum Ankauf junger Böcke, dafür, daß er mir den jungen Achmed als Hirten der Zehbadyeh überläßt. Das ist wie Kaufgeld, läßt aber den, für den es gegeben wird, ganz frei, und er muß nur einmal im

Jahr unsere Herden hüten, die weit von hier ihr Weideland haben. So wird es gehen! Bist du es zufrieden, Gül, mein Kind?«

Gül hatte atemlos zugehört und spürte in sich wie zitternd die Gefahr, der sie entgangen waren durch die Großmut dieser wunderbaren Frau, die sie, die Heimatlose, die Verlassene, »mein Kind« nannte. Eine heiße, überströmende Welle der Dankbarkeit wallte in ihr hoch. Sie sprang auf und warf sich Maryam zu Füßen, deren Knie umklammernd und ihr heißes junges Gesicht in die duftenden Gewänder der Frau drückend. Erstaunt blickte sie auf, denn sie hatte nicht geahnt, daß Frauenkleider solchen Wohlgeruch ausströmen konnten, da alles, was sie an Bekleidungsstücken der Frauen kannte, nach Ziegen und Käse roch. So wühlte sie sich mit ihrem Gesicht noch tiefer in den seidenen Duft ein, und auf alle klugen Vorschläge der Herrin antwortete nur ein ersticktes: »Wie du duftest, Herrin!« So stieg für Gül, das Hirtenkind, das gestohlene, eine neue Welt herauf, geschaffen aus Frauenduft und Frauengüte. Denn nachdem Maryam alles dieses erwogen hatte und in die Wege geleitet, griff sie — um es ganz genauso zu berichten, wie es geschah — nach Gül, drehte sie hin und her und sagte freundlich: »Du wirst jetzt, Gül — meine Tochter, Allah kerim! . . . « Hier gehorchte die sichere Stimme nicht ganz . . . »Du wirst erst ein Bad nehmen, das die Dienerinnen dir bereiten werden. Danach dann werden wir Kleidung für dich aussuchen, und am Abend, wenn der Azan gerufen wird, wirst du ebenso duften wie ich. Auch wirst du noch heute am Abend von meinem Freund, dem Imam, mit Achmed als dessen Gemahlin eingesegnet. Ist es dir so recht, Gül, mein Kind?«

Gül nickte, verstand zwar nicht alles, war aber bereit zu tun, was immer die Herrin befahl. Leise stammelte sie: »Wie soll ich dir danken, Herrin?« Da nahm Maryam den Kopf des Mädchens zwischen ihre Hände, zwang Gül so, zu ihr

aufzublicken, und sagte ernsthaft: »Du hast es sehr leicht, mir zu danken, Gül. Sage zu mir nicht ›Herrin‹, sage ›Anam‹ — lasse es mich einmal hören, dieses Wort, nach dem sich meine Seele verzehrt — o sage ›meine Mutter‹!«
Gül errötete tief, fühlte, wie sich in ihren Augen Tränen sammelten, nahm eine der Hände, die ihr Antlitz umschlossen, in ihre rauhen festen Finger, drückte ihr heißes Gesicht in die weichen Handflächen, hauchte kaum vernehmbar dieses Wort, das aller Wunder Wunder umschließt und das sie noch niemals ausgesprochen hatte: »Anam — meine Mutter —« und dann umschlossen sie die Arme der Frau, und beide weinten sich das Glück vom Herzen herunter. »Komm!« rief nach kurzem Maryam, »komm, meine Tochter, ich geleite dich zum Bade und lasse die Dienerinnen wissen, wer du bist, mein Kind. Komm, wir gehen zusammen! Welch ein gesegneter Tag ist dieser, und wie vielfach will ich in Zukunft den Geruch der Rosen preisen, der dich zu mir brachte, o meine Rose der Erfüllung! Komm nur, komm!« Und die starken Frauenarme, die sie vorbei an dem in seinen Traum versunkenen Jüngling in das Haus getragen hatten, umfaßten sie und führten sie ein kleines Stück nur weiter innerhalb des geräumigen Hauses, in Wahrheit aber aus einem Leben der Entbehrungen und Härten in das der weichen Fülle des Frauendaseins, davon das Hirtenmädchen bisher nichts gewußt hatte.

Sie gelangten in einen großen Raum, dessen Boden und Umrandung aus Marmor bestanden. In der Mitte sah man eine große Kupferwanne und rund um diese standen Mägde mit Kannen, die ebenfalls aus Kupfer hergestellt waren. Gül tat erstaunt einen Schritt rückwärts, versuchte vielmehr, ihn zu tun, wurde aber von den kräftigen Armen der Herrin lachend vorangeschoben, Maryam sagte ruhig zu den Mägden: »Meine Tochter, die ich verloren glaubte, ist mir durch ein gnädiges Kismet und die Hilfe ihres jungen Gemahls

wiedergeschenkt worden. Preist mit mir Allahs Güte und dient ihr in Freudigkeit! Sie, die Arme, hat viel Ungemach erduldet, aber nun ist sie wieder daheim — Allah kerim!« Die Dienerinnen wiederholten die Worte des Lobes der Barmherzigkeit Allahs, und gleich danach fühlte sich Gül unwiderstehlich ergriffen, ihrer ärmlichen Hirtenkleidung entledigt, sanft in das Kupferbecken, das von einem weißen Tuch bedeckt war, genötigt, und dann ergossen sich Ströme duftenden warmen Wassers über sie, und sie versank in einem Gefühl des Wohlbehagens, das sie noch niemals erlebt hatte. Gewiß hatte sie sich oft in eisigen Gebirgsquellen gesäubert, aber den jetzigen Genuß kannte sie noch nicht, und sie gab sich ihm völlig hin. Lächelnd stand Maryam dabei, begann aber nun, in den Kleidungsstücken herumzusuchen, welche von den Mägden auf ihren Befehl bereitgelegt worden waren, verwarf dieses, wählte jenes aus und bedachte in all dieser Geschäftigkeit keinen Augenblick lang, daß sie eine Lebensgewohnheit zerstörte — um was an deren Stelle zu setzen? Es ist dergleichen ein Wagnis und vielleicht sogar ein Unrecht, werde es auch aus noch so guter Meinung begangen.
Plötzlich fiel ihr der Imam wieder ein und die an ihn zu sendende Botschaft, und sie lief davon, einen Diener mit der Botschaft zu beauftragen. Es dauerte ein Weilchen, ehe sie den ihr geeignet erscheinenden Boten fand, und als sie in den Baderaum zurückkehrte, blieb sie betroffen stehen, denn die Verwandlung, die mit Gül vorgenommen worden war, wirkte fast erschreckend. Sie trug weite seidene Hosen in bläulicher Farbe, darüber im gleichen Tone einen Seidenmantel, und sah viel größer aus als vordem. Ihr reiches schwarzes Haar, noch feucht vom Waschen, war in einen tiefblauen Schleier gehüllt, und das ganze Mädchen sah wie eine fremdartige Bergblume aus, die in voller Blüte stand. »Anam!« rief Gül aus und ging etwas mühsam in den ihr ungewohnten

Schuhen auf Maryam zu: »Yah, Anam, sieh nur, was sie aus mir gemacht haben! Was wird Achmed sagen, wenn er mich so sieht?« Diese in harmloser Eitelkeit ausgesprochene Frage wirkte auf Maryam wie eine Warnung, und sie sah im Geiste den jungen Hirten vor sich, bekleidet mit dem Fell, das die eine Schulter frei ließ, in der Körpermitte zusammengehalten durch einen Lederriemen — ja, was würde Achmed sagen, und was auch der Imam? Es kam Maryam zum ersten Male zum Bewußtsein, daß sie ein gefährliches Spiel trieb mit zwei Menschenleben — sie selbst, nicht aber das Kismet! Durfte sie diese zwei auf solche Art trennen, denn dergleichen führte ja unbedingt irgendwann zur Trennung, war es nicht unvermeidlich? Wie ein Mensch gekleidet ist, so bewegt er sich, so ist sein Wesen und sein Leben. Sie aber, sie spielte Kismet — welch ein Frevel! Welch eine Ehrfurchtslosigkeit!

Am liebsten hätte sie jetzt dem Mädchen die seidene Kleidung wieder vom Leibe gerissen und ihr das verächtlich fortgeworfene Fell um die Glieder gelegt — aber ging das jetzt noch? War es möglich, einer jungen Frau, einem mädchenhaften Kinde, das zum ersten Male das Schmeicheln der Seide an seinen Gliedern fühlte, all dieses als ungeschehen erscheinen zu lassen? Und sie, die Tochter der Zehbadyeh, sie aus einem Hirtenstamme, sie war es, die solchen Frevel begangen hatte — wie nur konnte sie ihn wieder gutmachen? Gab es das, einen Fehler wieder gutmachen zu können? War es für Menschen möglich? Diese Gedanken, von Worten lastend gemacht, schossen Maryam durch den Kopf, einem erschreckenden Blitz gleich, und sie griff nach Gül, die ihren schönen leichten Gang in den hochhackigen Seidenschuhen verloren hatte, bemerkte ernsthaft: »Ja, was wird Achmed dazu sagen?«

Es wäre für jeden sehr unterhaltend gewesen, zu erkennen, welche Antwort das so mehrfach in Gedanken beschworene Kismet auf seine Anrufung gab, Antwort, die, wie das fast immer der Fall ist, nicht sogleich als solche verstanden und gewertet wurde. Es entstand nämlich eine Unruhe vor dem Eingangstor des großen Hauses, und als der Türhüter nachsehen ging, was das wohl bedeuten könne, stürzte ein Bündel bräunlichen Felles so ungestüm an dem nicht mehr jungen Manne vorbei, daß er sich nur mühsam auf den Füßen zu halten vermochte: Atalama war wieder da, zum ersten Male ohne seinen Herrn. Die Zunge hing ihm heraus, er schien sehr zu dursten, aber er machte auch sonst einen nahezu verstörten Eindruck. Maryam und Gül schauten beide in den Vorraum hinaus, wo diese Unruhe entstanden war, und als Gül Atalama erkannte, rief sie ihn zu sich heran, sah seinen Durst und schob ihn dem Wassernapf nahe. Atalama trank hastig, lief dann auf sie zu, schnupperte an ihr, wie er es immer zu tun pflegte, geriet dann aber in einen Zustand völlig unbegreiflicher Erregung. Er suchte an ihr, zerrte an der seidenen Kleidung, seine scharfen Krallen zerstörten die leichte Seide, und wie sich Gül auch drehte und wand, ein Kleidungsstück nach dem anderen wurde ihr vom Körper gerissen, bis sie nur noch das leichte Seidenhemdchen an sich trug. Da packte sie ein unbändiger Zorn. Sie riß sich die Schuhe von den Füßen und warf sie nach Atalama, der aber setzte sich unruhig nieder und begann das zierliche Seidenzeug gewissenhaft in seine Bestandteile aufzulösen, wobei er sich sehr zu beruhigen schien. Maryam hatte dem Geschehen reglos zugeschaut und war auch in nichts Gül zu Hilfe gekommen. Ihr war, als sei ihr eine Antwort gegeben worden durch den Hund, der an dem Mädchen den vertrauten Geruch suchte, welcher ihm durch Duftwässer zerstört worden war. Was mochte der Hirtenhund der Berge wohl in dem rosenschwangeren Tal an Pein ausgestanden haben, als er seinen Herrn begleitete? Und jetzt, heimgerast, um vertrauten Duft zu atmen, hatte er wieder nur Künstliches gefunden! Welch eine Antwort auf die Frage, was Achmed sagen würde!

Maryam wandte sich entschlossen an Gül, sagte in dem ihr zur Gewohnheit gewordenen ruhigen Befehlston: »Gül, mein Kind, was soeben an dir getan wurde, war fehlerhaft. Ich glaube, du würdest deines jungen Ehegemahls Liebe verlieren, wenn du, in Seide gekleidet, von Wohlgerüchen duftend, dich in seine Umarmung legtest. Ein Hirte bleibt ein Hirte, und auch du, mein Kind, sollst ein Hirtenmädchen bleiben, damit du weiterhin in Liebe beglückt wirst. Bist du bereit, das Opfer dieser weichen Seiden zu bringen, die jetzt nur noch Fetzen sind, für das Entzücken der Liebe?« Gül sah auf Atalama, der jetzt den zweiten Schuh zwischen seinen scharfen Zähnen hatte und sich ausgezeichnet damit zu vergnügen schien. Sie fragte ernsthaft: »Würde auch Atalama mich wieder lieben, Anam?« Maryam, in deren Gesicht das Entzücken über diese so lange ersehnte Anrede sichtbar wurde, lächelte Gül zu und antwortete ernsthaft: »Auch euer treuer Hund, Gül, mein Kind, ja!« Sie überlegte ein wenig, fragte: »Muß ich das alte zerrissene Fell wieder anlegen, Anam?«

Maryams Lächeln vertiefte sich, denn sie wußte, sie hatte schon gesiegt. Freudig sagte sie: »Aber nein, Gül, mein Kind! Weißt du nicht, daß du dich im Hause der Angehörigen eines alten Hirtenstammes befindest? Habe ich nicht Felle zur Genüge, leichte, weiße, vielfach gereinigte Felle auch junger Lämmer, die in den Bergen stürzten? Ein solches Fell soll deines sein, Gül, meine Tochter — ist es dir recht, sage?« Da huschte ein Lächeln über die jungen Züge, und Gül fragte fast scheu: »Muß ich dann noch diesen Lappen an meinem Körper haben — und die entsetzlichen Schuhe, die ihm so gut schmekken?« Der »Lappen« war ein hauchfeines Seidenhemdchen, dessen festes Anschmiegen, nach der Gewohnheit nur des Leders an der nackten Haut, wohl beengend wirken mochte für das Kind der Berge, und was die Schuhe anlangte, so sagte Maryam nur: »Wir haben aus Fell gefertigte Hüllen,

wie auch ihr sie trugt, als ihr kamt — das ist bester Schutz für die Füße. Wäre es dir so angenehm, Gül?«
Ein strahlendes Aufjauchzen des Mädchens, und die leichte Gestalt in ihrer völlig zerfetzten Kleidung flog Maryam um den Hals. Die hielt sie für eines Herzschlags Dauer fest, wandte sich dann ab, klatschte in die Hände, um die Dienerschaft zu rufen, und ging davon, vorbei an Atalama, den anzurühren sich also selbst die Hirtentochter nicht getraute. Solche Vertraulichkeiten waren sehr feinnasigen Hunden gegenüber nicht angebracht, auch dann nicht, wenn das Zerreißen eines Seidenschuhs volle Freude bereitete.
So stand denn Gül da, ein junges liebliches schlankes Wesen in ihrem ersten und letzten Seidenhemdchen, und wartete, bis Atalama mit seinem Zerstörungswerk fertig sein werde. Es dauerte gar nicht so lange, und sie hatte von Kindheit an dieses erste gelernt, was man wissen muß im Verhalten dem Tiere gegenüber, die vollkommene Reglosigkeit. Dabei übte sie wieder und wieder den hauchleisen Pfiff von Achmed, bis endlich Atalama den schönen, klugen Kopf hob, die Ohren lauschend hochstellte und reglos verharrte. Da wagte es Gül, mit langsamen und lautlosen Schritten ihrer nackten Füße auf den Hund zuzugehen, sich neben ihm niederzuhocken und seinen Kopf in ihren Schoß zu betten. Dort fand er dann den vertrauten Geruch wieder, dehnte sich erschöpft und war nach einem tiefen Atemzuge eingeschlafen. Was war das nur mit ihm gewesen? Hatte der Rosenduft ihn so erregt? Gül, die alles wußte von der schrecklichen Krankheit der Hunde, die man wie bei den Menschen delilik nannte, war getröstet im Erinnern an sein hastiges Trinken und wußte, er war nicht krank. Dennoch suchte sie schnell und unauffällig, ob Atalama sie mehr als nur gekratzt habe, fand aber nichts dergleichen. Alles dieses aber hatte sie sehr erregt, und nun der ruhige Atem des vertrauten Hundes sie beruhigte, spürte sie die Schlaflosigkeit der vergangenen

Liebesnacht. Über des Hundes Kopf gebeugt, in der Haltung eines müden Kindes, sank auch sie in Schlaf.
So fand Maryam die zwei, den Hund Atalama und das Mädchen Gül. Ein Ausdruck tiefer Rührung überflog ihr starkes, gutes Gesicht, und sie nahm eine weiche Decke vom Schlaflager, sie beide, Hund und Mädchen, zu bedecken. Leise grollend richtete sich der Hund auf, sank aber sogleich wieder an seinen Ruheplatz zurück. Gül hatte sich gar nicht gerührt, denn im Vergleich zu den Sinnen der Tiere sind die der Menschen stumpf und dumpf. Lautlos verließ Maryam die zwei Geschöpfe Allahs und gab der Dienerschaft Anweisung, den großen Gastraum nicht zu betreten. Friedevoll ging dieser ereignisreiche Tag zur Neige, und als der Ruf des Abendazan vom Tale her hörbar wurde, kamen zwei sehr verschiedene Männer den Weg von den Rosengärten herauf: Der ältliche Imam und der junge Hirte Achmed.
Keiner wußte vom anderen, und da Neugier nicht zulässig ist, befragte auch keiner den anderen. Erst als sie sich beide an der Wegbiegung befanden, die zum Hause der Maryam führte, sagte der ältere Mann freundlich zu dem Jüngling: »Du gehst gleich mir, mein Sohn, zum Hause der Maryam el Zehbadyeh?« Achmed sah den Imam von der Seite an, antwortete höflich: »Ich tue es, Herr.« Der Imam nickte, sagte zufrieden: »Das ist gut für dich, mein Sohn, denn Maryam ist eine Frau unter Tausenden.« Wieder gab Achmed die gebührende höfliche Antwort, bemerkte halblaut: »Du sagst es, Herr.« Und schweigend gingen sie weiter.
Am Eingangstor des großen roten Konaks angelangt, trat Achmed grüßend zur Seite und ließ dem Imam den Vortritt, obgleich er fieberte, Gül von allem zu erzählen, was er erlebt hatte, und auch, sie nach Atalama zu befragen. Zum ersten Male in des Jünglings kurzem Leben hatte sein Hund ihn ohne Befehl verlassen, und das war ein großes und schmerzliches Geschehen. Endlich war der Imam eingetreten, nachdem

er umständlich seine Überschuhe abgestreift hatte, und sogleich stürmte auch Achmed in das große Gastgemach, das ihn und Gül die Nacht über beherbergt hatte. Er sah nun das gleiche Bild, das Maryam mit Rührung betrachtet hatte, das seiner schlafenden Liebsten und des Hundes, hockte sich bei beiden nieder und umfaßte Gül sanft und liebevoll, wobei er mit Erstaunen das kleine Seidenhemdchen betrachtete. Doch hätte er sie beinahe fallen lassen, denn mit einem wilden Satz stürzte sich sein Hund auf ihn, packte ihn bei dem Fell, das ihn bekleidete, und schüttelte ihn hin und her, als wolle er ihn zerreißen. Fassungslos sah Gül, die soeben erwachte, diesem entsetzensvollen Geschehen zu, doch wurde hier ihr Liebster angegriffen, wenn auch von seinem bisher so getreuen Hunde, und so mußte sie ihm zu Hilfe kommen. Sie warf sich vor ihn, schützte ihn mit ihrem ganzen Körper, und plötzlich, unbegreiflich erschreckend, plötzlich überströmte sie wieder jener starke, süßlich betäubende Duft, der sie schon einmal das Bewußtsein gekostet hatte, und sie sank Achmed zu Füßen in sich zusammen, wie es am Tage vorher schon einmal geschehen war. Im nächsten Augenblicke stand Atalama über der Niedergesunkenen, hatte die Beine gespreizt rechts und links über sie gestellt, so wie er es bei gestürzten Lämmern zu tun gewohnt war, reglos wartend, bis Hilfe kam, und nur hie und da einen kurzen halblauten Kläffer tuend, von dem jeder Hirte wußte, was er bedeutete. Auch jetzt und hier erklang dieser leichte Kläffer, nur mit dem Unterschied, daß zwischen den leichten Halstönen immer wieder ein dumpfes Knurren zu vernehmen war, das aus der Tiefe der Brust zu kommen schien. Achmed stand dort, sah hilf- und ratlos auf das Zusammenbrechen seiner Welt, griff sich an den Kopf, rannte, rannte durch die weiten Räume des ihm noch fremden großen Hauses, schreiend, brüllend, mit jener starken Stimme, die über weite Höhen hin zu Tale drang: »Imdat! Maryam, imdat!«

Maryam hatte soeben dem Imam Kaweh bringen lassen und von dem Freunde vernommen, welchen Weggenossen er gehabt hatte; sie wollte von dem Anliegen sprechen, um dessen willen sie den Imam heraufbat, als der in einem Hause erschreckende, ohrenbetäubende Schrei zu ihr drang. Erstaunt betrachtete der Imam die wahrhaft verblüffende Wandlung, die nun mit dieser ihm immer als Muster gesammelter Ruhe erscheinenden Frau vor sich ging. Mit einem Satz war sie hochgesprungen, Jugendkraft in jeder Bewegung, und ohne auch nur das kleinste Wort der Höflichkeit zu äußern davongestürzt. Er starrte ihr sprachlos nach und bemühte sich, seinen Kaweh in dem kleinen Silbersarf nicht zu verschütten und so sein Gewand zu beschmutzen. Maryam aber lief fliegenden Fußes dorthin, wo ihr ganzes Herz weilte und woher aus des Jünglings tiefster Brust jener furchtbare Hilfeschrei der Berge erklungen war. Doch als sie den Vorhang hob, der das große Gemach abschloß, stockte ihr Fuß, obgleich das Herz ihr schon davonlief. Achmed stand abseits, keuchte hervor: »Sie sank wieder zusammen. Atalama läßt mich nicht zu ihr — er ist wahnsinnig geworden — deli oldu!« Doch bei aller Aufregung hatte Maryam beim ersten Betreten des weiten Gemaches schon den Rosenduft eingeatmet, der dem Körper und dem Fell Achmeds entströmte, und sie wußte sofort, woran sie war und was sie zu tun hatte. Trotz ihres rasend klopfenden Herzens brachte sie es fertig, ruhig zu Achmed zu sagen: »Gehe hinaus, Achmed, mein Sohn! Im Nebengemach befindet sich der Imam, mit dem du heraufkamst des Weges. Vertritt mich bei ihm in Höflichkeit, ich bitte dich! Dieses hier werde ich in Ordnung bringen — geh, ich bitte dich!«

Achmed zögerte noch, stieß hervor: »Aber der Hund — er wird dich zerreißen, Herrin!« Sie antwortete mühsam beherrscht: »Mich zerreißt kein Hund. Wenn dir Gül lieb ist, gehe, ich beschwöre dich!«

Noch einen Blick warf Achmed auf seine vernichtete Welt, dann ließ er den Vorhang fallen, ging zum Imam und hockte sich vor diesem stumm auf den Boden. Auch der Imam schwieg, und es war dem verwirrten jungen Geiste, als sitze er zu Füßen eines friedvollen Ortes in den Bergen, daran man zur Ruhe gelangt. Der Imam aber sah immer wieder auf den Kopf mit den wirren Locken, auf das gequälte junge Gesicht und fragte sich, warum ihn wohl seine alte Freundin hier heraufgebeten hatte, die Botschaft noch dazu dringlich gestaltend. Während diese zwei also stumme Zwiesprache hielten, war Maryam vorsichtig zu Atalama getreten, eingedenk dessen, daß der große Hund offenbar Wohlgerüche nicht ertrug, diese sich aber an ihren Kleidern auch befanden. So verließ sie das Gastgemach nochmals und eilte voller Hast zum großen Vorratsraum, in welchem die Teppiche aufgestapelt waren. Sie hatte sich daran erinnert, daß ein Teppich gekauft worden war, der einen starken Ziegengeruch ausströmte, und aufbewahrt ward, wie er erworben wurde, bis zu seiner Reinigung. Diesen griff sie heraus, schleifte das schwere Stück hinter sich her und war schon wieder im Gastraum, ehe ihr Herz zehnmal geschlagen hatte. Den schmutzigen lastenden Teppich hängte sie sich um und kam, ihn immer noch teilweise nachschleifend, zu Atalama heran. Sie zerriß ihr angstschweres Denken, um sich zu erinnern, wie denn der Oberhirte ihres Stammes die Hunde beruhigt habe, und plötzlich hörte sie den seltsamen Ton im Geiste wieder, hörte ihn aus der verhüllten Zeit zu sich her dringen, ahmte ihn, tief Atem holend, nach, formte ruhig die dunklen Töne, stand wartend und reglos dort, den schmutzigen schweren Teppich um sich geschlungen haltend. Es wirkte — Allah kerim — es wirkte! Der Hund hob den großen klugen Kopf, legte die Ohren an, und außerdem begann er zu schnuppern, saugte offenbar den vertrauten Tiergeruch des Teppichs dankbar in sich ein. Jetzt machte Maryam ihre Stimme ganz dunkel, sprach lockend und beruhigend, dazwischen immer wieder jenen seltsamen Ton ausstoßend, den dunklen Kehllaut der Berghirten. Es war wirklich rührend zu sehen, mit welcher Sorgfalt der große Hund seine Füße von dem beschützten Lamm entfernte – ganz vorsichtig, immer einen großen Fuß nach dem anderen behutsam hebend, wobei die Krallen fest eingezogen blieben. Dann näherte er sich langsam der vertrauten Lockung von Ton und Geruch, legte sich darauf nieder, halb eingewickelt in den Teil des Teppichs, der noch am Boden schleifte. Er war sichtlich erschöpft, denn sein Kopf lag kaum auf den zusammengelegten Vorderpfoten, als er schon tief atmete und beruhigt vom vertrauten Geruch einschlief.

Fast lautlos schlich sich Maryam zu Gül heran, und wieder wie am Tage vorher hob sie die leichte Last hoch, legte sie sanft und weich auf das Lager nieder und ging, Veilchenwasser zu holen, jenes Allheilmittel unserer Heimat, das jede Frau für die Vertreibung von jedem Weh verwendet, und das streng ist, herbe riecht, aus der Veilchenwurzel gewonnen in einem langwierigen Prozeß. Gül bekam es zum Einatmen, wurde damit eingerieben und erholte sich bald. Sie schlug die Augen auf, sah das nun schon vertraute Frauengesicht über sich gebeugt, flüsterte: »Er roch so sehr nach Rosen, da verließen mich die Sinne. Atalama hat mich beschützt. Aber du, Anam, du riechst jetzt nach Ziegen – yah keçi!« Welch ein Jubel um dieses heimatlich wirkenden herben Geruchs willen! Maryam aber wußte von diesem Augenblick an, daß sie die kaum gewonnene Tochter wieder an die Berge verlieren würde, sie, die mit ihren Tieren mächtiger waren als alle Schönheit der Ebene, wo die Kinder der Berge in Ohnmacht versanken am Rosenduft und dem Ziegengeruch zujauchzten. Kismet auch dieses und zu preisen wie alles, das unabänderlich aus Allahs Willen erwächst. »Ruhe, mein Kind, ich bitte dich! Eine Dienerin wird dir das

Lammfell bringen, davon ich dir sprach. Du lege es an, und ich werde späterhin dich holen kommen, denn der Imam kam schon, von dem ich dir berichtete. Ich gehe jetzt, Achmed zu beruhigen, denn er ist furchtbar erschrocken. Allaha ismagladyk — und dein treuer Hund ruht auch im vertrauten Geruch der Keçi — sieh hin, da liegt er!« Gül richtete sich hoch, fühlte sogleich das weite Gemach sich drehen und sank zurück, gelehnt in die Kissen, die nach dem herben Veilchenwasser rochen.

Unterdessen begab sich Maryam wieder zu Achmed und dem Imam. Sie blieb einen Augenblick im Eingang stehen, überrascht von der vollkommenen Stille dort drinnen, und sah zu ihrem Erstaunen einen traurigen Knaben sich an das Knie eines weisen Mannes lehnen, während des Imam Hand beruhigend über die verwirrten Locken strich. Es war ein Bild der Verlassenheit ratloser Jugend, wie es nicht eindringlicher gestaltet werden konnte, eben weil es wortlos war. Sie aber hatte nun die Aufgabe, diese Gemeinschaft zu zerstören, und das war ihr weder genehm noch erfreulich. Sie zog den gebotenen Schleier fester um ihre Züge, auf daß er ihr nicht entgleite, wenn sie in Erregung geriet. Obgleich nun der Imam Maryam schon oftmals entschleiert gesehen hatte in den vergangenen Jahren, so, wenn sie in ihrem weiten Garten arbeitete, geziemte es sich doch nicht, um der Ehrfurcht willen vor dem gelehrten und geheiligten Manne, schleierlos bei ihm einzutreten. Maryam wußte, daß die kommende Unterredung ihr die Ablehnung des Jünglings Achmed, ja, seine Feindschaft eintragen konnte, aber das durfte sie in ihrem Vorhaben nicht beeinflussen. Sie hob den Vorhang hoch und trat ein, worauf beide, der junge und der ältere Mann, sichtlich erschraken, weil sie fast lautlos plötzlich vor ihnen stand. Achmed sah angstvoll fragend zu ihr auf, und sie mußte ihm nun den Schlag versetzen, spürte sogar eine kleine Freude, es tun zu müssen. Sie hockte sich am

Boden nieder, wo einige Sitzkissen ausgelegt waren, und sagte schonungslos: »Achmed, mein Sohn, zum zweiten Male in kurzer Zeit hast du dein junges Weib durch den Rosenduft zusammensinken sehen. Er haftet dir an, der du heute unten in Bogasköi in den Rosenfeldern gearbeitet hast — ist es nicht so, Achmed?« Der Jüngling verneigte sich im Sitzen und sagte leise, bedrückt: »Es ist so, Herrin.« Sie betrachtete ihn sinnend und dachte, daß sie die Liebe der Gül zu diesem kühnen, adlergleichen Jüngling begreife, wenn er eben adlergleich blieb und sich nicht in Rosendüften verfing.
Dann wandte sie sich an ihren alten Freund, den Imam, der geduldig wartete, bis ihm Aufklärung zuteil werden würde. Sie neigte sich ein wenig vor, grüßte und begann ihren Bericht so: »Imam Efendi, den ich meinen Freund nennen darf! Diese zwei, deren einen du hier siehst, brachte gestern zur Abendstunde das Kismet vor mein Haus, denn das junge Weib dieses Jünglings hier verfiel in Nichtwissen, als der Westwind den Rosenduft herauftrieb. Er aber scheint mir ein Rosenanbeter zu sein — ist es nicht so, Achmed?« Achmed fuhr aus seiner Versunkenheit auf, und noch einmal strömte von den Lippen dieses jungen Träumers und Dichters aller Rosentaumel, der schon einen Größeren erfaßt hatte — Hafis, den Dichter der Rosenliebe. Hier aber stammelte meist nur junge Leidenschaft und ihre Sehnsucht neu, er schwärmte auch von dem Wunder, das Gül hieß, und wie der Träumer sich seine Rose stahl. Alles dieses hörten sich die Älteren an, unterbrachen nicht, denn sie hatten Ehrfurcht vor der Jugend, davon auch sie einmal beglückt worden waren. Als Achmed atemlos innehielt, sagte Maryam in ihrer ruhigen Art: »Imam Efendi und mein Freund, ich habe dich heraufgebeten, um diesen von Torheit befangenen Kindern zu helfen. Du weißt, Herr, daß Hirtenkinder, die sie beide sind, dem Stamm gehören und ihm untertan bleiben sollen. Ich habe mir nun dieses erdacht: für ihn — für dich, Achmed, werde

ich deinem Stamm den Preis von zehn jungen Böcken senden lassen und dich von deinem Stamm anfordern für die Zehbadyeh, der mein Stamm ist. Dann bist du von ihnen frei. Für dein junges Weib Gül, das du dem Stamm gestohlen hast, wird der Imam Efendi hier die Freiheit erwirken, indem er sie dir noch heute zur Nacht antraut. Ist sie solcherart dein Eheweib geworden, kann niemand sie dir mehr nehmen — außer Allah in Seiner Gnade und Weisheit. Du, Herr und mein Freund, wirst mir es zum Geschenk machen, daß du noch jetzt, noch heute, diese zwei Kinder miteinander verbindest? Ich werde die Mutter von Gül sein, welche die bindenden Worte spricht, mein alter Oberhirte wird für Achmed sprechen, wie es die Sitte erfordert. Bist du es zufrieden, Herr und mein Freund?«

Der Imam sah sie forschend an, der wie immer beim eifrigen Reden der Schleier verrutscht war, und antwortete ernsthaft: »Ich werde es tun, meine Tochter, meine Freundin, weil ich deinen lauteren und starken Geist kenne. Lasse es bald geschehen, denn ich muß zurück in die Moschee für den Abend-Koran. Zuvor aber sage mir, meine Tochter, meine Freundin — warum tust du all dieses für Fremde, die an der Pforte deines Konaks zusammenbrechen? Vergönne mir, es zu wissen.« Maryam, die Stolze, senkte ihren Kopf, sagte kaum hörbar: »Ich tue es, weil ich glaube, das Kismet hat mir eine Tochter geschenkt, Imam Efendi, mein Freund.« Achmed sah die Frau bewundernd an, mitleidig der Imam, der nur allzu gut wußte, daß erfüllte Wünsche und Träume der Übel schlimmste sind. Wenn aber Maryam, die Große, die Starke, durch dieses dunkle Tal hindurch mußte, wer war er, um sich dem Willen Allahs zu widersetzen? Ein demütiges Nichts, bestellt, Gebete zu verrichten. Allah kerim trotz allem.

Jetzt aber sprang Achmed auf, eilte zu der Frau, die ihn loskaufen wollte, hockte sich vor ihr nieder, sah ihr von unten her ins Gesicht, wußte gar nicht, wie ehrfurchtslos er in die-

sem Augenblick tiefster Ehrfurcht handelte, fragte hauchleise: »Dann bin ich frei, Herrin, wenn ich zu deinem Stamm gehöre — ganz frei?« Sie sah ihn forschend an, und der Imam betrachtete angelegentlich diesen jungen Menschen, der nur nach sich fragte, nicht nach dem jungen Weibe, das bei ihm war. Maryam sagte: »Dann bist du frei, Achmed, denn ich begehre Deine Dienste nicht. Auch Gül, dein Weib, ist frei, wenn der Imam euch zusammengab. Aber die Rosen, Achmed — was ist mit den Rosen, und was mit Atalama, der deine Gül gegen dich bewacht? Sage mir das!« Achmed fuhr sich hastig durch sein schon wildes Haar, sagte erstickt: »Atalama? Er ist mir heute davongelaufen, zum ersten Male! Ganz winzig war er, als ich ihn bekam — auch er gehört dem Stamm, Herrin. Heute verließ er mich — was soll ich nun mit ihm tun, mit ihm und seiner Untreue?« Sehr ernst sagte Maryam: »Du irrst, Achmed, das ist nicht Untreue. Er erträgt nur den Rosengeruch nicht, wie Gül ihn nicht zu ertragen vermag. Er kam atemlos und verstört hier angerast und riß Gül die wohlriechenden Seiden vom Körper, ohne sie doch zu verletzen. Es geht um dieses, Achmed, mein Sohn: du wirst wählen müssen zwischen den Rosen und deinem jungen Weibe wie auch deinem bisher getreuen Hunde. Das, so will mir scheinen, ist die dir gestellte Aufgabe. Frage, so du mir nicht glaubst, den Imam! Er weiß immer weisen Rat.«
Aber der Imam schwieg, sah forschend von der Frau zum Jüngling und wieder zurück. Er hatte zu bedenken, was er hier anraten könne, und ihm widerstrebte es aus tiefstem Inneren, den Gedanken der Jugend zuwider zu handeln in seinen Ratschlägen. Dieser Imam nun mißtraute allem, was diejenigen, die sich für »weise« hielten, nur weil sie älter geworden waren, der Jugend an Ratschlägen gaben, denn er glaubte nur allzu gut zu wissen, wie schnell das Alter vergißt, was es an Fehlern beging in der Jugend, und dieses lässige Vergessen dann mit Weisheit bezeichnet. Das war

auch der Grund, warum ihn Maryam als einen »besonderen Mann« bezeichnet hatte und weshalb von weither die Jugend zu ihm herbeiströmte, sich von ihm trösten zu lassen gegen die Überheblichkeit der übergeordneten Älteren.
Nun kannte zwar Imam Emin Efendi Maryam el Zehbadyeh seit vielen Jahren, aber als sie jetzt von der erfüllten Hoffnung sprach und davon, daß das Kismet ihr eine Tochter vor das Tor des Hauses gestellt habe, mißtraute er auch ihrem klaren Blick, denn er wußte nur zu genau, daß Liebe immer den Blick trübt für des anderen Recht. Darum blickte er forschend von einem zum andern und wartete, ob ihm Klarheit beschieden sein würde, über das Recht des einen oder anderen zu befinden. In diesem Augenblick aber sagte Achmed, blickte zur hohen Decke des weiten Raumes hinauf und bekam den Ausdruck des Sehers, vielmehr dessen, der sich selbst sieht: »Wenn ich den Rosenduft atme, weiß ich, daß alle Dinge der Schönheit mein sind. Wenn ich ihn entbehren müßte, so hätte ich im Leben nichts mehr!« Maryam wollte hastig antworten, doch der Imam hob die Hand, und sie schwieg ehrfürchtig. Der Imam Emin Efendi sagte ruhig fragend: »Achmed, mein Sohn, wie mir die Herrin Maryam angab, heißt dein junges Weib Gül, das ist Rose. Bedeutet sie dir keinen Rosenduft?« Sehr lebhaft gab Achmed zur Antwort: »Wie könnte sie es noch, da sie den Rosenduft verabscheut? Sie war mir aller Rosen Inbegriff, nun aber gelange ich aus der Verwirrung nicht mehr zur Klarheit – hilf mir, Imam Efendi, ich beschwöre dich, hilf mir!«
Das wurde in so echtem Ton suchender Jugend hervorgebracht, daß der Imam nicht anders konnte, als nochmals über das wirre Haar zu streichen, darauf seine Hand schon einmal beruhigend geruht hatte. Er sagte friedevoll: »Mein Sohn Achmed, vergiß nicht, daß alles, was uns das Kismet sendet auf Allahs Befehl, nicht geschieht, um uns zu verwirren, vielmehr, um uns eine neue Klarheit zu bringen. Nein, warte

noch, ich will versuchen, es dir darzulegen: wenn du dein junges Weib aus ihrer Stammesgemeinschaft gestohlen hast, nur um ihres Namens willen, der deinen vielgeliebten Rosen gleich ist, so war das nicht um der Liebe willen — nein, warte noch immer —, es geschah vielmehr um eines lose flatternden Gedankens willen, so wie die Ranke eines Strauches von einem Windzug, der vorbeihuscht, bewegt wird — verstehst du mich, Achmed? Und es geschah zudem zu einem Zeitpunkt, da dein ganzer Gedanke auf irgend etwas gerichtet war — sage mir nun, auf was war es?« Achmed starrte den Imam erschrocken und hingerissen an, sagte schnell nur: »Freiheit — hüriyet!« Der Imam nickte vor sich hin, murmelte: »Ein starkes, ein schlimmes Wort — die große Verführung des Eblis, dessen Lockung immer das Edle zu sein scheint — ich verstehe dich, mein Sohn.« Achmed, der einen Tadel erwartet hatte und der von allem nur die unermüdlich, ihm zum Ekel wiederholten Worte von »Träumer — Dichter« in sich klingen fühlte, stammelte beglückt: »Du verstehst mich, Herr?«

Ohne sich zu rühren, es sei denn die Bewegung des Verhüllens ihres Gesichts gelte als Bewegung, hatte Maryam diesem Gespräch gelauscht, das sie zutiefst bewegte. Sie war voller Spannung, auf welche Weise ihr großer Freund, der Imam, sein Ziel, den jungen Hirten zur Erkenntnis zu führen, erreichen würde. Jetzt sagte der Imam in der gleichen ruhigen Art wie vorher: »Warum sollte ich dich nicht verstehen, Achmed? Du bist, glaube es mir, der erste nicht und wirst der letzte nicht sein, den des Eblis Lockung betörte und der sie zu spät erkannte. Aber sprechen wir von dieser hüriyet, die dich bewog, eine Jungfrau aus ihrer Stammesgemeinschaft zu rauben und sie zu deinem Weibe zu machen. Wie war es dabei mit ihrer Freiheit bestellt, sage mir?« Achmed starrte den ruhigen Imam hilflos an, gab nahezu stotternd zur Antwort: »Sie — sie liebte mich wie ich sie.« Der

Imam nickte einverstanden, bemerkte ruhig: »Sage mir — da du ihres Lebens erster Mann warst, was blieb ihr andres übrig? Welcher Ausweg war ihr noch offen? Sprich, Achmed!« Aber Achmed wußte plötzlich nichts mehr zu sagen — doch, nun fiel ihm etwas ein, und eifrig brachte er vor: »Am Morgen, nachdem sie mein Weib geworden war, nannte sie mich — Herr und Gebieter. Da sprach ich ihr von der hüriyet, und daß ich nicht ihr Gebieter sei, sie mich auch nur so lange zu dulden habe, wie sie mich liebe und ich sie gleichermaßen. Verstehst du mich, Imam Efendi?« Der Imam sah Achmed nahezu mitleidig an, fragte halblaut: »Und hatte diese deine Rose, Achmed, mein Sohn, schon jemals etwas von der hüriyet gehört?« Achmed gab eifrig zur Antwort: »Sie hatte es nicht, Herr, weshalb ich es ihr erklärte.« Der Imam nickte wie einverstanden, sagte freundlich: »Wenn ich dich recht verstehe, Achmed, so hast du diesem ahnungslosen jungen Wesen gesagt, es sei die Freiheit etwas, das sie berechtige, dich nicht mehr zu lieben, wenn sie von dir genug habe, ebenso wie auch dir dieses gleiche Recht zustehe — ist es nicht so?«

Doch ehe Achmed in seiner sprachlosen Verblüffung etwas erwidern konnte, wurden beide Männer, der junge wie der ältere, von einem Frauenlachen überrascht, denn sie hatten beide in ihrem Eifer, die Beteiligung des Eblis an dieser ganzen Angelegenheit zu klären, die Anwesenheit der Maryam völlig vergessen. Sie aber hockte am Boden auf dem Sitzkissen und wiegte sich in Heiterkeit hin und her, bis es aussah, als befinde sie sich auf See in einem gebrechlichen Boote bei Sturm. Verblüfft blickte der Imam auf dieses Schauspiel hin, denn es war ihm noch niemals vorgekommen, daß ein Frauenlachen seine geistvollen und wohlerwogenen Worte zuschanden machte, wie es offensichtlich hier geschah. Maryam faßte sich mühsam, sagte reuig: »Vergib mir, o weiser Imam, aber es ist unwiderstehlich zu lachen, wenn Männer über

Liebe und Hinfälligkeit des Weibes sprechen, es tun mit dem Bestreben, Unlösbares und für immer Unfaßbares gleich dem rieselnden Wasser in Worte zu fassen. Sei nun der eine ein Knabe an Jahren, der andere ein großer Weiser, was immer sie über Frauen und Liebe zu sagen haben, muß einer Frau, die die Liebe kennt, als göttliche Torheit erscheinen. Vergib mir, o mein Freund, aber manchmal ist ein Frauenlachen weiser als der Weiseste.« Der Imam neigte sich ein wenig zur Seite, wo Maryam saß, bemerkte ruhig, aber doch etwas trocken sprechend: »Du wirst mir die Ehre erweisen, o meine Freundin, mir, was du sagtest, zu erklären, denn ich bin zum Lernen immer bereit, sei der Quell der Lehre welcher auch immer.«
Maryam wurde sich erst jetzt mit Schrecken ihres ehrfurchtslosen Verhaltens bewußt, beschloß aber dennoch, klare Antwort zu geben, und sagte, bescheiden zu Boden blickend: »Herr und mein Freund, in diesem unsrem Lande der Männer und ihrer überlegenen Weisheit kann es dennoch geschehen, daß auch ein Weib mehr weiß als der Weiseste, wenn es sich nämlich um die Liebe handelt, deren Wege nichts mit Weisheit zu schaffen haben und auch nichts mit der Lockung des Eblis, o Herr, wolle es mir glauben.« Der Imam lächelte schon wieder, beugte sich ein wenig zu Maryam herab und sagte freundlich: »Wir sprachen von Freiheit, o meine Freundin, und daß diese des Eblis Lockung sei für ein junges Gemüt — nicht aber nur von Liebe oder Rosen, nicht nur, nein. Es geht hier darum, aus dieses Jünglings Denken einige Rosenfelder zu entfernen und eine einzige Rose einzupflanzen, sein junges Weib — du gibst mir Recht, meine Freundin?«
»Ich gebe dir Recht, Herr, und möchte dich ersuchen, nunmehr als Beginn dieser Einpflanzung die Verbindung dieser zwei zu vollziehen, denn du sagtest, deine Zeit sei beschränkt. Über den Eblis und was ihm zugehört, ja ihm sogar gebührt, können wir dann ein andermal sprechen, denn ich hoffe,

noch oft die Ehre und Freude deines Besuches zu erleben. Bist du bereit, o Herr, und auch du, Achmed?« Der Jüngling sprang auf, stand neben dem Imam, den er vertrauend anblickte, und sagte leise: »Ich bin bereit, denn dieses allein schenkt Gül die Freiheit — so geschehe es!« Ein belustigter Blick ging zwischen Maryam und dem Imam, einer Botschaft der Überlegenheit gleich, hin und her, und dann sagte sie ruhig: »Ich hole meine Tochter und stehe mit ihr hinter jenem Vorhang dort, um der Sitte zu genügen, obgleich sie schon ganz verachtet ward, die arme alte Sitte. Wolle du, Herr, mit Achmed hier verweilen, und ich sende den alten Hausverwalter zu euch. Du weißt, Achmed, daß nur er allein auf die Fragen des Imam Antwort zu geben hat, du selbst aber nichts sagst — vergiß es nicht! Allaha ismagladyk.« Maryam grüßte eilig und war fort.

Achmed sah ratlos den Imam an, fragte halblaut: »Warum, o Herr, darf ich keine Antwort geben, da doch ich zum Ehemann werde?« Der Imam mußte über diese einfache Frage lächeln, gab zur Antwort: »Adett, mein Sohn, die uralte Sitte. Als der Vater noch über den Sohn bestimmte, und als es so verstanden wurde, daß die Brautleute sich vorher noch nicht erblickt hatten. Wenn du so willst, kommt das Ganze bei euch einer Torheit gleich, aber geschehe es denn der Sitte gemäß, auf daß deine Rose, wie du gesagt hast, frei werde als dein Eheweib.« Hier trat der alte Hausverwalter ein, verneigte sich tief vor dem Imam, streifte die Kleidung des jungen Hirten, vielmehr dessen vielbeschmutztes und auch zerrissenes Fell mit einem erstaunten Blick, und dann warteten die drei Männer stumm auf das Zeichen der Herrin. Hinter dem Vorhang, der das Gemach abschloß, wurde jetzt die Stimme Maryams in dem gewohnten ruhigen Klang hörbar, und niemand konnte ahnen, daß sie Gül fest im Arm hielt, die noch nicht ganz zu sich gekommen war und nur von einer seidenen Decke ihres Lagers umhüllt wurde. Maryam sagte:

»Wir sind hier, Imam Efendi.« Der alte Hausverwalter gab die erforderliche Antwort, sagte ernsthaft: »Auch wir sind hier.« Da erhob sich die Stimme des Imam, jetzt in dem halb singenden Tonfall, wie üblich im öffentlichen Gebet. Er fragte aber nur einfach: »Du, Vater des Jünglings Achmed, gibst du Erlaubnis, daß dein Sohn die Jungfrau Gül eheliche?« Es war für den Imam unmöglich, die alte Formel zu ändern, wenn er auch wußte, daß die Braut keine Jungfrau mehr war. Der alte Hausverwalter gab zur Antwort: »Ich tue es.« Dann wandte sich der Imam nach der Richtung des Vorhangs, erhob die Stimme noch mehr, fragte: »Du, Mutter der Jungfrau Gül, gibst du Erlaubnis, daß deine Tochter diesen hier neben mir befindlichen Jüngling Achmed eheliche?« Ruhig kam Maryams Stimme: »Ich tue es.« Der Imam sprach dann die letzten Worte in einem anderen Ton, mit seiner natürlichen Stimme, sagte: »So seid ihr verbunden, Gül und Achmed, denen Kinder beschieden seien zur Vollendung der Ehe in Freudigkeit und Gehorsam dem Islam. Allaha ismagladyk.« Der Hausverwalter grüßte wieder tief und zog sich zurück. Hinter dem Vorhang entstand eine kleine Unruhe, dann war auch das vorbei, und der Imam setzte sich wieder nieder, zog Achmed neben sich herunter, sagte lächelnd: »Und so, Achmed, mein Sohn, dientest du der hüriyet.« Verwirrt schaute Achmed den Imam an, sagte beklommen: »Aber das war doch keine dügün, keine Hochzeit?« In sachlicher Ruhe erwiderte der Imam: »Es gab ja auch keine Jungfrau, o Jüngling«, strich noch einmal über das wirre Haar und ging ohne ein weiteres Wort seiner Wege. Er war überzeugt davon, daß seine alte Freundin Maryam in irgendeiner Art diesem verwirrten Achmed noch eine kleine Feierlichkeit bereiten würde, wie sich solche für eine Hochzeit geziemt, und darin irrte er auch nicht.

Als sie alle den schrillen Gebetsruf des Azan gehört hatten, versammelte Maryam ihr Gesinde um sich und hielt ihnen

diese kleine Ansprache: »Meine treuen Diener, denen ich immer versuchte, mein Haus zu ihrem Heim zu machen, heute habt ihr eine kleine Feier erlebt, bei welcher meine Tochter Gül, mir so lange schon verloren, das eheliche Weib dessen wurde, der sie mir wiederbrachte, des Hirten Achmed, dessen Namen ich segne. Er mußte sie schon seinem Stamme vom Gandhar Dagh als sein Weib ausgeben, weshalb sie beide auch gemeinsam anlangten, ruhten und hier verblieben. Um ihm für seine gute Tat zu danken, gab ich ihm, der nichts von mir begehrte, meine Tochter und Erbin zum ehelichen Weibe. So habe ich an diesem Tage Freude, und gleichermaßen sollt ihr sie haben, meine Getreuen. Laßt uns einen Hammel schlachten, laßt ihn uns draußen im Gelände am Holzspieß über dem offenen Feuer braten und so den frohen Tag feiern — ist es euch genehm? Nehmt auch meinen Sohn Achmed in eure Gemeinschaft auf und feiert bis zum Morgen, so ihr es wollt. Es muß im Keller noch frische, eiskalte Mandelmilch vorhanden sein, diese nehmt zum Durstlöschen. Und sei euch diese Nacht eine der Freude, wie sie es auch mir ist. Allaha ismagladyk!« Maryam wandte sich ab und ging zurück zu Gül, der sie nun alle Ehrung als ihrer Tochter vor ihrem Gesinde gewährt hatte. Sie fand die zwei, die für Achmed nahezu verloren schienen, den Hund und das junge Weib, zusammen eingewickelt in den Ziegenteppich und fest schlafend vor. Warum sie wecken, dachte die kluge Frau — ist nicht Schlaf die beste Art, den Schmerz zu vergessen? Sie war sicher, daß Achmed die zwei in dieser Nacht nicht mehr stören würde, und begab sich beruhigt in ihr eigenes Gemach, wo sie sich vor jeder Störung sicher wußte, denn auch ihre vertrauteste Dienerin würde sich nicht getrauen, der Herrin zu nahen, ohne gerufen zu sein.
Maryam legte sich auf ihr breites niederes Lager, das von seidenen Teppichen aus Ispahan bedeckt war, verschränkte die Arme unter dem Nacken und ergab sich dem Nachdenken. Sie

sann darüber nach, ob ihre Sehnsucht nach diesem Begriff »Tochter« sie nicht irregeführt haben könnte, ob nicht wieder einmal das weibliche Herz ihr einen Streich gespielt hatte? Aber dann sagte sie sich dieses: wenn ein Irrtum begangen wird aus zu großem Vertrauen und dieses trügt, so ist der, der es betrog, der Verworfene, nicht der, der es gewährte. Und bis mir solches bewiesen wird, vertraue ich dir, Gül, mein Kind, wer immer du auch seist. Das brachte Maryam Frieden, und so sank sie in einen leichten Halbschlummer, der sie in Träume wiegte und ihr einen weiten Bergpfad zeigte, auf dem sie sich mühsam vorwärtsbewegte, mühsam, weil ihre Schultern belastet waren mit einem verwundeten Lamm und neben ihr ein großer Hund einhertappte, der immer wieder versuchte, das Lamm zu lecken. Der Bergpfad, das wußte Maryam, führte zu der Heimat ihres großen Geschlechts, der Zehbadyeh, denen die Marmorbrüche und die Kupferbergwerke gehörten, von denen ihr Reichtum sich herleitete, aber sie mußte nun barfuß dort hinaufsteigen, und ihre Füße bluteten. Aman, Aman, das war ja nur ein Traum, nichts anderes als einer jener schweren Tagesträume, die den strafen, der sich zur Unzeit zur Ruhe begibt. Sie riß sich hoch, fühlte, wie ihr die Kugel entglitt, die sie immer in der Hand zu halten pflegte, wenn sie sich niederlegte, und die mit scharfem Klang in das Kupferbecken fiel, solcherart die Dienerin herbeirufend.

Da stand auch schon die vertraute demütige Gestalt der Dienenden, die niemals zu schlafen schien, am Vorhang des Eingangs, und die liebenswert leise Stimme hauchte: »Du hast gerufen, Herrin?« Maryam richtete sich ein wenig auf, fragte leise:»Schläfst du niemals, Chazneh?« Die der Herrin gleichaltrige Frau vermochte sich nie daran zu gewöhnen, daß sie mit einer Umbildung des Wortes für »Schatz« angeredet wurde, aber sie wußte auch nicht, welch großer Schatz für eine reiche Frau das vollkommene Vertrauen zu einem Menschen bedeutet, konnte es in ihrer liebenden Demut auch wohl nicht verstehen, denn für sie war diese Herrin, die ihr niemals ein böses, ja nicht einmal ein ungeduldiges Wort gegeben hatte, der lebendige Beweis von Allahs Güte. Sie sagte lächelnd und wurde plötzlich schön trotz ihres Alters: »Wenn es sich ergeben könnte, Herrin, daß du rufst, zumal zu einer Zeit, die dir viel Unruhe des Herzens bereitet, dann schlafe ich gewißlich nicht, wolle es glauben.« Maryam sah tief gerührt diesen Menschen an, der immer wußte, was mit ihr war, und plötzlich liefen ihr Tränen der Ergriffenheit die Wangen herab. Mit zwei lautlosen Schritten war die Dienerin neben ihr, hatte ein weiches duftendes Seidentuch in der Hand, tupfte die Tropfen fort, murmelte hauchleise: »Du weinst, Herrin? Geliebte Herrin, was hat man dir getan?« Maryam sah ratlos die Dienerin an, zog sie sanft zu sich herab, murmelte kaum hörbar: »Nichts, Chazneh, meine Getreue, nichts tat man mir. Ich flehe dich an, innig bitte ich, lasse mich für die Dauer von zwei Herzschlägen bei dir ruhen — willst du?« Das Leuchten auf dem Gesicht der Dienerin wurde zu einem Strahlen. Behutsam, ganz sanft nahm sie den Kopf der Herrin, dessen reiches kupferfarbenes Haar so herrlich duftete, in ihre Arme und wurde zur Mutter. Kaum hörbar hauchte sie uralte Kinderweisen und wiegte diesen stolzen Kopf hin und her, bis Maryam das leuchtende Gesicht zu sich herabzog und einen Kuß der Ehrfurcht auf die Stirn der Dienerin drückte, die ihr das lastende Gefühl der Einsamkeit genommen hatte. Sogleich löste Chazneh ihr Umfassen, stellte sich etwas abseits in der gewohnten demütigen Haltung wartend hin, vergaß aber diese wenigen Herzschläge der tiefen Beglückung nie.

Maryam erhob sich, gab kurze Anweisungen über die von ihr erwünschte Kleidung, und als sie sich zudem erfrischt hatte, fragte sie ruhig: »Hat man meine Wünsche beachtet, Chazneh? Ist im Freigelände das Fest im Gange?« Die Die-

nerin gab Auskunft, halblaut wie immer: »Ein Fest, Herrin, ist es nicht, nur ein Schmaus. Und der junge Hirte, Herrin, spricht seltsame Wortbildungen wie ein Träumer, alle zum Lobe der Rosen, die unsere Luft verpesten. Es erscheint uns alles sehr seltsam, geliebte Herrin.« Maryam hörte sich dieses ruhige Urteil lächelnd an, ging dann auf den Vorbau ihres Gemaches hinaus, dessen sämtliche weite Öffnungen mit Muscharabieh verkleidet waren, jenem zierlichen syrischen Drechselwerk, das es der islamischen Frau ehemaliger Zeiten gestattete, freien Ausblick zu haben, trotz scheinbarer Verborgenheit. Von hier aus vermochte Maryam ihren weiten Besitz zu überblicken, und so konnte sie auch jetzt das Glühen des Feuers sehen, an welchem der Hammel im Freigelände unter stetigem Drehen geröstet wurde, während Diener mit Schüsseln bereitstanden, in denen sie das herabtropfende Fett auffingen.
Der Wind stand auf das Haus zu und der würzige Geruch des mit unzähligen Kräutern innerlich und äußerlich bestreuten bratenden Hammels drang bis zu Maryam herauf. Doch tat er es offenbar nicht nur bis zu ihr, denn plötzlich schob sich durch den Vorhang ihres Gemaches ein großer Kopf, und da stand Atalama gierig und freudig schnuppernd. Es wird niemals festzustellen sein, woher Tiere wissen, wer der Herr, wer der Diener ist, aber daß sie es mit unfehlbarer Sicherheit erkennen, bleibt unbestreitbar. So machte auch der große Berghund mit völliger Unbeirrbarkeit seinen Weg an der bescheidenen Chazneh vorbei hin zu der im Vorbau stehenden Herrin Maryam, legte seinen Kopf an ihr Knie und sah flehend zu ihr auf, während seine Nüstern unablässig den würzigen Duft einsogen. Er duldete es auch still, daß sie ihm die Hand auf den Kopf legte, um ihren Befehlen aufmerksam zuzuhören. Maryam sagte zu Chazneh: »Gehe hinunter, meine Gute und Vertraute, und verlange von denen dort unten, die den Hammel drehen, ein gutes Stück für diesen treuen

Hund. Wenn der Hammel noch nicht ganz gar sein sollte, macht es nichts aus, er wird ihm auch so schmecken — ist es nicht wahr Atalama?« Sie neigte sich zu dem Berghund nieder, und der, wie jeder Hund Klang und Art des Sprechens erfassend, wedelte mit dem großen buschigen Schweif, gab auf diese Art Zufriedenheit und Freundschaft zu verstehen. Plötzlich aber erstarrte er förmlich, denn von draußen her, wo der Hammel briet, erklang die Stimme, die ihm so vertraute seines jungen Herrn Achmed, der sich offenbar in den von Chazneh erwähnten Lobpreisungen der Rosen erging. Der Hund spitzte die Ohren, hob eine Vorderpfote in der hinlänglich bekannten Haltung gespanntester Aufmerksamkeit und war dann schon, einem bräunlichen Strich gleich, davon, ehe noch eine der beiden Frauen sich ganz bewußt geworden wäre, daß er bei ihnen gewesen sei. Maryam lachte, sagte heiter: »Ein freies Tier der Berge, Chazneh, meine Getreue. Möge er niemals der Freiheit entbehren!« Und in diesen Worten ließ sich die Tochter uralter Hirtengeschlechter erkennen.

Während nun alles dieses vor sich ging und der festliche Hammel sich drehte, immer drehte, versuchte Gül, wieder ganz klar zum Bewußtsein zu kommen. Sie erinnerte sich einer hohen, fast singenden priesterlichen Stimme, vernahm auch irgendwoher aus dem Unterbewußtsein Worte Maryams, die etwas von Jungfrau sagten, versank dann aber wieder in jenen seltsamen Zustand, der ihrem gesunden Leben im herben Atem der Berge so fremd war. Sie fand sich mit all diesem gar nicht mehr zurecht, hatte nur eine geradezu würgende Sehnsucht nach der herben Frische der Berge und dem Geruch der Bergkräuter, der so stark und zwingend wurde, wenn man auf ihnen lag und all das Blühen zerdrückte. Warum nur war sie dieser anderen Lockung gefolgt? Was war es, das an dem seltsamen Jüngling Achmed sie so gewaltig angezogen hatte, an seinen verstohlen belauschten leichten Schritten, an seiner halbsingenden Stimme, die der des Imam, die sie im Traum gehört hatte, so beängstigend glich? Was nur, was veranlaßte sie, die vertraute Heimat zu verlassen? Es wird hier klar ersichtlich, daß das Mädchen Gül sich mit einem Geheimnis herumschlug, das ungezählte Frauen und Mädchen schon zu ergründen suchten, jenes nämlich, das sich in der Vorstellung und im Suchen nach dem Sinn des Lebens, das aller Jugend gleichermaßen am Herzen liegt, umfangen läßt. Es ist auch in Betrachtung dieses Suchens aller Zeiten und aller Weltgegenden bei der Jugend völlig nebensächlich, ob sie während dieser Tätigkeit des suchenden Forschens und Grabens uralte Tempelbauten oder Paläste vernichtet, die den Vorfahren heilig waren. Denn die Jugend aller Zeiten und aller Völker folgt dem Ruf der Gottheit, und diese ist immer neuschöpferisch — ewig gebärend. Hiermit nun versuchte der arme, durch die Liebe verwirrte junge Geist des Mädchens Gül fertigzuwerden, und es gelang ihr ebensowenig, wie es vielen anderen klügeren, erfahrenern Frauen gelungen ist und gelingen wird. Warum aber auch das alles? Gab es nicht Allah und das Kismet, etwas noch Erschreckenderes auch, das der plötzlich so weit entrückte Liebste, der mit diesem schrecklichen Rosenduft behaftete, hüriyet genannt hatte und das die Menschen trennte, die sich liebten? Aman, Aman, lasse mich daran nicht denken, flehte in dieser ihrer einsamen Hochzeitsnacht das Mädchen Gül. Indessen berauschte sich während vieler Stunden Achmed an seiner Rosensehnsucht, sprach davon, tanzte sie den Gefährten vor und erreichte es endlich, daß sie ihn beim Morgengrauen alle als »deli« bezeichneten, das ist irrsinnig, und ihm infolgedessen erhöhte Ehrfurcht bezeugten, weil der Moslim in diesem, dem Alltagsmenschen unverständlichen Zustand einen höheren Sinn sieht, welchen Allah verlieh, und dem darum mit Ehrfurcht zu begegnen, Pflicht des Gläubigen ist. So kam es denn, daß von denen,

die am Hammel sich gütlich getan hatten, einer nach dem anderen sich entfernte, bis nur ein einziger übrigblieb, der alte Hausverwalter, der es als eine ehrende Pflicht ansah, diesen Jüngling, den er vor kurzem als seinen Sohn vor dem Imam Efendi bezeichnet hatte, nicht allein zu lassen.
Als Achmed in seinen Lobpreisungen der Rose innehielt, weil er Atem schöpfen mußte, sagte der Hausverwalter halblaut, eine Stimmlage, die immer besser hörbar ist als die laute, da sie zur Seele redet: »Glaubst du nicht, mein Sohn Achmed, daß es an der Zeit wäre, dich zu deinem jungen Weibe zu begeben, in dieser deiner Hochzeitsnacht, da schon die ersten leichten Boten des Tageslichtes sich am Himmel zeigen?« Achmed erwachte wie aus einem Taumel, rief: »Gül, meine Blume!« und raste, einem wahrhaft Irren gleich, in das Haus. Der Hausverwalter erhob sich eilig mit jener Geschmeidigkeit, die jedem Moslim bis ins späte Alter verbleibt infolge des fünfmaligen täglichen Gebetes, das alle Bewegungen zur Ausübung erfordert, die den Gliedern die Jugend erhalten, und lief dem Verwirrten nach, um diesen zu dem richtigen Gemach zu geleiten, darin sein junges Weib ihn erwartete, so zweifelte er nicht, denn trotz dieser seltsamen Verheiratung zweier Menschen, die als Eheleute von der Herrin gebettet worden waren, hielt der alte Hausverwalter in seinem Geiste doch an dem Gedanken der Sitte, dem adett, fest und konnte sich den Verlauf der Geschehnisse nicht anders vorstellen.
Aber Achmed fand den richtigen Weg auch ohne die Führung des freundlichen alten Mannes und barst durch den Vorhang, der das Gemach seiner jungen Frau abschloß, einem Sturmwind gleich hindurch. Doch kaum eingetreten, stockte sein Fuß, denn das Bild, das er vor sich sah, ließ alles, was in ihm Dichter war, einer heißen Welle gleich hochbrausen. War es doch so, daß Maryam Anweisung gegeben hatte, das Lager ihrer Tochter mit den weichsten und hellsten

Lammfellen zu belegen und für ihre Erwärmung ein ganz leichtes Fell zu beschaffen, das bei jedem Atemzug sich einer Feder gleich hebe und wieder senke. So kam es, daß Gül unter einer Federdecke ruhte, den Federn jener Wildgans, die nur die tüchtigsten Jäger der Berge zu erlegen vermögen, und daß unter ihr weißflockiges Fell sich breitete, das dem Hirtenblick Achmeds sogleich als das gestürzter Lämmer kenntlich wurde. Seine Liebste sah auf diese Art aus, als liege sie im Herzen einer Herde, bedeckt von einem Vogelflaum, und gliche einem Traum der stets unerfüllten Sehnsucht. Sie schlief offenbar fest, aber welches Mädchen, das liebt, schliefe jemals fest, wenn der Schritt des Geliebten, sei er so leise wie immer, sich ihrem Lager nähert? Und obgleich er schlich, es tat mit dem Schreiten des Hirten, der ein scheues Tier belauert, das er retten will vor der Unbill der Berge, schlug sie doch gleich die Augen auf, hob die Arme, ihn zu umschlingen, murmelte: »Du duftest nach unseren Bergen, mein Geliebter!« Und zog ihn zu sich herab. Es waren aber nicht die Berge, nach denen er »duftete«, vielmehr das reichlich genossene Hammelfett, aber was tut das, wenn es nur kein Rosenduft ist, der verabscheute, der tief verhaßte? Die Liebe hat andere Augen, eine andere Nase und andere Ohren, warum könnte sie nicht einen Hammel in eine Rose verwandeln oder umgekehrt und sich davon beglückt fühlen, sie, die größte Zauberin, die es auf Erden und in den weiten Himmeln Allahs gibt? Bereket olsun!

Niemand weiß es, wenn ein neues Wesen aus zweier Wesen Vereinigung entsteht — aber wäre es nicht denkbar, daß aus Hammelfett, Rosenduft und Lammfellen sich etwas bildete, das den Flaum der Wildgans bis zu den sieben Himmeln trüge, um von dort ein Wesen herabzuholen, das Liebe ist, alle Liebe, die sich Irdische zu geben vermögen aus der unstillbaren Sehnsucht des Ewigen heraus, aus dem sie kamen?

Ist es irgendeinem irdischen Wesen möglich, zu vermelden, wann der Lebensfunke entstand — oder auch, wann er erlosch? Diese zwei jedenfalls, Achmed und Gül, sie gaben Leben, und das Leben wurde aus ihnen, einem Geschöpf der Berge, aus deren Duft und Herbe entstanden, und einem Sehnsuchtsbefangenen, der den Rosen nachträumte. Und so hatten sie erfüllt, was von ihnen verlangt ward, und ihrer Aufgabe hatten sie Genüge getan — Allah kerim!

Am nächsten Morgen, als die Liebende verlangende Arme hob, den Geliebten neu zu umfangen, griff sie in Daunenfedern der Wildgans. Djanum, wessen Sehnsucht kann solches stillen? Achmed war fort. Er war den Fesseln der Liebe entflohen, denn die Fesseln seines Sehnens nach den Rosen hielten fester. Und so hatte er gewählt. Wie Maryam ihm am Abend in Gegenwart des Imam gesagt hatte, daß er wählen müsse zwischen Rosen und Gül, zwischen einer Rose und dem Duft der vielen, so hatte er gewählt zu einem Zeitpunkt, da sich der Mann am klarsten und freiesten fühlt, wenn er dem Liebeslager entsteigt. Als Gül ihre sehnsuchtsreiche Gebärde machte, befand sich Achmed schon auf dem Wege nach dem Rosental, eilte, eilte, denn die Sonne stieg auf, und sie mußten — so hatte man ihm gestern gesagt — alle zur Stelle sein, wenn die Sonne zu leuchten begänne. Auch hatte er sich nicht mehr nach Atalama umgeschaut, der in einem dunklen Winkel von Güls Gemach schlummerte, und war davongeeilt in dem Wahn, der von ihm begehrten hüriyet entgegenzulaufen zugleich mit der aufgehenden Sonne. Daß ihm sein bisher so treuer Hund nicht folgte, fiel ihm schon nicht mehr auf, so völlig besessen von einem einzigen Gedanken war er schon — deli oldu!

Gül aber wachte auf, nicht etwa im Gefühl der Verlassenheit, nein, in dem der tiefsten Erfüllung. Sie rief Atalama zu sich heran, und der Hund der Berge wälzte sich beglückt auf den Lammfellen, schnupperte an der Wildgans und ließ sie gel-

ten. Gül umfing ihn mit einem Arm, zog seinen großen Kopf zu sich herauf, und dann schliefen sie beide friedevoll wieder ein.
Es zeigte sich bald, daß trotz aller Seltsamkeiten jene letzte Nacht, die Achmed bei seinem jungen Weibe verbrachte, doch eine wirkliche Hochzeitsnacht gewesen war, denn nun begann ein neues Wesen in ihr zu werden. Die junge Mutter gehörte zu jenen Frauen, die sich niemals besser fühlen als während der Schwangerschaft, nie ausgeglichener und friedevoller. Solche sind öfter anzutreffen unter den Frauen des Südens, die der Natur nahe verwandt sind, und immer wieder ist es ein Anblick ehrfürchtiger Freude, dieses in sich geschlossene Tragen eines neuen Menschenwesens zu betrachten. Hier aber, bei der jungen Gül, wirkte es ganz besonders eigenartig, denn es ging Hand in Hand mit einer fast vollkommenen Wortlosigkeit, die sich auch darauf erstreckte, daß sie niemals nach ihrem Ehegemahl fragte. Maryam schaute sie stets wieder forschend an, war auch immer bereit, ihr alles über Achmed zu berichten, was ihr der Imam über den Jüngling mitteilte, aber Gül fragte nicht. Sie und Atalama schienen Achmed völlig vergessen zu haben — so konnte man meinen, wenn man nicht entdeckte, wie oftmals der große Hund und seine junge Herrin um die Stunde des Abend-Azan nahezu atemlos den Vorhang anstarrten, der den Raum verschloß. Aber Achmed kam nicht. Maryam fragte den Imam wieder und wieder nach seinem Ergehen und erhielt immer die gleiche Antwort: »Er befindet sich wohl. Er arbeitet in den Rosengärten des Mehmed Bey und pflegt nach dem Azan zu mir zu kommen, um mir neue Dichtungen auf seine Rosen vorzusprechen. Dieses und die Freiheit, die hüriyet, das ist's, worüber er immer wieder halbsingend dichtet.«
Maryam wollte das nicht begreifen, und sie fragte, so oft der Imam sie besuchen kam, was nahezu jeden vierten Tag ge-

schah, unausgesetzt, ob Achmed denn niemals von seinem jungen Weibe spreche? — Ob er es auch wisse, daß er Vater werden würde? Der Imam gab dann immer wieder geduldig zur Antwort: »Wie du es mir anbefohlen hast, Herrin, meine Freundin, habe ich es ihm mitgeteilt. Er sagte darauf dieses: ›Wenn das Kind erst da ist, gibt es keine Freiheit mehr.‹ Was soll man einem jungen Moslim zur Antwort geben, der solche Gedanken äußert? Man muß schweigen und warten, was die Zeit für ihn und sein Kind tun wird.« Maryam war, sie mußte es sich eingestehen, über beide gleichermaßen unglücklich, über Gül und Achmed, ja, auch über Atalama. Beide, die Frau und den Hund, sah sie für treulos an, aber — wir sagten es schon — sie wußte nichts davon, wie der Hund regungslos um die Zeit des Abendazans am Vorhang stand, wie das junge Weib in bebender Spannung auf diesen erbarmungslosen Vorhang starrte, und wie sie, wenn der Azanruf beendet war, beide, Hund und Frau, in tiefer Ermüdung der Herzen zurücksanken, um am Tage darauf das gleiche zu durchleben.

Um ganz wahr in diesem unserem Bericht zu sein, muß gesagt werden, daß Maryam eine sich immer steigernde Dankbarkeit Achmed gegenüber empfand, denn er schenkte ihr die ersehnte Tochter täglich wieder neu, die sie nun ganz allein für sich haben durfte. Aus dieser Dankbarkeit heraus hatte sie auch einen Boten zu den Zehbadyeh hinaufgeschickt mit dem Gebot, nicht den Geldpreis von zehn jungen Böcken, sondern diese selbst zu denen am Gandhar Dagh hinüberzusenden. Sie befahl außerdem, der Bote möge die Böcke selbst über die Berge geleiten und denen vom Gandhar Dagh dazu bestellen, daß diese Böcke die besten der Zehbadyeh seien und ihre Herden mit neuem Blut auffrischen würden. Diese Gabe, welche die Freiheit von Achmed erkaufte, hatte auch zur Folge, daß die bisherige neidvolle Betrachtung der Zehbadyeh durch die vom Gandhar Dagh sich in eine Art Freund-

schaft verwandelte, um so mehr, als man froh war, daß der junge Achmed mit seiner Träumerei und seinem Dichten nicht mehr Verwirrung anrichten konnte unter Mädchen und Lämmern.
Still, ganz still, wuchs das Kind, das Gül in sich trug, dem Leben entgegen, in der Stille seiner Mutter, in der ruhigen Liebe, die Maryam dieser Mutter schenkte, unberührt von dem Rosendufte, der seinen Vater umgab. Als die Zeit langsam näherrückte, da es die Geborgenheit des Mutterleibes verlassen sollte, kam Gül mit dem langsamen Schritt ihres Lasttragens zu Maryam, die in ihrem Gemach am Boden hockte und auf einen seidenen Stoff dunkle Bergveilchen stickte. Sie erhob sich sogleich, schob der jungen Mutter einige Kissen zu und ließ sich wieder nieder, ruhig wartend auf das, was Gül ihr zu sagen habe. Es gilt als größte Höflichkeit, solcherart ruhig zu warten, bis der andere redet, und niemals zu fragen, was er begehre. Doch sah Maryam heimlich zu Gül hin, der sie eine gewisse Unruhe anmerkte, was bei der großen Gelassenheit dieses jungen Weibes bemerkenswert und ein wenig beunruhigend erschien. Daß sie mit der in ihr erwachten Unruhe nicht Unrecht hatte, merkte Maryam sogleich nach den ersten Worten, die Gül sprach. Sie sagte etwas Erstaunliches, tat es in aller Ruhe: »Herrin und meine Mutter, wenn mein Kind geboren wird, was, wie du weißt, bald geschehen wird, so soll es auf Bergeshöhe das erste Licht der Welt erblicken, denn ich habe erkennen gelernt, daß nur auf Bergeshöhe das Leben wohnt, die Wahrheit und die Freiheit und auch die Freude, o meine Mutter.« Maryam starrte das geliebte junge Menschenkind an, stammelte zutiefst erschrocken und betroffen: »Du willst mich verlassen, mein Kind, meine geliebte Tochter — willst fort von mir?« Nahezu lächelnd sagte Gül: »Warum sollte ich fort wollen von dir, die du mir eine Mutter warst, die niemals fragte? Warum könntest nicht auch du, o geliebte Herrin, hinaufziehen und

zurückkehren zu deinen Heimatbergen, du, die oftmals sagte, daß man hier nicht frei atmen könne, wenn der Westwind den Rosengeruch herträgt? Warum nicht, o meine Mutter?«

Jetzt aber zeigte es sich, wie jung in ihrem Herzen diese starke und große Frau war, Maryam Hanum. Sie sprang hoch, und die dunklen Seidensträhnen, damit sie in halbbewußter Sehnsucht die Bergveilchen nachzuahmen versuchte, flogen nach allen Seiten hin davon. Ruhig bückte sich Gül und sammelte das Verstreute sorgfältig auf, während sich das Lächeln in ihren Zügen vertiefte und fast zu einem Strahlen wurde, denn die Stimme der Maryam, diese befehlsgewohnte, die so sanft und liebevoll weich klingen konnte, wurde hörbar in ungeduldigen Rufen: »Chazneh! Chazneh!« Schon erklang von weither auch die Antwort der Getreuen: »Ich komme, Herrin, ich komme!« Etwas ängstlich klang es, was denn wohl geschehen sein könnte? Gül lauschte, glaubte zu wissen, was baldigst bei der Getreuen Jubel auslösen würde, und darin irrte sie auch nicht, denn Chazneh konnte noch kaum verstanden haben, was die Herrin ihr mitteilte, als auch schon der hohe, schrille Jubelruf islamischer Frauen erklang und dann das Herbeilaufen vieler Dienerinnen hörbar wurde. Vielstimmig, wie bei einer Hochzeit wurde der Ruf jetzt laut, und Gül begriff, daß Maryam ihrem Gesinde bekanntgegeben hatte, daß die Zelte hier im Tal abgebrochen würden. Zelte? Nein, Holzhäuser mit festen Wänden würden eingetauscht werden für die beweglichen Zeltwände, durch deren atmende Lebendigkeit der Duft der Bergkräuter hereinströmte, gewißlich die Kälte auch, aber saß man dann nicht inmitten des Zeltes um den Mangal herum, eingehüllt in die wärmenden Felle, und irgendeiner berichtete von seltsamen Erlebnissen, ein anderer von Kämpfen mit Bären, wieder einer von dem, was heilige Männer, berühmte Derwische zu sagen hatten?

Ach, welch ein anderes Leben, jenes der Berge, dachte Gül, gegen dieses hier, wo man nicht mehr den Klang der eigenen Stimme kennt! Und wenn nun Maryam, die große Herrin der Zehbadyeh, sie mit sich hinaufnahm auf die Berge ihres Stammes, wenn sie als deren Tochter galt und ihr Kind im Arme halten würde, dann mußte sie auch nicht mehr so angstvoll auf den Ruf des Abendazan lauschen, nicht mehr warten, immer warten, ob ein leichter Schritt hörbar würde, eine frohe Stimme sie »meine Rose« nenne, und auch das stete Warten von Atalama, dem Treuen, würde ein Ende haben. Sah sie ihn noch jemals wieder, diesen ihren Geliebten, der das schreckliche Wort von der hüriyet in ihr Herz gepflanzt hatte? Diese grausame Freiheit, die alle Freude tötet und ihr den raubte, der ihr aller Dinge Inbegriff war? Sie wußte es wohl, die junge Gül, daß es die hüriyet war, die ihr den Geliebten nahm, sie und der Rosenduft. Aber jetzt, wenn sie droben waren in den Bergen der Zehbadyeh, dann würde alles anders werden, und sogar sie, die verstummt war, würde wieder singen lernen, um ihr Kind einzuschläfern und zu beruhigen, wenn der wilde Bergsturm es erschreckte.
So saß sie sinnend und wieder voller Hoffnung, während draußen in den weiten Gängen des großen Konaks die Aufregung sich immer mehr ausbreitete, denn dieses war eine gewaltige Nachricht, die bis zum kleinsten Gärtnerbuben drang in unbegreiflich kurzer Zeit. Überall hieß es: »Weißt du es schon? Die Herrin geht zurück in die Berge!« Da gab es solche, die es erschreckte, und deren waren ebenso viele wie Beglückte, denn wer im Tal geboren ist, fürchtet die Berge und glaubt, sie seien unbarmherzig und hart gegen die Menschen. Wer aber droben aufwuchs, der glaubt das gleiche vom Tal, wo sich die Menschen zusammendrängen und ein kleiner Blumenkelch voll Luft ausreichen muß für viele dieser eingeengten armen Wesen. Aus ihren Gedanken riß Gül ein leichter Stoß an ihrem Fuß, und sogleich packte sie die

Reue, daß sie den treuen Gefährten einsamer Stunden allein gelassen hatte. Mühsam hockte sie sich neben ihm nieder, umfaßte seinen Kopf und begann ihm die große Neuigkeit mitzuteilen. Atalama leckte ihr die Wange und stieß einige hohe kleine Freudenlaute aus, die ihren Zärtlichkeiten galten, die sie aber in kindlicher Einfalt auf das Bevorstehende bezog.
Jetzt schien das ganze Haus und sein zahlreiches Gesinde schon die Unruhe des bevorstehenden Wechsels gepackt zu haben. Maryam teilte bereits dem alten Hausverwalter mit, er habe morgen mit dem Frühesten sich einen der Esel satteln zu lassen, um hinaufzureiten und dem Oberaufseher aller Hirten der Zehbadyeh mitzuteilen, daß die Herrin wiederkehre und für sie das große Zelt aufzustellen sei, darin Vater und Großvater zu wohnen pflegten. Der Hausverwalter aber ging noch nicht mit dem üblichen Gruß der Ergebenheit davon, zögerte, stand dort und wartete. Maryam sah ihn erstaunt an, fragte befremdet: »Nun, Mehmed, was ist's, das dich abhält, meinem Befehl zu gehorchen?« Er beugte sich tief vor der Herrin, sagte leise, fast beschämt: »Vergib einem alten Manne, o Herrin, doch du wollest dich erinnern, daß es einen gibt, den ich vor dem Imam, einmal zwar nur, meinen Sohn nennen durfte. Was wird mit ihm? Nie mehr sah ich ihn seit jener Nacht, niemand weiß etwas von ihm. Und wenn es auch nur ein Wort war, das der Wind fortwehte — dennoch, o Herrin, das Wort war ›Sohn‹. Du weißt es gut, daß meine Söhne Ali und Achmed auf den Bergen starben nach Allahs Willen. Dieser aber hieß auch Achmed, Herrin, und das Wort war ›Sohn‹!«
Maryam sah den alten Mann ebenso erstaunt wie tief betroffen an, und ein Gefühl der Scham packte sie an. Gut, zehn Böcke hatte sie für ihn hergegeben, für diesen Achmed der hüriyet, aber was waren ihr zehn Böcke, was auch hundert? Sie erfreute sich an einem jungen Weibe, das sie »Tochter« nannte, und dieser Alte hier sagte mit größter

Feierlichkeit: »Das Wort war ›Sohn‹.« Tief beschämt stand die stolze Frau vor dem alten Manne, und sie wußte nichts anderes zu erwidern als dieses: »Du hast recht, Mehmed, mein treuer Diener. Es wird gut sein, wenn du einen Boten hinunter ins Tal sendest und den Imam Efendi ersuchen läßt, so bald wie möglich zu uns heraufzukommen. Er ist es, der alles von Achmed weiß, da er ihn täglich spricht, und mit ihm können wir beraten, was not tut. Dir aber, Mehmed, danke ich von ganzer Seele für den Mut deines Tadels und werde dir den Dienst, den du mir damit erwiesen hast, niemals vergessen.« Der alte Mehmed zog sich mit einem tiefen und ehrfurchtsvollen Gruß zurück und dachte für sich, daß es nicht zu verwundern sei, wenn eine solche Herrin getreue Diener habe.

Alles dieses war ja trefflich erdacht, aber eben nur von Menschen ersonnen und mit dem, was ihr begrenzter Verstand zu erfassen vermochte. Nun aber griff mit starker Hand wieder das Kismet ein, tat es, indem es auch die Pläne und Gedanken der jungen Gül lässig über den Haufen warf. Es geschah ganz einfach dadurch, daß jenes Geschöpf einer Rosenliebe, vergänglich wie die Blüte selbst, sich eher zur Welt der Menschen meldete, als es die junge Mutter erwartete. Sie, die davon gesprochen hatte, daß ihr Kind die ersten Atemzüge des Lebens auf Bergeshöhe tun solle, mußte es erleben, daß es seinen ersten Schrei ausstieß, als der Westwind den verhaßten Rosenduft herbeitrieb und somit fast der erste Atemzug des winzigen Mädelchens aus Rosenduft bestand — und irgendwo, vielleicht auf der letzten Rosenwolke dieses Tages sitzend, lachte eine Peri über den ausgezeichneten Witz, denn die Geister sehen alles als Witz an, was die Vernunft der Menschen zu einer Albernheit macht. So kam es, daß kein Bote zum Imam geschickt wurde, der alte Mehmed vielmehr aus eigener Machtvollkommenheit hinunterschickte zum Rosengarten des Bey, darin, wie er wußte, Achmed arbeitete, und Achmed sagen ließ, ihm sei ein Kind geboren, er solle sogleich heraufkommen zu seinem jungen Weibe. Hier aber erschöpfte sich das Wunder noch nicht, das harikah wurde vielmehr groß und größer, denn ohne auch nur nachzudenken, setzte sich Achmed in Trab, griff nach dem Arm des Boten und zog diesen Widerstrebenden mit sich hinauf, so wie es nur ein Berggewohnter zu tun vermochte. Atemlos langte der Bote oben an, leicht atmend Achmed, der sogleich zu dem Vorhang eilte, der das Gemach von Gül abschloß, und dann erschüttert stehenblieb, als er diese ihm zahllos erscheinende Weiblichkeit sah, die sich um das Lager seiner Gül angesammelt hatte, aber bei seinem Anblick wie ein Volk aufgescheuchter Hühner fortlief. Sonst beachtete ihn niemand, so schien es, aber einer war, der hatte seit Monaten auf diesen leichten Schritt gewartet, es täglich getan, bis auch sein starkes Herz müde ward, einer, der trotz der vielen Weiber einsam in einem Winkel hockte, sich aber schon aufgerichtet hatte, als jener leichte Schritt ihm endlich wieder hörbar wurde: Atalama! Er stutzte, stand völlig auf, und im nächsten Augenblick war er hochgereckt an dem ersehnten jungen Herrn, schluchzte, schrie vor endlicher Erlösung aus allem Leid, konnte sich nicht bergen vor Freude. Dieses Jubeln des Hundes war das erste, was Gül vernahm, denn das kleine Wesen war ihr schon sorgsam fortgenommen worden. Sie flüsterte halblaut; zaghaft fragend: »Achmed?« Da aber hatte er schon mit drei Sprüngen die Entfernung zwischen Eingang und Lager überwunden, kniete am Boden neben ihr und konnte sich gar nicht fassen. Seine ersten Worte waren: »Gül, meine Rose, woher hast du plötzlich ein Kind?« Sie, die von der überstandenen Arbeit des Gebärens noch etwas ermattet war, mußte so herzlich lachen, daß ihr ermatteter Körper Schmerz verspürte. Aus diesem Lachen heraus gab sie zur Antwort: »Ein Djin oder ein Ifrit – wer weiß es? Aber nur niemand mit Namen Achmed ist

meines Kindes Vater.« Er vergrub seinen immer wirren Kopf in den Polstern, die schon wieder frisch und seidenweich nach all dem Überstandenen waren, und sah sein junges Weib an, flüsterte: »Ich wußte nicht mehr, wie schön und lieblich du bist, Gül, meine Rose. Nichts sah ich in all der langen Zeit, das dir gliche, nein, niemals etwas. Auch die schönste Rose ist nicht meiner Rose gleich. Wo aber ist nun dieses kleine Wesen, das aus unsrer Liebe entsprang, einer Blüte gleich? Will man es vor mir verbergen, da ich seiner unwürdig ward?« Sie lachte wieder leise aus ihrer großen Müdigkeit heraus, strich einmal über das wirre Haar, murmelte: »Lasse mich schlafen, mein Geliebter«, drehte den Kopf zur Seite und war auch sogleich entschlummert. Erstaunt betrachtete sie Achmed, denn er hatte sich den Empfang anders vorgestellt und wußte nichts davon, was eine Frau an Beschwernissen zu ertragen hat als Folge der Liebe. So erhob er sich ein wenig beleidigt, griff nach seinem Hunde, der beseligt neben ihm herschritt, und begab sich auf die Suche nach irgendeinem Menschenwesen, das ihm einige Rätselhaftigkeiten in all diesem klären könnte. Damit hatte er auch Glück, denn der alte Mehmed war eilig gewesen, seinen Boten auszufragen, und erfuhr von ihm, daß Achmed bei der jungen Herrin sei. So stellte sich der Alte vor dem Vorhang zu Güls Gemach auf, und nach kurzem Warten lief ihm Achmed in die Arme.
Mehmed packte den Jüngling bei seinem Gewande, das wieder wie stets nach Rosen duftete, und fragte, indem er ihn mit sich fortzog: »Mein Sohn Achmed, hat die junge Herrin sich von dem Duft deiner Gewänder wieder schlecht gefühlt?« Achmed antwortete immer noch verärgert: »Nein, das hat sie nicht, aber sie ist gleich eingeschlafen, kaum war ich bei ihr eingetreten.« Mehmed lachte leise, während er Achmed immer mit dem Griff an seinem Gewande unwiderstehlich mit sich führte. »Das verstehst du nicht, Achmed, mein Sohn.

Eine Frau, die soeben geboren hat, bedarf der Ruhe und des Schlafes. Komm mit mir hinüber in das Selamlik, und ich werde dir etwas berichten, das dich vielleicht erfreuen wird — komm, mein Sohn Achmed!« Aber Achmed machte sich hastig los, immer noch sehr verärgert fragte er: »Wo ist mein Sohn? Ich will ihn sogleich sehen, verstehst du mich, Babadjim?« Wieder packte ihn Mehmeds Hand, und lachend sagte der Alte: »Du kannst deinen Sohn nicht sehen, weil er eine Tochter ist. Weißt du es noch nicht, daß sehr starke Liebe immer zuerst ein Mädchen hervorbringt und erst danach die Söhne? Nein, komme mit mir, denn noch haben nur die Frauen dein Kind in Pflege — komm, ich berichte dir etwas von besonderer Art, das dich erfreuen wird.«
Achmed ging jetzt willig mit, tat es mit tief gesenktem Kopf, fühlte sich elend, ganz elend! Was tat ein Moslim mit einer Tochter? Besser kein Kind zu haben als nur ein Mädchen! Welche Schande — aman, welche Schande war das! Konnte er sich hinuntertrauen zu den Gefährten und ihnen so etwas künden? Schande, nur Schande hatte ihm seine Gül angetan! Doch als nun der alte Mehmed ihm im Männerteil des großen Konaks den Kaweh bringen ließ und ihm langsam, ganz langsam, mit jedem Schluck des heißen Getränks nur ein weniges von dem mitteilte, was ihnen alles bevorstand, da hob sich der gesenkte Kopf, und des träumerischen Jünglings dunkle Augen starrten den alten Mehmed an, daß dem ganz seltsam zu Sinne wurde. Aber er schwieg und wartete, denn es geziemt sich nicht, einen Nachdenkenden zu befragen. Was Achmed endlich sagte, war: »Es ist gut, wenn ich nicht den Gefährten eingestehen muß, daß ich eine Tochter habe. So bleibt mir die Schande erspart.« Mehmed wurde es schwer, nicht zum dritten Male zu lachen, er sagte aber nur, leicht und heiter fragend: »So bist du der Ansicht, mein Sohn Achmed, daß du niemals mehr ein Kind haben wirst, ja? Weder auf den Bergen noch im Tal?« Jetzt aber mußte auch Achmed lachen

und gab zur Antwort: »Mußt du zugleich mein junges Weib und mich beleidigen, Babadjim? Aber sage: wann sollen wir hinaufziehen in die Berge der Zehbadyeh? Ich muß es wissen, denn vorher werde ich noch einmal hinuntergehen, um meinen geringen Besitz zu holen und vom Imam Efendi Abschied zu nehmen. Er war sehr gut zu mir und hat mich vieles gelehrt in dieser langen Zeit.« Mehmed rauchte gemächlich seinen Tschibuk, fragte halblaut: »Hat er das, der Imam? Aber eines lehrte er dich gewißlich nicht, Achmed, mein Sohn, ich weiß es.«

Jetzt endlich war Achmed aufmerksam geworden und stellte zwei Fragen, obgleich es sich nicht geziemt, daß der Jüngere den Älteren befragt. Er sagte ruhig und bescheiden: »Babadjim, du nennst mich immer Sohn. Ich höre es gern, aber es ist mir fremd. Wolle mir erklären, warum du es tust! Und des weiteren lasse mich wissen, was es ist, davon du glaubst, daß der Imam es mich nicht lehrte? Dein Diener hört, Herr«, sagte der junge Hirte und bewies dadurch, daß der Imam ihn doch allerlei gelehrt hatte. Mehmed legte dem Jüngling die Hand auf das Knie, sagte leise, denn es ist schwer für einen Mann, von den Dingen des Herzens zu sprechen mit halblauter Stimme: »Ich nenne dich Sohn, weil ich dich vor dem Imam am Abend deiner Hochzeit so bezeichnen durfte und weil mir ein Sohn Achmed vom Berg geraubt wurde nach Allahs erhabenem Willen. Und ich meine, er hat dich nicht gelehrt, daß niemand das Recht hat, ein junges Weib allein zu lassen in diesen langen Monaten, da sie eines geliebten Mannes Kind trägt. Oder dünkt dich, wer immer habe dazu das Recht, mein Sohn Achmed?« Achmed sagte leise nur: »Hüriyet«, und schwieg dann. »Hüriyet für dich allein oder auch für sie, die du verließest?« fragte die dunkle alte Stimme. Achmed schaute auf, schien tief nachzudenken, sagte kaum vernehmbar: »Auch für sie.« Der alte Mehmed, der dergleichen noch niemals gehört hatte, starrte den jungen Hirten an und begriff gar nichts

mehr. Völlig unsicher, an aller Überlieferung irre geworden, sagte er scheu, diese Ungeheuerlichkeit kaum auszusprechen wagend: »Habe ich dich richtig verstanden, mein Sohn Achmed: Du sagtest, auch dein junges Weib solle die gleiche Freiheit haben dürfen wie du?« Achmed nickte, ohne den Alten anzuschauen, murmelte: »Du sagst es, Herr.«
Etwas schwerfällig im Geiste war wohl der alte Mehmed, und es dauerte eine geraume Weile, bis er sich alle Folgen für etwas so Außerordentliches wie die Freiheit der Frau im Geiste vorgestellt hatte. Dann aber sagte er lebhaft und voll von jenem Feuer, das seiner Jugend gleich gewesen sein mußte, ja, er sagte es nicht, er rief es: »Mein Sohn Achmed, was du dir da erdacht hast, ist nicht recht und gut. Bedenke, daß die Frau nicht wie wir Männer vom Verstand geführt wird, sondern vom Gefühl! Nehmen wir an, wolle es erlauben, dein junges Weib liebe dich nicht mehr wie zu Beginn — sollte sie kommen, dir zu sagen, sie liebe einen anderen, was tätest du dann?« Auf Achmeds Gesicht zeigte sich zum Erstaunen von Mehmed ein solches Gemisch von List und Heiterkeit, daß der Alte merkte, der Jüngling habe sich nur versteckt hinter des Propheten Bart. Gespannt beugte sich Mehmed vor, um kein Wort von der Erwiderung zu verlieren. Achmed sagte, so ernst er es eben vermochte: »Babadjim, höre mir zu und gib mir Auskunft: Wenn sie mich nicht mehr liebte, müßte sie einen gefunden haben, den sie mehr liebte. Woher, Babadjim, hätte sie diesen ausgegraben, da sie niemals einen Mann sieht, wenn sie nicht eine Schamlose ist, vor der sogar ein Hirtenhund ausspeit? Wenn ich ihr also sage, sie hat die hüriyet und braucht nur die Meine zu sein, so lange sie mich liebt — wo, o mein Vater, ist dann ihre hüriyet? Aber bis sie das erfaßt hat, ist sie alt geworden und bedarf keiner hüriyet mehr, mein Herr und Vater!«
Und es muß berichtet werden um der Wahrhaftigkeit willen, daß sich der alte und der junge Mann in hilflosem Lachen auf

ihren Sitzkissen hin und her bogen und Mehmed mehr als je glaubte, hier wirklich einen Sohn gefunden zu haben. Lassen wir ihnen die Freude, denn jene Freude, welche die Männer in solchen Fällen empfinden und die ihnen deshalb so besonders genußreich erscheint, weil sie glauben, die Frauen im Haremlik teilen sie nicht, diese Freude beruht auf Täuschung. Ist es doch, wie jeder weiß, bekannt, daß die Frauen im Haremlik alles wissen, was vorgeht. Wir, die dazu gehören, und auch jene, die es nicht tun, dem Berichterstatter gleich, haben niemals verstanden, wie es kam, daß im Haremlik, diesem scheinbar abgeschlossenen Teil des Hauses, vollkommenes Wissen vorhanden ist über Tun und Treiben der Männer, über ihre Absichten und Wünsche.

Auch hier nun, wo sich Achmed und Mehmed so sehr belustigten der Überlegenheit halber, die sie zu haben glaubten im Hinblick auf jenes nebelhafte Etwas, das für die junge Gül Freiheit bedeuten könnte, auch hier und jetzt unterhielten sich im Haremlik zur gleichen Stunde die Frauen darüber und taten es mit der Sicherheit jener, die kindliche Torheiten lachend erwähnen. Denn diese hüriyet der Tochter der Herrin bildete schon lange einen Gesprächsstoff, den von allen Seiten zu beleuchten die Frauen nicht müde wurden. Die Kenntnis von diesem unheimlichen Etwas, das Gül vor Maryam erwähnte, war eingedrungen in das Haremlik durch Chazneh, welcher gegenüber ihre Herrin mit mitleidigem Lächeln davon einmal Erwähnung tat. Und jetzt saßen die Frauen bei ihrer Stickerei am Boden vor dem niederen großen Rahmen, in den ein Schleierstoff gespannt war, hatten kleine Haufen vielfarbiger Seiden neben sich am Boden liegen und warfen sich das erschreckende und schwere Wort der Freiheit wie einen leichten Ball zu. Sie wußten nichts davon und konnten deshalb viel darüber reden, aber etwas unheimlich war ihnen das Ganze doch. Die älteste Dienerin sagte soeben: »Ich kann nicht verstehen, was es mit dieser hüriyet

viel auf sich haben soll! Was nützt uns das schon? Wir sind Zweierlei: Dienerinnen oder Herrinnen. Wer Herrin ist, hat die hüriyet, die anderen haben sie nicht. Warum also davon ein Aufhebens machen?« Und sie arbeitete weiter an einer farbenreichen Tulpe. Da erklang die Stimme der jüngsten Dienerin, war leicht und behutsam: »Könnte es nicht doch wohl sein, daß diese hüriyet alles wandelte und aus der Dienerin eine Herrin machte, o meine Schwestern?«
Es war aber ein ganzer Chor vielartiger Stimmen, der die zaghafte junge erstickte, sich aber endlich zu einem einzigen Ruf vereinte: »Und was hat auch die Herrin zu sagen, wenn der Gebieter befiehlt?« Da aber geschah das Besondere. Da stieg zuerst bei einer, dann bei einer anderen, hier leiser, dort vernehmbarer, ein Lachen auf — und es währte nicht lange, da bogen sich alle diese Frauen auf ihren Sitzkissen hin und her, vermochten auch keine einzige Blume mehr zu sticken, so sehr lachten sie — und warum geschah das? Durch jenes Wort »Gebieter«, das unversehens gefallen war. Denn gibt es irgendwo auf der Welt eine Frau, die den liebenden Mann als Gebieter ansieht? Oh, ihr, meine Freunde und Berggenossen, Hirten, Jäger, wer immer ihr seid, glaubt ihr es, daß ihr eures Weibes, eurer Liebsten Gebieter jemals wart oder sein werdet? Hört den Widerhall der Berge vom Lachen der Ifrits, die die Menschen von der Ferne her betrachten! Hört ihr es wohl? Und hier in diesem Konak der Maryam Hanum gab es auch einen Widerhall, wenn auch nicht den der Ifrits — es war der Widerhall des Männerlachens und des Weiberlachens, ein jedes das der Überlegenheit. Bereket wersin — möge es ihnen allen gegönnt sein, denn weit, weit, in einer Höhe, die kein Menschenauge erblickt, lacht auch Einer, tut es voll Mitleid und einem niemals endenden Erbarmen — aber Er lacht, lacht!
Und so, unter Lachen und Feierlichkeit vergingen die Tage. Es kam jener, an dem die älteste Dienerin, als Gül zum ersten

Male nach der Geburt ihres Kindes den Fuß zur Erde setzte, ernst und ehrfurchtsvoll sagte: »Gute Vierziger!« Denn nach vierzig Tagen, nach dem Vergehen von vierzig geheiligten Tagen, ist die Frau wieder liebesfähig und ihrem Eheherrn zur Freude bereit. Was aber sollte das Gül, der Verlassenen? Achmed war lange schon wieder fort, hatte sich auch von Mehmed nicht bewegen lassen, einen Blick auf jenes winzige Geschöpf zu werfen, davon er nicht ahnte, daß es seinem Alter der einzige Trost sein würde. Nein, nur die »Schande« nicht betrachten! Doch zu Mehmeds Erstaunen kehrte Achmed nach dreitägiger Abwesenheit bereits wieder zurück und trug in seinen Armen ein sorgfältig in Sackleinen gehülltes Bündel, das er behandelte, als sei es der ersehnte Sohn. Er nahm Mehmed das Versprechen ab, Gül nicht zu verraten, daß er zurückgekehrt sei, denn er müsse erst seine Enttäuschung überwinden, ehe er sie sähe, da er sie nicht verletzen wolle. Mehmed glaubte ihm das und versteckte ihn sorgfältig in seinem eigenen Gemach.

Einen Tag danach kam der Imam herauf, und seine ersten Worte schon verrieten Mehmed, warum sich Achmed habe verstecken lassen. Der Imam befand sich in einer für ihn ganz ungewöhnlichen Erregung und sprach darum schnell und halblaut in jener Art, wie man es bei uns zu tun pflegt, wenn man nicht zeigen möchte, daß man sich geärgert hat, weil sich solches doch nicht gebührt. Der Imam fragte die Herrin: »Ist Achmed hier? Ich muß ihn sogleich sprechen.« Wahrheitsgemäß gab Maryam zur Antwort, sie wisse nichts von Achmed, der nur für eines Atemzuges Dauer sein junges Weib besucht, sein Kind nicht angeschaut hätte und von dem man seither nichts gehört habe.

Erstaunt betrachtete der Imam seine alte Freundin, die er als wahrheitsliebend kannte, murmelte höflich: »So du es sagst, Herrin, muß es wahr sein«, und bemerkte voll ehrlichen Entsetzens, daß er Maryam Hanum beleidigt hatte. Sie stand

plötzlich vor ihm, sah ihn fordernd an, bemerkte erregt: »So glaubst du, Herr, der du mich kennst seit meiner frühen Jugend, daß ich mich mit einer Lüge beschmutzen würde, für wen es immer sei? Daß ich dir, den ich ehre, in die Augen blicken würde und dich beleidigen mit der Unsauberkeit der Unwahrheit? Was tat ich, daß du mich so herabwürdigst, mein Herr und Freund?« Der Imam war ehrlich erschrocken von diesem Ausbruch, denn es ist sehr, sehr selten, daß eine hochgeborene Frau ihre Erregung zeigt, noch dazu einem Manne gegenüber. Er erhob sich darum, stand vor ihr, grüßte tief und sagte beschämt: »Vergib deinem Diener, Herrin, und wolle verzeihend bedenken, daß ich mich in einiger Erregung befinde, weil dieser Achmed auf mein Ersuchen hin bei den Rosengärten des Bey angestellt wurde. Nun aber war er am gestrigen Tage unten, hat seinen geringen Besitz an sich genommen und ist davon. Warum auch nicht? Er war kein Sklave auf Lebenszeit, sondern ein freier Berghirte. Jedoch nahm er etwas mit, um dessen willen man mich bestürmt: einen Rosenstrauch ihres edelsten Gewächses. Er hat sich auch nicht bemüht, seinen Diebstahl zu verbergen, ließ das Loch offen, daraus er den Strauch ausgrub, nahm aus dem Schuppen noch einen Sack mit und ward nicht mehr gesehen. Ist es begreiflich, o Herrin, daß ich dich befragte, da sein junges Weib als deine Tochter bei dir weilt?«
Der Imam war erstaunt zu sehen, daß Maryam lächelte, statt entrüstet zu sein, und er hörte sie murmeln: »Immer muß er Rosen stehlen, dieser leichtfertige Knabe, immer Rosen!« Dann besann sie sich offenbar, sagte ernst zu dem Imam: »Herr, ich weiß von all dem nichts. Aber wenn sich der Diebstahl durch irgend etwas ausgleichen läßt, so wolle es dem Bey vermelden lassen, daß ich zur Zahlung eines jeden Betrages bereit bin um meiner Tochter willen. Aber ich weiß von nichts, wolle es mir glauben.« Der Imam glaubte es Maryam und sicherte ihr seine Vermittlung zu. Danach sprachen

sie von dem bevorstehenden Auszug auf die Berge, und unversehens fragte der Imam: »Habt ihr oben eine Moschee oder irgendein wie immer geartetes Heiligtum, Maryam Hanum?« Sie starrte den alten Freund eine ganze Zeitlang an, sagte atemlos: »Nein, nichts ist dort. Aber wie herrlich müßte der Ruf des Muezzin über die Berge hin klingen — oh, stelle es dir nur vor, mein Herr und Freund! Und späterhin dann auch für mich eine Türbeh — welch ein Gedanke! Vermöchtest du es nicht, Herr, ein Gesuch an den Scheich ül Islam zu richten, daß er erlaube, dort eine Moschee zu erbauen — und du, Herr, du . . .?« Sie stockte, aber er hatte sie verstanden, fragte in hoher Erregung: »Und ich sollte hinaufkommen als Imam? Ich könnte fort aus dem heißen Tale, würde wieder würdig sein meines Vaters, des großen Mannes der Zehbadyeh — Maryam, meine Freundin, welch ein herrlicher und befreiender Gedanke ist dieser, der deine!« Und dann begannen die beiden Feuergeister Pläne zu schmieden, bauten schon an der Moschee, hörten schon den Gebetsruf weithin über die Berge schallen und hatten Achmed nebst dem gestohlenen Rosenstrauch vollkommen vergessen. Möge er weiterhin Rosen stehlen — was machte es ihnen aus, die schon alle Rosenträume hinter sich hatten? Ihnen oblag es allein, die Bergesferne widerhallen zu lassen von Allahs Namen.

Indessen war Gül vollkommen glücklich. Sie stillte ihr Kind und dachte kaum je an dessen Vater, wurde täglich mehr Mutter in tiefster Seele. Frieden war in ihr, da sie wußte, bald würde die herbe Luft der Berge sie und ihre kleine Güllila umfangen. Das war für jetzt genug des Glücks.

Während also Gül ganz Mutter war, lebte Achmed völlig als Vater — gewißlich nicht eines Menschenwesens, wohl aber eines Rosenstrauches. Er hatte nur den einen Gedanken, die gestohlene seltene Rosenart zum Blühen und zum Gedeihen zu bringen, kümmerte sich auch sonst um nichts. Es versteht

sich, daß in der engen Gemeinschaft, in welcher wir zu leben gewohnt sind, Achmeds Anwesenheit nicht auf die Dauer verborgen bleiben konnte, und das hatte auch Mehmed sehr bald eingesehen. Er ging voll Wichtigkeit herum und verkündete allen, daß man Achmed einen Versuch anvertraut habe an einer besonderen Rosenart, um festzustellen, ob diese auch in anderer Erde als derjenigen der Rosengärten gedeihen könne. Es ist durchaus anzunehmen, daß niemand dem alten Hausverwalter diese Darstellung glaubte, aber das erschien auch unter dem männlichen Gesinde keinem wichtig genug, um sich darüber groß den Kopf zu zerbrechen. Mochte doch deli Achmed, wie er seit jenem Hochzeitstanz genannt wurde, sich um seinen Rosenstrauch bemühen von Abend bis Morgen und wieder von Morgen bis Abend — wen ging das etwas an? Jedem bleibe seine besondere Tollheit, welche immer sie sein möge. So pflegte er denn den Rosenstrauch, legte Schutzmatten um ihn, daß die Sonne ihn nicht zu heiß treffe, begoß und schützte ihn, beklagte nur, daß er ihn nicht immer wieder umpflanzen konnte, um zu erforschen, wo er am besten gedeihe. Er war nun wirklich deli Achmed geworden, denn sein junges Weib gab es für ihn nicht, sein Kind schon gar nicht, es gab nur eines: den gestohlenen Rosenstrauch. Maryam fragte wohlweislich niemals nach ihm, denn sie fand es für alle Teile besser, wenn sie so tue, als wisse sie nichts von seiner Anwesenheit.
Und so stieg denn langsam der Tag herauf, an welchem der große Umzug stattfinden sollte. Seit dem frühesten Morgen befand sich das Gesinde in größter Aufregung, und nur diejenigen, welche als Hüter des Hauses zurückbleiben sollten, standen mit untergeschlagenen Armen an schattigen Plätzen herum und betrachteten mit mitleidigem Lächeln das Tun und Treiben der anderen. Zu seinem größten Leidwesen befand sich auch Mehmed, der alte Hausverwalter, unter den Zurückbleibenden, und er lebte in größter Sorge um das

Schicksal des ihm ans Herz gewachsenen Achmed. Immer wieder mit stets gleicher Geduld hatte er ihm dargestellt, wie unrecht er an seinem jungen Weibe handle und daß sich solches an ihm rächen werde. »Wer einem anderen Wesen Schmerz zufügt, dem wird das gleiche geschehen an dem, das ihm das Liebste ist, du wirst es erleben, mein Sohn Achmed, sieh dich vor!« Achmed, besessen von einem einzigen Gedanken, sagte hastig: »Will jemand meiner Rose etwas tun, Badjim?« Der alte Mehmed schüttelte bekümmert den Kopf, denn auch er begann nun zu glauben, daß Achmed deli sei, dieser einstmals so freie und frohe junge Hirte.
Als dann der große Tag angebrochen war, hatte Achmed den Rosenstock mit einem großen Erdknollen sorgfältig ausgegraben, ihn wieder in einen Sack gesteckt, der stark befeuchtet war, sich das Ganze auf den Rücken gebunden und stand dann bereit, denn was immer er an Kleidungsstücken besaß, waren doch nur einige Felle, und deren würde es im Lager der Zehbadyeh mehr als genug geben. Wartend, in einen schattigen Winkel gedrückt, war er bestrebt, nicht von der Herrin und ihrer Tochter gesehen zu werden, denn, um die volle Wahrheit zu sagen, schämte er sich vor beiden in seinem geheimsten Inneren. Gül hatte ihm vertraut und ihn geliebt, Maryam hatte ihm vertraut, und er verriet sie beide, die gut zu ihm gewesen waren. Aber Gül verachtete den Rosenduft, von dem er lebte, und Maryam hatte gesagt, er müsse wählen zwischen der Liebe und den Rosen — nun also, er hatte gewählt! So versteckte er sich denn mit seiner kostbaren Last und sah, wie sein junges Weib auf ein weißes Maultier gehoben wurde, jenem gleich, auf dem die Herrin selbst saß, und wie ihr dann ein kleines Bündel hinaufgereicht wurde. Seltsam war es und erschreckend, daß in dem Augenblick, als das geschah, sein Herz einen heftigen und schmerzhaften Schlag tat. Ohne sein Wollen wäre er beinahe vorwärtsgestürzt, der Last auf seinem Rücken nicht achtend, denn das

dort, jenes kleine rosenfarbene Bündel — yah Allah! — das war sein Kind, sein kleines liebes Kind, ob Knabe, ob Mädchen, ganz gleich — sein Kind!
Er stand und starrte aus seinem versteckten Winkel hervor dem schönen großen Maultier nach, das mit rotem Zaumzeug geschmückt und dem hohen Frauensattel stolz dahinschritt, sein Weib und sein Kind tragend. Aman, Aman, was war er für ein Tor, ihnen nicht nachzulaufen! Beinahe tat er es schon, als die Last, die auf seinem Rücken festgebunden war, ihm scharf in die Schulter schnitt bei dem unwillkürlichen Vorbeugen um des Nacheilens willen. Achmed murmelte vor sich hin: »Es ist recht, meine Rose, ich verlasse dich nicht.« Wenn Atalama nicht gewesen wäre, der unausgesetzt zwischen Gül und Achmed hin und her lief und sich in sichtlicher Erregung befand, dann hätte jeder den Jüngling, der inmitten des Gesindes dahinschritt, nur für einen besonders schwer belasteten Diener angesehen, denn sie trugen alle ihre Habe auf dem Rücken. Doch dieses Hin und Her des großen erregten Hundes machte Achmed noch unruhiger, als er so schon war. Dort vorne führte einer der Diener der Herrin das Maultier, darauf sie saßen, und ihm war, als müsse er diesen Diener fortstoßen, rufen: »Das ist mein Weib und mein Kind, lasse mich zu ihnen!« Was war es nur, das ihm plötzlich geschehen war? Was, das seinen Schritt schwer und mühsam machte, das ihn zudem erkennen ließ, daß es auch für ihn keine hüriyet gab, solange das Herz in der Brust seine eigenen Wege hatte und keinem Befehl gehorchte, wie immer der auch lautete?
Bei alledem verlor Achmed keinen Atemzug lang das weiße Maultier aus den Augen, das stolze mit dem roten Zaumzeug — und da sah er es, da geschah es! Der Mann, der das Maultier führte, stolperte und kam durch einen rollenden Stein zu Fall. Im gleichen Augenblick raste auch schon Atalama herbei, seinen Herrn zu rufen; der aber hatte sich schon in einen

fliegenden Läufer verwandelt, streifte achtlos die Last von seinem Rücken, die ihm hinderlich wurde, und war noch vor seinem Hunde neben dem Maultier. Gül, welche, wie es für Frauen üblich ist, seitlich auf dem hohen Sattel saß, konnte nicht sehen, was hinter ihr vorging, bemerkte nur, daß das Maultier plötzlich innehielt in seinem ruhigen Gang, und wandte sich um, den Diener zu befragen, warum das Tier stillstehe. Da aber stockte ihr der Atem, denn wer zu ihr aufschaute, das war der Diener nicht, nein, Achmed, ihr Geliebter und ihr Eheherr! Zugleich tanzte Atalama, als sei er vor Freude närrisch geworden, um das Maultier herum, so daß Achmed alle Mühe hatte, das starke Tier davor zu bewahren, unruhig zu werden. Aber das hinderte ihn alles nicht, aufzublicken zu ihr, die dort oben thronte und ihn strahlend betrachtete, ganz verwirrt von Glück.

Ihm war, als erwache er soeben aus einem wüsten Traume, und er hatte nur einen leidenschaftlichen Wunsch, sprach ihn aus, leise, wie hilflos, bat: »Gül, meine Rose, zeige mir mein Kind!« Sie neigte sich zur Seite und zog das Schleiertuch fort, welches das kleine Mädchengesicht gegen die Sonnenstrahlen schützte, hielt dem Jüngling das winzige Bündel entgegen und sagte mit halb erstickter Stimme: »Sie gleicht dir sehr, Achmed, mein Geliebter, ist es nicht so?« Er schaute zum ersten Male in das kleine Gesicht, und wieder zuckte in ihm sein Herz, dieses fremde, dieses feindliche, das die hüriyet nicht kannte. Und auch er fand, wie sie, seine Stimme nicht gleich wieder, sagte mühsam: »Sie ist dein Spiegelbild, meine Rose.« Und das kleine Wesen, das aus diesen beiden und ihrem Lieben entstanden war, sah mit großen unbewußten Blicken die Menschen an, denen das Kismet sie preisgab. Suchend bewegten sich die kleinen Hände nach der Mutterbrust, und noch wurde sich keiner der zwei bewußt, daß es nichts gibt, was fester zusammenhält als so winzige suchende Hände. Dann nickte Achmed lächelnd seinem Kinde zu, nahm das Maultier mit ruhiger Hand am Zügel und führte Gül und Güllila den Bergen zu, die ihrer Herzen Heimat waren. Schon träumten sie beide in tiefer Gemeinsamkeit vor sich hin, wie herrlich es sein würde, im Dufte der Bergkräuter zu ruhen, aus den Bergquellen den Durst zu löschen und den Ruf der Falken zu hören, die um die Felsen strichen. Dieses ja, dies in Wahrheit war die hüriyet aus Allahs gebender Größe! Vergessen, verlassen verdorrte und vertrocknete auf steiniger Bergstraße ein Rosenstrauch.

Mustafa Vekil, der Stellvertreter

Mustafa war ein Hirte wie viele andere, nur daß er keine Herde hatte, das unterschied ihn von den anderen. Ja, er besaß nicht einmal ein Lamm, geschweige denn die Mutter eines solchen, und dennoch nannte er sich Hirte, tat es mit Recht. Denn wo immer einer sich ein Bein brach und einige Tage im Zelt verbringen mußte, hieß es: »Aieh, rufen wir Mustafa, er wird deine Stelle vertreten, Babadjim.« Mustafa war es immer zufrieden, denn solcherart hatte er nicht die Schererei mit den Tieren, konnte in seinem Zelt Keef halten, wann immer er es begehrte, bekam sein gutes Essen und noch eine Zahlung obendrein. »Maschallah«, sagte er zu sich, »klug bist du, Mustafa!« Nun gut, warum sich nicht selbst loben, wenn es keiner sonst tut? Und dünken sich nicht alle, die ein Stückchen Betrüger in sich haben, klüger als alle anderen?

Eines Tages nun geschah es, daß einem der größten Herdenbesitzer vermeldet wurde, der Kadi der kleinen Stadt, die am Fuße der Berge lag, darauf die Herden weideten, verlange, ihn zu sprechen. Dieser Bekir aber hatte sich das Bein mit einem Dorn aufgerissen, einem jener harten, wie sie am Judasbaume wachsen, hatte der Wunde nicht achtgehabt und lag nun unter Schmerzen auf seinem Lager, unfähig sich zu rühren. Was ist zu tun? Ganz einfach, man ruft Mustafa. »Gehe hinunter, Mustafa, gib dem Kadi Nachricht von meinem Mißgeschick und bringe mir Nachricht, was er von mir begehrt! Ist es einfach, so sei mein Stellvertreter, ist es schwierig, komme zurück und melde es mir. Hier nimm diesen Beutel voll Zechinen und Allaha ismagladyk! Lasse dir auch von meinem Diener meinen festen Mantel geben, denn die Winde sind scharf in unsrer Höhe zu dieser Zeit.«

Mustafa nahm den Beutel, bedankte sich geziemend und ging, den Diener zu suchen. Dieser Mehmed aber hatte sich ein wenig freie Zeit gemacht und war nicht zu finden. Auf der Suche nach dem Mantel lief in den weiten Zeltgängen Mustafa der verschleierten Rukaya in den Weg, einer der jüngsten Frauen des alten Bekir, und er gab ihr zu verstehen, daß er jetzt der Stellvertreter des Bekir Efendi sei und als solcher dessen Mantel von ihr zu fordern habe. Die junge Rukaya hob ein wenig ihren Schleier und betrachtete prüfend den Stellvertreter ihres alten ehrwürdigen Gebieters, fand ihn angenehm für die Augen, ob mit, ob ohne Schleier, und sagte halblaut mit einem kleinen Lachen: »Komme mit mir, o Mustafa, ich werde dir den Mantel geben, der, wie es sich nun eben grade trifft, sich auf meinem Lager befindet um der Wärmung willen.« Mustafa nickte einverstanden, murmelte etwas von andersartiger Wärmung und folgte Rukaya. Als er einige Stunden später das Zelt des Herrn Bekir verließ, eingehüllt in dessen Mantel, sagte er sich zufrieden, daß ihm der Beginn der Stellvertretung behagt habe. »Nur so weiter, Mustafa!« flüsterte er sich zu, bester Freund, der er sich allein war und blieb.
Noch am selben Abend verließ er den Weideplatz seiner Heimat auf der Suche nach fetteren Weiden, an deren Vorhandensein er nicht zweifelte. Hirten wandern gern in der Nacht und scheinen im Dämmerlicht besser zu sehen als in der Sonnenblendung, und so langte Mustafa im Städtchen des Kadi an, als der erste Lichtstrahl die Spitze des Minaretts traf und der Ruf des Muezzin zum Gebet in der klaren Bergluft nach allen vier Himmelsrichtungen rein und klar verständlich ward. Mustafa zuckte die Achseln, lächelte ein wenig und sagte zu seinem besten Freunde: »Warum auch nicht?« Er trat in den Hof der Moschee ein, scheuchte die Tauben vom Wasserbecken, vollzog die gebotenen Waschungen und betrat die Moschee, wo er der einzige Beter war zu dieser frü-

hen Stunde. »Besser so, da erwerbe ich mir Verdienst!« meinte er, und der beste Freund stimmte zu. Das Haus des Kadi war so leicht zu finden wie Wassertrinken. An keinem Ort unserer Heimat ist je das Haus des Kadi zu verfehlen, nicht etwa, weil es so besonders schön und groß wäre, nein, weil ein Mann davor steht, der wild und verwegen aussieht und ein altes rostiges Schwert im Arm hält, das gefürchtete Richtschwert, das nichts, aber auch gar nichts jemals zerschneiden könnte, ebenso wenig wie der, der es im Arme hält, wild und verwegen ist, vielmehr ein ganz friedlicher ehemaliger Hirte, der dafür bezahlt wurde, wild und verwegen auszusehen. Hat nicht ein Mann die Verpflichtung, seiner Bezahlung gerecht zu werden? Nun also — reden wir nicht mehr von Wildheit und Verwegenheit und von alten rostigen Schwertern, vielmehr von jungen Frauen alter Männer, oder ist das auch keine ehrenhafte Zusammenstellung?
Aber von hier müssen wir weitergehen mit unserem Bericht, der, wie alle, die wir geben, dort der Wahrheit am nächsten kommt, wo sie scheinbar zu entschlüpfen beginnt. Mustafa also begab sich an dem rostigen Schwerte vorbei in das Haus des Kadi und verlangte diesen zu sprechen, da er als Stellvertreter des Bekir Efendi, des Erkrankten, gekommen sei. Der Diener, dem er sein Anliegen vorbrachte, konnte sich eines Lächelns nicht erwehren, so unziemlich das auch erscheinen mochte, und sagte halblaut: »So kommst du, o Bote eines Mächtigen, von einem Erkrankten zu einem anderen Erkrankten, denn auch unser Herr, der Kadi, den Allah mit Weisheit segnen möge, ist unbeweglich an sein Lager gefesselt — getschmisch olsun!« fügte er den Wunsch der Besserung an, und Mustafa sagte ein gleiches. »Wie dem auch sei, folge mir nun, o Bote!« Mustafa tat es bereitwillig, um so mehr, als er seine Überschuhe schon abgelegt hatte und demnach lautlos zu schreiten vermochte. Seltsame Worte, ja? Doch darf nicht vergessen werden, daß der Blick eines Mannes wie

Mustafa, will sagen, der des Auges der Seele, immer um die Ecke schaut und der Fuß darum das Schleichende liebt. Wie recht hatte er auch hier wieder! Denn in der Nähe des Gemaches vom Kadi, kenntlich an dem schweren Vorhang, der es abschloß, glitt eine Frauengestalt an ihm und dem Diener vorbei, verhüllt und verschleiert, wie es die Sitte gebietet. Doch welche Verhüllung könnte es geben, die eines jungen Körpers Biegungen und Bewegungen verberge für das Auge des Kundigen?

Mustafa blieb stehen, an die Wand gedrückt, und ließ das junge Weib vorbei, während der Diener gesenkten Blickes weiterschritt. Als die Verhüllte sich mit dem Verwegenen in gleicher Höhe befand, glitt ein Blick dunkler, heißer Augen, durch keines Schleiers Falten zu verbergen, zu dem fremden Manne hin, und seine unverhüllten Augen gaben gebührende Antwort. Mit drei Schritten war er neben dem Diener, flüsterte fragend: »Die erhabene Herrin?« Ernst neigte der Diener den grauen Kopf, flüsterte zurück: »In Wahrheit erhaben, denn sie weicht kaum von des Herren Seite, ihn zu pflegen.« Mustafa hauchte zurück: »Auch nachts?« Ein verräterisches und ungebührliches Lächeln huschte um des Dieners Züge, und er hauchte zurück: »Nachts nicht.« Das genügte. Mustafa wußte Bescheid oder meinte es doch in seiner einfachen Vorstellungswelt. Er sollte bald eines anderen belehrt werden.

Sie traten in den Schlafraum des Kadi, und Mustafa beugte sich tief vor dem Lager, das er im halben Dämmern des weiten Raumes erblickte. Eine etwas heisere ältliche Stimme sprach: »Komm her, Bote meines Freundes Bekir, daß ich dich sehe, denn ich habe vieles von dir zu erbitten.« Der Diener machte eine auffordernde Bewegung, und Mustafa trat an das halbverhüllte Lager. Ein alter Mann richtete sich mühsam auf, starrte den Ankömmling fassungslos an, fiel auf die Kissen zurück und murmelte allerlei Entrüstetes vor sich hin.

Mustafa trat näher heran, sagte bescheiden: »Herr, ich bin dein Diener, wie ich der des Bekir Efendi bin. Befiehl — was kann ich für dich tun?« Aber der Mann auf dem Lager wandte den Kopf ab, sagte traurig: »Zu jung, viel zu jung — nützt mir nichts, gar nichts!« Mustafa beugte sich nieder, bemerkte ernsthaft: »Manchmal, Herr, sitzt alter Kopf auf jungen Schultern — prüfe und verwirf erst dann, o Herr!« Der kranke Kadi wandte sich darauf schnell zu dem Sprecher, sagte bedauernd: »Doch nützt es nichts für mich, denn ich wollte Bekir bitten, mich zu vertreten bei einer Gerichtssitzung am morgigen Tage. Einer gleich dir, so jung wie du, vermag das nicht für mich zu tun.« Mustafa lächelte, beugte sich nahe zu dem Kranken, sagte: »Wolle mich prüfen, Herr! Richte Fragen an mich, und wenn ich versage, schicke mich zurück zu Bekir Efendi als ein schlechtes Werkzeug. Sonst aber lasse es einmal geschehen, daß es in unsren Landen einen jungen Kadi gebe, wenn auch nur als Stellvertreter.«
Es geschah, und der Diener, der im Hintergrund geblieben war, vernahm bewundernd die treffenden Antworten des Fremden, hörte auch endlich erstaunt das Lachen des bis dahin so mürrischen Kranken. Dieser lehnte sich zufrieden zurück und übertrug Mustafa seine Stellvertretung. Ehrenvoll wurde er daraufhin als Gast des Herrn versorgt und nutzte den Tag, um herumzugehen und die Meinungen der Bevölkerung über die morgige Gerichts-Sitzung zu erkunden. Auf diese Art erfuhr er mehr, als sonst ein Richter zu wissen pflegt. Befriedigt kehrte Mustafa gegen Abend wieder zum Hause des Kadi zurück und begab sich gewohnheitsmäßig in die große geräumige Küche. Zu seinem Erstaunen fand er dort einen Mann vor, der ohne Zweifel ein Hirte war, jung und kraftvoll, aber erstaunlich dumm ausschauend. Dieser Mann begrüßte ihn freudig und begann sogleich zu berichten, welch ungewöhnliche Persönlichkeit er sei. Er sagte strahlend: »Wie gut dich zu sehen,mein Freund, von dessen Kommen ich schon

vernahm. Sei willkommen in diesem Hause, das nahezu mein eigen ist, da seine schöne Herrin mir gehört. Ich erwarte sie jeden Abend hier, und wir haben ein gemeinsames Lager weiter draußen. Sie kommt, wenn der Alte eingeschlafen ist. Du wirst uns doch nicht stören, nein, mein Freund?« Mustafa sah sich den schönen Dümmling mit unverhohlenem Mißfallen an, lächelte ihm aber zu und fragte, was er denn da in dem großen Kupferkessel zu rühren habe. Der andere schaute erstaunt auf, bemerkte fragend: »Das kennst du nicht, du, ein Hirte? Es ist das Fett der Hammel — müßtest du doch wissen!« Selbstverständlich wußte es Mustafa, es war ihm nur als Gespräch nichts anderes eingefallen. Dann aber begann er den anderen um das Kommen der Herrin zu befragen und erfuhr, sie komme immer eine Stunde nach dem Abendgebet. Da besprach sich Mustafa mit seinem besten Freunde, und als der junge Mensch sich niederbeugte, um Holz auf das Feuer zu legen, nahm Mustafa ein Scheit auf und schlug ihn bewußtlos. Darauf dann hob er ihn hoch, sperrte ihm den Mund auf und füllte ihn mit dem heißen Fett aus dem großen Kessel, bis er ganz steif war, wonach er ihn gegen die Wand lehnte wie ein Stück Holz. Und setzte sich nieder, das Kommen der jungen Frau des alten Mannes zu erwarten. Doch sprang er plötzlich auf, denn ihm war ein Gedanke gekommen, und sein bester Freund sagte ihm, der sei gut.

Wie üblich befand sich neben der Küche der Stall, oder wenn man es lieber hat, sage man es anders, so: daß die Küche neben dem Stall gelegen ist. Und was sollte sich anderes in dem Stall befinden als ein Esel neben Hunden und Hühnern? Schnell den Esel geholt, das war der Gedanke des besten Freundes. So beeilte sich Mustafa, brachte das geduldige Tier herbei, lud das steife Stück Fett auf dessen Rücken und führte den Esel wieder zum Stall zurück. Keinen Augenblick zu früh war das geschehen, denn soeben kehrte der Diener zurück, von wo immer er auch gewesen sein mochte, und begab sich

daran, die Abendmahlzeit zu bereiten. Mustafa nutzte die Anwesenheit des Mannes aus, um von ihm die Einzelheiten des bevorstehenden Gerichtsverfahrens zu ergründen. Der Diener freute sich, mit seinen Kenntnissen prahlen zu können, und sagte wegwerfend: »Was wird es schon groß sein? Da ist der reiche Machmud Efendi, der hat sein Weib fortgeschickt, und des Weibes Vater klagt gegen ihn wegen der Kaufsumme. Dann gibt es einen Diebstahl von drei Hammeln, begangen von einem Hirten des reichen Ali Efendi. Und endlich, ganz zuletzt kommt eine Klage besonderer Art, denn es geht um Wasser, unser geheiligtes Wasser, Bruder! Einer hat einem anderen den Zufluß abgegraben und dessen Vieh mußte verdursten — stelle dir vor! Es versteht sich von selbst, daß der Grabende ein Reicher war, dessen Diener für ihn handelten, der Viehbesitzer im Vergleich zu jenem ein Armer. Du wirst es leicht haben, unseren Herrn, den Kadi, zu vertreten, denn er ist immer auf seiten der Reichen, die ihm vielen und hohen Bakschisch geben. Kein Kunststück, dieser Richterspruch, denn den zehnten Teil des Bakschisch wirst du bekommen — Maschallah für dich!«
Schweigend hatte Mustafa zugehört, und es geschah ihm das Eigenartige, daß sein bester Freund und er anderer Meinung waren als der Diener des Kadi. Mustafa, muß man wissen, war arm, ärmer als arm, und er sah die Reichen aus der Nähe, wo sie am wenigsten schön sind. Wie wäre es, dachten er und sein bester Freund, wenn wir hier einmal nach Allahs Willen handelten? Wie neu und wie sehr unterhaltsam! So tief versonnen trank er seinen Kaweh, merkte es kaum, als der Diener den Raum verließ, und hätte beinahe das leise Seidenrauschen überhört, das die Nähe der jungen Frau kündete. Da stand sie, die er vorhin bemerkt hatte und sogleich begehrt, stand, vom matten Schein des Herdfeuers beleuchtet, zögernd im steinernen Eingangstor der unterirdischen Küche, sah sich suchend um und wußte nicht, was tun. Fast lautlos, auf Füßen,

die gewohnt waren, im Berggeröll das Fallen eines Steines zu meiden, um scheue Tiere nicht zu erschrecken, stand er plötzlich neben ihr, legte den Finger mahnend auf die Lippen, flüsterte: »Herrin, jener Hirte, der hier deiner wartete, wurde abgerufen, doch ehe er davoneilte, beauftragte er mich, an seiner Stelle dich zu begrüßen und für ihn Verzeihung zu erlangen. Willst du mir erlauben, sein Geheiß zu erfüllen?« Die junge Frau sah sich den verwegenen Gesellen an, dem die Augen glühten und die Lippen leuchteten, dem rötlichen Fleisch der Granatfrucht gleich, und sie flüsterte zurück: »Vertreten willst du ihn?« Mustafa neigte nur stumm den Kopf. »Worin?« fragte sie. »In allem«, gab er zur Antwort. »Nun, so versuche es«, sagte sie. Mustafa tat nach ihrem Befehl.

Es war einige Stunden später, als sie sich von dem Lager aus Fellen und schafwollenen Decken erhoben, geborgen im Winkel hinter dem Herd. Da erst fragte er sie: »Wie heißest du, Born des Entzückens?« Und auf ihre Antwort hin ließ er fast den Kienspan fallen, mit dem er das erloschene Feuer neu entzünden wollte, denn sie sagte weich und leise: »Rukaya.« Nun, das ist gewißlich kein so seltener Name, aber ihn in so naher Angleichung innerhalb eines Tageslaufes erneut zu hören, war doch etwas erschreckend. Seltsamerweise aber geschah es in diesem einen Augenblick, daß Mustafa beschloß, diese zweite Rukaya mit sich zu führen, wohin immer ihn auch das Kismet triebe, denn hier, so fühlte er, sprach das Kismet zu ihm. Fort mit ihr, wohin immer es sei, fort! Herden gab es in unserem Lande überall, und für sie bedurfte es der Hirten, und ein Lager gleich jenem dort im Winkel fand sich auch — aber ein Weib wie dieses nicht noch einmal! Sie erhob sich langsam, glitt zu ihm heran, hauchte: »Wie dankbar muß ich dem sein, der dich mir gab! Du bist heute zur Nacht wieder hier?« Er riß sie an sich, murmelte: »Hier oder wo immer du auch seist, dort bin ich, o Rukaya, meine Seele.« Sie glitt seidenrauschend davon.

Und der Gerichtstag dämmerte. Unruhe war im großen Gerichtssaal, als es ruchbar wurde, der Kadi habe einen Stellvertreter bestellt seiner Krankheit wegen. Die drei reichen Männer waren dafür, alles zu vertagen, aber die ärmeren Gegner bestanden auf ihrem Klagerecht. Mustafa, bekleidet mit dem Mantel des Kadi, trat ein, geführt von jenem scheinbar grimmigen Manne mit dem rostigen Schwert. Er versuchte selbst sehr feierlich auszusehen, aber das junge Blut, das noch vor Liebe in ihm brauste, ließ es nicht zu. Er sah sich im Saale um, entdeckte gleich den reichsten der drei Männer, sah neben ihrem ärmlich gekleideten Vater die tief verschleierte Frau stehen und richtete das Wort an den Reichen, sagte: »Ich vernehme, o Herr, du habest eine Klage gegen diesen Mann dort, dem du die Tochter zurückgesandt hast. Bist du bereit, ihm den Kaufpreis zurückzugeben zugleich mit dem Weibe?« Der Reiche weigerte sich in tiefster Entrüstung und gab als Grund an, die Frau verstehe nichts vom Bereiten des Pilav, was ihre Hauptaufgabe sei in seinem Haremlik. Mustafa sah sich nach allen Seiten um, sah einige Hirten sich im Hintergrunde drängen, nahm an, von ihnen dies und jenes erfahren zu können, und rief sie in Ausdrücken herbei, die jedem Hirten geläufig sind. Er ließ sie vor sich niedersetzen und begann zu fragen, ob jemals einer von ihnen im Hause des Reichen Pilav gespeist habe?
Daraufhin brach ein Sturm der Begeisterung los über den Pilav der Miryam, und die Zwischenrufe des Reichen halfen nichts mehr. Mustafa kündete, der Reiche habe eine hohe Strafe dem Gericht zu zahlen — doch nein, dem Gericht nicht, verbesserte er sich, seinen Irrtum einsehend, vielmehr dem Vater jener Pilavbereiterin, die einst sein Weib gewesen sei und nunmehr gewiß gerne für die Hirten kochen würde. Verblüffung herrschte, aber der junge Richter trug den Mantel des Kadi, und so war gegen seinen Urteilsspruch nichts zu tun.

Kam der zweite Fall, der des Diebstahls von drei Hammeln. Der angeklagte Hirte wurde aus dem Gewahrsam vorgeführt, warf sich vor dem, den er für den Kadi hielt, nieder und erzählte eine lange Geschichte, die Mustafa ebenso gut hätte vorbringen können, Hammeldiebstahl, o Djanum, welch eine uralte Geschichte! »Komm her zu mir, Ali Efendi, sage mir: Diese drei Hammel waren deine einzigen, und jener Elende stahl sie dir?« Sprachlos vor Entrüstung brachte der reiche Ali hervor: »Welche Torheit hat dich besessen, Vekil-Kadi? Meine einzigen? Ich besitze mehr als das Zehnfache an Hammeln! Drei! Torheit!« Ernsthaft und scheinbar wißbegierig fragte Mustafa: »Warum dann, o Herr, klagst du hier? Schenke diesem die drei Hammel, und alles ist geschehen dir zur Ehre und uns zur Freude! Dieses ist mein Spruch: Ali Efendi schenkt diesem Hirten drei Hammel. Gehen wir dann weiter zu jener ernsten Sache, die unser geheiligtes Wasser anlangt! Komme her zu mir, o Kläger, und sprich zu mir: warum grubst du dem Hirten das Wasser ab, so daß sein Vieh verdurstete und er verarmte?« Der Reiche sah den seltsamen Kadi erstaunt an, antwortete entrüstet: »Ich brauchte das ganze Wasser für mein Vieh, die Hälfte genügte nicht.« In der Art dieses Mannes aber war etwas, das den Hirten in Mustafa zum Weißglühen brachte. Er stand auf, kam die Stufen herab, schob den rostigen Schwertmann beiseite, packte den Reichen am Gewand und sagte ihm nahe ins Gesicht: »Du, weißt du, was du bist? Ein Verbrecher bist du, mögest du so reich sein, daß du erstarrtest! Wer sich am Wasser vergeht, am Heiligsten, das wir Hirten in diesem Lande der Herden besitzen, der ist ein Verbrecher — ist es so, meine Brüder, oder spreche ich Torheit?«

Aber die Hirten, die vorher die Kochkünste der Pilavkocherin gepriesen hatten, waren schon da, noch ehe Mustafa sie rief, und solche Prügel, wie jener Wasserdieb von den kraftvollen Hirtenfäusten erhielt, hat wohl kaum je ein reicher Mann vor dem Thron des Kadi erhalten! Besonders erstaunlich war es zu sehen, wie jener grimmige Schwertträger plötzlich Verwendung fand für seinen Grimm und welch ausgezeichnete Dienste das rostige Schwert ihm als flache Klinge leistete. Jetzt aber wollte sich die Begeisterung, durch die schöne Prügelei noch gesteigert, dem jungen Kadi-Vekil gegenüber zeigen, als die Hirten voll Verblüffung bemerkten, daß auf dem Thronsessel nichts mehr lag als nur der Mantel des Kadi. Mustafa hatte sich eilig davongemacht, während alle Anwesenden so beschäftigt waren, und wollte den sehr schwierigen Versuch wagen, Rukaya in irgendeiner Art aus dem Haremlik des Kadi herauszubekommen. Es lag ihm gar nichts daran, vor den Kadi zu treten mit leeren Händen, denn nach des Dieners Bericht war der Würdige gewohnt, stets reichen Bakschisch heimzubringen. Auch konnte es sein, daß der Alte sich an ihm zu rächen gedachte und ihn festsetzen ließ. Wie aber zu ihr gelangen, wie nur? Auch sein bester Freund wußte keinen Rat, und so stand der Listenreiche hilflos da. Siedheiß fiel ihm plötzlich jener Fettgefüllte ein — was fing er nur mit ihm am hellen Tage an? Und wie weiterkommen mit jener zarten Frau, ohne Geld, ohne Tiere? Da aber geschah es, daß das Kismet seinen höchsten Trumpf ausspielte. Kaum war er in die Nähe des Kadihauses gelangt, als auch schon der Diener aufgeregt herausstürzte, ihn packte und atemlos verkündete: »Der Kadi-Efendi will euch danken, kommt schnell, nur schnell! Alles klingt wider vom Ruhme, den Ihr dem Kadi verschafftet, oh, trefflicher Vekil! Kommt nur schnell, kommt!« Verständnislos folgte Mustafa, gelangte zum Gemach des Kadi, und fast an der gleichen Stelle, wo er sie zum ersten Male erblickt hatte, glitt Rukaya, tief verhüllt, an ihm vorbei, hauchte kaum vernehmlich: »Vorsicht!« und war fort. Mustafas Herz tat einen schnellen Schlag, und er sagte sich, wie sehr töricht er doch gewesen war, der Frauenlist nicht zu gedenken, denn gewiß hatte sie in irgendeiner Art schon etwas

erdacht und ersonnen. Er sollte sich nicht getäuscht haben, denn als er am Lager des kranken alten Kadi stand, überströmte dieser ihn mit einem solchen Strom beredten Dankes, daß sogar Mustafa verwirrt wurde. Der Kadi streckte ihm beide Hände entgegen, rief: »Mein Sohn, mein teurer Sohn, Dank dir, daß ich endlich einen ehrlichen Menschen fand! Nun bin ich beruhigt, denn ich erfuhr alles, was du mir zur Ehre erreicht hast als mein Vekil! Und jetzt ist auch die letzte Sorge von mir genommen, der ich zögerte, auch diese Last dir aufzubürden. Vernimm denn: eine Karawane mit bedeutsamen Warenvorräten wird mir zugesandt, und ich sollte sie einen Weg führen, den diese Leute nicht kennen. Der Karawanenherr ist mir seit langem bekannt, und er versucht Handelswege zu finden, die ihn nach Korasan führen könnten. Kennst du solche Wege, mein teurer Sohn?« Mustafa hatte noch niemals das Wort Korasan vernommen, aber er sagte ohne Zögern, wie sehr genau er gerade diesen Weg kenne.
Beglückt teilte ihm der alte Kadi mit, daß dann also alles in Ordnung sei, denn zur Mittagsstunde werde die Karawane hier eintreffen, wenn nichts sie aufhalte, und sie werde die Nacht hier verweilen, um Waren aus den Kellern und Ställen mitzunehmen, und zur siebenten Abendstunde weiterziehen. »Unter deiner Führung, mein teurer Sohn, der du dann nach einigen Tagen zu mir zurückkehrst und mir den Preis der Verkäufe bringst. Willst du es für mich tun, Vekil? Der zehnte Teil des Gewinnes ist dein.« Ernst stimmte Mustafa zu, verbeugte sich ehrfurchtsvoll und ging, so eilig es die Höflichkeit erlaubte, davon, denn er fürchtete in Wahrheit, die Fassung zu verlieren. Er hatte eine Karawane – und Rukaya! Und er konnte jene Fettgestalt, in Teppiche gehüllt, aus dem Wege schaffen! Er war reich, unausdenkbar reich, er, der ewige Stellvertreter! Ihn schwindelte, und er lehnte sich an die Wand, spürte eine leichte Berührung, hörte ein Flüstern: »Im Stall, mittags, Vorsicht!« Im Stall? Nun, wenn es denn sein mußte,

auch dort. Aber er wußte, auch sie hatte den gleichen Gedanken wie er, und sie würden wohl immer die gleichen Gedanken haben, er und Rukaya. Wie dem aber auch sei, diese reich beladene Karawane schwankte im Dämmern davon, beladen mit allen Schätzen des Kadi. Es gibt das, so heißt es, daß irgendwo ein lachender Dew sitzt, der sich den Spaß macht, die Lügner und Betrüger siegen zu lassen — und auch die Weiber, die verliebten.

Das Reich der Wasser

Vorbemerkung: Zum völligen Verstehen dieser eigenartigen Geschichte muß man zunächst die überragende Bedeutung des Wassers für die Hirtenvölker verstehen. Man muß sich klarmachen, daß das Leben der Herden, und somit der Reichtum derer, denen sie gehören, nur vom Vorhandensein des Wassers abhängen. In der Wüste gibt es Oasen, sind artesische Brunnen vorhanden, aber im Karst Kleinasiens, wo nur spärliche Nahrung für das Herdenvieh wächst, hängt alles davon ab, ob sich in der Nähe ein Quell befindet. Man beachte in diesem Zusammenhange, wie die bei der Gerichtssitzung des Mustafa Kadi=Vekil anwesenden Personen sich dem Reichen gegenüber verhielten, der einem Ärmeren das Wasser abgegraben hatte. Schwereres Verbrechen gibt es im Lande der Hirten nicht. So erst wird auch diese Erzählung ganz verständlich, und man erfaßt die symbolische Bedeutung der zwei Mädchen: die schöne und böse Nouriah ist zum Wahrzeichen alles Zerstörenden geworden, von Djinnen geholt, den schlimmen Naturgeistern, und sie bringt Feuer, Shimum, Erdbeben, Trockenheit. Die leidbeladene Hairieh, mit dem Namen der Glückhaften, wird Herrscherin im Reiche der Wasser, aus deren unterirdischen Kräften alles Leben strömt. Und es kommt noch ein anderes etwas hinzu: die tiefe Symbolik der Schlangen, welche zu den geheiligten Tieren gehören und niemals getötet werden dürfen. Es gibt auch in den Bergen von Anatolien kaum giftige Schlangen; klein und zart sind die kleinen Yilan, und wenn ihrer viele zu sehen sind, so bedeutet das, Regen stehe in Aussicht, was Freude bereitet und heiter begrüßt wird. Es ist noch zu bemerken, daß der seherische Imam, der die Quelle einsegnet und so Hairieh und Hilel traut, aus einer der Tränen der Hairieh für die Moschee eine neue Mirab herstellen kann, eine Gebetskanzel von hoher Schönheit. Alles ist verwoben in dieser Hirtenerzählung und wird demjenigen verständlich, der, dem Imam gleich, nicht nur mit leiblichen Ohren lauscht. Und somit – Allaha ismagladyk!

Zwei Töchter hatte die Frau, Kinder eigenen Blutes, doch nicht des Herzens. Die eine liebte und hätschelte sie, die andere aber war nur zur Arbeit da. Die Verwöhnte, die Faule, die Harte und immer Verlangende hieß Nouriah und war schön auf eine kalte Art. Die andere hieß Hairieh, was »die Glückliche« bedeutet, und niemals noch hat es einen bittereren Hohn gegeben als diesen Namen für das geplagte Kind. Sie war nur die Dienerin im Hause und mußte die Launen der Schwester ertragen, nahm nicht an den Mahlzeiten von Mutter und Schwester teil und hatte sich von den Abfällen zu ernähren. Das Schlimmste aber war das Lügen der Nouriah, die es mit größter Geschicklichkeit und Erfindungsgabe so einzurichten wußte, daß die Mutter stets neuen Grund zu Härte und Tadel für Hairieh fand. Glücklich war Hairieh nur in einem einzigen Betracht: sie hatte einen kleinen Hund. Gewiß war er nicht ihr Eigentum, er gehörte dem Nachbarn, aber zwischen den Stäben des Gitterwerks, das die rückwärtigen Höfe trennte, steckte er seinen Kopf zu ihr durch, wenn sie den Abfall brachte, und sogleich erkannten sich zwei, die immer hungrig waren und mühsam nach der Möglichkeit der Sättigung suchen mußten. So kam es, daß Hairieh den Abfallkorb dicht an das Gitterwerk stellte und mit dem Hund teilte, was darin noch eßbar war. Ihr Lohn war eine sorgfältig und geschickt durch das Gitterwerk gesteckte kleine rote Zunge, die warm und hart die gebende Hand leckte. Gleichzeitig war deutlich zu sehen, wie auf des Hundes Südseite das Schwänzchen heftig wedelte.

Nun ist es so bei uns, daß man meist keine Freundschaft mit Hunden hat, gilt doch das Wort »Sohn einer Hündin« als das schlimmste Schimpfwort und zeigt die Verachtung an, mit der diese braven Tiere betrachtet werden. Ausnahmen hiervon sind nur Schäferhunde im Gebirge und Jagdhunde. Ein kleiner nutzloser Hund aber hat kein Daseinsrecht, und wieso der einzige Freund des Mädchens im Nachbarhause lebte und wohnte, war vorerst noch unerfindlich. Fest steht nur, daß durch Lüge und Bosheit diesen beiden Einsamen, dem Mädchen und dem Hunde, unbeabsichtigte Befreiung zuteil werden sollte. Und das kam so:

Wie es bei boshaften Menschen üblich ist, war Nouriah nicht voll damit zufrieden, daß die verachtete Schwester ihr niemals Antwort gab, sie stumm bediente und nie klagte. Sie wollte vielmehr ihre Macht noch weiter auskosten, wollte es erreichen, daß die arme Sklavin ihrer Launen schrie und klagte. Wurde Hairieh gekniffen oder unversehens gestochen, wie das die Schwester gerne und verstohlen tat, so erschrak das Mädchen zwar für einen kurzen Augenblick, aber sonst war ihr nichts weiter anzumerken. Ehe sie nun irgendeine erdachte Anklage bei der Mutter anbringen konnte, so daß endlich eine empfindliche Bestrafung des als störrisch verschrienen Mädchens stattfände, verlegte sich Nouriah auf das heimliche Beobachten, darin sie Meisterin war. Die Fenster der breiten, zu den Frauenräumen führenden Gänge schauten auf den Hof hinaus, und durch die Mouscharabiehs, die so kunstvoll geschnitzten Holzgitterwerke, ließ sich trefflich dort hinausspähen, ohne selbst gesehen zu werden. Vielmals am Tage blieb Nouriah auf dem Wege vom großen Wohnraume zu den Schlafräumen dort stehen und hoffte, etwas zu erhaschen. Endlich gelang es ihr. Sie hörte eine Stimme halblaute Worte sprechen, eine ihr im Klang fremde Stimme, die voll Zärtlichkeit redete, und als sie genauer hinsah, bemerkte sie ihre Schwester, die am Boden hockte beim Zaun zum Nachbarhof und mit einem Hunde weich und zärtlich redete. Mit einem Hunde! Diese Elende, diese zu Verachtende! Das war das Richtige für sie, das war die ihr gebührende Gemeinschaft, nur das! Nouriah lief, so schnell es die kleinen goldgestickten

Schuhchen zuließen, zu der Mutter zurück, die noch im großen Raum saß, und rief der erschreckten Frau schon von der Schwelle aus zu: »Jetzt aber, geliebte und verehrte Mutter, haben wir endlich diese jämmerliche Sklavin in der Hand! Gefährtin von Hunden ist sie, die Elende, und länger will ich nicht mit ihr im gleichen Hause sein . . . schickt sie fort, o Mutter, wie Ihr mich liebt, befreit uns von ihr!« Nouriah warf sich weinend über die Mutter, eine Kunst, die sie vortrefflich beherrschte, und die für sie so zärtlichen Mutterhände strichen über ihr leuchtendes reiches Haar. »Hunde?« sagte die Frau sinnend, sichtlich in Erinnern befangen, »wie seltsam, liebte doch auch ihr Vater Hunde mehr als andere Tiere, und als er fortritt, um niemals zurückzukehren, sprangen um sein Pferd drei große Hunde. Wie ich mich vor ihnen gefürchtet habe!« Es war ersichtlich, daß die Frau kaum wußte, was sie sagte, ganz eingesponnen in Gewesenes wie sie war, und sie fuhr zusammen, als die Tochter sich hastig aufrichtete und hart rief: »Hunde? Mein Vater, Hunde?« Die Frau starrte sie wie erwachend an, sagte erstaunt: »Dein Vater, Nouriah? Wer spricht von deinem Vater? Es war von Hairiehs Vater die Rede und von seinen Hunden.«
Nun war es seltsam, daß trotz ihrer großen Nähe und Vertrautheit diese zwei, Mutter und Tochter, noch niemals davon gesprochen hatten, daß zweierlei Väter die Schwestern zeugten. Nouriah war viel zu gedankenlos, um darüber nachzusinnen, was der Grund zu der Abneigung der Mutter Hairieh gegenüber sei, und die Mutter mochte nicht von etwas sprechen, das ihr noch immer Schmerz bereitete, wenn sie in einsamen Nächten daran dachte. Hastig sagte sie jetzt: »Aber weißt du es denn nicht, daß ihr nicht den gleichen Vater habt, Nouriah, mein Liebling? Der deine war ein stolzer und großer Efendi und hinterließ uns seinen Reichtum, und du bist seine würdige Tochter. Daß ich nach seinem Tode nochmals heiratete, war ein schwerer Irrtum. Jener andere war ein großer

Krieger und wurde wohl in einer Schlacht getötet, ich weiß es nicht, denn er ritt aus und kam niemals wieder. Monde danach erst wurde Hairieh geboren, und da sie mich mit ihres Vaters Augen anschaute, kann ich ihren Blick nicht ertragen. So ist das, geliebtes Kind meiner Seele.« Nouriah sprang auf, reckte sich stolz hoch und sagte freudig: »Nun, verehrungswerte und geliebte Mutter, ist der Zeitpunkt gekommen, sie ihrem Vater nachzusenden, sie und ihren Hund. Kommt, ich zeige sie Euch.« Die Frau, die dieser Tochter nichts zu verweigern wußte, erhob sich und folgte ihr zu dem Ausguck in dem weiten stillen Gang.

Was sich nun inzwischen dort im Hof ereignet hatte, zeigt für die, die noch an seiner Macht zweifeln wollten, die sichere Kraft des Kismet. Denn es war dieses geschehen: aus dem Hause des Nachbarn war eine scheltende Stimme erklungen, und eine Frau, in der Hand einen Stock schwingend, war aus den Küchenräumen herausgestürzt. Sie sehen und sich mit aller Kraft gegen den Holzzaun drücken, war für den kleinen Hund eins. Er warf sich förmlich dagegen, und da der Zaun nicht sehr haltbar war, gelang es ihm, ihn zu durchbrechen. Mit einem Satz flüchtete der kleine Hund in die Arme Hairiehs und erwartete von diesem sicheren Schutz aus das weitere Geschehen. Hairieh fühlte den erregten Schlag seines Herzens und wie der ganze kleine Körper zitterte, und sie beugte sich zu dem schmalen Hundekopf nieder, sagte beruhigend: »Hab' keine Angst, kleiner Freund, niemand soll dir etwas tun, sei ruhig, ganz ruhig.« Es war nun aber kein böses wütendes Weib, das dahergestürzt kam, sondern eine lachende Frau, ganz außer Atem. »Djanum«, sagte sie. »Da ist er, dieser schlimme kleine Hund, und ich suche und suche ihn. Hat er doch wieder etwas gestohlen, der Schlechte! Hast du ihn gern? Willst du ihn haben? Ich mag ihn auch, aber wir reisen zum Landgut, und da darf ich ihn nicht mitnehmen, weil es da große und recht wilde Hunde gibt. Willst du ihn haben?«

Hairieh starrte diese Botin des Glücks verständnislos an und stammelte: »Haben? Ihn? Aman, wie gern!« »Nun, dann ist alles schon geschehen«, sagte die Frau, streckte die Hand durch das Loch im Zaun, kraulte den Kopf des Hundes und sagte: »Nun hast du eine gute kleine Herrin, Daghi, und ich bin froh darum. Allaha ismagladyk.« Wandte sich ab und verschwand in den Küchenräumen. So kam es, daß Nouriah und ihre Mutter das Bild eines Mädchens sahen, das einen kleinen Hund in den Armen hielt, und dieser Anblick genügte ihnen, um ihrer Entrüstung gemäß zu handeln, wobei Nouriah die treibende Kraft war. »Laßt, Mutter, ich werde hinuntergehen und diese, die uns mit Schande bedeckt, fortweisen. Ihr begebt Euch zurück in die Gemächer.« Zwar machte die Mutter eine leichte zurückrufende Handbewegung, aber Nouriah wollte nichts Derartiges gesehen haben. Sie rief ihre Dienerin und ließ sich einen Mantel umlegen sowie einen Schleier über den Kopf werfen, dann ging sie mit ihren klappernden zierlichen Schuhen eilig hinunter in den Hof. Hairieh hörte sie zunächst nicht kommen, wohl aber der kleine Hund, der sich tiefer in ihre Arme verkroch; dann vernahm auch sie das wohlbekannte und gefürchtete Klappern. Nouriah blieb bei ihr stehen, sah sie durch den Schleier mit allem angesammelten Haß an, den sie gegen diese sich niemals beklagende Schwester hegte, und sagte kalt, ruhig, voll Hochmut: »Du hast das Maß unserer Geduld erschöpft, da du dich zur Gefährtin eines Hundes gemacht hast. Gehe nun auf die Straße, wie es sich Hunden geziemt, und kehre nicht mehr zurück . . . gehe!« Hairieh verstand nicht gleich, fragte zaghaft, leise, denn es schien ihr unfaßbar, was sie vernommen hatte: »Ich soll fort . . . ganz fort . . .? Will das die Mutter?« Nouriah lachte auf, ein grausames, ein kaltes Lachen: »Kümmere dich nicht um das, was die Mutter will . . . pack dich mitsamt deinem Hunde und lasse dich hier nie mehr sehen, nie!« Hairieh schaute auf sie, die ihr von frühester Kindheit an nur Ungutes getan hatte, neigte das Gesicht auf den Kopf des kleinen Hundes und sagte leise: »Nach dem Willen des Kismet handelst auch du. Möge dir vergeben werden, und der Mutter sage meine Ergebenheit.« Dann ging sie ruhigen Schrittes zu der kleinen Seitentür des Hofes hinaus; dort wo die Eselskarren die Abfälle zu sammeln pflegten und wo der Weg mit Schmutz bedeckt war. Sie trug ein einfaches graues Gewand und hatte keinen Schleier, um ihr Gesicht zu verhüllen, so hob sie den kleinen Hund an ihre Wange, damit nicht jeder sie sehen könne und so ihr Schande bereitet werde. Nouriah ging hoch erhobenen Hauptes stolz davon, droben aber am Fenster des Ganges stand noch immer die Mutter, und als sie ihr Kind so demütig und verachtet davongehen sah, war es ihr, als fühle sie einen Schlag auf das Herz. Aber sie tat nichts, gar nichts, um die Tochter dessen, der die Hunde geliebt hatte, zurückzurufen, und so verließ leise das Glück dieses Haus. Denn am gleichen Abend erschütterte ein heftiges Erdbeben die ganze Gegend, und das Haus, das Hairieh bewohnt hatte, wurde zu einem Trümmerhaufen, unter sich außer einer alten Dienerin, die grade in der Stadt war, um Einkäufe zu tätigen, alles Leben im Einsturz seiner Mauern begrabend.

So wenigstens glaubte man, aber die alte Dienerin, die Trümmer durchsuchend, fand ein lebendes Wesen, ihre Herrin, vor. Zwar erkannte die Frau sie nicht, wußte auch kaum von sich und sagte nichts anderes mehr als wieder und immer wieder: »Hairieh, mein Kind, wo bist du?« Niemand konnte ihr Antwort geben, und die alte Dienerin pflegte die geschlagene Frau mit jener Ehrfurcht, die in unseren Landen denen geschenkt wird, die des Verstandes beraubt sind. Bettelnd standen die zwei Frauen auf den Straßen und Plätzen und fristeten so ein mühseliges Leben nach der Bestimmung des Kismet. Von der stolzen Nouriah aber sah und wußte niemand mehr etwas.

Und wo war Hairieh? Wie konnte es geschehen, daß sie von der Vernichtung ihres Heimes nichts erfuhr? Es geschah so:

Als sie vertrieben worden war, ganz verwirrt von dem unverständlichen Geschehen, ging sie einen Weg entlang, der aus der Stadt hinausführte, unbewußt bestrebt, sich und die ihr angetane Schmach vor jedem Blick zu verbergen. In ihren Armen der kleine Hund wurde unruhig und verlangte, hinuntergesetzt zu werden, denn die ungewohnte Freiheit lockte ihn sehr. Hairieh tat ihm seinen Willen, und dann begann er nach dem Wesen seiner Art allerlei Dingen und Tieren nachzujagen, erregt um nichts, sich seiner Freiheit und des ungewohnten Weges erfreuend. Hairieh hörte ihn bellen, sah ihn hin und her laufen, folgte seinem frohen Tun nur halb aufmerksam, ward sich aber plötzlich erschreckt bewußt, daß von ihrem kleinen Gefährten nichts mehr zu hören und zu sehen war. Sehr beunruhigt begann sie ihn zu rufen mit jenem Namen, mit dem die freundliche Dienerin des Nachbarhauses ihn genannt hatte: »Daghi, Daghi!« Keine Antwort. Nun lief Hairieh, nun fühlte sie sich ganz verlassen, lief und rief, rief und lief ... und dann plötzlich sah sie ihn: Der kleine Hund stand reglos da und starrte vor sich hin, wo auf dem Boden vor ihm eine Schlange sich ringelte. Er zitterte vor Entsetzen und schien völlig gebannt und hilflos zu sein. Hairieh tat einen tiefen Seufzer der Erleichterung, hockte sich neben ihm und der Schlange nieder und nahm ihn wieder in ihre Arme, während sie zugleich mit einer Hand die Schlange leise berührte.

»Daghi, wie kannst du dich nur so fürchten? Sie tut dir doch nichts, sieh nur, wie schön sie ist und noch so klein und zart ... Yilan, Yilan ...« rief sie die Schlange und strich sanft über die grünlich glänzende Haut. Die Schlange richtete sich auf, wand sich mit erstaunlicher Geschicklichkeit um die streichelnde Hand und hing dann am Handgelenk wie ein seltsames Armband. Hairieh hob den Arm hoch und legte die Schlange sanft an ihre Wange. »Wie kühl du bist, Yilan, wie schön und kühl, könntest du uns doch, mich und den kleinen Furchtsamen da,

zu einem Platz bringen, wo es so schön kühl wäre, wie du es bist, und solch grüner Schatten herrschte wie auf deiner Haut leuchtet, o Yilan ...« Da aber, sollte man es glauben oder für möglich halten! ... da stieß die Schlange mit ihrem schmalen Kopf an die Wange des Mädchens, stieß noch einmal, stieß wieder. Hairieh mußte lachen, fragte dann ganz ernsthaft: »Willst du mir etwas weisen, Yilan o Yilan?« Die Schlange schmiegte sich zur Antwort weich an die Wange. »Dann also gehen wir. Und du wirst mich stoßen, daß ich den Weg nicht verfehle?« Fast schien es, als streichle die kühle Schlange des Mädchens heiße Wange, denn es war ein ungewöhnlich schwüler Tag, wie das immer vor einem Erdbeben der Fall zu sein pflegt. Und so begann denn diese mehr als seltsame Wanderung der drei, des Hundes, des Mädchens, der Schlange.
Der kleine Daghi hielt sich in ehrfürchtigem Abstand von dem erschreckenden Wesen am Arm seiner jungen Herrin, aber er lief nun brav mit, schon ermattet und auch von der Hitze ermüdet. Hairieh hielt die Schlange an die Wange geschmiegt, und wenn immer ein Weg von der großen Straße abzweigte, bekam die weiche Wange einen Stoß und wurde dann gestreichelt, wenn die Richtung stimmte. Endlos war es, oh, so endlos in Staub und Hitze dahinzuziehen, ohne einen erfrischenden Trunk, ohne Kenntnis des Zieles! Als es schien, nun ginge es nicht mehr weiter, da war alles urplötzlich vorbei.
Da bekam Hairieh einen so heftigen Stoß von der Schlange an ihrem Arm, daß sie sie erschreckt fallen ließ, und sogleich wand die Schlange sich zur Seite, schmal, geschmeidig, grünlich leuchtend, verschwand scheinbar in einem Gebüsch, das an einer Wegkreuzung unversehens sichtbar wurde. »Yilan, yah Yilan«, rief Hairieh traurig, »warum verläßt du mich? Wo bist du? Zeige dich mir noch einmal, Yilan!« Als habe sie den Ruf verstanden, so war sie plötzlich wieder da, die kleine Schlange, aber sie war nicht allein. Neben ihr stand

eine Frau, eine seltsam anzuschauende Frau von fast beängstigender Hoheit und erschrecklichem Ernst in ihrem dunklen Gesicht. Sie war gekleidet in ein grünliches Schleiergewebe, das auch ihren Kopf halb bedeckte, und in ihrem tiefschwarzen Haar blitzten grüne Steine. Hairieh erschrak sehr, neigte sich tief fast bis zur Erde und blieb so stehen. Aber die Frau kam auf sie zu, richtete sie mit weicher Kraft hoch und sagte mit leiser dunkler Stimme: »Sei willkommen, meine Tochter, in meinem Reiche. Eines meiner liebsten Kinder, das sich verirrt hatte, hast du mir zurückgebracht, und es berichtete mir von deiner Güte. So bist du mir sehr willkommen. Ist das dein Hund, meine Tochter?« Voll scheuen Bangens antwortete Hairieh kaum hörbar: »Er ist es, Herrin. Er fürchtet sich sehr vor Schlangen.« Die ehrfurchtgebietende Frau sagte leise und erstaunt: »Sich vor Schlangen fürchten — ist es möglich? Aber wir werden ihm die Angst nehmen, da er dein einziger Freund ist und bei dir bleiben soll ... achte auf.« Die Frau beugte sich nieder zu Daghi, der ängstlich zurückwich und sich mit eingezogenem Schwanz so klein machte wie nur möglich. Aber sie stieß einige seltsame Laute aus, halb Pfeifen, halb Zischen, ganz sanft, ganz leise, und der kleine Hund kam näher, langsam immer näher; als er in Reichweite bei ihr war, legte die schöne seltsame Frau ihm die Hand auf den Kopf und sagte etwas Unverständliches. Da sprang Daghi an ihr hoch und winselte vor Freude. »Jetzt hat er vor meinen Kindern keine Angst mehr«, sagte sie, »und du, meine Tochter, komme mit mir, auf daß du Kühle und Schatten habest, wie du ihn dir gewünscht hast. Folge mir.« Hairieh sah sich etwas zweifelnd um, wohin sie denn folgen sollte, da ließ die seltsame Frau ihren grünen Schleier mit einer Handbewegung hochflattern und er legte sich auf Hairiehs Kopf. Nichts wußte sie mehr, fühlte nur, daß sie ging, immer noch ging und daß es grüner Schatten war, der sich um ihre Erschöpfung legte, und dann hörte sie die leise dunkle Stimme sagen: »Wir sind

angelangt. Nun wirst du Ruhe und Erholung haben und wirst Erquickung finden.«
Hairieh sah sich um. Sie befand sich in einem hohen Gemach, in dem alles grünlich schimmerte. Genauso war es, als befände man sich inmitten eines tiefen Waldes und durch das dichte Laub der Zweige dringe das Sonnenlicht gedämpft hindurch. Die Wände des hohen Raumes glitzerten so, als riesele an ihnen Wasser herab, und das war wohl auch so, denn die liebliche Kühle war unsagbar erfrischend nach der drückenden staubigen Glut von vorher. Die fremde Frau, die anzuschauen wie eine Sultana war, schien in all dem grünen Schimmer mit ihrer grünen Kleidung nur mehr halb sichtbar zu sein, aber die Hand, die sich Hairieh entgegenstreckte, war deutlich zu erkennen. »Sei willkommen in meinem Reich, du, deren Name nun zu recht stehen wird, denn endlich wirst du ›Glückliche‹ heißen können. Reiche mir deine Hand, ich will dich führen.« Hairieh gab ihre Hand, und die grüne Sultana, wie sie die Frau bei sich nannte, hielt die müden und von vieler Arbeit hart gewordenen Finger vorsichtig fest, drehte die kleine Hand des Mädchens weich hin und her. »So viel harte Arbeit, du armes Kind, so viel erbarmungslose Härte! Doch komm, es ist nun alles vorbei. Du warst so gut und hilfreich zu meinem kleinen Sohne, lasse mich, willst du, ein wenig deine Mutter sein, ja?«
Alles dieses war zuviel für Hairieh, die in einsamer Traurigkeit ihre mühsamen Tage verbracht hatte, und sie begann bitterlich zu weinen. Es war zum ersten Male, daß aus diesen Augen Tränen flossen, denn das Mädchen hatte sich auch nachts nicht erlaubt, ihrem Kummer nachzugeben, wußte sie doch, daß sie alle Kraft des Ertragens verlieren würde, wenn sie die Härte gegen sich verlor. Nun aber, da zum ersten Male sich Arme um sie legten, da eine warme dunkle Stimme das Wort »Mutter« aussprach, da dem mißachteten und geplagten jungen Wesen Zärtlichkeit begegnete, da brach alles zu-

sammen, was angesammelt war an Bitternis in diesem tapferen und starken Herzen — sie weinte, weinte ...

Die grüne Sultana hielt sie leicht an sich geschlossen, und nach einiger Zeit verspürte Hairieh einen Duft, wie ihn wohl die Seerosen zur Abendstunde ausströmen mochten. Der zarte, feine Duft umgab sie mit seiner Frische, und es war, als lege er sich auf ihre brennenden Augen und auf ihr schmerzendes Herz. Sie richtete sich auf, schaute die grüne Sultana an. Die lächelte ihr aus dunklen, ganz unergründlichen Augen zu, schob sie mit der einen Hand ein weniges von sich und begann dann von ihrem Halse, von ihrem grünen Gewand, von ihrem Schleier mit vorsichtigen Fingern eine Perle nach der anderen abzulösen. »Halte sie mir, die kostbaren, Hairieh, mein Kind. Es sind deine Tränen, verstehst du, und in unserem Reich sind diese Perlen das Wertvollste, was es geben könnte. Sagt, meine Kinder, habt ihr noch mehr gefunden dort am Boden?« Hairieh hatte unwillkürlich die Hände ausgestreckt, und die grüne Sultana legte eine vollkommene Perle nach der anderen hinein. Bei den letzten Worten sah auch sie hinunter und bemerkte nun ein lebhaftes Gewimmel von unzähligen, ganz verschiedenfarbigen Schlangen, die eifrig hierhin und dorthin sich bewegten. Sie stießen dabei leise pfeifende Laute aus und erwehrten sich heftig des kleinen Hundes, der zwischen ihnen hin und her schoß, offenbar hingerissen von dem Spiel, das ihm das Gewimmel gewährte. Die Schlangen richteten sich immer wieder hoch, wenn sie nahe der grünen Sultana anlangten, und hielten ihr auf den flachen Köpfen Perlen entgegen.

»Das ist der kostbarste Schmuck, der mir jemals wurde, Hairieh, mein Kind, und ich danke dir dafür, denn jede dieser Perlen, geweint aus einem demütigen und reinen Herzen, bedeutet Jahrtausende des Lebens für mich und meine Kinder. Komm jetzt, ich werde dir mein Reich zeigen, das Reich der Wasser. Komm, Kind der Perlen, komm.« Immer an der Hand geführt von der grünen Sultana, die alle Perlen in ihrem Gewand verborgen hatte, ging Hairieh durch die geheimnisvollen Hallen der unteren Welt, dieser die alle Kraft der lebenspendenden Wasser birgt und Allahs geheimste Werkstatt ist, gewährt sie doch der sonst hilflosen Erde fruchtbare Frische. Hohe Hallen wölbten sich in dämmerigem Grün, und weite Gänge enthielten seltsame Gewächse, deren Duft alle Frische des Wassers ausströmte. Tief atmete Hairieh die kühlende Ruhe ein, tief auch zugleich das Gefühl der Geborgenheit. Doch dann ward sie sich bewußt eines Stoßens und Schiebens nahe ihren Füßen, und als sie hinuntersah, mußte sie lachen, ja, sie lachte, zum ersten Male lachte sie, wie sie vorhin zum ersten Male geweint hatte. Das Lachen schien vielfach widerzuhallen und an den Wänden entlangzulaufen wie jene eilenden Wassertropfen. Die grüne Sultana blieb stehen und sagte leise, ganz bang und leise: »Oh, noch einmal, noch einmal tue es, dieses Wunderbare!« Aber das hörte Hairieh nicht, denn sie hatte sich zu Boden gehockt und dem kleinen Hund die Schlange vom Hals genommen, die diesen zur Verzweiflung getrieben hatte mit ihrer Umschlingung. Immer noch lachend, löste sie die Verschlingungen mit zarten Fingern, hielt dann die Schlange hoch, richtete sich auf und betrachtete sie. »Oh, du bist es, meine kleine Yilan? Ich kenne dich doch wieder, kleiner Freund ... ist es nicht die gleiche, die mich herbrachte, o schöne Sultana?« wandte sich Hairieh fragend an die Schlangensultana. Die sah das Mädchen mit leuchtenden Augen an, sagte ganz hingenommen: »Kannst du das noch einmal tun, das von vorhin? Diesen Laut, der wie das Rinnen des Wassers ist ... noch einmal, o Hairieh?« Ohne es zu wollen oder zu wissen, mußte Hairieh wieder lachen, fragte dann erstaunt: »Was meinst du, Herrin? Ich tue gerne, was du begehrst, doch verstehe ich dich nicht, vergib. Und sage mir, ist es mein kleiner Freund, den ich hier halte? Sie sehen sich alle so gleich.« Und wieder hielt sie die kleine

Schlange der grünen Sultana entgegen. »Du irrst, Hairieh«, erhielt sie zur Antwort, »sie sind sehr verschieden. Blicke hin, dieser mein kleiner Sohn hat auf dem Kopf eine Zeichnung gleich einem Pfeil, kannst du es erkennen? Schau genau hin, sieh . . .« Die grüne Sultana wies auf das schmale Schlangenhaupt, ohne es zu berühren, aber Hairieh neigte sich tief auf den Schlangenkopf, und dann zog sie sanft mit den Fingern ihrer Linken das Zeichen des Pfeiles nach.

Ein Ruf, der wie eine Warnung klang, erscholl, und dann gab es einen Windstoß, wenn auch nicht zu erkennen war, woher dieser hier unten erfolgen sollte. Aber die Schlange in Hairiehs Händen brannte sie plötzlich wie Feuer, so daß sie sie erschreckt fallen ließ. Gleich danach blickte sie sprachlos zu einem Jüngling auf, der hoch über ihr, die noch am Boden hockte, stand und mit höflicher Gebärde ihr die Hand entgegenstreckte. »Darf ich dir helfen, dich zu erheben, kleine Herrin?« sagte er halblaut und lächelte sie aus den gleichen seltsamen Augen an, wie auch die grüne Sultana sie besaß. Verwirrt, völlig außer Fassung geraten, erhob sich Hairieh, der haltenden Hand gehorchend, und stand vor dem Jüngling. Sie schaute ihn an, konnte sich nicht genug tun ihn anzuschauen. Er war schlank und hoch gewachsen, hatte ein schmales dunkles Gesicht, und über seiner Nasenwurzel zwischen den dunklen Brauen war ein Zeichen sichtbar, das fast wie ein Pfeil aussah. »Nun hast du mir mein Schlangenkleid genommen, kleine Herrin, da du dieses mein Zeichen mit deinem Finger nachzogst. Berührst du es wieder, hier, wo es nun in meinem Menschengesicht steht, so werde ich in die Nacht des Todes versinken. Du weißt doch, kleine Herrin, daß über der Nasenwurzel wir alle das Zeichen des Kismet tragen? Du bist das meine, ich will sagen mein Kismet und mein Leben wie auch mein Sterben. Verstehst du mich, kleine Herrin?« Hier aber nahm sich die grüne Sultana des verwirrten Mädchens an, schlang wieder den Arm um sie und sagte leise:

»Lasse sie nun, mein Sohn Hilel, sie soll erst ein wenig Ruhe haben, dann werde ich ihr alles erklären. Du aber gehe zu deinen Brüdern und zeige dich ihnen, auf daß sie dich kennen in deiner neuen Gestalt, und der Friede sei mit dir, mein Sohn Hilel.« Der Jüngling verneigte sich tief vor der grünen Sultana und ging durch einen der weiten dämmerigen Gänge davon. Die Sultana geleitete Hairieh zu einem Ruhelager, ließ sich neben ihr nieder und begann ihr also zu berichten: »Höre, meine Tochter, was dir und uns geschehen ist: Du warst von Anbeginn an mir bestimmt als meine Tochter, Kind meiner Liebe und meines Leibes, gemeinsam mit dem großen Ifrit, dem Herrn aller Schlangen und Tiere der Wasser unter der Erde. Eine Flutwelle raubte dich uns und brachte dich in jene Strömungen, die auf der Erde der Menschen münden, und du wurdest das Kind einer irdischen Mutter. Ihr wiederum war es bestimmt, dich zu verstoßen und dich mir zurückzusenden, durch die Hilfe eines kleinen Hundes, dem ich meinen Sohn Hilel entgegensandte. Hier nun bist du, und kaum kamst du, so brachtest du zwei Gaben der Menschen zu uns, das Weinen und — was war das andere, das so wie Wasser sprüht?« Hairieh hatte angestrengt zugehört, verstand aber immer noch nicht alles, sagte fragend: »Meinst du das Lachen, Herrin?« Die Sultana wiederholte das Wort, wie man etwas ganz Fremdes sagt, langsam und sorgfältig ... »Gülmek ... Gülmek ...« sagte sie mehrmals, und wie sie es aussprach, klang es wie Tropfenfall. »Diese Gaben also brachtest du und sogleich auch die Menschwerdung meines liebsten Sohnes, wie es das Kismet befiehlt, ohne Wollen und Wissen geschehen. Und jetzt wirst du ihn mir fortnehmen müssen, meinen geliebten und schönen Sohn, denn es ist bestimmt, daß er dir folgt, und du mußt dieses unser Reich vergessen. Hier bleiben nur die Perlen deiner Trübsal und ein Widerhall deines Lachens, er aber muß mit dir seiner Wege gehen, denn seine Aufgabe ist die Feuchte zu bringen dorthin, wo Durst und Dürre herrschen, und darum mußtest du ihn suchen und finden. Dieses, mein Kind, ist dein Kismet, das meine und das meines Sohnes. Und nun schlafe, nun ruhe, und manchmal im Traum wirst du mich wieder sehen, du Kind meiner Liebe, Kind der Erde.« Die grüne Sultana neigte sich tief über Hairieh, und der glitzernde Schleier sank auf des Mädchens Gesicht. Kühle, Ruhe, Dämmerung, leises Wasserrieseln und dann Schlaf, tiefer traumloser Schlaf gleich einer Neugeburt.

Was wissen wir vom Reich derer, die wir nicht immer zu erblicken vermögen, sie, die am Urgrund wohnen, dort wo die Quellen entspringen, oder jene über den Wolken, woher der Regen strömt? Was von ihnen, die die ewigen Feuer hüten und den geheimnistiefen Seenbereich, in dessen dunkelstem Grunde die zwei Schlangen leben, die weiße und die schwarze, die Tag und Nacht sind und das dunkle Spiegelbild der Zeit umschließen? Ifrit sagen wir, Peri sagen wir, sagen Dew und Djin und wissen doch nichts, gar nichts außer nur von dem, was uns die Huld eines Traumes offenbart. Wir wissen nicht einmal, daß die Zeit, die irdische, so wie sie von den Menschen verstanden wird, ein Trug- und Zerrbild der wahrhaften, der unvergänglichen Zeit ist und nicht zu ermessen mehr, sowie sie die Schwelle des Reiches der Geheimnisse berührt. Klein wird sie, ein Nichts, ein Atemzug nur, die sich Jahrhunderte nannte. Lang wird sie, eine endlose Ferne, sie, die nichts als ein Herzschlag der Menschen war. Reich der Geister, Reich der Geheimnisse, davor der Schleier des Ewigen niedersinkt. –

So war der Schlaf der Hairieh in jenem Dämmerreich der Ruhe und des Wasserrieselns scheinbar nur ein Schlaf, der Erfrischung bringen sollte, in Wahrheit aber eine lange Lebenszeit. Eingeschlafen war sie, die Hilel Yilan »kleine Herrin« genannt hatte als ein Mädchen, nahe dem Kindesalter, und sie erwachte als eine erblühte Jungfrau. Eingeschlafen war sie in verstaubte Gewänder der Mühsal gehüllt, und sie erwachte gekleidet in grünlich schillernde Schleier, die von unzähligen Tropfen überrieselt zu sein schienen, aber glitzerten von Edelgestein. Eingeschlafen war sie im unterirdischen Reich der Wassersultana, von deren Schleier bedeckt, und sie erwachte in einem weiten Marmorgemach, durch dessen Säulenhallen die Sonne strömte, wenn auch durch milde Seidenfarben gedämpft. Das einzige, was Hairieh an ihr Einschlummern gemahnte, war das Strömen von Wassern, das murmelnde Rieseln ferner Quellen. Es duftete um sie wie von Rosen, und sie blickte um sich, den Ursprung des lieblichen Wohlgeruchs zu erkunden. Bei der ersten Bewegung aber, die sie machte, erhob sich vom Boden, wo sie wartend gehockt hatte, eine junge Dienerin, verneigte sich tief, sagte leise: »Du erwachtest, o Herrin, und du befiehlst?« Hairieh richtete sich auf, fragte scheu, unsicher, vor Verwirrung hilflos die Worte durcheinander werfend: »Wo ist ... wo blieb .. die Sultana ...?« Die Dienerin verneigte sich wieder, flüsterte »sogleich, Herrin« und war fort. Hairieh verschränkte fest die Hände, denn es war ihr, als müsse sie sich festhalten, und sie dachte mit aller Kraft an die einzige Wesenheit, von der sie Zärtlichkeit erfahren hatte, die grüne Sultana. Ohne zu wissen, daß sie laut spräche, sagte sie voll ängstlicher Innigkeit: »So hilf mir doch, schöne Schlangensultana, hilf mir, ich bitte dich!« Und eine Stimme gab Antwort, die frohe junge Stimme eines Mannes; sie sagte: »Djanum, meine Gemahlin, du rufst unsere erhabne Herrin und nicht deinen bescheidenen Diener? Ist das gerecht nach so langer Trennung, meine schöne junge Gemahlin?«

Hairieh war aufgesprungen, stand und schwankte leise hin und her wie ein Rohr im Winde, von den anstürmenden Gedanken bewegt. »Hilel Yilan«, sagte sie dann leise und tat einen Schritt vorwärts. Da hielt er sie schon in den Armen, da sah er von seiner schlanken Höhe herab in ihr erschrockenes junges Gesicht, und seine seltsamen Augen waren voll zärtlichen Mitleides. »Du weißt es nicht, meine Erdenblume, aber du bist meine Gemahlin nach dem Recht unseres Reiches der Ströme und Quellen, mir unverlierbar verbunden, da du mir Menschengestalt gabst. Und du hast im Traum geruht, durch die Sultana darein gebannt, bis du alles Erdenleid vergaßest und nun jung und schön eines Mannes Entzücken zu sein vermagst. Sage, willst du mir gehören? Willst du die Erdenblume sein, während ich der Quell bin, der sie mit Leben beschenkt? Wasser ich, du Sonne und Erde und wir gemeinsam Frucht und Blüte zugleich ... willst du, o du, die mit Recht die Glückliche genannt ist und die mich leben machen kann oder töten!« Sie sah gebannt in sein schmales schönes Gesicht, das wechselnd belebte, wie das Wasser, nach dem er sich benannte. »Niemals dich töten, immer nur Leben, reiches schönes Leben, o Hilel, du Schöner, den ich liebe ...« Und in seinem Kusse wußte sie sich erfüllt.

Man weiß von all diesem nicht viel, doch wird davon gesagt und gesungen und berichtet überall in unseren Landen. Die einen sagen, daß von zwei Schwestern die eine im Erdbeben verbrannte, die andere in Wasserströmen versank. Die anderen sagen, daß von zwei Schwestern die eine von einem Djin geholt ward, dem sie schon angehörte in Bosheit und Tücke, die andere von einem Ifrit, in dessen blumigem Reich sie vorher schon lebte. Die einen sagen, daß der Heimat Fruchtbarkeit davon abhängt, ob jene, im Reich des Ifrit, weint oder lacht. Die anderen sagen, daß jene im Reich der Djinnen den Shimum bringt, die Trockenheit, das Feuer, das Erdbeben.

Aber ein Imam ist ein seltsamer Mann, der mehr sieht als andere und mehr hört als die, die mit den Ohren lauschen, der weiß eine Geschichte zu berichten, davon nur einer, der sie hörte, nicht sagt, sie sei ein Traum, und dieser eine lebt

unter dem Schleier der Güte Allahs, er ist nicht wie andere Menschen, also hört man ihn ehrfürchtig an, glaubt nichts und geht seiner Wege. Der Imam aber berichtete dieses: »Ich schlief, wenn auch nicht fest, denn es war kurz vor dem ersten Azan und ich mußte bald hinaus zur Djami, da sah ich im Traume eine Frau daherkommen, langsam mit dem Schritt einer Sultana. Sie war in Grün gekleidet, und ihr Gewand schimmerte wie Wasserkühle, ihr Schleier aber waren Wassertropfen. Sie blieb neben meinem Lager stehen und sagte mit ruhiger, dunkler Stimme: ›Imam Efendim, ich bitte dich, wenn du aus der Djami kommst, gehe hin zum Strome, der nahe dort entspringt, und über seiner Quelle wolle die Worte des Segens sprechen, die zwei in Ehe und Liebe vereinen. Damit du weißt, daß du nicht träumtest, nimm diese Perle, die einstmals eine Träne war und nun Lachen werden soll. Allaha ismagladyk . . .‹ sagte sie und war entschwunden. Aber als ich gleich danach erwachte, hielt ich in meiner Hand eine Perle von wunderbarem Glanz. Ich ging nach dem Azan hin zum Quell des Stromes und sprach geschlossenen Auges den Segen, den die Sultana erbeten hatte. Aus dem Preis für die Perle aber habe ich eine neue Mirab machen lassen für unsere Djami, und sie strahlt in allen Farben der Schönheit, unsere Gebetskanzel.« So sprach der Imam, und wer weiß, ob es nicht der Segen für Hilel und Hairieh war, den er so sprach um den Preis einer ihrer Tränen?
Wie dem auch sei, das Marmorserail, darin Hairieh erwacht war, das besaß die seltsame Fähigkeit sich zu heben und zu versinken, je nachdem die Erde Feuchtigkeit gab oder mit Trockenheit drohte, und wie es sank oder sich hob, so war die Erde fruchtbar oder verdorrt, denn es sank und holte die Wasser aus der Tiefe hervor, oder hob sich und harrte, ob die Wasser aus der Höhe strömen würden. Hilel und Hairieh, diese zwei, sie blieben und vergingen nicht, denn sie sind Blume und ihr Durst, nie gestillter Durst des wachsenden

Blühens, wie es auch der Durst der Liebe niemals ist, so sie im Reich der Geister lebt, die traumgleiche, die ewig wandelbare Liebe, deren Traumserail sinkt zu den Tiefen, sich hebt zu den Wolken und deren Zeichen ein Pfeil ist im Haupt der ewigen Schlangen.

Die neun Dünnbärte

Ein jeder weiß es — kaum lohnt es des Aussprechens —, daß in unseren Landen Männer mit dünnen Bärten als nichts angesehen werden. Wer ein Dünnbart ist, dem glaubt man keinen Kuß, keine mutige Tat, kein Ertragen des Kismet, nichts, gar nichts. Und so geschieht es denn oftmals, daß sich die Dünnbärte zusammentun als eine Dorfgemeinschaft und ähnliches, um so mehr, als sie vielfach einer vom anderen wissen, daß nicht in der Art der Bewachsung des Kinnes — des Mannes und des Menschen ganzer Wert liegt, und daß es manchen reichen Vollbart gibt, dem man nachts auf einem Bergpfad nicht gern begegnen möchte. Wie dem auch sei, hier waren neun Dünnbärte, die sich vor vielen Jahren zusammengetan hatten und seither gemeinsam die Rinderzucht betrieben, aber — daß wir nicht ungenau berichten: es waren bis vor kurzem ihrer zehn gewesen, doch der zehnte war gestorben. Wenn das nicht geschehen wäre, so würde es auch diese Geschichte nicht zu berichten geben, und das wäre zu bedauern, weil jeder Bericht von List und Überlegenheit Freude bereitet. Grämen wir uns also nicht um des Zehnten Tod, freuen wir uns vielmehr, daß er im Verscheiden uns noch diese Geschichte unwissentlich schenkte und vermachte. Diese Sache also, die wir zu berichten haben, ist solcherart, daß jenes zehnten Dünnbarts Sohn lebte und schaffte. Er hatte, trotz des dünnen Bartes, ein Weib — und nur eines. Der Dünnbart Mehmed fand nämlich, daß schon ein Weib dem Manne genug zu schaffen mache, und sah es durchaus nicht ein, warum er sich diese Schwierigkeit freiwillig vermehren solle. Das heißt, daß wir es richtig erzählen und es kein Mißverstehen gibt: Das Weib des Mehmed, das Melek hieß, was

Engel bedeutet und es nicht ist, diese Melek also freute sich, die einzige zu sein im Haremlik, um so mehr, als auch des Mehmed Mutter kurz nach ihrem Manne gestorben war. So war Melek allein, zu herrschen über die Hühner, zu kochen, zu sticken, einzumachen, was es an Waldfrüchten gab, und sich einen gut Tag zu machen, wenn der Ehemann abwesend war. Und beide waren es zufrieden, lebten friedlich dahin und versorgten ihre zwei Ochsen und drei Kühe, alles Vieh, das den Reichtum des Hauses darstellte.

Gut und schön, wird man sagen — was gibt es da viel zu berichten? Sabir, Djanum, ein wenig Geduld! Denn heißt diese Geschichte etwa »ein Dünnbart und sein Weib«? So heißt sie nicht — vielmehr neun Dünnbärte, dokuz berrak sakallar. Denn diejenigen, welche diese Geschichte ins Leben riefen, vielmehr zum Erleben machten, das waren die acht anderen Dünnbärte, reiche Männer, deren Ställe angefüllt waren mit prächtigem weithörnigem Rindvieh — Brüder sie alle, Söhne eines Vaters, aber verschiedener Mütter. Sie nun fanden, daß es töricht und untragbar sei, hier im kleinen Gebirgsdorf der Dünnbärte einen zu haben, der weder ihr Bruder war noch auch wohlhabend gleich ihnen, und so kamen sie zusammen, um zu beraten, was dagegen zu tun wäre, daß der Mehmed ihnen gewissermaßen die Aussicht verdarb. Doch war es der Frau des ältesten Bruders vorbehalten, nachdem sie bemerkte, wie ratlos ihr kluger Eheherr war, den rettenden Gedanken zu finden. Sie sagte, als sie am Abend nach der gemeinsamen Mahlzeit neben ihm am Boden hockte — ein Beisammensein, das ihr zustand als ältester seiner Frauen —, sagte also: »Herr, vergib deiner Dienerin, aber ich bemerke, daß deine sonst mich so sehr beglückende friedevolle Ruhe gestört ist durch was immer es sei — willst du dich mir anvertrauen, o Beschützer meines Lebens?« Der Beschützer sah sein kluges und listenreiches ältestes Weib nachdenklich an und entschloß sich dann zu sprechen, weil, was immer sie ihm

auch sagen mochte, wenn er es den Brüdern wiederholte, so galt es doch als sein Gedanke allein. Milde und herablassend, wie man zu Frauen zu sprechen pflegt, sagte er: »Es geht uns darum, o Licht meiner Tage und Nächte, jenen neunten Dünnbart, der unsrer Gemeinschaft nicht wert ist, in einer Art zu entfernen von hier, daß uns keine Unehre daraus erwächst. Das aber kann nur geschehen, wenn er völlig verarmt von hier entschwindet. Nun aber besitzt er noch zwei Ochsen und drei Kühe — wie könnte es geschehen, daß diese Tiere ihm genommen würden, ohne daß wir es täten? Weißt du etwas dazu zu sagen, so sprich, Licht meiner Nächte.«
Das Licht der Nächte überlegte nur eine kurze Weile, sah dann auf und lächelte, was sie nicht verschönte, da sie kaum noch Zähne hatte. Aber ihr »Beschützer« sah gar nicht zu ihr hin, da er diesen Anblick kannte und scheute. Sie fragte zu seinem Erstaunen: »Hat nicht jener Mehmed seinen Vater ganz besonders verehrt und geliebt?« Der »Beschützer« fragte ungeduldig, etwa so, wie es heute heißen würde: »Na, und?« Das Nachtlicht antwortete aber ruhig: »So müßte es etwas sein, das mit des Vaters Grab zusammenhängt. Vielleicht sind nicht genug Speisen dorthin gebracht worden? Vielleicht könnte man ihn überzeugen, daß seine Eltern hungern und daß er ihnen etwas von seinem Vieh zu opfern habe? Vielleicht würde ein Traum gut sein, den du, o Herr, geträumt haben würdest, und seine Eltern klagten darin — wie deucht dich dieser Gedanke, o mein Herr?« Doch der Eheherr war schon aufgesprungen, rief außerhalb des Frauengemaches nach seinen Dienern, befahl ihnen, seine Brüder herbeizurufen in das Selamlik, das Männergemach, und beschloß, der trefflichen und klugen, wenn auch ältlichen Frau irgendein Schmuckstück demnächst zum Geschenk zu machen als Dankbezeugung, für sich aber alle Ehren dieses großartigen Gedankens seinen Brüdern gegenüber in Anspruch zu nehmen.
So kam es denn, daß am Tage nach dieser abendlichen Unter-

haltung der bedauerliche Mehmed den Besuch des großen und reichen Mannes erhielt, der, wie es in der ganzen Welt unter Bauern und Staatsmännern üblich ist, eine lange Zeit brauchte, ehe er dem Zweck seines Besuches näherrückte. Er tat das auf diese Art: »Nächte sind es nun, o mein Freund und Bruder, daß ich nicht mehr richtig zu ruhen vermag.« Höfliches und verständnisloses Bedauern seitens Mehmeds. »Es kommt daher, daß ein gleicher Traum mich immer wieder heimsucht, einer, in welchem dein verehrungswerter Vater, o mein Freund und Bruder, zu mir spricht.« »Mein Vater, Herr, spräche zu dir, statt zu mir, seinem Sohne? Unbegreiflich!« »Ja, nicht wahr? So dachte auch ich und befragte ihn, warum er zu mir käme, und was aber sagte er da?« »Nun, was sagte er denn, Herr?« »Er sagte, er tue es aus Mitleid mit dir, dem geliebten Sohne, dem er nicht den Besitz schmälern wolle — aber er hungere so sehr und die zu verehrende Mutter tue es mit ihm.« Mehmed starrte den reichen Mann an und begriff gar nichts mehr. Er fragte scheu: »So willst du mir damit sagen, Herr, daß in dem hochgepriesenen Paradies, dem Djehennet des Propheten, dessen Name gesegnet sei« — der Gast wiederholte pflichtgemäß die Worte — »die Gläubigen Hunger leiden? Das glaubst du, Herr? Ich bitte dich, sprich zu mir!« Der reiche Dünnbart fühlte sich sehr verlegen und wußte nicht, was antworten, tat aber entsprechend sicher, je weniger er sich so fühlte, und gab großartig zur Antwort: »Wer bin ich, zu zweifeln an den Worten eines, der mein Freund war wie dein Vater, der jetzt nur noch mühsam mit uns hier sich verständigen kann! Wenn ich du wäre, o Mehmed, so würde ich nicht zögern, dem Wunsche deines verehrungswerten Vaters nach zu handeln und einen deiner Ochsen auf seinem Grabe ihm zum Opfer zu bringen.«
Wieder starrte Mehmed den Mann an, der solches von ihm verlangte, und bemerkte sachlich: »Mein Vater hatte so großen Hunger niemals, daß er einen ganzen Ochsen oder auch

nur die Hälfte eines solchen Tieres verzehrt hätte. Und nun verlangst du von mir, zu glauben, da er körperlos im Djehennet sich aufhält, er bedürfe eines ganzen Ochsen? Vergib mir, o Herr, aber ich glaube dir nicht, vermag es nicht zu tun. Auch bin ich überzeugt, wenn mein Vater solches wünschen würde, käme er zu mir, seinem Sohne, im Traume, und nicht zu einem Manne, der bei aller Vortrefflichkeit, die er besitzen mag, niemals sein Freund war.« Der reiche Dünnbart erhob sich entrüstet und bemerkte im Hinausgehen: »Es ist meine Sache nicht, ob dein Vater hungert, ob nicht, ob hier, ob im Djehennet. Tue, was dir recht erscheint, und möge es dich niemals gereuen!«

Damit ging er davon, ohne Abschiedswort oder Segenswunsch, und Mehmed stand und sah ihm in tiefen Gedanken nach. Da hob sich hinter ihm leise der Vorhang, der das Haremlik in diesem ärmlichen Hause vom Selamlik trennte, und Melek stand lachend dort, sagte heiter: »Djanum, mein Herr und Gebieter, welch eine törichte Sache haben diese sich ersonnen, um dich deiner Ochsen zu berauben! Hast du nur eines Gedankens Länge diese Albernheiten geglaubt, mein teurer Herr? Sie wollen dir deine Tiere rauben, um deren Besitz sie dich beneiden, weil du fleißig bist und sie faul auf ihrem Gelde sitzen. Und wenn du diese Albernheit geglaubt hättest, daß dein Vater, der dich liebte wie seine Tiere auch, im Djehennet hungere, so hätte es geheißen, der eine Ochse genüge nicht, er hungere noch und du sollest den zweiten auch hinbringen. Und dann die Kühe, bis du nichts mehr gehabt hättest — so wäre es geworden, mein geliebter Herr, glaube es mir! Wir aber werden diese Habgierigen überlisten, wir ja! Willst du mir vertrauen, Mehmed, mein Gebieter? Du wirst dich bald überzeugen können, daß ich recht hatte.«

Mehmed kannte die ihn immer wieder in Erstaunen setzende Klugheit seiner Frau, hockte sich neben ihr nieder und ließ sich ihren Plan entwickeln, über dessen Listenreichtum er

herzlich lachen mußte. Den ganzen Tag über entwickelte sich dann im bescheidenen Hause des Mehmed lebhafte Geschäftigkeit, welche für Beobachter so gestaltet war, daß daraus Schlachtungen zu entnehmen waren. Auf dem Grabe von Mehmeds Vater aber lagen am Abend Haufen von Gegenständen, deren Anblick und Geruch wohl zu der Annahme führen konnten, es handle sich um Schlachtfleisch, und daran hatte auch Melek eifrig den Tag über gearbeitet. Als es Nacht wurde, wurden des einen Ochsen Hufe mit Lappen umwickelt, daß sein Schreiten nicht zu vernehmen sei, und Mehmed führte ihn hinunter zu dem kleinen Städtchen am Fuße des Hügels, darauf des Dünnbart Dorf lag. Dort war der Bruder der Melek ein kleiner Kawehdji, an dessen Häuschen sich ein Stall lehnte, und hierher wurde der Ochse geführt. Der Schlaf des Schwagers ward für diese Nacht hauptsächlich durch Lachen gestört — denn: Gibt es größere Freude, als die Habsucht der Reichen durch die List der Armen zunichte zu machen?
Am Morgen war Mehmed wieder oben im Dorfe und trug eifrig Niedergeschlagenheit zur Schau. Melek half dabei, indem sie um die Mittagsstunde zu der Frau des reichen Mannes ging, zu jener, welche das Licht der Nächte ihres »Beschützers« war, und ihr sehr gekonnt etwas vorweinte über den Verlust ihres stärksten Ochsen, ihres einzigen Zugtiers. »Von nun an«, klagte Melek bitter schluchzend, »werde ich selbst den Pflug ziehen müssen, da uns unser starker Öküz genommen wurde.« Das Nachtlicht, das zahnlose, sah die noch jugendlich starke Melek an und bemerkte sauersüß: »Wie schlimm für dich, meine Schwester, wäre das! Aber noch habt ihr ja einen zweiten Ochsen, ist es nicht so?« Melek gab zur Antwort: »Noch haben wir ihn. Wie lange noch, das hängt ab vom Hunger derer, die sich im Djehennet befinden.« Nach diesem Abschluß verabschiedete sich die junge Melek von dem ältlichen Nachtlicht und war nunmehr ganz sicher, wem sie diese ganze Schwierigkeit zu verdanken hatte. Im

Augenblick, als sie hinausging und ehe der Vorhang des Haremlik hinter ihr zugefallen war, sagte sie halb zurückgewandt: »Mein Eheherr begibt sich heute hinunter in das Schehir — hättet Ihr, o Herrin, irgendeine Besorgung für ihn zu erledigen? Er geht, das Ochsenfell verkaufen, versteht ihr, Herrin.« Das Nachtlicht bedankte sich und bemerkte spitz, sie habe genug Diener und bedürfe der Dienste des Mehmed nicht. Schweigend verneigte sich Melek und war draußen, nicht zu früh, denn sie verging fast vor unterdrücktem Lachen. Eine Woche verstrich, und Melek besuchte mehrfach im Schehir ihren Bruder, den Kawehdji, vielmehr ihren Ochsen in dem kleinen Ziegenstall. Es wurde eifrig beraten, wohin denn der zweite Ochse zu stellen sei, da sie nicht daran zweifelte, auch dieser werde von den hungrigen Djehennetbewohnern gefordert werden. Und so war es auch. Wieder erschien der »Beschützer« des Nachtlichts bei Mehmed und berichtete von seinem neuerlichen Traume, dieses Mal aber zeigte sich Mehmed nicht so niedergedrückt wie das erste Mal, ja, er gab sich fast fröhlich, so daß der reiche Mann enttäuscht und erstaunt fragte, ob er es denn nicht beklage, auch den letzten Ochsen noch zu opfern. Da tat Mehmed sehr vertraulich, hockte sich neben dem Reichen nieder, sah sich nach allen Seiten um, ob sie auch nicht belauscht würden, und weckte so die Neugier des älteren Mannes. »Herr«, sagte er dann, geheimnisvoll die Stimme senkend, »ich beklage nicht nur nicht den Verlust meines Ochsen, ich freue mich dessen! Du wirst es mir nicht glauben, Herr, aber ich fand unten im Schehir einen Mann, dem ich die Felle verkaufen kann — und ich werde reich werden daran, reicher als du es bist, Herr. Meine Dankbarkeit kennt keine Grenzen, o Herr!« Die erste Regung des Beschützers auf diese Worte hin war die eines wilden Zornes gegen das Nachtlicht, die zweite die lebhaftester Neugier. Der Reiche beugte sich zu dem Armen, fragte mit dem Anschein größter Freundlichkeit: »Und würdest du mich nicht wissen

lassen, woher dieser plötzliche Reichtum dir kommt, o Mehmed, Sohn meines ältesten Freundes, der mich sogar für wert hält, mich im Traume zu besuchen?« Mehmed sandte einen Gedanken höchster Bewunderung zu seinem Weibe Melek hin, denn genau so hatte sie ihm den Verlauf der Unterredung vorausgesagt. Dann neigte er sich nahe zu dem verlogenen Reichen hin, der niemals seines Vaters Freund, nur sein Neider gewesen war, und sagte, immer im gleichen geheimnisvollen Tone: »Herr, ich fand einen Mann im Schehir, der die einzelnen Haare des Ochsenfells zählt und ein jedes mit einem Goldstück bezahlt — jedes Haar, Herr, so wahr dir mein Vater im Traume erschienen ist!«
Nach dieser Beschwörungsformel wartete Mehmed ein kleines Weilchen, ehe sich die Verblüffung des Reichen gelegt hatte, denn der Beschützer durfte und konnte seinen ehrfurchtslosen Schwindel um keinen Preis aufdecken, selbst nicht um den eines goldenen Ochsenhaares. »Kannst du mir den Namen jenes Mannes im Schehir nennen, o mein Sohn Mehmed?« sagte dann der Beschützer entschlossen. Und Mehmed nannte fröhlich den Namen seines Schwagers, des Kawehdji im Schehir. Ungläubig starrte ihn der Reiche an, bemerkte zweifelnd: »Der Kawehdji? Aber er ist doch selbst ein armer kleiner Niemand?« Mehmed schluckte auch diese Mißachtung um des Ausganges willen, tat noch geheimnisvoller und flüsterte nahezu: »Aber Herr, er ist doch nur der Beauftragte eines großen Scheichs, dessen Name nicht genannt werden darf! Dieser Scheich hat eine Tochter, die er über alles liebt, doch sie, die Arme, ist stumm und taub. Aber sie hat sich eine Art von Gewebe erdacht, für das sie die Ochsenhaare braucht, die rötlichen, Herr, wie mein Ochse sie hatte, und da wir mehr dunkle Ochsen hierzulande haben, zahlt der Scheich durch seinen Mittelsmann für die rötlichen Ochsenhaare so viel Gold. Es ist bedauerlich, Herr, daß du an dem Geschäft nicht teilhaben kannst, da deine Ochsen alle schwarz

sind — ist es nicht so?« Der Reiche nickte ernsthaft, gab aber zur Antwort: »Meine, ja. Doch meine Brüder besitzen einige rötliche Ochsen. Ich will gehen, mit ihnen zu sprechen. Und habe Dank, o Mehmed, Sohn meines Freundes, ich werde es dir nicht vergessen!« Mehmed erhob sich, da der Gast aufstand, fragte noch bescheiden: »Und was ist mit meinem zweiten Ochsen, Herr — soll ich ihn schlachten?« »Mache, was du willst, mein Sohn, ganz was du willst! Man soll die, welche schon im Djehennet anlangten, auch nicht zu viel über die Lebenden bestimmen lassen. Allaha ismagladyk!« Und war schon davon.

Eine kleine Weile Stille, dann ein leiser Ruf: »Melek!« Sofort war sie neben ihm, und die zwei hielten sich lachend umschlungen. Sie war es, die am schnellsten wieder ernsthaft war, entwand sich seinen Armen und sagte: »Du weißt, Mehmed, was uns jetzt zu tun bevorsteht. Wir müssen heute nacht noch unseren ganzen Besitz zusammenpacken — viel ist's ja nicht — und mit unserem Ochsen und den drei Kühen hinunterziehen ins Schehir. Sowie eine Karawane daherkommt, die uns in ihren Schutz nimmt, ziehen wir mit unserem Vieh davon. Deine und meine Hände, geliebter Herr, schaffen uns wieder ein Heim, daran glaube ich. Unsre Hühner sind ohnehin tot, denn mit ihrem Blut beschmierte ich jene Wollfetzen auf deines Vaters Grab, die den vom Gold Geblendeten als das tote Fleisch eines Ochsen erschienen. Ist es dir also recht, wenn wir heute nacht noch von hier fortziehen? Das ehrenwerte Grab werde ich im Dämmern noch von der Besudelung reinigen und einige unserer Weizenähren darauf pflanzen, das gereicht zur Ehre. Du wolle indessen unsre Habe zusammentragen, alles Gerät für die Bearbeitung der Erde nicht vergessen, der Inek, die nicht trächtig ist, das meiste aufladen, allen dreien die Hufe umwickeln, für uns selbst noch Säcke lassen, daß unsre Fußspur nicht kenntlich wird, und dann brechen wir auf. Wie glücklich bin ich heute, daß wir keine Kinder haben, Mehmed, denen wir die Heimat rauben würden!« Sie wollte sich abwenden, da griff er nach ihr, murmelte in ihr dunkles reiches Haar hinein: »Wer weiß, vielleicht an einem anderen Platz, dessen Boden nicht von Geld vergiftet ist wie dieser hier.« Sie lächelte ihn an, murmelte: »Allah bilir«, und war schon davon, eine mutige und starke Frau, die um des hohen Begriffes der Armut willen, die den Menschen reicher macht, bereit war, ihr Heim und ihren Besitz, wie spärlich er auch sein mochte, freudig aufzugeben.

Es gelang auch alles, wie sie es geplant hatte, denn von den reichen Dünnbart-Brüdern verwandte keiner mehr auch nur einen Gedanken an den ärmlichen Mehmed, vielmehr hatten sie genug unter sich zu tun, denn es ging nun darum, möglichst viele Felle rötlicher Ochsen zusammenzubekommen, um sie hinunterzubringen zum Schehir, bevor der Vertreter des Scheichs mit der taubstummen Tochter ein zu reiches Lager der begehrten Ware ansammle. So ließen denn verschiedene rötliche Ochsen ihr nützliches Leben um der Geldgier ihrer Besitzer willen, und es ist Mehmed — oder vielmehr Melek — hoch anzurechnen, daß sie nur die rötlichen Felle als begehrt hinstellten, sonst hätte kein einziger Ochse mehr überlebt im Dorf der Dünnbärte. Keiner achtete auf das Tun und Lassen des ärmlichen Mehmed und seines Weibes. Keiner sah oder bemerkte etwas von den Weizenähren auf dem Grabe von Mehmeds Vater, keiner etwas vom Auszug der zwei fleißigen und ehrlichen Menschen. Als das Haus leer war von Besitz, nahm Mehmed den schweren Schlüssel, ging zum Grabe des Vaters, steckte ihn tief in die vom Ährenpflanzen weiche Erde und murmelte: »Verehrter und geliebter Vater, ich weiß, dich dürstet nicht und hungert nicht, denn du siehst das Antlitz Allahs, dessen Anblick Hunger und Durst stillt. So segne deinen Sohn, o mein Vater!« Mehmed sprach dieses alles knieend, tief über das Grab gebeugt, und es geschah, daß der Abendwind eine der Ähren bewegte, die ihm die Stirn

streifte. Er neigte sich ganz tief, küßte die Heimaterde und ging davon, ohne noch einmal zurückzublicken.
Es ging alles gut, und der einzige, der vielleicht eine Störung verursacht haben könnte, war der Hütehund mit Namen Marslak. Er war so beseligt über seine Freiheit, daß er wohl gebellt hätte vor Freude, wenn ihm nicht Melek einen Lappen um das Maul gebunden haben würde, mit dem er während des ganzen Weges einen wilden und leidenschaftlichen Kampf hatte. Aber auf diese Art blieb ihm zum Bellen kaum Zeit, und alle langten unbemerkt im Schehir an. Der Kawehdji, Bruder von Melek, hatte indessen den berühmten rothaarigen Ochsen um einiges Geld verkauft und für den Erlös einen ärmlichen Han gemietet, wo Tiere und Menschen die Nacht verbringen konnten und gut verborgen waren. Er lief den Kommenden entgegen, da er von allem wußte, und schien sich in großer Erregung zu befinden, rief ihnen halblaut zu: »Ein Kismet, eine Blüte, eine Blume von einem Kismet ist euch beschieden! Heute in der Dämmerung langte eine Karawane hier an, welche bei Morgengrauen schon weiterzieht und ihr Weg ist weit, weit fort von unsren Bergen vorgezeichnet. Ich sprach bereits mit dem Karawanenführer, und er ist bereit, euch mitziehen zu lassen, wenn ihr ihm als Entgelt eine eurer Kühe gebt. Ich glaubte zustimmen zu dürfen, da ihr dann immer noch einen Ochsen und zwei Kühe habt — tat ich recht?«
Mehmed und Melek überschütteten den Kawehdji mit Lob, und ihnen schien, es werde ihnen nun anders ergehen, dort, wohin immer das Kismet sie geleiten würde. Noch wurde dem Bruder und Schwager alles berichtet, was dem reichen Dünnbart über die Ochsenfelle mitgeteilt worden war, und ihm der Rat gegeben, sich mit einem Gerber in Verbindung zu setzen, um den Gestank der Felle loszuwerden, auch baldigst bekanntzugeben, daß die taubstumme Tochter des Scheichs gestorben sei und somit das Geschäft auch. Und Dank

noch einmal, auch drei gute Kaweh und dem Hund eine Schale Milch, nachdem er den schrecklichen Lappen losgeworden war, und Allaha ismagladyk! Einem neuen Leben entgegen, das nicht vergiftet war von böser Geldgier, einem Leben der Arbeit an der Erde zu zweit — und Inschallah auch einmal für ein Drittes. Ruhige Nacht im warmen Atem der vertrauten Tiere, und im Morgendämmern fort in die freie Ferne, die einem jeden zu eigen ist, der die Arbeit am Boden nicht scheut und einen Gefährten neben sich hat — Mann und Frau zusammen am selben Pflug. Ihnen allen Allaha ismagladyk!

Der schwarze Ziegen-Zauber

Maryam war buckelig, das heißt, ihr schöner, kluger Kopf saß zwischen hohen Schultern, als wollten sie ihn schützend umschließen. Sie sagten, daß ihre Mutter, als sie dieses Kind trug, im Berggestein einen Djin erblickte, einen unförmigen, kleinen, und schreiend davonlief und das Ebenbild des Djin gebar, um daran zu verbluten. Der Vater aber gab dem mißgestalteten kleinen Wesen als Segen auf seinen Lebensweg den schönsten und erhabensten Namen mit, den der Mutter Ischahs des Gebenedeiten, nannte sie Maryam und liebte sie mehr als die wohlgestalteten Kinder, die andere Frauen ihm gebaren, denn da er ein Hirte war, kannte er das Mitleiden. Wenig wußte auch dieser Hirte Yussuf davon, welcher Trost ihm in der mißratenen Tochter heranwuchs, die er mit aller ihm zu Gebote stehenden Macht vor Hohn und Spott zu bewahren wußte, denn Maryam war klug, klüger als jeder noch so bedeutsame Mann, und es ist von höchstem Vorteil für einen Mann von weitem Einfluß, wie es ein großer Hirte ist, Frauenklugheit neben sich zu haben, dieses seltenste aller Gewächse der Mutter Erde. Es gab bald nichts, darum er Maryam nicht um Rat gefragt hätte, und immer wieder zeigte es sich, daß er recht daran getan hatte, der Tochter Rat zu befolgen.

Da es nun aber im Lagerleben der Hirtenvölker unmöglich ist, was es auch sei, geheimzuhalten, so ward es bald bekannt, wie sehr klug des Yussuf bucklige Tochter sei und daß es vorteilhaft wäre, die Vierzehnjährige vor Abschluß eines Geschäftes um Rat zu befragen. Bald kamen sie alle daher, die Jungen wie die Alten, um sich den Weg nennen zu lassen, den sie bei dieser oder jener Sache zu gehen haben würden. Offensichtlich wurde hier erwiesen, daß, wenn Allah aus Seiner Himmelsferne her auch damals die Torheit von Yussufs erstem Weibe nicht hatte in ihren Folgen abwandeln können, Er jetzt dennoch Seinen Gläubigen zu zeigen versuchte: »Seht her, auch in die häßlichste Gestalt vermag ich einen leuchtenden Geist einzuschließen — seid demütig vor allem Sein und Geschehen, meine Söhne.« Und wie es Hirtenart ist, ward die Botschaft Allahs verstanden, denn Hirten sind es, die Ihm voll Andacht lauschen, Der zu ihnen redet aus der Gewalt Seiner Berge, vom ersten Strahl der Sonne bis zum Aufgehen des Mondes.

Außer der Weisheit aber hatte Allah diesem Seinem Kinde noch etwas beschert: das geheime Lachen. Da ihr der Vater alles Bittere ferngehalten hatte, vermochte sie das Heitere auch hinter der Würde und dem Ernste zu erkennen, so daß es einmal geschah, daß einer derer, die sie zu befragen kamen, das geheime Lachen in den dunklen Augen entdeckte und betroffen fragte: »Du lachst unserer, o Maryam?« Sie erwiderte ruhig: »Wie könnte ich wohl Eurer lachen, Babadjim, da ihr mir die Ehre antut, mich anzuhören?« Und so glaubte jener, sich getäuscht zu haben, doch hatte er recht gesehen, denn Maryam fand es töricht, daß diese Männer von weither kamen, sie zu befragen um Dinge, die sie mit einiger Überlegung selbst hätten entscheiden können. Aber Yussuf war voll Stolz auf sein kluges Kind, und diese zwei waren glücklich im Beisammensein.

Dann aber kam ein Tag, der zwar viel Sonne enthielt, doch für Maryam düsterste Nacht des Unheils war, denn die Gefährten brachten Yussuf zu seinem Zelte als ein zerschmettertes Bündel der Schmerzen, da ihn — wie so viele vor und nach ihm — der Bergtod betroffen hatte. Er war noch klaren Geistes, als sie ihn behutsam auf sein Lager legten, und Maryam schrie nicht auf, stand still im Angesichte des erhabenen Geschehens und blickte auf den geliebten Vater. Er versuchte,

sie zu sich heranzuwinken, erreichte es auch, die Hand auf den schönen Kopf seines Kindes zu legen und zu hauchen: »Vergiß niemals das Lachen Allahs in dir, Maryam, mein Stolz und meine Freude!« Dann wandte Yussuf mühsam den Kopf zur Seite in Richtung Mekka und verstarb. In diesem seinem frommen Sterben hatte Yussuf ibn Othman der Maryam Unverlierbares geschenkt, denn wenn ein Mann sagt: »Du warst mein Stolz und meine Freude«, so wird ein Mädchen niemals sich mehr einsam und verlassen fühlen können. Sie ist reich für alle Lebenszeit.
Von diesem Tage an schien sich der edle, schöne Kopf aus den Schultern hoch zu recken, denn es war Maryam, als habe ihr der Vater eine Krone geschenkt, die hoch zu tragen sie verpflichtet sei — er hatte ihr Überlegenheit gegeben. Und es gab sogar unter den Hirten solche, die sagten, so abschrekkend, wie die Frauen behaupteten, sei Maryam el Yussuf gar nicht, wenn auch ihre Weiber sie alle haßten und — ja, seltsam war es — fürchteten. Nach dem Tode des Yussuf ward, wie es üblich ist, dessen Viehbestand unter seine Nachkommen verteilt. Yussuf hatte von einer anderen Frau einen Sohn, grade gewachsen wie eine Zypresse. Dieser Halbbruder der Maryam, Mirmin geheißen, hatte erst vor kurzem den Brautpreis gezahlt für ein schönes Mädchen, das töricht war wie ein soeben geworfenes Lamm, und dessen Vater, ein Hirte wie sie alle, gab dem willkommenen Schwiegersohn, doppelt willkommen nach des Yussuf Tode, den wohlwollenden Rat: »Da du gezwungen bist, Mirmin, mein Sohn, deiner mißratenen Schwester — die Allah trösten möge — einen Teil des Herdenbestandes zu überlassen, so würde ich dir vorschlagen, ihr nur die Ziegen zu lassen, du aber nimmst Böcke und Schafe, — erscheint es dir nicht richtig so?« Mirmin, von dem gerechten Yussuf erzogen, hatte ein leichtes Zögern zu überwinden, fügte sich dann aber diesem für ihn so vorteilhaften Rat.

Als der Tag der feierlichen Teilung des Viehbestandes nahte, eine stets in aller Öffentlichkeit vollzogene Handlung, hockte Maryam am Boden und bot wirklich einen traurigen Anblick. Sie hatte, wie es die Sitte verlangte, den üblichen verhüllenden Schleier über den Kopf gelegt und solcherart auch die Schultern verborgen, und da sie zudem klein und zierlich war, wirkte sie wie ein Häufchen bemitleidenswerter Ergebenheit. Wie sehr erstaunt aber wären sie alle gewesen, wenn der Schleier gefallen wäre — was die geheiligte und strenge »adett« verhüten möge — und das gespannte Lauschen eines heiteren Antlitzes gezeigt hätte, dessen Ausdrucksreichtum bewies, daß der Betrug durch den Halbbruder Mirmin und dessen listenreichen Brautvater mit Heiterkeit schon vor dem Geschehen erwartet und erkannt wurde. Als nun Maryam erfuhr, sie werde alle Ziegen erhalten, richtete sie sich auf und fragte schnell: »Die schwarzen auch?« Höhnisch kam die Antwort: »Die schwarzen ganz besonders, will sie doch niemand, da sie Unglück bringen.« In diesem Augenblick war es Maryam, als höre sie wieder des Vaters sterbende Stimme: »Vergiß nie das Lachen Allahs, das du in dir hast«, und sie sagte heiter: »Ob sie Unglück bringen oder nicht, die schwarzen Ziegen, bleibt abzuwarten — ich nehme sie gerne an.« Maryam, hinter dem Schleier hervorlugend, sah die Hirten alle der Reihe nach an, und es kam ihr schon jetzt, einem Blitz gleich, der Gedanke, diesen selbstsicheren Männern wirklich die schwarzen Ziegen zum Unglück werden zu lassen — ihnen, nicht aber ihr, in der jenes Lachen lebte.

Das Zelt und das persönliche Geld ihres Vaters war ihr Eigentum geworden, und sie befragte am Tage nach jener Teilung die Dienerschaft um deren Bereitwilligkeit, in ihrem Dienst zu verbleiben. Zu ihrem Erstaunen gab es nur einen Hüterbuben, der um seine Entlassung bat, während alle anderen bleiben wollten und so Maryam weiterhin das Gefühl der bisherigen Geborgenheit schenkten. Dem Hüterbuben gab sie den Auftrag, auf höfliche Art den Oberhirten um sein Kommen zu ersuchen, wonach er nicht mehr zurückzukehren brauche. Zu seinem größten Erstaunen erhielt er dann ein Geldgeschenk, und es wurden ihm gute Wünsche für seine weitere Tätigkeit mitgegeben, worauf er etwas beschämt davonschlich, von den höhnischen Blicken der bisherigen Arbeitsfreunde verfolgt. Noch hatte der große Name Yussuf ibn Othman so viel Macht, den Oberhirten sogleich herbeizubringen, und dieser Treffliche, der, wie nicht anders zu erwarten, von der Ziegengeschichte schon alles wußte, glaubte, er werde nun allerlei Klagen über Betrug, Hinterlist und ähnliches vernehmen.

Maryam hatte ihre Diener vorübergehend entlassen, nachdem sie jedem einzelnen gedankt hatte, wie es ihr Vater zu tun pflegte, mit dem schönen Gruß des Islam, und als der Oberhirte Osmyn eintrat, sah er vor sich eine unverschleierte Frau, deren edler Kopf die Mißgestalt vergessen ließ. Maryam sagte: »Lasse dich nieder, Osmyn Baba, sogleich wird man dir Kaweh bringen — und wolle erlauben, daß ich unverschleiert zu dir spreche, da ich so wenig eine Frau bin, daß es dich, Herr, nicht zu beleidigen braucht.« Osmyn bedurfte einer kurzen Zeit, um sich zu fassen, denn nichts war der Klagenden und Hilfe Heischenden, die er anzutreffen erwartete, ferner als die sichere und ruhige Herrin, die er vorfand. Er wußte es kaum, daß er »Herrin« sagte, doch hätte er keine andere Art der Anrede zu gebrauchen vermocht. »Sprich, Herrin, und befiehl, dein Diener hört«, sagte der befehlsgewohnte Oberhirte Osmyn. Doch Maryam gab zur Antwort: »Nicht Diener und Herrin, Osmyn Baba — nein, einer Schülerin gleich ist sie, die dich bescheiden um deinen Rat bittet, und darum, du mögest ihr den Reichtum deines Wissens schenken — hier aber ist der Kaweh, warten wir, wie es sich geziemt, bis du ihn genossen hast, und sprechen wir danach weiter, Osmyn Baba.«

Aufs höchste gespannt goß der Oberhirte den heißen Kaweh herunter und verbrannte sich erschrecklich, so daß es Maryam schwer wurde, ihr Lachen über seine seltsamen Gesichtsverzerrungen zu unterdrücken. Osmyn beugte sich vor, fragte leise: »Und was ist's, Herrin, womit ich dir zu dienen vermag?« Maryams kluges Gesicht leuchtete auf, und sie sagte halblaut: »Sage mir, Osmyn Baba, wie erreicht man es, aus weißen Ziegen schwarze zu züchten?« Osmyn, der Oberhirte, starrte in die belebten Züge von Yussufs Tochter und begriff nicht, wieso man dieses Mädchen jemals »mißgestaltet« hatte nennen können, erwiderte dann aber: »Du irrtest wohl, Herrin, und meintest, wie man schwarze Ziegen zu weißen machen könne?« Maryam wurde ungeduldig, sagte hastig: »Nein, Osmyn Baba, ich irrte nicht! Ich fragte dich und bitte um deine Antwort: wie erreicht man es, aus weißen Ziegen schwarze zu züchten?« Nun ganz der Hirte, der Bescheid weiß, gab Osmyn kurz zur Antwort: »Kreuzen, immer wieder kreuzen, Herrin, und wenn es irgend möglich ist, das Holz des Stalles schwarz streichen lassen — man sagt, auch dieses helfe, doch glaube ich nicht daran. So willst du, Herrin, noch mehr schwarze Ziegen züchten? Vertraust du mir soweit, mir zu sagen, warum und wozu?« Nun vertraute Maryam dem Oberhirten Osmyn gar nicht, wußte sie doch seit langem, daß er ein geschwätziges Weib hatte, dem etwas zu verbergen ihm unmöglich war. Doch lag ihr daran, daß einiges wenige von ihrem großen Plane bekannt wurde, schon jetzt und heute, denn je eher es sich alles herumsprach, desto früher konnte sie mit ihrer Tätigkeit beginnen. So beugte sie sich vor, tat sehr geheimnisvoll und hauchte mehr, als sie flüsterte: »Ich weiß, Osmyn Baba, daß es immer heißt, schwarze Ziegen brächten Unglück — doch wurde mir bekannt, ja, es ward mir von einem weisen Manne mitgeteilt, der hier des Weges daherkam, weit entfernt davon, Unglück zu bringen, seien diese Tiere nahezu Zauberwesen, und es komme nur darauf an zu wissen, was man als Unglück betrachte, was nicht. So möchte ich die Weisheit dieses Mannes, der viele Geheimnisse kannte, erproben und auch aus meinen weißen Ziegen schwarze machen — so es das Kismet erlaubt. Deiner Verschwiegenheit kann man vertrauen, wie mir mein Vater mehrfach sagte — und nun danke ich dir, Osmyn Baba, für deine Bereitwilligkeit, meinem Rufe Folge geleistet zu haben, und vertraue deiner Verschwiegenheit, wie es mein Vater tat.« Solcherart sprach Maryam die Wahrheit und nur die Wahrheit, denn Yussuf vertraute seinem Oberhirten gar niemals und in nichts — außer in allem, was die Aufzucht anlangte.

Wie richtig Maryam die Sache beurteilt hatte, erwies sich alsbald, denn es war noch keine ganze Stunde vergangen, da ward ihr das Kommen der Melek Hanoum gemeldet, der einzigen Ehefrau des Osmyn, der sich niemals getraut hätte, neben dieser gewaltsamen Frau eine zweite zu sich zu nehmen — was auch ein Glück für diese nur gedachte Weiblichkeit bedeutete. Melek Hanoum, begleitet für die wenigen Schritte von ihrem Zelte zu dem Yussufs von zwei Dienerinnen, kam dahergeschnauft wie eine müde alte Kuh und mußte von den Dienerinnen mehrere Sitzkissen untergeschoben bekommen, ehe sie sich, von den starken Frauen gehalten, schnaufend langsam niederließ. Die angebotene Hilfe Maryams wurde durch Winkzeichen abgelehnt, was auch sicher günstig war, denn die zierliche Maryam wäre von dem Schwergewicht nur zu Boden gerissen worden und vermutlich zerstampft. Da saß nun also Melek Hanoum, und von ihrem schönen Namen, der »Engel« bedeutet, hatte sie gewißlich nichts mehr an sich, es sei denn, man glaube an einen Engel der Zermalmung.

Als sie ausgeschnauft und von den angebotenen Süßigkeiten genossen hatte, welche die Dienerinnen jedem weiblichen Besucher sogleich zu bringen pflegen, winkte sie ihren eigenen Dienerinnen Entlassung zu, beugte sich so weit vor,

als ihr Körperumfang das gestattete, und sagte heiser und laut: »Osmyn, dieser Tor, hat mir berichtet, du, Herrin, wollest aus weißen Ziegen schwarze machen — ein Tor ist dieser Osmyn, ich sagte es bereits —, gewißlich hat er dich falsch verstanden, und es ist genau umgekehrt — oder irre ich?« Maryam, tief erfreut, alles so richtig vorausgesehen zu haben, beugte sich höflich vor und grüßte die gewichtige Frau, die sie zum ersten Male besuchte und die sie als Botin zu benutzen gedachte. Dann sagte sie höflich und halblaut: »Du irrst in Wahrheit, o Herrin, denn wie ich deinem ehrenwerten Gemahl bereits berichtete, sind die schwarzen Ziegen Glücksbringer von ganz besonderer Art, während die weißen zu nicht viel anderem gut sind als zum Klettern.« — »Glücksbringer?« schnaufte die heisere starke Stimme. »Torheit! Du bist jung, wenn auch unschön, und verstehst vermutlich alles falsch, obwohl sie behaupten, du seiest klug. Lächerlich! Wie könnte ein armes Wesen gleich dir klug sein — solche beklagenswerte Mißgeburt!« Ein heißes Mitleid mit dem Oberhirten Osmyn wallte in Maryam auf, zugleich aber auch eines mit dieser verfetteten Frau, die wohl nichts anderes mehr im Leben besaß als den Gedanken, Angst und Schrecken zu verbreiten und sich daran zu erfreuen.
Maryam kam der kühne Gedanke, gerade an diesem unglücklichen Wesen ihr Wirken zu beginnen, denn deren Scheltworte berührten sie gar nicht. So grüßte sie wieder höflich, kann man doch dem sinnlos Scheltenden nur durch vermehrte Höflichkeit die Torheit seines Verhaltens beweisen — und sagte, immer im gleichen halblauten Tone der Ergebenheit: »Herrin, du, die gewißlich alle Dinge des Lebens besser versteht, als es diese deine bescheidene Dienerin vermag, du wirst dich dem Wissen eines großen und berühmten Kenners der Geheimwissenschaften nicht verschließen, dem mächtigen Sefar Bey, von dessen erstaunlichen Heilungen ganz Anadolu spricht — du weißt ohne Zweifel davon, Herrin?«

Einer bejahenden Antwort war Maryam schon deshalb gewiß, weil es diesen frei erfundenen Sefar Bey nicht gab, und so hörte sie befriedigt das geschnaufte: »Wie sollte ich nicht!« Noch näher beugte sich Maryam zu Melek Hanoum, flüsterte: »Nun siehst du, Herrin, so brauche ich dir nichts davon zu berichten, wie Sefar Bey die seltsame Kraft der schwarzen Ziegen zum Wohle der Frauen verwendet — ist dem nicht so?« Das war nun für die Neugierde der fetten Frau ein etwas schwieriger Engpaß — aber sie wand sich mit erstaunlicher Geschicklichkeit heraus und sagte herablassend: »Wenn ich es auch alles weiß und kenne, so wirst du wohl kaum zu ermattet sein von deinem nutzlosen Dasein, um es einer Frau zu wiederholen, die zehn Kinder zur Welt brachte.«
Maryam grüßte zum dritten Male und schwindelte vergnügt weiter, wobei sie sich großartig unterhielt: »Wovon ermattet, Herrin, wenn nicht durch deine erhabene Gegenwart? Besonders für solche verdienstvollen Frauen, wie du es bist, Herrin, setzt Sefar Bey sein Wissen ein, und ich will dir künden, wie es sich erfreulich für dich verwenden ließe. Da du die Gemahlin des von meinem Vater Yussuf ibn Othman hoch gewerteten Oberhirten bist, so würde ich mich bereitfinden, dir eine meiner schwarzen Ziegen zu verkaufen, denn du mußt sie unbedingt bei dir haben, nahe bei dir. Dann mußt du an jedem Morgen, wenn der Tag dämmert, dich zu der Ziege begeben, sie selbst melken — ja, nur du selbst — und die gemolkene Milch warm trinken. Darauf dann darfst du dich nicht wieder auf dein weiches Lager zurückziehen, vielmehr mußt du diese deine Ziege, die nur von dir allein ihr Futter nehmen wird, an einen Platz führen, der vierzig Schritte entfernt ist von deinem Zelte — du verstehst, die geheiligte Vierzig, o Herrin — und dort darfst du dich niederlassen im Morgenduft, aber das Leitseil der Ziege nicht loslassen, immer sie halten — immer sie halten — sie ist dein Leben, Herrin!« »Sie wäre mein Tod — behalte diese deine Ziege, du

schlimme Mißgeburt!« Und Melek Hanoum schickte sich an, in die Hände zu schlagen, um ihre Dienerinnen herbeizurufen. Doch Maryam hielt die Hände fest, fragte leise: »Willst du nicht wieder jung und schlank werden, Herrin, wie du es einstmals warst?« Da lösten sich zwei schwere Tränen aus den matten Augen, und eine müde Stimme hauchte: »Niemals mehr — es ist vorbei!«

Lebhaft hielt Maryam die Hände der dicken Frau an die Brust gepreßt, vergaß ganz ihre Schwindeleien, verspürte einen starken Drang zum Helfen, leuchtete aus ihren dunklen Augen die arme alte Frau an, die sie gebannt anschaute und hauchte: »Du bist schön — Maryam — jung, warm und schön — Bereket — bereket!« Und dann neigte sich die alte Frau vor, wo sie sogleich von jungen Armen umschlungen wurde, sagte heiser und unsicher sprechend, aber so leise sie es vermochte: »Sie lachen alle über mich, Maryam. Meine Kinder fürchten mich, Osmyn verabscheut mich, allein du warst gut zu mir, obgleich ich dich beschimpfte, so rief ich Segen über dein armes schönes Haupt herab — hilf mir Maryam, ich beschwöre dich!«

In diesem Augenblicke geschah es, daß in Yussufs Tochter die Hirtin geboren wurde, sie, die zum Helfen da ist, deren Amt das Erretten gequälter Kreatur ist. Zum Spaß, zum geheimen Spott hatte sie diese Sache mit den schwarzen Ziegen begonnen, auch, um sich durch sie einiges Geld zu verdienen, da der vom Vater geerbte Barbetrag nur unbeträchtlich war — und was geschah? Die erste Frau, die zu ihr kam, diese ungute und lächerlich herrschsüchtige Melek Hanoum öffnete Maryam die kristallenen Tore der Hilfsbereitschaft und machte sie demütig, ob ihrer Überheblichkeit beschämt. Sie faßte sich jedoch schnell, hielt die Hände der alten Frau fest und sagte eindringlich, überredend: »Siehst du nicht ein, Herrin, daß, wenn du jeden Morgen im Dämmern aufstehst und barfuß — vergaß ich das zu sagen? so vergib — durch das taunasse Gras gehst, um deiner Ziege Futter zu schneiden, nachdem du sie gemolken und ihre noch warme Milch getrunken hast, du nach einiger Zeit des lästigen Fettes, das dich behindert, ledig wirst, nicht mehr kurzatmig bist und soweit als möglich jünger und freudiger wirst? Kannst du verstehen, wie ich es meine, Herrin?«

Eifrig nickte die alte Frau und verstand, daß ihr wirklich geholfen werden sollte. Bittend sagte sie: »Aber das erste Mal, Maryam, da mußt du mich die geheiligten vierzig Schritte führen — das erste Mal du, sonst habe ich den Mut nicht — willst du?« Maryam stimmte sogleich zu, und zum großen Erstaunen der Dienerinnen, die ängstlich herbeikamen, die Herrin zu geleiten, fanden sie eine heiter lachende Frau vor, die ihnen völlig fremd erschien. Auch wurde dann von ihnen verlangt, eine der schwarzen Unglücksziegen mit fortzuführen. Als aber Maryam das an Grausen grenzende Zögern der Dienerinnen bemerkte, erbot sie sich selbst, die schwarze Ziege zum Zelte des Osmyn zu geleiten, bat nur, so lange zu warten, bis sie zum Schmucke der Ziege ein rotes Band gefunden habe. Melek Hanoum stimmte hocherfreut zu, und so bewegte sich der kleine Zug durch das Lager, überall ungläubig bestaunt, denn des Oberhirten gefürchtetes Weib hatte sich bei Maryam eingehängt, und diese schleifte die schwere Last heiter plaudernd dahin.

Als sie am Zelte Osmyns anlangten, flüsterte Maryam: »Ich werde pünktlich zur Dämmerstunde hier sein — du gehe früh schlafen, Herrin, auf daß es nicht allzu grausam sei — willst du?« Und die Dienerinnen schworen späterhin ihren Arbeitsfreundinnen zu: »Wißt ihr, was die Herrin sagte? Ihr erwartet es nie! Sie sagte: Alles, was du sagst, werde ich tun, Maryam, meine Seele. Ist so etwas zu glauben? Wo es doch vorher nur ›elende Mißgeburt‹ hieß und jetzt? Es ist nicht zu verstehen, wie ein Zauber mutet es an!« Büyü dir — büyü — hieß es immer wieder von allen Seiten.

Unbekümmert um all dieses Gerede blieben Melek und Maryam, denn bei der alten Frau zeigte sich bald die günstige Wirkung der neuen Lebensweise, und zu ihrem ersten Pflegling gewann Maryam immer mehr Zuneigung. Osmyn nahm sich Yussufs Tochter, als er sie im Dämmern vor seinem Zelte traf, einmal beiseite und fragte ernsthaft: »Tust du all dieses an meinem Weibe, um mir zu beweisen, daß dein Vater mir wohlwollte? Dann sage ich Bereket — denn in Wahrheit: unser Leben hat sich gewandelt, seit die schwarze Ziege, von dir am roten Bande geführt, zu uns kam. Ich will dir helfen und tue es freudig, bei den Kreuzungen der weißen — laß mich nur machen, so etwas erfreut mich.« Sie überließ es ihm gerne, und es war ihr, als erhalte sie wieder und wieder einen Rosenkranz der Segnungen.

Aber alles begann nun erst — denn bald bemerkten die alternden Frauen und Hirten, welche Wandlung mit der gefürchteten Melek Hanoum vor sich gegangen war, und nicht nur die alternden, nein, auch die jungen Frauen wollten Anteil haben am büyü der Maryam, — allen voran die Töchter Osmyns. Diese drei jungen Frauen hatten sich irgendwie verheiraten lassen, nur um von der Mutter fortzukommen, die ihnen das Leben unerträglich gestaltete, und da sie in voller Gleichgültigkeit neben ihren Männern daherlebten, war es nicht zu verwundern, daß diese braven Hirten sich andersartige Zerstreuung suchten, wo immer sie sie nur finden konnten. Mit ihren Klagen kamen die jungen Frauen nun zu Maryam, flehten sie um eine schwarze Ziege an, denn es genüge, daß sich eine solche im Nebenzelt befinde, und alles werde anders — wie es sich in ihres Vaters Zelt gezeigt habe. Maryam lachte die jungen Frauen aus und sagte: »Ob eine schwarze Ziege sich im Nebenzelt befindet oder ein grauer Esel, vielleicht auch ein buntes Huhn — dieses alles macht gar nichts aus; wichtig ist, wie man sich verhält zum Leben, zur Ziege, zum Manne, zu den Kindern — versteht ihr mich,

meine Lieben?« Sie taten es nicht, starrten das kluge Wesen nur hilflos an.
Maryam begann von neuem, fragte behutsam: »Sage mir, Zahiryeh, wenn dein Ehemann sich dir naht, was tust du dann?« Eifrig antwortete die jüngste der drei Frauen: »Ich sage ihm, er solle erst in das Hamam gehen, um des Schweißgeruches ledig zu werden, wie auch des Schafsgeruches, — noch schlimmer, wenn er mit Ziegen ging! Und dann ist dieser Tor zornig, läuft fort und kommt nicht wieder, man denke!« »Und das wundert dich, Zahiryeh?« fragte Maryam ruhig. »Ob mich das wundert? Das beleidigt mich!« »Jetzt höre mich, ich bitte dich, ruhig an! Stelle dir vor, du würdest zu einem Mann — irgendeinem Manne, wir denken ihn uns nur — ein großes Begehren verspüren, — es gibt dergleichen, berichtete man mir — und du küßtest ihn, liebtest ihn, ersehntest, von ihm geliebt zu werden, — er aber sagte zu dir: es will mir scheinen, dein Säugling habe auf dich gespien, ich ertrage diesen Geruch nicht — gehe, dich mit Duftwässern reinigen, und wenn du willst, kehre zurück! Was würdest du tun, Zahiryeh?« Die junge und reizvolle Frau warf den Kopf zurück und rief lebhaft: »Die Stunde verfluchen, da ich diesem armen Elenden auch nur einen Blick schenkte!« »Nun ja, eben das meinte ich«, sagte Maryam ruhig und brannte sich über dem Mangal ihren Tschibuk an.
Ratlos schaute Zahiryeh ihre Schwestern an, aber diese hatten verstanden und brachen in Lachen aus. Die Jüngste war die Schönste, also auch die Dümmste und mußte sich das Gleichnis von ihren Schwestern erklären lassen, worauf sie noch fragte: »Dann kann mir also auch die schwarze Ziege nicht helfen?« Hier aber griffen die Schwestern nach ihr, zogen sie hoch und wollten sie fortführen — da faßte Maryam noch einmal nach ihrer Hand, sagte eindringlich: »Du, Zahiryeh, die Tochter eines großen Hirten, deren Brüder alle Hirten sind, solltest dich schämen, dich vor dem Schweißge-

ruch der Hirtenarbeit zu scheuen, noch mehr aber vor dem Schafsgeruch. Leben wir nicht alle in diesen zwei Gerüchen, mit ihnen, von ihnen? Auch du wurdest darin gezeugt, wolle es mir glauben! Sieh Ehre und Freude darin, daß dein Ehemann, müde von der Arbeit, dennoch deine Jugend und Schönheit so begehrt, dich umarmen zu wollen! Gib dich ihm und denke, welch edler Hirte aus solcher Vereinigung hervorgehen könnte!« Zahiryeh aber schüttelte die Hand von ihrem Arme ab, rief lachend: »Es ist leicht für den, den die Sonne noch niemals brannte, zu sagen: trage keinen Hut, o Hirte, sie tut dir nichts! Möge es dir niemals geschehen, den Schweiß- und Schafsgeruch ganz nahe zu verspüren, o Maryam von den schwarzen Ziegen!«
Nun aber hatte Maryam an ihrem Vater eben diesen Schweiß- und Schafsgeruch nicht nur oftmals verspürt, sondern ihn auch immer freudig in sich aufgesogen, wenngleich sie nicht wußte, warum sie das tat. Sie hatte immer noch nicht begriffen, wie sehr sie eine Hirtin war, aber der Tag sollte kommen, da sie es erfaßte, und es war der gleiche, an welchem ihr das Wort vom Lachen Allahs vollkommen verständlich wurde. Und das kam so:
Unmittelbar bevor sie das Zelt Yussufs verließ, wandte sich die älteste Tochter Osmyns nochmals um, fragte leise: »Liebst du Kinder, Maryam?« Der schöne Kopf senkte sich, und leiser noch als die Frage kam die Antwort: »Ich liebe sie innig, aber ich denke, sie fürchten sich vor mir?« »Aman, warum? Wegen deiner Schultern? Ich bitte dich, wer sieht sie schon, wenn du sprichst und lachst? Darf ich dir meine drei einmal bringen? Kennst du Märchen, Maryam? Sie wollen immer Märchen von mir hören — und mein ungeduldiger Ehemann, auch meine Lämmer — Djanum — wie soll ich es alles bewältigen? Darf ich sie bringen? Ein Bub, eingerahmt von zwei Mädchen. Aber er ist schrecklich: Wann, fragt er, geschah das so? So kann es nicht sein — ich flehe dich an, Anam, sage mir

die Wahrheit! Du wirst es können, Maryam, dir glaubt auch ein Knabe von sechs Jahren. Willst du?« Maryams mutiges Herz, das einsame, schlug bis zum Halse, aber sie sagte halblaut, weil ihr der Herzschlag das Wort erstickte: »Bringe sie mir, Makbuleh, und sei gesegnet für dein Vertrauen, ich vergesse es dir niemals!« Die zwei Frauen sahen sich an, und von Blick zu Blick ging eine Botschaft, die Maryam nicht anders deuten konnte als: »Dasdum« — mein Freund. Wie reich war sie unversehens geworden! Eine Frau zum Freund — welch ein großes Geschenk!

Von diesem Tage an hatte die Dienerschaft in Yussufs Zelt keine mit allem zufriedene Herrin mehr, die über Fehlleistungen zu lachen verstand, sondern eine Ungeduldige, eine Erregte, wie es sonst die Launischen waren. Im Hauptraum des Zeltes wurden niedere Sitzkissen ausgelegt — gut und schön, warum auch nicht? Doch dann hieß es: »Nein, so geht das nicht, der kleine Bey muß ein etwas höheres bekommen, die Mädchen haben, wie es sich geziemt, niedriger zu sitzen! In der Mitte soll er sein — sagte ich es nicht schon viele Male? Sonst so geschickt und jetzt unvermutet so töricht — warum nur? Die gesegnete Mutter wird sie mir alle drei bringen — versteht ihr, meine Freunde, alle drei! Sie soll hier neben mir sitzen — und schafft mir alles an guten süßen Dingen herbei, dessen ihr habhaft werden könnt und von dem ihr wißt, daß Kinder es gern essen. Ich bin so glücklich — aman, so glücklich!« Und zum Beweise, wie glücklich sie sei, hockte sich Maryam nieder und weinte bitterlich.

Ratlos standen die Diener und Dienerinnen, die ihre Herrin liebten, um sie herum. Sie wußten wohl, daß niemand den, der vom Tieftraum des Glückes geschlagen ist, wecken oder anrufen darf — aber was war das mit dem kleinen Bey und seinen Schwestern? Ein Zwerg? Ein Djin? Und die Mutter Maryams, die damals nach kurzem Anblick des Djins verstarb? Wußte man je, was das Kismet bestimmte? Alle Zweifel aber wurden gelöst, als zwei Tage danach eine frohe junge Mutter daherkam, glücklich, der Kinderlast, der so sehr geliebten, für einige Stunden ledig zu sein, und einen heiter neben ihr herhüpfenden Buben fest an der Hand hielt, während die Mädelchen brav hinterher zottelten. Kinder also! Allah sei Dank! Und die gesamte weibliche Dienerschaft war sogleich Sklave dieser Jugend geworden, die es gewohnt zu sein schien, über demütig gebeugte Nacken dahinzuschreiten. Auch verstanden sie alle die Erregung der Herrin: da sie dieses Wundergeschehen erwartete, wie konnte es anders möglich sein, als den Verstand vor Freude zu verlieren, wenn eines Zeltes Außenvorhang geweiht ward, sich für den Eintritt von Kindern zu erheben? Maschallah!

Bebend vor Glückseligkeit stand Maryam unmittelbar am Eingang, voll Angst auch, ob wohl eines der Kinder sie ihrer Mißgestalt wegen verlachen würde? Sie hätte sich nicht zu fürchten brauchen, denn was die Mutter den Kindern gesagt hatte, war dieses: »Ihr hat ein Ifrit, ein guter, ein lieber, die Schultern etwas hochgezogen, auf daß sie nichts höre und vernehme, das ungut sei. Auch von euch, meine Geliebten, wird sie nur hören, was schön, lieb und gut ist — sie wird niemals schelten oder tadeln, weil sie immer nur Gutes hört. Zu solch einem Wunderwesen bringe ich euch, und die Märchen, die sie kennt, sind ohne Zahl.« Der kleine Osmyn, nach seinem Großvater so benannt, meldete sich wie immer zu Wort: »Hört sie auch nicht, wenn ich sie etwas frage?« Die Mutter sagte darauf: »Du kannst mehr fragen, als du es bei mir tust — sie hört nur Ungutes nicht, und was du fragst, ist gut — ist es nicht so?« Der kleine Mann nickte ernsthaft: »Alles darf ich also fragen?« Etwas wie Bedauern wollte die Mutter erfassen mit Maryam, denn wenn der kleine Osmyn von »alles fragen« sprach, dann half eigentlich nur Flucht gegen völlige Geistesbenommenheit. Aber hier war man jetzt, und es war beschlossene Sache — also weiter!

Schon eilte auch Maryam mit ihren Dienerinnen der entgegen, die sie bereits als Freundin empfand, und Osmyn stand voll Bewunderung still, als er zum ersten Male die hohen Schultern erblickte, fragte auch sogleich: »So hörst du nur Gutes, Maryam?« Fragend sah Maryam zu Osmyns Mutter auf, verstand dann aber schnell deren Zeichensprache und erwiderte ernsthaft: »Nur Gutes. Das Böse kommt nicht durch, verstehst du, Osmyndja?« Wieder das ernsthafte Nicken, und so schien die Freundschaft geschlossen. »Du wirst erzählen, sagt Anam — und darf ich dann auch fragen? Weißt du, Maryam, wenn mir erzählt wird und ich frage etwas, weil ich es genau verstehen will, dann werden sie immer böse — du aber nicht, nein?« »Ich nicht. Frage, so viel du willst, Osmyndja!« Da kam eine kleine Hand hoch und streichelte das schöne, kluge lächelnde Gesicht; voll Schrecken sah Osmyns Mutter helle Tränen aus den großen Augen strömen und die Wangen herabfließen. Der kleine Osmyn erschrak auch, fragte leise: »Habe ich dir weh getan? Ich wollte es nicht.« Maryam verneinte leise, hauchte dem Kleinen zu: »Nein, gut tatest du. Weißt du, Osmyndja, man kann auch vor Freude weinen — möge es dir oftmals geschehen — Bereket!«
Wartend standen die kleinen Mädchen dabei, schon gewöhnt daran, um des Bruders willen meist vergessen zu werden, und somit frühzeitig gezwungen, das Frauenschicksal des Beiseitestehens zu erkennen. Dann aber bemühten sich die Dienerinnen um sie, und bald, als die Mutter gegangen, waren auch die Mädelchen freudig und voll Neugierde, was ihnen wohl der ungewöhnliche Ausflug bringen würde. Eine von ihnen war es, welche die Frage aller Fragen stellte, leise und höflich sprechend: »Sage, Maryam, werden wir die schwarzen Ziegen sehen dürfen? Anam sagte, sie brächten Glück und seien sehr kluge Tiere.« Maryam war sogleich bereit, den Wunsch zu erfüllen, meinte jedoch, man solle erst essen und den guten Sherbeth trinken, dann die Ziegen besuchen.

Daraufhin begann Osmyn mit erstaunlicher Schnelligkeit zu schlingen und zu schlucken, erhob sich und erklärte fertig zu sein, bereit für die Ziegen. Maryam umschlang den kleinen Ungestümen, deutete auf seine Schwestern und sagte leise in sein Ohr: »Weißt du, Osmyndja, ein starker Mann ist immer schneller fertig – aber es geziemt ihm, Erbarmen mit der Schwäche zu haben.« Hell lachte der kleine Kerl auf, spannte seinen Arm und machte eine Faust, rief freudig: »O Maryam, wie du mich kennst – fühle nur meine Kraft – fühle!« Sie tat es bewundernd und wußte, da sie der jungen, schon männlichen Eitelkeit geschmeichelt hatte, der Kleine werde ihr gehorchen. Zu spät sollte sie erkennen, wie sehr sie irrte.

Auf also zu den schwarzen Ziegen! Ob weiß – ob schwarz, der Geruch ist immer derselbe, und Osmyn bewies seine Hirtenherkunft dadurch, daß er ihn fast gierig in sich aufsog. Die Mädelchen folgten zögernd, denn sie fürchteten sich vor den schwarzen Ziegen. Aber Osmyn stürmte voran, zwischen den Reihen der Ziegen hindurch, rief: »Welche von allen ist die Schnellste im Laufen?« »Der Große dort beim Eingang«, sagte Maryam etwas zerstreut, »er heißt Erkek, denn es ist ein stolzer Bock!« Der kleine Osmyn schrie entzückt: »Erkek heißt er – ein Mann ist er gleich mir!« Und ehe ihn jemand zu hindern vermochte, ja, ehe zu begreifen war, was er beabsichtigte, schwang sich der Bub jauchzend auf den Rücken des Bockes, hielt sich an dessen Hörnern fest, wußte von nichts als von der Lust am Gelingen seines ihn sehr männlich dünkenden Streiches. Der Bock, zu Tode erschrocken ob der Last auf seinem Rücken – zum Glück wie keine von Maryams Ziegen angebunden –, raste wild davon, nur darauf bedacht, dieses Etwas auf seinem Rücken abzuschütteln.

Für eines Herzschlages Dauer war Maryam wie gelähmt, dann wandte sie sich zu den schreienden kleinen Mädchen um, rief wild: »Zurückbleiben – ich hole ihn!« Die beiden

Kleinen, an Gehorsam gewöhnt, duckten sich eng aneinander geschmiegt am Boden, möglichst weit von den schrecklichen schwarzen Ziegen entfernt. Durch Maryams Erschrecken raste nur dieser Gedanke: dem Bock den Weg zum Absturz abschneiden — ihm nicht nachhetzen, weil das seinen Lauf beschleunigen würde. Sie war klein, leicht, geschmeidig, zierlich und sie konnte schneller laufen als sonst irgend jemand im Lager. So raste sie dahin, mit jedem Atemzug den Ruf zu Allah ausstoßend, nur darauf bedacht, auf den schmalen Schlupfwegen zwischen den Zelten vor dem Bock am Abgrund zu sein. Und es gelang — gelang auch, daß niemand sie sah, da es die Stunde der Nachmittagsruhe war. Sie stand dort, mit dem Rücken zum Abgrund, bereit, ihr Versehen mit dem Tode zu bezahlen, wenn es ihr nicht gelänge, den Bock, den sie stets selbst fütterte, durch ihre Stimme zu beruhigen. Mit aller Kraft ihres starken Wollens bezwang sie ihren schluchzenden Atem — denn nun kamen sie, diese zwei wild gewordenen Männlichkeiten! »Erkek!« rief Maryam und legte alle Futterlockung in ihre Stimme, »ya Erkekdjim, Erkekdja!« Allah, Allah — es gelang! Der Bock stutzte, verhielt seinen Lauf und warf mit einem Ruck seiner starken Schultern die unerträgliche Last von seinem Rücken ab. Maryam beugte sich noch tiefer nieder und fing den geängstigten kleinen Mann in ihren Armen auf, legte ihn dann herum und bearbeitete seine feste Rückseite mit aller mütterlichen Energie, was sich die junge Männlichkeit auch widerspruchslos gefallen ließ. Dann hockte sie sich nieder, rückte vom Abgrund fort, hielt Osmyn fest im Arm, und beide heulten zusammen, so gut sie es vermochten und verstanden, während der Bock ruhig dabeistand, das durch die Lockung versprochene Futter erwartend. Worauf es sich der junge Reiter widerspruchslos gefallen ließ, von der kleinen starken Maryam zum Zelte Yussufs zurückgetragen zu werden, immer ihren so schwer zu erreichenden Hals fest umklammernd.

Hinter ihnen trottete still und brav der stolze Bock Erkek daher.
Die kleinen Mädchen, geduldig im Ziegengestank hockend, auf alles gefaßt, sprangen auf Maryam und den Bruder zu, wichen aber erschrocken zurück, als sie auch an Osmyn den ihnen grausigen Geruch verspürten. Ruhig sagte Maryam: »Kommt, wir essen wieder Tatleh und trinken Sherbeth.« Nach welchen trostreichen Worten sie urplötzlich bewußtlos zu Boden sank. Hier nun erwies sich das wahrhaft Männliche in dem kleinen Osmyn, denn er klatschte in die Hände, um die Dienerschaft herbeizurufen. Als er merkte, daß das Zusammenschlagen seiner kleinen Patschen kaum Geräusch verursachte, wandte er sich halb um zu den verschreckten Schwestern und befahl: »Klatscht mit — jetzt, los!« Das wirkte. Dienerinnen eilten herbei, und sogleich wurde die kleine Gestalt hochgehoben, zärtlich fortgebracht und weich gelagert. Alle Dienenden liebten Maryam. Ihre Amme, die mühsam das kleine Wesen gesäugt hatte und den schönen Kopf liebte, ließ Jasminwasser bringen, das Allheilmittel für weibliche Beschwerden im Orient, und bald schlug Maryam erstaunte Augen auf, fragte leise: »Wo ist Osmyndja?« Dieser junge Tyrann hatte eisern seine Schwestern zurückgehalten, sprang aber jetzt vor, warf sich neben dem Lager zu Boden, führte Maryams herabhängende Hand an Mund und Stirn, murmelte reuevoll: »Hier ist dein Diener, geliebte Herrin, hier er, der dir sein Leben dankt.«
Es war übertrieben, in schönster Art des dichterischen Orients übertrieben, aber es traf den tiefsten Kern des Geschehens, denn Maryam hatte ein Kind bekommen, es unter Schmerzen der Seele errettet, es über Verstehen geliebt und war dann in das Reich des Nichtwissens herabgerissen worden. Die zarte, kleine Maryam war seelisch zur Mutter geworden — ein Wunder war ihr geschehen! Sie sagte leise: »Allah — mein geliebtes Kind — Bereket — Bereket!« Und ein Strah-

len überirdischer Art leuchtete auf ihrem schönen Antlitz. Die Dienerinnen standen schweigend, der kleine Osmyn wurde von irgend etwas angerührt, das er nicht begriff, das aber in seinem werdenden Wissen weiterleben und ihn einstmals — viel, viel später — bewegen sollte, seinem jungen Weibe, das ihm das Erstgeborene hinhob, zuzuhauchen: »Maryam!« Und welches Glück, daß sie ihn nicht hörte! Es gibt Dinge ewiger Herkunft, die sich eingraben in die Seelen und in ihnen verharren und weiterwachsen, bis der Geist reif ward, sie zu erfassen — El hamd!

Sollen wir noch vieles erzählen von Maryam, der großen und klugen Frau dieses Stammes? Von den zahllosen Frauen, die, arme Enttäuschte, heraufgezogen kamen zum Lager der Bischaria, sich schwarze Ziegen zu erwerben, um deren Zauber an sich und ihren Männern zu erproben? Sollen wir berichten von den unzähligen Tiergeschichten, die Osmyndja zu hören bekam und die es bewirkten, daß er ein großer und gütiger Hirte wurde im Gedenken an Maryam? Sollen wir auch davon berichten, daß sie nun endlich ganz begriff, was dieses »Lachen Allahs« war, davon ihr sterbender Vater gesprochen hatte? Als sie zur Mutter wurde, indem sie den geliebten Knaben prügelte, da war es, daß sie es erfaßte: nicht Überlegenheit, nicht Hohn und Spott war es, nein, etwas ganz anderes: das Lachen Allahs kam aus der Kraft des Liebens, es war Verzeihen, es war Verstehen, es war dieses Lachen, das jene vernahmen, die gesegnet genug waren, unter der Hand Ischahs zu leben — das Lachen des großen Siegers über alles Leid dieser Welten — Ischah — Hazaretlereh — El hamd üllülah — Bereket!

Die Freiheit des Bergfalken

Vorbemerkung: Die hier folgende Hirtenerzählung vom Gandhar Dagh, dem höchsten anatolischen Hirtenberg, versinnbildlicht zweierlei: Anatoliens größten Wunschtraum und den vollkommenen Glauben an das Kismet. Die Vorbestimmung Allahs für die seinen Gläubigen zugedachte Schickung ist das Geheimnis der tiefen Ruhe des Moslim, welche vielfach fälschlicherweise für sture und dumpfe Gleichgültigkeit angesehen wird. Der Moslim sitzt nicht etwa dumpf und blöd da, wenn ihm das Haus über dem Kopf abbrennt, er sagt dann vielmehr dieses: »Nun wurde mir das Kismet zuteil, zusammen mit Gawril, dem ewig Hilfreichen, meine Kräfte anzustrengen, um die zu retten, die mir anvertraut sind. Gelingt es mir zudem noch, einigen Besitz zu erhalten, so diente ich dem Kismet, dessen ganzes Wollen mir späterhin kenntlich werden wird – El hamd üllülah, tun wir, was möglich ist!« Und dann schafft er, wie jeder andere es auch tun würde. Nur klagt er nicht, wenn er alles verlor, sieht auch diese Schickung vielmehr als eine Aufforderung an, sich ein neues Leben zu schaffen, und tut es in ruhiger Zuversicht auf Allahs Hilfe, der ihm solches Kismet auferlegte. Und darin beweist sich Kraft. In dieser Kismet-Legende vermag man deutlich zu erkennen, welche Zuversicht aus dem Glauben an die Schickung erwächst und daß darin eben eine stete Bejahung des göttlichen Willens liegt.

Aber das Ganze geht viel tiefer noch, denn der erfüllte Wunschtraum von der Bejahung der Bedeutung Anatoliens, diesem Herzteil der Türkei, ist durchaus gleichnishaft zu sehen. Der von der Legende geschaffene Sohn des großen Suleiman, eine junge Blüte seines Alters, ist deutlich zu erkennen als das letzte Aufleuchten einer grandiosen Reihe mächtiger Herrscher, für die endlich nichts bleibt als eben jenes kleine Herzland, das kaum bisher beachtete Bergland Anadolu. Denn Suleiman der Prächtige, von manchen Historikern als Selim der Zweite bezeichnet, war der letzte macht-

volle Repräsentant der Herrschaft des Orients über die gesamte Welt. Ihm gehörte als Herrschbereich noch folgendes: Arabien, der Kaukasus, Kleinasien, Ägypten, die Nordküste Arabiens bis Marokko, der Balkan, Mesopotamien und ein Teil Ungarns sowie Siebenbürgens.

Die Belagerung von Wien war, da erfolglos, das erste Signal des Endes dieser Weltherrschaft. Der Niedergang des Sultanats nach Suleimans Tode war beängstigend schnell, gefördert noch durch Aufstände, welche von den Großvezieren mit Hilfe der Janitscharen angezettelt wurden. Am Ende seines langen Lebens zog Suleiman noch einmal nach Ungarn, um zu versuchen, Teile seiner dortigen Herrschaft für sich zu retten, und erlag wohl dem Gifte, das Geschöpfe des Großveziers ihm mit den Speisen zu geben vermochten. Er starb in Siegeth im Jahre 1566, und danach gab es im Sinne der Weltmacht das Sultanat nicht mehr. Doch lebt diese Zeit des Sultans Suleiman in ganz anderer Art unzerstörbar noch heute weiter, nämlich in der des Kunsthandwerks und der Schreibkunst. Auch jetzt noch weiß ein Verkäufer im Orient kein höheres Lob für seine Ware auszusprechen, als indem er sagt: »Sultan Suleiman wakit-dan«, was bedeutet: »aus der Zeit des Sultans Suleiman«, und der Erzähler muß gestehen, daß die Tatsache der Gleichheit im Höchstleben der Renaissance im italischen Kulturraum und zugleich im orientalischen empfunden wurde als eine mächtige Antwort auf die Frage nach der Einheit Europas!

Um aber auf die Legende vom Gandhar Dagh zurückzukommen, so ist hier noch zu bemerken, daß ein als grausam bekannter Befehlshaber dieser gefürchteten Truppe der Janitscharen milde wird im Angesichte seiner Bergheimat und sich zum Retter des jungen Prinzen wandelt. Daß ferner die gefürchteten Janitscharen, die noch mehr als zweihundert Jahre lang den Schrecken der Welt bildeten, sich hier spalten und sogar ihre Kameraden siegreich bekämpfen. Das ist reinstes Legendengut, zeigt den Sieg des Guten über das Böse und gibt dem Gedanken die Verkörperung durch einen edlen Jüngling, der aus einem unpersönlichen Motiv heraus alle Schwierigkeiten überwindet — in diesem Fall um der Hüriyet, der Freiheit willen. Hier soll vermerkt werden, daß es stets der dritte Sohn ist, der irgendeine Verheißung erfüllt und so

zum Symbol wird. Dies zieht sich durch die Märchen der ganzen Welt, wird kenntlich in Frankreich, England, Italien, Griechenland, Deutschland sowie in der orientalischen Legende.
Die Berge Anatoliens haben sich seit den Tagen des Bergfalken nicht viel gewandelt, und die Hilfsbereitschaft ihrer Hirten wird jedem fußmüden Wanderer auch jetzt noch zuteil, ebenso wie jedem verirrten Jungtier Hilfe geleistet wird. Auch kennen die Hirten vom Gandhar Dagh Ihn, den Hirten aller Hirten, Ischah, der in der höchsten Not gerufen wird und weder dort noch sonstwo jemals dem Rufer Seine Hilfe versagte. So schließt sich der Kreis, denn in Wahrheit ist auf den Bergen der ganzen Welt alles immer das gleiche, weil es unmöglich ist, dem Himmel so nahe zu sein und nicht zu wissen, wer von droben herabschaut. Und es sei einem oft fußmüden Wanderer dieser Welt vergönnt, den Hirten diesen Gruß der Bewunderung ihres immer hilfsbereiten Mutes zu senden und ihnen Dank zu sagen für alle Hilfe, die unvergessen bleibt! Daghin tschobanlar — Allaha ismagladyk!
Die seltsamste Bestätigung des Kismet, für welches ja die Zeit nicht vorhanden ist, da es aus Allahs Händen quillt, ist dem gewaltigen Wunschtraum Anadolus beschieden worden, da nach dreihundert Jahren das uralte Ancyra, heute Ankara genannt, zur Hauptstadt der Türkei erhoben wurde. Von Stürmen umbraust, im Karst und der Bergeshärte lebt dennoch der unsterbliche Wunschtraum weiter und wird, immer wachsend, zur Kraftquelle der alten und der neuen Türkei — Kismet!

Nurhial, von denen, die sie liebten, Nurya genannt, war die Tochter des Hirtenfürsten am Gandhar Dagh, einem der höchsten Berge Anatoliens. Es gab viele, die bezeichneten den Hirtenfürsten mit »*Tschellebi*«, was einen bedeutsamen Mann benennen will, und das war er auch, denn sein Geschlecht herrschte seit mehr als dreihundert Jahren dort oben am Gandhar Dagh, wo er seine großen Herden besaß und woselbst auch Ackerbau betrieben wurde an solchen Stellen, die nicht allzu steinig waren. Der Hirtenfürst ward überall, wo man von ihm wußte — und wo in Anatolien hätte man es nicht getan! —, als eine Besonderheit angesehen, denn er schien nur eine Frau geliebt zu haben, und diese hatte ihm der Tod geraubt, als sie einem Mädchen das Leben gab. Zwei Söhne hatte er zuvor von ihr, seiner schönen Tschirkass mit dem rostroten Haar, aber diese wiederum raubte ihm der Berg, dem sie alle untertan waren und dessen Opfer sie früher oder später wurden.

Da nun der Hirtenfürst kein anderes Weib mehr anrühren wollte, aber einen Sohn brauchte, der nach ihm das weite Gebiet des Gandhar Dagh beherrschen würde, kam er auf den Gedanken, seine Tochter Nurya als Knaben zu erziehen, einem Hirten gleich sie heranzubilden. Da jedoch der Islam gebietet, daß die Frauen verschleiert gehen von ihrem vierzehnten Jahre an oder wann immer sie mannbar werden, so erdachte sich der Tschellebi eine ganz besondere List, um seinen Willen durchzusetzen. Er zahlte einen Hekim mit zwanzig seiner besten und fettesten Hammel, auf daß dieser Treffliche bescheinige, der Hirtenfürst sei lendenlahm und zeugungsunfähig, ließ diesen Schein vom Imam bestätigen durch dessen Unterschrift — wofür begreiflicherweise auch wieder zu zahlen war — und veranlaßte dann den Imam, beim Scheich ül Islam ein Fetwah zu beantragen, daß der lendenlahme Tschellebi seine Tochter von ihrem vierzehnten Jahre ab schleierlos gehen lassen dürfe, da er ohne Sohn geblieben sei, aber eines Hirten als Nachfolger bedürfe, wozu besagte Tochter erzogen worden sei.

Dieses Fetwah, ebenfalls mit bedeutenden Schenkungen für den Bau einer Moschee zusammengehend, mußte, um volle Gültigkeit vor dem Gesetz zu erlangen, vor den Kalifen kommen, und dieser war zur Zeit der Sultan Suleiman, zubenannt »der Prächtige«. Er war ein weitgereister Mann, was sich schon daraus ergab, daß er überall in der Welt Besitzungen hatte, die seiner Oberhoheit unterstanden, und sein überlegener Geist wie sein hochentwickelter Kunstsinn hatten sich mit allem, was das Europa jener Zeiten, das des sechzehnten Säculums, hervorbrachte, völlig vertraut gemacht. Er hatte nur eine große menschliche Liebe, die zu seinem spätgeborenen Sohne Ali, dessen leuchtende Jugend ihn das eigene Altern vergessen ließ. Um seine zwei älteren Söhne kümmerte er sich wenig, und sie kümmerten sich nicht um ihn.

Vor den Sultan Suleiman nun kam jenes eigenartige Fetwah, das um die Erlaubnis der Schleierlosigkeit eines vierzehnjährigen Hirtenmädchens bat, und es erheiterte den Sultan so sehr, daß er seinen Sohn Ali darum wissen ließ und mit ihm zusammen darüber zu lachen hoffte. Doch geschah das Seltsame, daß Ali nicht mitlachte, vielmehr sehr gedankenvoll vor sich hinsah, bis ihn der Sultan fragte, was ihm denn sei. Habe er schlechte Falkenjagd gehabt, oder was fechte ihn an? Der Prinz Ali beugte sich von seinem Sitzkissen zu seinem Vater hin, fragte: »Herr, wie nanntest du den Berg, wo sich dieses begibt?« Der Sultan antwortete etwas erstaunt, mußte auch die Eingabe nochmals nachlesen, ehe er Auskunft geben konnte, sagte dann kurz: »Gandhar Dagh — warum fragst du?« Aber Ali war noch nicht befriedigt, wollte wissen, wo sich der Berg befinde, erhielt als Antwort nur das eine Wort: »Anadolu« und war dadurch um nichts klüger geworden, denn das eigene Land Anatolien waren denen in Stambul gänzlich fremd geblieben. Da Ali aber merkte, daß sein Fragen aus irgendeinem Grunde dem Sultan nicht willkommen zu sein schien, beschloß er, seinen Reitlehrer Mehmed später um nähere Auskunft zu ersuchen, denn er hatte aus der Knabenzeit her die Vorstellung, daß Mehmed Agah von allem wisse und daß, was ihm fremd sei, auch nicht des Erforschens wert sein könne. Und wirklich vermochte ihm Mehmed Agah mitzuteilen, daß Anadolu ein bergiges und noch wenig erforschtes Land sei, voll von Hirten und Ziegenkäse, vielleicht auch für einen Jäger des Bereisens wert, denn dort gäbe es

vielerlei fremdartiges Getier, alle Arten von Falken, Wieseln und Höhlentierchen.
Mehmed Agah hätte nichts sagen können, was die Vorstellungskraft des Jünglings mehr beflügelte als das eben Gehörte. Der Prinz Ali war ein leidenschaftlicher Jäger, und wenn er nur das Wort »Falke–Schahin« vernahm, dann schwang sich sein Geist immer schon in der Vorstellung der Jugendsehnsucht zusammen mit dem Vogel von der Faust hinauf in den leuchtenden hellen Himmel der Freiheit. Und nun noch Berge, schleierlose Mädchen, in der freiheitlichen Art der Hirten lebend — das war es, das wollte er ausziehen zu suchen. Er wälzte sich eine schlaflose Nacht hindurch auf seinem Lager hin und her, ungestüm nach Bergfreiheit verlangend, von der er nichts wußte, und am nächsten Morgen zu früher Stunde war er schon wieder bei seinem Vater. Der Sultan schickte sogleich den Großvezier, mit dem er Wichtiges besprach, fort, und ein unfreundlicher Blick des Verabschiedeten traf den Jüngling, denn es war immer wieder so: kaum betrat der Prinz Ali den Raum, so ward alles andere für Suleiman Nebensache, mochte es auch noch so wichtig sein.
Die Begrüßung zwischen Vater und Sohn war heiter und liebevoll, und dann fragte der Sultan: »Du beglückst mich schon so früh, du, meine Freude und mein Licht — was ist's? Kann ich etwas für dich tun, mein Kind?« Der Prinz Ali hockte sich neben seinem Vater nieder und sagte grade heraus: »Lasse mich nach Anadolu reiten, Herr und Vater, ich bitte dich sehr!« Völlig erstaunt beugte sich Suleiman vor, fragte ratlos: »Nach Anadolu? Warum? Was willst du da?« Etwas verlegen gab der Prinz zur Antwort: »Die Berge sehen, die Bergfalken auch nisten sehen — und das schleierlose Hirtenmädchen entdecken!« Der Sultan beugte sich zurück und lachte von ganzem Herzen, denn alles, was Ali vorgebracht hatte, erschien ihm als ein kindliches Gestammel. Er legte die Hand auf des Sohnes Knie, sagte heiter: »Mein

Kind, ich freue mich, daß du noch ein Knabe geblieben bist, aber ich sage dir ehrlich, alles, was du da begehrst, würde dich sehr enttäuschen. Die Falken werden dir ihre Nester nicht zeigen, und das schleierlose Mädchen wird nach Ziegenkäse riechen und, von Wind und Sonne verbrannt, keinerlei Reiz mehr haben, glaube mir, mein Sohn!« Ali nickte, sagte ruhig: »Aber ich muß sie suchen, Herr — bisher habe ich noch niemals ein Mädchen suchen müssen. Vergiß nicht, Herr, was es für einen Jäger bedeutet, das Wild, schön hergerichtet, am nächsten Busch wartend vorzufinden — ich kann die mir immer wieder angebotenen Mädchen nicht anrühren, ich vermag es nicht, wolle mir glauben, geliebter Herr! Und wenn die Schleierlose wirklich nach Ziegenkäse röche — wieviel lieber wäre mir das als der reichliche Wohlgeruch jener mir zugedachten und angebotenen Herrlichkeiten! Diese muß ich suchen gehen, Herr, auf den Bergen Anadolus suchen — oh, laß mich ziehen, Herr, du, der du mir immer alles gewährtest, gewähre mir auch den ersten Manneswunsch, ich beschwöre dich!«
Der Sultan Suleiman gab sich alle Mühe, ernst zu bleiben, weil er spürte, er werde seinen Ali verletzen, wenn er lache, aber es wurde ihm bitter schwer, denn kaum jemals hatte der bittende Jüngling weniger danach ausgesehen, einen »Manneswunsch« zu hegen, als eben jetzt in seinem jungen Eifer. Aber der Sultan Suleiman sagte sich, daß es gar nicht ungünstig sei, wenn Ali sich für kurze Zeit vom Hofe entferne, da er allerlei Unannehmlichkeiten auf sich zukommen sah von Hongaristan aus, wo ernste Unruhen ausgebrochen zu sein schienen, von denen ihm soeben erst der Großvezier berichtete. Es würde dem Sultan Sorge ersparen, wenn Ali sich auf seine Art vergnügte, denn sonst würde er möglicherweise gar bitten, mitgenommen zu werden auf den kleinen notwendig werdenden Kriegszug, und ihm das zu gewähren, wäre gänzlich unmöglich. Auch war es besser, wenn ein jun-

ger Mensch sogleich durch den Augenschein von der Torheit seiner Wunschgebilde belehrt wurde, anstatt daß er sich einbildete, ein herrliches Erlebnis versäumt zu haben.
So sagte denn der Sultan Suleiman, in die wartenden Augen seines Sohnes hinein lächelnd: »Gut, mein Kind, tue, was dir beliebt. Nimm dir deine bisherigen Spielgefährten mit und reitet nach Anadolu. Möge das meinem Jägersohn Freude und Zerstreuung gewähren! Doch eines verlange ich, Ali: bringe mir keine Schleierlose hierher zurück, sonst wird der Harem unerträglich!« Ali lachte mit dem Vater, und irgendwo lachte ein Djin noch viel mehr, denn die Menschen, die glaubten, selbst Entschlüsse zu fassen, waren ihm stets ein ganz besonderes Vergnügen. Und seinem Kismet gehorsam zog der Prinz Ali nach Anadolu, vermeinend, er handle nach freiem Willen.
Wie nun in diesem Bericht von allem, was das Kismet den Menschen auferlegte, ihnen scheinbar freien Willen lassend und sie doch seinem Ziel allein zuführend, vieles von großer Seltsamkeit erscheint, so tut es auch die geringe Begebenheit, daß der Sultan Suleiman seinem Sohne anempfahl, keine Schleierlose, keine Yasmaksis zurückzubringen, da sonst der Harem sich empören würde. Nun war es zwar kein Harem, der in Empörung geriet, wohl aber waren es die Hirtenweiber vom Gandhar Dagh. Diese Frauen, eingeschlossen in ihre Zelte, die den Frauen allein bestimmten, waren zwar reichlich mit Arbeit versehen, aber sie fanden doch noch Zeit, der Tochter ihres Fürsten die Freiheit zu neiden. Während sie die Mutterschafe molken, den vielbegehrten Ziegenkäse herstellten und untereinander die Deckzeiten für die Jungtiere berechneten, fanden sie immer noch Zeit genug, über die »Schamlose« zu schelten, die in dämmernder Morgenfrühe schon mit den Junghirten zur Hochweide hinaufzog. Nurya war die beste Hirtin des Gandhar Dagh, denn ihr war keine Schroffe zu steil, kein Dorngestrüpp zu dicht, um ein verstiegenes Jung-

tier aus Gefahr zu retten. Dann, nach bestandener Mühsal, stellte sie sich unter das Sprühen einer der zahlreichen Bergquellen, legte sich nieder in den Duft der Bergkräuter und lief, jubelnd vor Daseinslust, fernen Halden zu — bekleidet wie die Junghirten mit dem Hirtenfell, das ihren schmalen jungen Körper knapp umschloß. Unter den Junghirten gab es keinen, der diese Gefährtin aller Mühsale ihres harten Lebens nicht mit letzter Kraft vor jeder Besudelung oder Beschimpfung bewahrt hätte.

Gegen dieses junge freie Wesen richtete sich der Zorn und die Mißachtung der Hirtenweiber, und sie verstanden es, ihren Ehemännern, den Althirten in der Gemeinschaft des nächtlichen Lagers, allerlei zuzuraunen, das diese braven Kerle gegen die Junghirten aufbringen sollte, und gegen Nurhial, welche sie deren »Anführerin« nannten. Es brachte die Frauen auf, daß Nurya ihr rostrotes Haar, dem ihrer tscherkessischen Mutter gleich, frei strömen ließ, und wenn auch mancher Junghirte schon mühevoll gearbeitet hatte, bis er die rötlichen Strähnen wieder aus Dornengestrüpp gelöst hatte, so freuten sich doch alle, wenn die rostfarbene Mähne hinter ihr herflog, die jauchzend über die Hochtäler dahinstürmte.

Auf diese Mähne hatten es die Hirtenweiber abgesehen. Sie planten dieses: eine der älteren Frauen sollte die Herrin Nurhial nach ihrer Rückkehr vom Berg in deren Zelt aufsuchen und sie bitten, eiligst mit herüberzukommen ins große Frauenzelt, wo eine der ihren sich in Schmerzen winde. Da die Herrin Nurhial die Wirkung vieler Heilkräuter kenne, werde sie der Armen sicherlich helfen können. Dann wollten sie alle gemeinsam die gewißlich Erschrockene packen und ihr die Haare abscheren, die bösen, die schlechten, die sich so häßlich in Locken legten, denn sie sollte den kahlen Kopf der Geschändeten haben, den sie verdiente, so meinten diese Weiber. Der Plan wäre auch gewiß gelungen, denn Nuryas Hilfsbereitschaft war groß — nur . . . nun eben bis auf ein kleines zierliches Hindernis!

Da gab es ein junges Menschenkind mit Namen Zekieh. Sie war mit Machmud, ihrem Zwillingsbruder, gemeinsam Stammeseigentum und mußte froh sein, wenn sie in einem Winkel des Frauenzeltes auf einigen alten Säcken schlafen durfte. Sie und Machmud waren nahezu ein einziges Wesen, und die kleine Zekieh entbehrte die Nähe des geliebten Zwillings so schmerzlich, daß sie immer nur halb zu schlafen vermochte, wie müde sie auch war. So kam es denn, daß sie hörte, was die Frauen planten, wonach sie sich schlafend stellte, um alle Einzelheiten genau zu erfahren. Eben wollte sich Zekieh hinausschleichen, den Bruder zu suchen, um ihm alles zu verraten, als eine der Frauen sie am Bein packte und so zu Fall brachte, wobei sie ihr drohend zuzischte: »Ehe du uns verrätst, du Elende, werden wir erst dich kahlscheren, daß du geschändet bist, Verräterin!« Aber Zekieh, schmal und geschmeidig, entwand sich der zornigen Frau und erreichte ungehindert den Platz, wo der Bruder zu schlafen pflegte, auch er in einen Winkel verbannt. Sie rüttelte ihn wach, eng in ihren Schleier gehüllt, und Machmud fuhr erschreckt hoch, stammelte schlaftrunken: »Du bist's, Zekieh, meine Seele? Was fällt dir ein, in das Männerzelt zu kommen? Was ist es, das du angestellt hast? Rede, ich beschwöre dich, denn du machst mir Angst.« Sie aber winkte ihm nur, ihr zu folgen, und endlich begriff Machmud, daß es sich um etwas Ernstes handeln müßte.

Draußen packte er sie, rief zornig: »Rede, sage, was du angestellt hast, du, die dem Bruder, deinem zweiten Selbst, nicht mehr in die Augen zu sehen vermag? Gestehe, oder ich trenne mich von dir, die meine Seele war und noch ist!« Bei dieser schrecklichsten aller Drohungen für ein Zwillingsherz brach die Kleine in den Armen des Bruders zusammen, flüsterte bebend an seinem Ohr: »Sie haben mir gedroht, wenn ich es dir sage, o geliebter Bruder, werden sie auch mir die Haare scheren, wie es der Nurhial heute geschehen soll. Verrate mich nicht, Herz meines Herzens, schütze mich, ich flehe dich an, daß ich nicht wie eine Geschändete herumlaufe!« Von Schluchzen geschüttelt, klammerte sie sich an den Bruder, der von allem nur das Wort »Nurhial« wirklich gehört hatte, aber doch spürte, daß dem Zwilling irgendeine Gefahr drohte. So griff er nach dem Schleier der Schwester, umschlang die Schmale und Zarte mit seiner jungen Kraft und riß sie mit sich hoch. Den zurückbleibenden Männern rief er mit starker Stimme zu: »Sie muß mir noch ein Muttertier melken, bringe sie bald wieder her«, dann hatte er sie schon hinausgerissen, mitten in das Gehege der Muttertiere und der Trächtigen. Doch zog er sie, sorgfältig die spärliche Dekkung benutzend, durch das ganze Gehege hinaus, zum Weideplatz der Jungtiere, von wo aus dann freies Land zu erreichen war.

Hier stieß er einen schrillen Pfiff aus, wandte sich nach der Schwester um, wickelte deren Schleier noch fester um ihren Kopf und sah sich fast sogleich von Junghirten umgeben, die aus dem Boden herauszuwachsen schienen, in Wahrheit aber hinter allerlei Gesträuch der Ruhe gepflegt hatten, bis sie gebraucht würden, denn es war noch sehr früh am Morgen. Er nahm seine Schwester bei der Hand, kam auf die Gefährten zu, sagte hastig: »Diese meine Zwillingsschwester hat mir soeben berichtet, daß ein häßlicher Angriff auf unsere Nurhial geplant wird. Sprich ohne Scheu, meine Seele, du befindest dich unter Freunden, und wir werden dich zu schützen wissen. Rede!«

Bereitwillig folgte die Kleine der Anweisung des Bruders, und die Junghirten vernahmen voller Staunen, welcher Anschlag von den Weibern geplant worden war. Nun sie aber einmal begonnen hatte zu sprechen und sich von aller Angst befreit fühlte, berichtete die Kleine alles, was sie sonst noch

gehört hatte an Gesprächen der Frauen, wobei sie sich immer schlafend gestellt hatte und den Spott für ihre Faulheit hinterher ruhig über sich ergehen ließ. Jetzt erntete sie Lob von allen Seiten, auch wurde ihr jeder Schutz zugesichert und ihr versprochen, daß Nurhial selbst sie vor aller Unbill bewahren würde. Dann begannen die Junghirten zu beraten, wie Nurhial zu schützen sei, denn wenn die Althirten gegen sie waren und mit den Weibern gemeinsame Sache machten, so wäre sie auch droben auf dem Berge nicht sicher. Einer meinte, man solle den Tschellebi benachrichtigen, bekam aber ein kräftiges: »Feigling« an den Kopf geworfen und zog sich beschämt zurück.
Der Junghirte Machmud aber, der Zwilling, fühlte sich durch das Verhalten seiner Schwester in den Vordergrund geschoben und nahm eine führende Stellung an, obwohl er der jüngste von allen war. Er sagte eilig: »Wir müssen es so einrichten, daß unsere Nurhial sich niemals allein befindet, vielmehr immer nur von uns allen umgeben ist. Wenn einer an sie heran will, werden wir ihn mit unsren Hirtenstäben vertreiben, und wenn es der Oberhirte selbst wäre. Gehen wir jetzt alle zusammen hin zu jenem Zeltteil, aus welchem sie stets zu kommen pflegt! Du komm mit, mein Seelchen, meine Schwester, denn du bleibst bei uns. Gehen wir!« Sie gehorchten ihm alle, denn dieser einfache Plan schien ihnen Erfolg zu versprechen. So langten sie bei dem Seiteneingang des großen Zeltes des Tschellebi an, alle mit ihren Hirtenstäben in Händen, und ersuchten höflich den Zelthüter, die Herrin Nurhial herauszurufen, da ihr eine wichtige Meldung zu machen sei. Der Zelthüter wußte, daß es sich bei dergleichen »Wichtigkeiten» meist um ein verstiegen gewesenes und wiedergefundenes Jungtier handelte, und ging heiter davon, seine Botschaft auszurichten. Gleich darauf stand Nurhial selbst vor den Junghirten, sah sie erstaunt an, fragte: »Warum kommt ihr alle zugleich und habt eure

Stäbe mit? Was ist geschehen? Ihr müßtet doch längst auf verschiedenen Pfaden oben am Gandhar Dagh sein — ist es nicht so?«

Die Jünglinge standen verlegen herum und wußten nicht, wie sie diesem unerschrockenen Mädchen die Notwendigkeit des Beschütztwerdens klarmachen sollten. Da geschah das Unerwartete: die kleine Zekieh, jenes Zwillingsmädchen, tat einen Schritt vor, verneigte sich höflich und sagte, nur halblaut sprechend, wie es sich vor Höherstehenden gebührt: »Herrin, es ist so, daß die Frauen sich einen Anschlag auf dich erdachten, um dich deiner Schleierlosigkeit halber zu schänden. Ich erlauschte ihr Vorhaben, mich schlafend stellend, verriet es meinem Bruder Machmud, den du hier siehst, o Herrin, und so kamen sie alle hierher, um dich vor der Weiberbosheit zu schützen. Wolle es dir gefallen lassen, o Herrin, denn uns allen gereichte es zur Schande, könnten die Frauen ihr Vorhaben ausführen.« Voll sprachlosen Staunens starrte Machmud seine kleine Schwester an, doch bewundernd sahen die Junghirten auf das verschleierte Mädchen. Aber Nurhial trat nahe zu der Kleinen, nahm den verschleierten Kopf und drückte ihn zärtlich an sich. Ganz leise sagte sie: »Dank dir, kleine Schwester, ich werde es dir niemals vergessen, und von nun an bleibst du bei mir, bist meine liebste Dienerin! Willst du?« Statt der Antwort legte Zekieh stumm ihren verhüllten Kopf auf die Schulter der Nurhial, solcherart ihre Ergebenheit bekundend und sich dem Dienste der Schleierlosen weihend.

Dann wandte sich Nurhial zu den Junghirten, fragte lachend: »Sagt, meine Freunde und Brüder, wie begegnen wir der Bosheit der Weiber am besten? Ich glaube nicht, daß mit Hirtenstäben dagegen viel auszurichten ist, was meint Ihr?« Jetzt redeten sie alle zugleich, und beide Mädchen, die Verschleierte wie die Schleierlose, hielten sich erschrocken die Ohren zu, denn es war gar nichts mehr zu verstehen. Zekieh

beugte sich zu Nurhial, hauchte ihr zu: »Herrin, erlaubst du, daß mein Bruder spreche? Er heißt Machmud, es ist jener dort.« Sie wies unauffällig mit einer Kopfbewegung auf den Bruder hin, und Nurhial rief: »Machmud, rede du, denn sonst ist nichts zu verstehen und Zeit wird verloren. Was denkst du, sollen wir tun?« Machmud kam herbei, grüßte und sagte freudig: »Herrin, es will mir ganz einfach scheinen, was zu tun ist. Wir gehen jetzt sofort auf den Gandhar Dagh, denn gleich neben der Quelle, in der du, Herrin, zu baden pflegst, befindet sich die kleine Höhlung, von der du weißt. Dorthin begeben wir uns alle zusammen, auch meine Schwester soll mitkommen, und du, Herrin, mußt im Innern der Höhlung bleiben. Wir werden den Eingang halten, gegen wen es auch sei — ist es dir so genehm, o Herrin?«
Nurhial lachte auf, meinte, es wäre ein großartiger Spaß, nur müsse man sich dann Brot und Ziegenkäse mitnehmen, denn es könne doch bis Sonnenuntergang währen, daß man Höhlenbewohner bleibe. Aber Machmud meinte, besser nicht wieder ins Zelt gehen, man könne nicht wissen, welche Frauen auch unter den Dienerinnen von dem Vorhaben unterrichtet seien, und an Beeren wachse dort oben vielerlei, zudem hätten sie alle in ihren Hirtentaschen Brot und Ziegenkäse genug. Ein kleines glückseliges Lachen klang auf, war wie das Zwitschern eines Vogels, denn Zekieh wußte, daß ihr langweiliges eingeschlossenes Leben vorbei sei, da sie nun zu Nurhial gehöre. Schüchtern fragte sie Machmud: »Glaubst du, ich bin fähig, mit euch hinauf zum Gandhar Dagh zu gelangen?« Er lachte sie aus, sagte fröhlich: »Schon manches fußlahme Lämmchen trugen wir hinauf — auch mit dir wird es gelingen, o meine Seele, sei ganz ohne Sorge! Und jetzt, Herrin, müssen wir durch die kleine Schlucht kriechen, dort drüben, sonst sieht man uns von den Frauenzelten aus. Nicht alle zugleich, sondern einzeln und vorsichtig. Du, Herrin, geh voran! Ich folge mit Zekieh — von hier aus sieht man uns

nicht, denn dein großes Zelt verbirgt uns. Gehen wir — und Allaha ismagladyk!«

Mit diesem Segenswunsch begann der Kampf der Jugend gegen das ehrwürdige Alter, ein Ereignis ganz besonderer Art, denn nirgends wird das Alter so hoch geehrt wie in den Ländern des Islam. Hier aber lag etwas anderes vor, denn es war geschehen, wie sich erwies, daß ältere Männer ihren Weibern zu Gefallen eine Niedrigkeit zu begehen bereit waren, und eben gegen dieses setzte sich die Jugend zur Wehr, tat es im Bewußtsein ihres Rechtes, ein Wesen zu beschützen, das mit ihnen seit langen Zeiten Not und Gefahr des Hirtenlebens teilte, — dieses junge schleierlose Kindweib.

Es währte nicht lange, da sprach es sich herum, daß alle Junghirten abwesend seien. Die älteren Hirten, zu deren Arbeit es nicht gehörte, verstiegene Tiere zu suchen, die auch gewohnt waren, beim Aufstieg zum Gandhar Dagh sich verschiedenes tragen zu lassen von ihren Gehilfen, riefen vergeblich nach ihnen. Da es nun der Tag jenes Unternehmens gegen die Schleierlose war, von den Weibern festgesetzt, und man beschlossen hatte, die Junghirten nicht an der geplanten Tat teilnehmen zu lassen, eben ihrer Jugend halber, die sie vielleicht auf seiten der Schleierlosen stehen lassen würde, so erregte die Abwesenheit der Junghirten Unbehagen bei den Weibern. Trotzdem ließen sie sich nicht abhalten, ihrem Plan gemäß zu handeln, welcher die Bitte der älteren Frau um Hilfeleistung vorsah. Solcherart mit Hinterlist niedrigster Art arbeitend und wissend, wie hilfsbereit Nurhial stets war, glaubten die Weiber ihr Opfer fangen zu können. Den Althirten war nur die Aufgabe geworden, das große Frauenzelt von außen zu bewachen, damit die Weiber nicht bei der Ausführung ihrer gemeinen Handlung gestört werden könnten. So weit, so schlecht. Aber die Abgesandte kehrte in hoher Erregung zurück mit der Meldung, die Herrin Nurhial sei in frühester Morgenfrühe bereits aufgebrochen und

niemand wisse, mit welchem Ziele, es sei denn der Gandhar Dagh.
Die klügste der Frauen, diejenige, die den ganzen Plan ausgeheckt hatte, rief sogleich, daß es nun klar sei, das Ganze sei durch jene elende Zekieh verraten worden, und die Abwesenheit der Junghirten erkläre sich auf die Art am besten, daß sie sich alle um ihre schamlose Gefährtin geschart hätten, sie vor der verdienten Schändung zu bewahren. Und nun ging es an ein Hetzen gegen die Althirten, ein unausgesetztes Treiben und Drängen, sie sollten gegen die Junghirten ziehen, ihnen den Schützling entreißen, die Schamlose den Weibern ausliefern, wie es sich gebühre. »Ihr müßt doch wissen, wo sie sich verborgen halten können! — Kennt ihr den Gandhar nicht besser als diese Knaben? Geht, ihr Trägen, sucht sie, die Verräter, und bringt uns die Schamlose, so ihr noch Mut habt und den Namen Männer verdient, ihr Elenden!«
Um diesem unaufhörlichen Schimpfen und Schreien zu entgehen, zogen die Althirten endlich aus. Auch sie wußten von jener Höhle nahe dem Bergquell und kannten kein besseres Versteck am Gandhar Dagh als dieses. So kam es denn, daß nach mühsamer Wanderung in beginnender Sonnenglut die Althirten vor jener Höhle anlangten, in welcher die Jugend schon vor Ungeduld verging. Und die berühmte, die vielbelachte Hirtenschlacht am Gandhar Dagh begann.
Indessen rückte langsam, aber sicher, der Zug des Prinzen Ali näher zu den Tälern am Gandhar Dagh vor. Ali war in glückseliger Stimmung, denn er hatte der Abenteuer so viele auf dieser Reise erlebt, wie er sie sich niemals zu erhoffen gewagt hatte. Als er die Pferde einen Tag vor der Abreise nach Üsküder übersetzen ließ, um am nächsten Morgen früh selbst mit seinen Leuten in einer breiten und festen Mahone zu folgen, hatte er einen Ritt erwartet, zwar mit einigen Unbequemlichkeiten, aber doch ohne besondere Geschehnisse. Doch gleich nach dem Abritt aus Üsküder, der für alle

Einwohner der berühmten alten Stadt ein Festtag wurde, begannen schon die Seltsamkeiten.
Von hier aus schwang sich die Karawanenstraße hinauf ins bergige Land, und es wäre anzunehmen gewesen, daß sich deshalb keinerlei Schwierigkeiten für die Weiterreise ergeben würden, galt es doch, nur ihr zu folgen, die unfehlbar mitten in das Herz von Anatolien führen würde. Das tat sie gewißlich auch zu jeder anderen Jahreszeit, aber nun war es Frühling, und da stürzten von den Bergen die Ströme der Schneeschmelze herab, so daß es galt, abzusteigen und auf dem schmalen Gebirgspfad die Pferde vorsichtig und beruhigend zu führen. Reuevoll erinnerte sich der Prinz Ali an die Worte des Großveziers, der aus Anatolien stammte und ernsthaft gesagt hatte: »Pferde, erhabener Herr? Sie werden dir nur eine Last und Beschwernis bedeuten. In meiner Heimat kommt man nur mit Maultieren weiter, glaube es mir!« Ali hatte das verächtlich von sich gewiesen, denn als leidenschaftlicher Reiter, der er war, konnte er sich nicht vorstellen, auf einem Maulesel daherzukommen, einem Katub. Er sollte noch oftmals Gelegenheit zur Reue haben, dem Rat des Veziers nicht gefolgt zu sein, denn in diesem unwegsamen Anatolien war es niemals leicht, zu Pferde weiterzukommen, es sei denn, man blieb in den Tälern, und eben das wollte ja Ali nicht, der auszog, den Bergfalken zu suchen — ja, vielleicht auch zu fangen? Inschallah!
Wie der Ritt begonnen hatte, so ging er auch weiter. Da waren Brücken über Schluchten unter dem Wassersturz zusammengebrochen, da türmten sich unversehens Felsblöcke auf, die von einem Bergrutsch stammten, und so ging es fort. Wege, die im Sommer strohtrocken waren, bildeten jetzt reißende Ströme, und die edlen Pferde zitterten, kamen aus der Aufregung nicht mehr heraus. Aber Ali unterhielt sich ganz ausgezeichnet! Er hatte sich zu diesem Ausflug nach Anatolien nur Altersgenossen mitgenommen, deren zehn

an der Zahl, und diese Jugend fand die Abenteuer ebenso unterhaltend, wie Ali es tat. Sie waren zudem alle Freunde untereinander, hatten gemeinsam Fecht- und Reitunterricht gehabt und waren wie Ali selbst im Alter um Einundzwanzig herum. Jagdgenossen zudem, genossen sie die Freiheit vom höfischen Zwang, besonders der Prinz Ali, der mehrfach feierliche Reisen seines Vaters mitmachen durfte und es dabei lernen mußte, sich mit Anstand zu langweilen. Jetzt aber galt es, Steine, nein, Felsbrocken aus dem Weg zu räumen, und dabei half jeder mit, tat es mit den gleichen anfeuernden Rufen, wie Lastträger sie gebrauchten. Und waren glücklich alle zusammen.

Der Proviant reichte fast nie — was machte das aus? Man schlief besser, wenn man nicht viel aß, und das Wasser der Berge war herrlich frisch. Zelte aufzuschlagen am Abend, wurde nahezu immer abgelehnt, weil man dazu viel zu müde war, und in den duftenden Bergkräutern schlief es sich besser als in weichen Seidenbetten. Hassan, Alis ganz besonderer Freund, der Sohn des Großveziers, sagte am vierten Tage dieser seltsamen Reise, neben dem Prinzen sein Pferd führend und einen schmalen Bergpfad hinaufkeuchend: »Immer hat mir mein Vater begeistert berichtet, wie schön seine Heimat Anadolu sei — aber mühsam ist alles hier, Djanum, wie mühsam!« Ali sah den Freund besorgt an, dessen schweres Atmen ihm auffiel, und fragte leise: »Bist du heute frei von Haschisch, Freund? Denn sonst wäre dieser Bergpfad voll von Gefahren für dich.« Sehr verärgert wandte sich Hassan ab und sprach an diesem Tage kein Wort mehr. Ali betrachtete ihn immer wieder und dachte, wie sehr sich doch sein Jugendgespiele verändert habe, seit er zur Schmerzlinderung nach einem schweren Sturz vom Pferde sich zu einem Haschischin gewandelt hatte. Zeiten gab es, wenn er unter dem Einfluß des erschreckenden Hanfes stand, da er kaum noch zu erkennen war. Die ehemalige Vertrautheit litt stark darunter.

Etwas zerstreut war Ali weiter dahingeschritten und befand sich plötzlich vor einem Abgrund, obgleich der Weg ausgesehen hatte, als werde er sie noch lange weitertragen, aber aus war's, gänzlich aus! Ratlos, solcher Bergwege nicht gewohnt, standen sie dort, und auch die Diener, ebenfalls nur der Jugend nach ausgewählt, wußten keinen Rat, starrten nur mit ebenso dummen Gesichtern wie ihre Herren in diese sich völlig unerwartet vor ihnen auftuende tiefe Schlucht.
In diesem Augenblick erklang von links her, von der Berghöhe herab, das kleine Lied einer jener winzigen Hirtenflöten, die sich die Knaben selbst aus Schilfrohr herzustellen pflegen. Sie hoben alle die Köpfe, denn es war wie ein Engelsgruß, der ihnen Trost spendete, wenn auch niemand weniger engelhaft aussehen konnte als der friedlich zwischen seinen Ziegen daherkommende Hüterbub. Er blieb wie angewurzelt stehen, als er die Männer sah, die ihm sehr zahlreich erschienen, und starrte entsetzt auf die hier wahrhaft unerwartet auftauchenden Pferde, deren er so viele auf einem Fleck noch niemals erblickt hatte. Schnell griff er nach dem blauen Talisman, der an seinem kleinen rötlichen Turban hing, und stammelte erschrocken: »Wer seid ihr? Woher kommt ihr? Was tut ihr hier?«
Hassan wollte antworten und etwas daherreden vom Prinzen und allerlei ihm zu erweisender Höflichkeit, die gefordert werden könne, als Ali ihn hastig zur Ruhe wies und dabei auf ihre Kleidung deutete, die inzwischen durch Felsheben und Brückenschlagen beträchtlich gelitten hatte. Der Prinz Ali sagte in großer Ruhe und Freundlichkeit, um den durch ihren unerwarteten Anblick erschrockenen Hüterbuben zu beruhigen: »Wir sind reisende Kaufleute und haben uns hierher verirrt, wo der Weg so plötzlich endet. Wenn du, kleiner Bruder, uns einen Weg zeigen könntest, der uns zum Gandhar Dagh brächte, so würde dieser Dienst für dich zu einer Quelle des Reichtums werden. Willst du es tun?« Der Hüter-

bub sah unsicher in das junge schöne Gesicht des Prinzen, schien aber etwas darin zu finden, das ihn beruhigte, und antwortete dem Lächeln Alis mit einem gleichen Leuchten seiner Augen, sagte dann ruhig und vernünftig: »Ich könnte euch helfen, Herr, wenn die Pferde nicht wären. Welcher Tor hat euch geraten, auf diese Bergeshöhe Pferde mitzuführen? Und nicht einen einzigen Katub habt ihr — sogar die Waren sind auf Pferde geladen! Aman, Aman, ihr armen Geschlagenen!«

Die »Waren«, von denen der Hüterbub sprach, bestanden, das versteht sich, aus Zelten, mitgeführten Teppichen, Kochgeräten und ähnlichem. Die wurden von kleinen zottigen Ponys getragen, welche die Diener zu diesem Zwecke in Üsküder gekauft hatten. Hilflos wandte sich Ali nach seinem erregten Edelblut um, klopfte ihm den Hals und sagte leise: »Er ist mir wie ein Bruder, mußt du wissen, und wir lieben uns sehr. Wie könnte ich mich von Erwan trennen?« Der Hüterbub erkannte sofort den Tierfreund und fühlte sich dem Fremden, der ihn »kleiner Bruder« genannt hatte, verwandt. »Wer hat gesagt, daß du dich von dem Schönen trennen sollst? Er tat mir nur leid, weil seine feinen Füße auf unserem Berg leiden werden. Hast du nicht gesagt, du willst zum Gandhar Dagh? Nun, du befindest dich auf seinem Boden, Herr — aber hinauf müßt ihr alle, weit noch hinauf — und wie das geschehen soll, das weiß Allah allein!« Da lächelte Ali wieder und sagte leise: »Wenn Allah dich zu uns führte, kleiner Bruder, als unser Weg hier beendet war, wird Er uns auch weiterhelfen — glaubst du nicht?«

Der Hüterbub, plötzlich solcher Art zum Boten Allahs geworden, sah sehr verlegen vor sich nieder, hob dann den Blick wieder zu jenem Gesicht hin, das ihn sehr schön dünkte, und legte zwei Finger zwischen die Zähne, jenen schrillen Pfiff aller Hirten der ganzen Welt seit altersher ausstoßend. Seine Ziegen, die bereits begonnen hatten, an der abschüssigen Stelle herabzuklettern, wandten sich darauf wieder um und kamen zurück, sich um ihren kleinen Herrn scharend, sehr zur Beunruhigung der edlen Pferde, die solche stark duftende Gesellschaft nicht schätzten. Jetzt erst war Ali auf das aufmerksam geworden, was der Hüterbub gesagt hatte, fragte erregt: »Sagtest du, kleiner Bruder, daß wir uns hier bereits auf dem Boden des Gandhar Dagh befänden, oder täuschte ich mich?« Der Hüterbub schüttelte den Kopf, daß das kleine blaue Amulett hin und her flog, und erwiderte eifrig: »Du hast dich nicht getäuscht, Herr, dieses ist der Gandhar Dagh, wenn auch seine Nordseite. Sie ist immer allen Unwettern ausgesetzt, und so muß auch erst in dieser Nacht hier der Weg verschüttet worden sein, der sonst einen weiten Bogen um jene Nase herum macht, die nun herabstürzte. Wir müssen dort hinauf, woher ich kam, Herr.«

Ali und seine Freunde wie auch die Diener sahen voll Schrecken zur Höhe hin, die ihnen völlig unüberwindlich schien, aber der Hüterbub lachte fröhlich, blickte von einem zum anderen und bemerkte in sachlicher Ruhe: »Wo ich mit meinen Ziegen gehen kann, da vermag ein jeder junger Mann auch weiterzukommen. Die Schwierigkeit sind nur eure Pferde, doch werden wir auch sie hinaufbringen, und jung seid ihr alle, so könnt ihr ohne Sorge sein. Wenn ihr nur alle genau darauf achten wollt, wohin ich meine Füße setze, und eure an die gleiche Stelle tut, so kommen wir hinauf. Du, Herr, gehe hinter mir und hab acht auf meine Schritte. Gehen wir also!« Es klingt alles sehr einfach, wenn ein Bergbewohner das sagt, aber zehn Mann hintereinander, und dazu noch zehn Pferde? Ali drehte sich zu den Freunden und Dienern um, sagte klar und deutlich, als sei er sich der Gefahr bewußt: »Allaha ismagladyk!« Und wandte sich, dem Hüterbuben zu folgen, wobei er leise beruhigend zu seinem Pferde sprach.

Der Ziegenhirt, dessen Name später in ganz Anatolien bekannt wurde, hieß ebenso wie Alis bisheriger Herzensfreund

Hassan, und seiner Ruhe und Heiterkeit war es zu verdanken, daß dieses halsbrecherische Unternehmen nicht in Schrecken und Pein endete. Er ging, auf seiner winzigen Flöte blasend, sicheren Schrittes voran, und die schrillen Töne waren bis zum letzten Mann und seinem zottigen Pony zu vernehmen, gaben seltsamerweise Sicherheit und Ruhe und vermittelten die kleine Beschämung: wenn es der Bub schafft, müssen wir es doch auch schaffen! Der Ziegenpfad war aber breiter, als er von unten her gewirkt hatte, und wenn auch manches Knie zuerst gezittert hatte, nach und nach erkannten diese jungen Menschen doch, daß das Unternehmen nichts Unmögliches sei, wenn auch durch die Pferde sehr erschwert. Aber bevor allzugroße Ermüdung bei Mensch und Tier eintreten konnte, geschah das Unerwartete, was der kleine Führer bisher verschwiegen hatte: sie standen urplötzlich auf einer Bergwiese, die sich, reich an Bergblüten, üppig vor ihnen ausdehnte, zu dieser Frühlingszeit in frischem Grün leuchtend. Der kleine Hüterbub wandte sich mit einem strahlenden Lächeln zu Ali um, der ihm auf dem Fuß gefolgt war, und sagte lachend: »Habe ich das gut gemacht, Herr? Hier könnt ihr, so ihr es wollt, Zelte aufschlagen und die Nacht verbringen. Futter für die Pferde ist genügend vorhanden. Wollt ihr hier bleiben und rasten, Herr?« Der Bub war so glücklich über die gelungene Überraschung, daß Ali sogleich zustimmte und fragte, ob er mit ihnen hier bleibe zur Nacht. Aber der kleine Hassan erklärte, das sei ganz unmöglich, da er seine Ziegen zum Melken bringen müsse, hinauf zu seinem Herrn, dem sie gehörten. Doch mit dem ersten Morgenlicht werde er wieder hier sein und sie weiterführen. Der Weg sei von hier aus viel breiter und ebener, wie auch Ali selbst erkennen konnte. Es tat ihnen allen leid, als die kleine Gestalt ihnen nicht mehr sichtbar war; nur das schrille Liedchen klang noch eine Weile zu ihnen und hie und da das Meckern einer Ziege. So kurze Zeit sie den kleinen

Bruder auch erst kannten, so sehr fühlten sie schon jetzt, daß er zu ihnen gehöre.
Dann vergaß sich das alles im eifrigen Lagerschlagen, und als einer der Diener herbeigeeilt kam und meldete, er habe eine Bergquelle entdeckt, herrschte ungeteilte Freude bei all dieser Jugend, die ein so schönes Nachtlager auf Bergeshöhe noch niemals kennengelernt hatte. Die Pferde wurden zur Quelle geführt und grasten dann zufrieden, während die Köche Riesenschüsseln mit Pilav herstellten und sich dann alles fröhlich zusammen niederließ, Herren und Diener in heiterer Gemeinschaft und immer wieder sich erinnernd an den Hüterbuben und sein frohes Lied, sein schrilles, ermutigendes. Wieder hatten sie die Zelte nicht aufgestellt, denn das Ruhen im Duft der Bergkräuter schien so herrlich erfrischend, und sie führten genug Pelze und Teppiche mit, um sich zu schützen gegen die Nachtkühle der Bergeshöhe. Es wollte ihnen scheinen, als hätten sie sich eben zur Ruhe gelegt, da schrillte bereits wieder das schon vertraute Liedchen des Hüterbuben und weckte sie freudig auf.
Der Bub trug auf dem Rücken einen Schlauch aus Ziegenfell und bemerkte heiter, er habe ihnen Ziegenmilch mitgebracht mit einem Gruß vom Oberhirten, und frisches Brot bringe er auch mit für die Kaufleute. Doch als er sich dieser Aufträge entledigt hatte, saß er und machte einen nahezu bekümmerten Eindruck. Die Diener befragten ihn, was ihm denn sei, aber er verlangte schließlich nur, zu ihrem Anführer gebracht zu werden, »zu dem, der so gut lächelt«, sagte der kleine Hassan. So brachten sie ihn denn zu Ali, der sich gerade eben das eisige Wasser der Bergquelle über den Rücken rieseln ließ und dabei vor Freude prustete. Der kleine Hassan ließ ihn eine Weile gewähren und meldete sich erst dann zum Wort, als Ali sich in das schon warme Gras legte, um auf diese einfache Art trocken zu werden. »Herr«, sagte der Hüterbub leise und bedauernd, »es ist sehr schade, daß ihr

nur reisende Kaufleute seid und also vom Waffenhandwerk nicht viel versteht — sonst hätte ich dich gebeten, uns zu helfen.« Da aber war bereits alle Sonnenträgheit in Ali ausgelöscht, er hatte sich steil aufgerichtet, starrte den kleinen Boten Allahs an und rief: »Was hast du gesagt? Waffenhandwerk? Euch helfen? Bei was denn, Djanum? Wozu braucht ihr Hilfe? Rede, oder ich trete dich ins Gras, kleiner Bruder!« Diese schreckliche Drohung schien der kleine Hassan ebenso zu verstehen, wie sie ausgestoßen wurde, denn er rückte lachend noch ein Stückchen näher zu Ali heran und begann so eifrig zu berichten, daß sich seine Worte überstürzten: »Es ist so, Herr, daß wir, mein Oberhirte und ich, auch zum Besitz des Tschellebi gehören mit unseren Tieren, verstehst du, und als ich fortzog in der ersten Morgenfrühe, um euch die Milch zu bringen, da sagte mir der Oberhirte, der dennoch auch ein junger Mann ist, daß droben beim Tschellebi der Kampf ausgebrochen sei um die Schleierlose . . .« Hier konnte der Hüterbub nicht weitersprechen, denn Ali hatte ihn hochgerissen und raste mit langen Sprungschritten zu seinen Freunden hin, immer schreiend: »Hassan, aman Hassan, komm her zu mir, komm schnell, Hassan!« Atemlos neben den langen Schritten, denen er nicht standhalten konnte, rief immer wieder der kleine Mann: »Herr, ich bin ja hier, Herr!« Da aber niemand wußte, daß auch er Hassan hieß, half das nicht viel. Endlich hörte der Freund das Rufen Alis, ließ die frische Ziegenmilch und das ebenso frische Brot im Stich und lief ihm entgegen voll tiefer Beunruhigung. Atemlos waren sie beide, der große Ali und der kleine Hassan. Ali schob den Buben vor, sagte hastig: »Ich verstand dich richtig, kleiner Bruder, du sagtest, es sei ein Kampf ausgebrochen um die Schleierlose und du verlangtest unsre Hilfe — war es so, kleiner Bruder?« Etwas verängstigt antwortete der Hüterbub: »So war es, Herr.« »Gut, du kannst mir nachher mehr sagen von diesem Kampf. Rede schnell, damit wir aufbrechen und helfen können!« Hassan der Ältere sah seinen Freund lächelnd an und bemerkte ruhig: »Wäre es dafür nicht gut, Ali, mein Freund, wenn du dich erst ankleiden würdest?« Der Prinz sah an seiner Nacktheit herab, brach in Lachen aus und sagte beschämt: »In Wahrheit, ich vergaß das ganz vor lauter Hast, vergib, mein Freund.« Da mischte sich der Hüterbub ein, sagte etwas zaghaft: »Aber wie denn wollt ihr helfen, da ihr nur reisende Kaufleute seid? Soviel ich in der Eile erfuhr, wird dort oben richtig gekämpft zwischen den Jung- und den Althirten — was wollt ihr dabei ausrichten?« Hassan der Ältere sagte lachend, das solle er nur ihre Sorge sein lassen, während Alis Diener seinem Herrn eilig in die arg mitgenommene Kleidung half, denn die Bündel mit frischen Kleidungsstücken hatte man noch unberührt gelassen. Indessen fragte Hassan seinen kleinen Namensfreund um Einzelheiten aus und erfuhr sehr bald die ganze Geschichte, die sich wie ein Lauffeuer im Lager ausgebreitet hatte. Da Hassan um alle Absichten seines Freundes Ali wußte, wenn er auch das Ganze für eine Spielerei hielt, fand er, daß diese Entwicklung wohl die glücklichste sei, die sich denken ließ — denn was gab es Besseres, als in der Gestalt eines Retters aus Gefahren aufzutreten? So glaubte Hassan, recht zu tun, wenn er den Freunden und den Dienern bekanntgab, worum es jetzt gehe, ohne ihnen dabei aber zu verraten, daß es sich um die Schleierlose handle, vielmehr lediglich von einem ernsten Streit zwischen Jugend und Alter sprach. Es war erstaunlich, wie sehr die Aussicht, wieder die Waffen führen zu können, die Arbeit des Lagerabbruchs beschleunigte. Voller Verwunderung betrachtete der Hüterbub Hassan das Geschehen rings um sich und hatte kaum begriffen, daß man sich anschickte, den Junghirten zu Hilfe zu eilen, als bereits alles zum Aufbruch bereit war.

»Geh voran, kleiner Bruder, und spiele uns dein Lied — wir folgen dir.« Der Hüterbub gestand sich ein, daß er sich rei-

sende Kaufleute ganz anders vorgestellt hatte, würdiger, langsamer, bedächtiger, und begann leise Zweifel an dieser Angabe zu hegen, um so mehr, als nun urplötzlich aus den »Warenbündeln« Waffen verschiedenster Art zum Vorschein kamen, die gewißlich von reisenden Kaufleuten nicht mitgeführt worden wären. Auch war die Hast auffällig, die alle zur Schau trugen, nun es sich darum zu handeln schien, Waffen gebrauchen zu dürfen, etwas, das doch gewiß im schärfsten Gegensatz zu den Gepflogenheiten reisender Kaufleute stand. Nein, sagte sich der Hüterbub Hassan, diese waren etwas ganz anderes, als sie angegeben hatten, und mochte ihm nur das Kismet gnädig sein, daß er nicht etwa eine Bande großer und reicher Räuber zu seinem Stamme brachte! Während er das alles bedachte, es voll Sorge und Unruhe tat, schritt er, immer auf seiner kleinen Flöte pfeifend, ihnen allen voran — denn wer war er, gegen das Kismet anzugehen? Mit diesen allen mußte er nun zu Recht oder zu Unrecht zusammenstehen, das schien ihm beschlossene Sache.
Wie am Tage vorher folgten auch heute die Freunde und Diener freudig der Flöte des kleinen Führers, taten es viel lieber jetzt, da der Weg viel breiter und lange nicht so steil war, die Pferde sich infolgedessen auch ruhiger verhielten. Es währte nicht länger als bis zur Mittagsstunde, da befanden sie sich bereits auf dem großen Lagerplatz des Tschellebi, und Ali verlor keine Zeit, sich bei dem Manne, den er als lendenlahm aus der Begründung jenes Fetwah her kannte, Gehör zu erbitten, das ihm auch sogleich gewährt wurde. Denn es muß gesagt werden, daß der Hirtenfürst sich in größter Sorge um seine Tochter Nurhial befand und deshalb, als ihm das Nahen einer Anzahl jugendlicher Männer von den stets aufmerksamen Spähern gemeldet wurde, er schon die Absicht hegte, um deren Hilfeleistung zu bitten.
Eilig trat Ali in das Zelt ein, dessen Vorhang vor ihm gehoben wurde, und sah sich einem schönen, kraftvollen älte-

ren Manne gegenüber, der lebensvoller wirkte als sein eigener Vater, der Sultan Suleiman. Der Prinz verneigte sich höflich, sagte aber sogleich: »Vergib, Herr, wer immer du auch seist, ich begehrte den Tschellebi zu sprechen — oder wäre er zu leidend, um mich zu empfangen, und ständest du hier an seiner Stelle?« Erstaunt betrachtete der Hirtenfürst den schönen jungen Menschen, fragte langsam: »Der Tschellebi bin ich. Und was redest du, mein Sohn, von ›leidend sein‹? Warum betrachtest du mich so erstaunt?« Ali nahm sich zusammen, um nicht zu lachen, denn schon durchschaute er dieses Mannes List, aber ihm ging es jetzt allein darum, möglichst schnell die Erlaubnis zu erhalten, mit seinen Leuten entscheidend in den Kampf eingreifen zu dürfen — alles andere hatte Zeit. So verneigte er sich nur wieder und sagte höflich: »Vergib mir, Herr, daß ich dich in ungebührlicher Art betrachtet habe. Ich glaubte, der Tschellebi sei ein alter Mann, daher mein Erstaunen. Doch kam ich zu dir, Herr, um die Erlaubnis zu erbitten, mit meinen zehn Leuten und Dienern in den Kampf eingreifen zu dürfen, der um die Sicherheit deiner verehrungswürdigen Tochter vor einer Höhle des Gandhar Dagh ausgetragen werden soll, wie mir — uns allen — ein kleiner Hüterbub berichtete. Würdest du erlauben, Herr, daß unsere zehn Pferde hier unter deiner Obhut verblieben, während eben jener kleine Hüterbub uns zu der Höhle führt?«
Kaum konnte Ali seine kleine Ansprache beenden, da hatte ihn der Hirtenfürst schon bei den Schultern gepackt und küßte ihn rechts und links auf die Wangen, stammelte in größter Erregung: »Mein Sohn, mein teurer Sohn, gesegnet der Boden, den dein Fuß berührte, gesegnet seist und bleibest du! Allah hat mein Flehen um Hilfe für mein Kind erhört und dich mir gesandt. Gehe denn und sei dein Tun von allen guten Geistern umgeben — Allaha ismagladyk! Deine Pferde nehme ich selbst in meine Obhut — gehe, sei gesegnet!« Ali

verneigte sich hastig und war schon draußen, als ihm noch das letzte »gesegnet« nachklang. Vor dem Zelt warteten sie schon alle auf ihn, die Freunde und ihre Diener, und aufgeregt lief der kleine Hassan zwischen ihnen herum, immer wieder Deckung suchend bei ihnen, denn er wußte nur zu gut, wie es ihm gehen würde, wenn die Althirten seiner habhaft werden könnten. »Gehen wir!« sagte Ali eilig. »Du voran, kleiner Bruder, und spiele uns auf!« Er sah sich noch einmal um nach Erwan und bemerkte den Tschellebi, der schon sein Wort hielt und die Pferde selbst versorgte. So war er auch dieser Sorge ledig und dachte nur noch an das wahrhaft wunderbare Geschehen, das ihn eben jetzt und heute hierher führte, um dem Bergfalken zu Hilfe zu eilen. War das nicht in Wahrheit ein gnadenvolles Kismet? Wenn er jemals verstanden hatte, was Allah ihm zu tun befahl — tat er es dann nicht jetzt? Und sein junges mutiges Herz begann bange zu schlagen, so, als stehe er vor einem großen Geschehen seines Lebens.

Zunächst allerdings sah es für die kampfgewohnten Freunde und Diener des Prinzen Ali gar nicht nach einem großen Ereignis aus, vielmehr nach einer Lächerlichkeit und törichten Spielerei. Denn als Ali und die Gefährten, geleitet vom schrillen Hirtenliedchen des Hüterbuben, vor der Höhle anlangten, sahen sie deren Eingang versperrt durch ein Gewirr von Hirtenstäben, die gekreuzt und ineinander gebogen die Höhlenöffnung deckten. Vor der Höhle aber standen in erregtem Gespräch etwa zwanzig ältere Männer, die auf die Hirtenstäbe hin allerlei Beschimpfungen schrien und untereinander nicht schlüssig zu werden schienen, wie sie sich diesem kindischen Hindernis gegenüber zu verhalten hätten. Eben als Ali und die Seinen die Höhe vor der Höhle erreichten und kurz zum Atemholen verhielten, schienen aber die Althirten zu einem Entschluß gekommen zu sein, denn sie bückten sich, hoben kraftvoll von den reichlich herumliegenden

Gesteinsbrocken etliche auf und begannen sie gegen den Höhleneingang zu schleudern. Es war klar, daß die Hirtenstäbe diesem Angriff schweren Geschützes nicht würden standhalten können, und so gab Ali halblaut und schnell Befehl: »Nur mit der flachen Klinge auf diese Männer einhauen, bis sie weichen, nie die Schwertschärfe verwenden! Los!«
Die Althirten waren so eifrig mit ihrem Steineschleudern beschäftigt gewesen, daß sie kaum auf das ihnen wohlbekannte schrille Pfeifen des kleinen Hassan geachtet hatten, zumal es ihnen vertraut war und Ziegenhüterbuben sie nichts angingen. Das gleiche schrille Pfeifen aber hatte die Schritte der Heraufsteigenden übertönt, und so geschah es, daß die Althirten sich plötzlich von hinten angegriffen fühlten in einer Art, wie sie ihnen seit ihrer Knabenzeit nicht mehr zuteil geworden war. Die Schläge der flachen Klingen waren zwar unangenehm und hart, aber nicht gefährlich, doch trachtete ein jeder, sich dagegen zu schützen, und wandte sich darum vom Höhleneingang ab, der eigenen Rückseite zu, welche so unerwartet bedroht wurde. Das gab Ali die Möglichkeit, den in der Höhle befindlichen Junghirten zuzurufen: »Kommt heraus und kämpft mit uns gegen die älteren Männer! Wir kamen herauf, euch zu helfen, und sind jung wie ihr!«
Von innen kam die Stimme eines jungen Mannes, die sagte: »Strecke deine Hand herein durch die Stäbe, daß wir sehen, ob sie jung ist oder du dich einer List bedienst.« Ali tat sogleich, wie ihm geheißen wurde, vergaß aber, da er daran so ganz gewöhnt war, daß er einen kostbaren Ring trug und darum diese schmale junge Hand dort oben für die Hirten recht auffällig wirken mußte. Er sah, daß sich Gesichter hinter den gekreuzten Hirtenstäben drängten, daß Blicke forschten, und rief: »So kommt doch heraus und helft uns, das begonnene Werk vollenden mit unsren flachen Klingen! Kommt und stellt euch nicht an wie schamhafte Weiber, ihr Junghirten in eurer Höhle!« Das wirkte endlich. Die Stäbe verschwanden,

die Hirten kamen aus ihrem Versteck und halfen lachend den Leuten Alis ihre Arbeit verrichten, taten es voll freudiger Bereitschaft, bald diesem, bald jenem die Waffe aus der Hand nehmend und langjährigem Groll auf diese Art handfesten Ausdruck gebend. Dieser Behandlung gegenüber fanden es die Althirten geraten, das Feld zu räumen, und traten den Rückzug an, sich die beschädigten Körperteile vorsorglich haltend, um nicht etwa, beim Weitergehen auf dem Geröll ausgleitend, darauf zu landen. Aber nicht einer war unter ihnen, der nicht beschlossen hätte, die erhaltenen Prügel den Weibern weiterzugeben. Droben standen die Freunde und Diener und hielten sich die Seiten vor Lachen, wobei ihnen die Junghirten getreulich Gesellschaft leisteten.
An dieser allgemeinen Heiterkeit beteiligte sich nur einer nicht: Ali. Er war so sehr von Neugier geplagt, nun endlich die Schleierlose zu erblicken, seinen Bergfalken, daß er nichts um sich herum bemerkte, nur am Höhleneingang stand und wartete. Eine herbe Enttäuschung harrte seiner, denn aus dem Inneren der Höhle schlüpfte ein junges weibliches Wesen, das tief verschleiert war, wie eben üblich und geziemend. Ali stand etwas seitwärts am Höhleneingang, halb verdeckt von einem vorspringenden Gestein, und war demnach nicht sogleich sichtbar für die kleine Zekieh. Jetzt vernahm er eine leise Frauenstimme und sah den verschleierten Kopf sich zurückwenden, hörte sagen: »Herrin, du kannst herauskommen — es ist niemand hier.« Hoch schlug das Herz Alis — also doch keine Täuschung, diese hier war nur eine Dienerin, die Herrin würde sogleich kommen! Er trat noch weiter zurück hinter das bergende Gestein, blieb so den Mädchen gänzlich unsichtbar, konnte sie aber deutlich und nahe vor sich sehen. Was er erwartet hatte an überwältigendem Eindruck, wußte Ali selbst nicht zu sagen, aber es bleibt eine Tatsache, daß das junge schlanke knabenhafte Geschöpf in der Hirtenkleidung als Frau ihn gänzlich kalt ließ.

Dieser junge Orientale war so sehr an die verschleierte Frau gewöhnt, hatte niemals noch eine frei daherkommende und stark schreitende Frau gesehen, daß ihm der Anblick der Schleierlosen zunächst nur ein starkes Unbehagen bereitete. Er drückte sich eng an das Gestein und verbarg sich so gut, daß die zwei Mädchen seiner nicht gewahr wurden und ruhig ihres Weges abwärts gingen. Da allerdings bemerkte Ali den erstaunlichen Unterschied zwischen dem vorsichtigen, unsicheren Gehen der einen und dem schwingenden Schreiten der anderen, die mehrfach über Gestein fortsprang, der ängstlichen Gefährtin die Hand reichend. Wenn sie so sprang, die Schleierlose, dann wehte das reiche Haar in der Herbstfarbe der Blätter glühend, einer Fahne gleich hoch, sank dann auf den braunen Rücken zurück. Wie grade und stark dieser Rücken war! Wie wunderbar geformt die Beine, die fast ganz zu sehen waren unter dem schmalen Hirtenfell, das die eine kleine Brust frei ließ, auf der andren Schulter aber zusammengehalten war. Schleierlos, ja — in Wahrheit Yasmak-sis, ohne Schleier — und eben darum für den Prinzen Ali kein Weib, nur ein Bergfalke. Er begriff sogleich, warum dieses Mädchen unbehelligt unter den Junghirten leben konnte — auch für sie kein Weib, nein, ein Gefährte, eine Hirtin. Seltsames Erleben dieses, fremdartig und sehr bewegend, eines, an das sich zu gewöhnen viel Zeit und auch viel Nachdenken erfordern würde.

Vorsichtig und langsam, um von den zwei Mädchen weder gehört noch gesehen zu werden, ging Ali den Bergpfad hinunter, auf dem ihm die immer noch lachenden Freunde und Diener vorausgeeilt waren, einer den anderen heiter überholend. Er langte bald vor dem Zelt des Tschellebi an, hatte aber keine Lust, sich von diesem von ihm für listig gehaltenen Manne mit Dankesbezeugungen überhäufen zu lassen, da weder er noch die Freunde etwas anderes getan hatten, als einige Hiebe auszuteilen! Ali vergaß dabei, daß er und die

Seinen es immerhin verhindert hatten, daß die in der Höhle Verborgenen durch die schweren Gesteinsbrocken der kraftvollen Althirten verletzt worden wären. Auch wußte er nicht alles vom Anschlag der Frauen auf Nurhial, der vielleicht doch hätte erfolgen können, wenn von den Junghirten einige verletzt wurden und die älteren Männer dann Nurhial ihren Weibern als Opfer vorgeworfen hätten.
Alles dieses aber war dem Tschellebi bekannt, und darum ruhte er nicht eher, bis seine Diener ihm die Botschaft brachten, der erhabene Herr Ali werde zur Abendmahlzeit nach dem Azan erscheinen. Erstaunt fragte der Tschellebi, warum der junge Reisende als »erhabener Herr« bezeichnet werde, und erhielt zur Antwort, so hätten ihn seine Diener genannt. Damit mußte sich der Hirtenfürst zufriedengeben, denn es geziemt sich nicht, die Dienerschaft auszufragen, auch ergab sich nun eine andere Schwierigkeit, welche darin bestand, daß Nurhial die Abendmahlzeit mit dem Vater gemeinsam einzunehmen pflegte, was es sonst in islamischen Landen nicht gab, denn niemals saßen Männer und Frauen gemeinsam beim Mahl, noch dazu — man bedenke und staune! —, wenn die Frau Yasmak-sis ist, eine Schleierlose! Nun aber war es nicht so einfach, Nurhial so etwas beizubringen, denn sie hatte sich ganz daran gewöhnt, einem Sohne gleich während der Abendmahlzeit dem Vater von den Geschehnissen des Tages Bericht zu erstatten. Doch hätte sich an diesem besonderen Abend der Hirtenfürst keine Sorgen zu machen brauchen, denn zu seiner größten Erleichterung war es die Tochter selbst, die ihm erklärte, nicht mit dem Fremden zusammen an der Abendmahlzeit teilnehmen zu wollen, da sie von diesem aufregenden Tage recht ermüdet sei, jetzt nur nach dem Bade verlange und dann zu schlafen gedenke, neben sich ihre neue kleine Dienerin Zekieh. Der Tschellebi hütete sich, noch irgendeine Frage zu stellen, auch nicht die nach der neuen Dienerin, und freute sich nur, aus allen

Schwierigkeiten heraus zu sein. Der arme, der beklagenswerte Mann, was wußte er, welchen erschütternden Schwierigkeiten er entgegenging!
Das Verhalten der Nurhial an diesem Abend hatte einen ganz besonderen Anlaß, und dieser bestand im Anblick einer schmalen Männerhand, an deren Zeigefinger ein kostbarer Stein leuchtete, ein tief-grüner Smaragd. Denn als Ali der Aufforderung gemäß seine Hand durch das Geflecht der Hirtenstäbe steckte, erschien es den Junghirten als ganz selbstverständlich, daß Nurhial diese Hand betrachten müsse, ob der Haut nach sie glatt und jung sei oder nicht. So kam sie aus dem Hintergrunde herbei und sah die schmale kraftvolle junge Hand, deren Anblick sie ihr Leben lang nicht vergaß. »Man darf ihm trauen«, flüsterte sie und beklagte es tief, die Hand nicht berühren zu dürfen. Denn man täusche sich nicht: diese schleierlose Nurhial, die ihrem Vater einen Sohn ersetzen mußte, war dennoch ein Mädchen, eine Frau, war es ganz und zutiefst. Das bewies sie auch allabendlich nach ihrer Rückkehr in das väterliche Zelt, denn ihr erstes war stets, die Bereitung des Bades zu befehlen und dem dampfenden Wasser in der großen Kupferwanne Duftkräuter beizufügen. Auch hatte sie keineswegs ein hartes Lager, vielmehr war es weich, bestand aus Seidenkissen, und der junge geschmeidige Körper dehnte und wand sich darauf voll Lust am Leben, voller Freude, ein Weib zu sein. Sie besaß auch allerlei Gewänder, wie sie Frauen zu tragen pflegen, weiche schmiegsame Seidenhemden, goldbestickte weite Hosen, Mäntel aus Pelz und Seide, und sie liebte Edelsteine, ganz besonders aber die Smaragde, deren einen sie heute an jener Hand gesehen hatte, der starken jungen Hand eines Edlen, der zu lachen verstand. Denn sie hatte von da an in nächster Nähe des Höhleneingangs gestanden, hatte durch die gekreuzten Hirtenstäbe hindurchgeblickt und ihn sogleich erkannt, ihn, dem diese Hand zu eigen war. Der Stein blitzte immer auf in grü-

nem Licht, wenn er die Hand bewegte und Befehle gab, dieser, dem sie alle gehorchten.

Zum ersten Male in ihrem freien Leben lernte Nurhial die bedeutenden Vorteile des Verborgenseins kennen, denn sie vermochte alles zu sehen und blieb doch unbemerkt hinter diesen gekreuzten Hirtenstäben, die gleich den Muscharabieh der Haremsfenster waren — alles sehen lassend, obgleich man niemals bemerkt wurde. Maschallah, wie sehr unterhaltsam mußte es doch sein für die Frauen hinter den Muscharabieh, die alles sahen und von allem wußten, während die Männer glaubten, sie allein seien die Wissenden! Wie seltsam mußte das sein und welch ein Gefühl der Überlegenheit konnte es gewähren! Zum ersten Male in ihrem bisher sehr einfachen, auch recht mühsamen Leben kam Nurhial die Erkenntnis, daß es für die Frau viel wesentlicher sein konnte, aus der Verborgenheit zu wirken, als offen Einfluß zu nehmen, denn nur aus der scheinbaren Unterwerfung ergab sich die vollkommene Herrschaft. All dieses ward Nurhial bewußt an diesem für sie bedeutsamen Abend, während sie sich in dem heißen Bade, dem duftenden, reckte und dehnte, um aller Müdigkeit der Glieder ledig zu werden. Dann klatschte sie in die Hände, und sogleich stand eine Dienerin bereit, um die junge Herrin in ein flockiges Tuch zu hüllen und trockenzureiben. Kaum hatte sich Nurhial dann auf ihr weiches Lager gelegt, als andere Dienerinnen das als Bad benutzte Kupferbecken an den Messinggriffen packten, es davonzutragen, und schon stand Mirhalla neben dem Ruhelager, sie, deren Hände es verstanden, den jungen, schmalen Mädchenkörper so durchzukneten, daß er geschmeidig blieb wie eine Damaszenerklinge. Danach sank Nurhial in Schlaf und sah noch einmal vor geschlossenen Augen das Traumgebilde einer jungen Männerhand mit dem grün leuchtenden Edelstein am Finger.

Alle diese neuen Gedanken, die der Schleierlosen zugeflogen waren, rührten vom Anblick der fremden Männerhand her,

die bereits in das Leben des Mädchens eingegriffen hatte, ohne es noch wissend zu tun, ja, nicht einmal wollend oder auch nur wünschend. Denn Ali erlebte soeben eine Stunde der Verlegenheit und der ihm ganz ungewohnten Unsicherheit. Im größten Gemach des Selamlik vom Zelte des Tschelebi saß der Sohn Suleimans dem von ihm listig geglaubten Hirtenfürsten gegenüber auf dem Sitzpolster, und Diener gingen hin und her, um immer neue Leckerbissen vor den Gast zu stellen, der auf des Gebieters Wunsch geehrt werden sollte über alles Maß hinaus, hatte er doch die junge Herrin aus drohender Gefahr errettet. Gleich beim Eintritt in das Zeltgemach hatte Ali versucht, seinem Gastgeber klarzumachen, daß er sich irre, wenn er annehme, es handle sich um irgendeine Art von »Rettung« oder eine ähnliche Tat. Heiter sagte er: »Es war nichts, Herr, gar nichts als nur eine kleine Belustigung für meine Freunde und Diener, denn es hat uns Freude bereitet, unsere Waffen ein wenig abzureiben an Schultern und Hosenböden dieser törichten Männer — sonst war nichts, glaube mir, Herr!« Der Hirtenfürst hörte sich diese Erklärung mit höflichem Lächeln an und erwiderte in aller Ruhe: »So mag es sich wohl verhalten haben, Herr, und ich zweifle nicht an deinem Worte, das ich ehre. Dennoch ist es so, daß, wenn du mit den Deinen nicht gerade dort oben gewesen wärst, um deine Waffen ein wenig zu putzen an diesen elenden Althirten, es dann den Junghirten schlecht ergangen wäre und mit ihnen meiner Tochter. Du wolle mir also erlauben, dich als den Helfer aus einer Verlegenheit zu betrachten — oder ist auch das deiner Bescheidenheit schon zuviel?«
Peinlich für Ali, sehr peinlich! Er hatte unüberlegt gehandelt, wie es so Art der Jugend zu sein pflegt, und jetzt wußte er nicht, wie er sich aus dem selbstgeknüpften Netz befreien sollte. Als er seinem bisherigen Herzensfreund Hassan gesagt hatte, daß er die Schleierlose erblickt habe und daß sie ihm nicht anders erschienen sei als irgendein Jüngling, der

das Bergsteigen verstehe und gewohnt sei, da hatte Hassan sehr herzlich gelacht und gänzlich unbewegt erklärt, dieses Reisgericht habe sich Ali selber bereitet, und wenn es ihm auch nun nicht mehr schmackhaft erscheine, müsse er es doch allein verzehren bis zum letzten Reiskorn. Dann hatte Hassan noch angefügt, der erhabene Sultan habe — nach des Freundes Bericht — schon vor einer Enttäuschung gewarnt, und nun sie jetzt eingetreten sei, müsse ihr gemäß gehandelt werden. »Aber wie denn?« hatte Ali erregt gerufen.»Soll ich etwa abziehen und meinem erhabenen Vater bekennen, daß ich nun bereit sei, irgendein Bündel Seidenstoffe, gut und mit Sorgfalt verpackt, mir zu eigen zu machen, da ich mich für einen ungezähmten Bergfalken nicht eigne? Du kennst den erhabenen Herrn, und du weißt wohl, daß er niemals müde werden würde, mich mit dem Bergfalken zu plagen, niemals!« Hassan, der seine eigenen Pläne hatte und dem diese Entwicklung sehr behagte, blieb auch weiterhin ungerührt und erklärte: »Damit würde der erhabene Herr ganz recht tun. Denn wozu hast du uns alle hier heraufgebracht, wenn wir nun wie die geprügelten Esel wieder hinunter sollen? Ohne jede Art von Falken, ob Berg- oder Talvogel? Sage mir das doch, mein Freund Ali!« Darauf war ja nun wirklich nichts zu erwidern, und daß Hassan so sehr Recht hatte, verdachte Ali seinem Freunde schwer, gibt es doch nichts Unangenehmeres, als wenn jemand ausspricht, was man sich selbst nicht eingestehen möchte.

So saß also der unglückliche Ali dem Vater des Bergfalken gegenüber und hatte seinem Gastgeber noch nicht einmal gesagt, wer er sei, was die erste Pflicht der Höflichkeit gewesen wäre. Und warum hatte er es nicht getan? Weil er sich schämte! Was hätte er auch als Grund seiner Anwesenheit sagen können? Etwa: ›Höre, Herr, der du dich als lendenlahm bezeichnet hast und es offensichtlich nicht bist, dir aber ein Fetwah des Scheich ül Islam — sicherlich für viel Geld — erschwindelt hast —, ich bin heraufgekommen, um deine Tochter zu besichtigen, aber sie gefällt mir nicht, und nun gehe ich wieder?‹ Konnte man das sagen? Nein, sicher nicht! Doch eben in diesem Augenblicke schoß dem Prinzen Ali ein Gedanke, einem Blitz gleich, durch den Sinn, und er fand den Ausweg, fand den Grund für den Abzug, der sogar einer in Ehren sein würde.

Die Diener hatten das weite Gemach verlassen, und der Kaweh war gebracht worden. Der Gastgeber beugte sich vor und reichte seinem Gegenüber den eigenen Tschibuk, damit dieser einen Zug daraus tue und solcherart seine Verbundenheit in Not und Gefahr mit dem Gastgeber bekunde. Diesen Augenblick wählte Ali, um seiner Eingebung gemäß vorzugehen. Er legte den Tschibuk neben sich, neigte sich vor und sagte leise: »Herr, ich muß dir jetzt, ehe ich mit dir rauche, gestehen, warum wir hier heraufkamen. Es geschah im Auftrage einer hochgestellten Persönlichkeit, deren Name verschwiegen bleibe, um dich, Herr, zu befragen nach jenem vom Scheich ül Islam bewirkten Fetwah. Es hat sich im Lande herumgesprochen, daß deine Tochter, Herr, Yasmak-sis ist, und das bewirkt unter allen unsren Frauen eine große Unruhe. Als es bekannt wurde, daß ich hierher reisen würde, um mit dir, Herr, über diese Frage zu sprechen, kamen verschiedene ehrenwerte Männer zu mir und flehten mich an, in diese Sache doch Ordnung bringen zu wollen, da es mit ihren Frauen, Schwestern, Müttern nicht mehr auszuhalten sei. Denn die Frauen verlangten gleiches Recht für alle, ob auf dem Berge, ob im Tale, und aller Frieden sei zerstört. Darum, o Herr, kam ich hierher, um dich zu befragen, ob es ganz unmöglich sei, deine ehrenwerte Tochter zu bewegen, den Yasmak anzulegen, damit auf diese Art wieder Frieden im Lande herrsche für unsere beklagenswerten Männer.«

In diese Geschichte hatte sich Ali verliebt, während er sie erfand und erzählte, und er glaubte, sie sei sehr schön, ja so-

gar überzeugend. Daß sie bei dem Tschellebi nichts als ein herzliches Lachen auslösen würde, hatte er nicht erwartet. Der Gastgeber sagte: »Das ist die beste Geschichte, die ich seit langem gehört habe, mein teurer Sohn. Du kannst ruhig aus meinem Tschibuk rauchen, denn du hast mir ebenso viel Freude bereitet, wie du mir hilfreich warst. Rauche denn und reiche ihn mir zurück, meinen Tschibuk. Wir werden uns einen heiteren Abend bereiten nach diesem heiteren Ereignis, um dessen willen du hier heraufkamst. Doch sage mir noch eines, mein teurer Sohn: warum wählten diese Schwachköpfe, die ihre Frauen nicht zu bändigen vermögen, einen so schönen Jüngling wie dich als ihren Boten, und warum kamt ihr zu so vielen mit edlen Pferden hier herauf? Das verstehe ich nicht ganz, erkläre es mir, ich bitte dich.«
Die Beantwortung dieser Frage schien Ali sehr einfach zu sein, und er begann sogleich zu erklären, daß man in der Niederung kaum etwas wisse vom Bergland Anatoliens und sich niemand außer ihm heraufgetraut habe auf den Gandhar Dhag. Gewißlich sei das Mitführen der Pferde ein grober Fehler gewesen, aber auch die anderen hätten es alle nicht besser gewußt. »Und wie fandet ihr zu uns herauf, mein teurer Sohn?« fragte der Tschellebi, worauf Ali in ein Loblied ausbrach auf den kleinen Hüterbuben Hassan, der ihrer aller Leben gerettet habe an jener Stelle, wo die Straße zerstört sei, wohl durch einen Erdrutsch, wie Hassan gemeint habe. Hier aber schaltete sich der Bergfürst ein, nun ganz als der herrschende und befehlende Herr, schwer erregt darüber, daß ihm von diesem Erdrutsch noch nichts gemeldet worden sei. Er rief nach Dienern, klatschte in die Hände, befahl den Wegemeister, gab Anweisung, wie viele Mann an jener Stelle zu arbeiten hätten, gebärdete sich erzürnt und entrüstet. »Wofür bist du da«, herrschte er den Wegemeister an, »wenn du von diesen Dingen nichts weißt? Stelle doch Beobachter ein, wenn es Ungewitter gegeben hat, daß sie alle

Wege prüfen, die zu uns heraufführen. Ist es in der Ordnung, daß ein kleiner Ziegenhüter die einzige Rettung für unsere geehrten Gäste sein muß, nur weil du dein Amt nicht verstehst? Gehe mir jetzt aus den Augen, daß ich mich nicht vergesse!«

Nichts tat der Gescholtene lieber, als zu gehorchen, und so schien nun die Frage der Schleierlosigkeit und ihrer Folgen für den Haremsfrieden erledigt zu sein — das wenigstens hoffte Ali. Aber er sollte sich schwer getäuscht haben, denn kaum hatte der Wegemeister den Raum verlassen, als der Hirtenfürst, schon wieder lachend, fragte: »Nun dieses bereinigt ist, teurer Sohn, berichte mir weiter! Sage mir alles, was du noch weißt durch diesen kleinen Hassan, den ich mir später holen lassen werde, um ihn zu belohnen für seine Hilfeleistungen an dir und den Deinen. Wie wurdet ihr auf ihn aufmerksam?« Ali berichtete von der kleinen schrillen Flöte, deren Klänge sie auch hinauf vor die Höhle geleitet hätten, und er merkte nicht, wie der Bergfürst, immer noch scheinbar erheitert, die ganze Geschichte von der Verschwörung der Weiber gegen Nurhial aus ihm herausbekam, genau nach dem Bericht des kleinen Hüterbuben Hassan. Was er alles gesagt hatte, erkannte Ali erst, als der Tschellebi mit einem Brüllen der Wut von seinem Sitz hochfuhr und erklärte, alle seine Althirten zu Tode prügeln zu lassen wegen dieses Anschlages ihrer Weiber auf Nurhial. Gleich war der Raum angefüllt mit Dienerschaft, und nur deshalb, weil des Herrn Befehle sich immerzu widersprachen, geschah noch nichts Unwiderrufliches. Erschreckt und auch abgestoßen von soviel Unbeherrschtheit, versuchte Ali, den Wütenden zu beschwichtigen, erreichte aber erst etwas, als er lachend bemerkte, man erkenne hieran, daß nicht nur die Männer in der Stadt Schwachköpfe seien, sondern auch die Hirten auf den Bergen, und daß es hier nur eine einzige Möglichkeit gäbe, Frieden unter den Weibern zu stiften: durch die ehrenwerte

Tochter des Herrn selbst. Der Bergfürst starrte seinen Gast an, als habe der den Verstand verloren, sagte tief verärgert: »Du wagst es, vor mir von meiner Tochter zu sprechen, du, ein Fremder, und willst mir sagen, was sie zu tun hat? Wer bist du, der die Sitten unseres Landes solcherart mißachtet? Du, der sich mir noch nicht einmal genannt hat mit eigenem und Vatersnamen?!«

Ali, auch weiterhin entschlossen, es nicht zu tun, sagte ruhig: »Ich wage es, Herr, dir von deiner ehrenwerten Tochter zu sprechen, weil das ganze Land von ihr, der Schleierlosen spricht, und weil ich ihr und dir heute einen Dienst erweisen durfte, wenn auch nur einen geringen. Und ich wage es weiterhin, weil ich des Glaubens bin, ein starker Mensch, der entgegen den Sitten seines Landes lebt, müßte auch die Kraft besitzen, wenn es sich zeigt, daß sein Verhalten Unruhe weckt im ganzen Lande, nach eben dieser seiner Kraft und Macht die Unruhe zu beseitigen. Habe ich Recht, Herr, oder Unrecht?« Aber der Bergfürst antwortete nicht, sondern starrte reglos auf den Vorhang der Räume, die zu den inneren Gemächern führten. Denn dieser Vorhang war von unsichtbarer Hand gehoben worden. Aufmerksam gemacht durch dieses Verhalten des noch vor kurzem so erregten Mannes, wandte sich auch Ali dorthin und erstarrte nun seinerseits zu hilflosem, ratlosem Staunen. Denn es war das Unglaubliche geschehen, das für einen Moslim noch nie Dagewesene, daß dort eine Frau stand, zwar von Kopf bis Fuß in einen schweren golddurchwirkten Schleier gehüllt, aber eben doch in Gegenwart eines fremden Mannes — eine Frau! Die Sitte forderte vom Fremden, fortzuschauen. Doch wurde Ali auch diese Höflichkeit unmöglich gemacht dadurch, daß die Frau sprach. Sie sagte ruhig: »Du hast Recht, Herr. Ich bin dir dankbar, daß ich erfahre, mein Verhalten habe im ganzen Lande Unruhe verursacht, und ich werde dieses Unrecht wieder gutzumachen versuchen. Wenn du, Herr, mir dafür deinen Rat schenken willst, werde ich dir auch dafür dankbar sein. Ich bitte um Vergebung, daß ich es wagte, hierherzukommen, aber ich hörte meinen Vater laut rufen und glaubte, ihm sei etwas geschehen, so warf ich dieses Schleiertuch über und eilte herbei. Um Vergebung, Herr und Vater, und auch du, sein Gast.«

Damit verneigte sich die Verschleierte zweimal und glitt lautlos, wie sie gekommen war, davon. Um dem Gastgeber jede Verlegenheit zu ersparen, verneigte sich auch Ali wortlos und verließ den Raum, erfüllt von tiefer Bewunderung für den Mut und die Ruhe der Nurhial, deren dunkle Stimme ihm noch im Ohr nachklang. Allein blieb der Tschellebi zurück, erschüttert bis in die Tiefen seines Wesens. Denn nicht nur das Geschehen als solches hatte ihn ergriffen, sondern auch der Anblick des goldgestickten Brautschleiers seines toten geliebten Weibes, des einzigen Schleierzeugs, das seine Tochter besaß. Auch spürte er deutlich, welch tiefe Bedeutung das Anlegen dieses Schleiers für Nurya besaß, die bisher schleierlos gelebt hatte, und ihm bangte um den Bestand seiner Welt, der von ihm aufgebauten. Ali aber lief so gehetzt, als sei ihm Feuer auf den Fersen, zum Zelte, das er mit dem Freunde Hassan teilte, rüttelte diesen in tiefem Schlaf liegenden Jüngling unsanft an den Schultern und rief dem Schlaftrunkenen zu: »Ich fand ein Weib voll von Mut, Kraft und Wahrheit! Ich fand ein Weib, das wert ist, Suleimans Tochter zu heißen! Ich fand ein Weib, das es vermag, ein Bergfalke zu sein und dennoch unter goldfarbenen Schleiern ihr Kupferhaar zu bergen — ich fand mein Weib!«

Es ist erschreckend, darüber nachzudenken, welche Worte und Begebenheiten Anlaß und Beginn sind für Geschehnisse, deren Bedeutung unermeßlich weitreichend ist. Der Sohn Suleimans des Prächtigen konnte nicht ahnen, auch im wildesten Traume nicht, daß er soeben vernichtende Worte gesprochen hatte, er, der nur seinem Liebesjubel Ausdruck zu geben glaubte. Hassan richtete sich auf, fragte halblaut, denn seine Stimme gehorchte ihm nicht: »So willst du diese Hirtin ehelichen? Sie soll Sultana sein?« Ali rief, beseligt von seinem Glück: »Alles soll sie sein! Was ich zu geben habe, gehöre ihr, und auch ich dazu!« Hassan wandte sich ab, murmelte etwas, das Ali nicht verstand, und schien sogleich wieder einzuschlafen.

Durch das seltsame Verhalten des Freundes tief getroffen, wandte sich Ali ab und rief leise seinem Diener Selim, der noch draußen wartete. »Ich will Hassan Bey nicht stören«, flüsterte er, »ziehe mein Lager hinaus, denn ich möchte unter den Sternen ruhen in dieser Nacht!« Ali sah nicht, wohl aber Selim, daß Hassan nicht schlief, vielmehr hellwach dem bisherigen Freunde nachblickte. Durch das vom Haschischgenuß gewandelte Denken Hassans zogen die Worte, die sein Vater beim Abschied zu ihm gesprochen hatte: »Achte auf den Prinzen, mein Sohn, und wenn er das Hirtenmädchen zum Spaß mitnimmt, hilf ihm in allem. Sollte er es aber ernst meinen, so tue dein Möglichstes, um es zu verhindern. Es geht nicht nur um Makbuleh, deine Schwester, es geht um sehr viel mehr, mein Sohn. In deine Hand ist es gegeben, Großes zu tun, im Guten wie auch im Bösen.« Zwar verstand Hassan das nicht ganz, aber er gehorchte dem Befehl.

Der Diener Selim entfernte sich mit einem Segensgruß, nachdem er das Lager bereitet hatte, und Ali lag da, hatte die Hände unter dem Kopf gefaltet und starrte zu den Sternen hinauf, bis sie mählich verblaßten. Schlaf kam ihm keiner in dieser Nacht, denn die dunkle Frauenstimme klang ihm im Ohr des Geistes, und sein Auge sah wieder die schmale Gestalt, die sich unter dem goldschweren Schleier matt abzeichnete, sah auch das Leuchten des fremdartigen Haares. Leise murmelte Suleimans Sohn halb bewußt vor sich hin: »Tschirkass!« — das war die Liebkosung für des Orients schönste Frauen. Schlaflos wie Ali blieb auch Nurya. Sie hatte sich, ehe das väterliche Gebrüll sie zum Handeln aufrief, ersonnen, wie sie ihr Leben ereignisreicher gestalten könnte, wenn die Jünglingshand mit dem Smaragdring für sie zu erfassen sein würde. Dann brauchte sie nicht mehr täglich das einförmige Hirtenleben mit jenen recht langweiligen Junghirten zu führen, dann würde es Freiheit, Liebe und vielerlei Geschehnisse geben. Aber nur unter dem Schleier, das schien ihr klar erkenntlich zu sein, und unter dem Schleier scheinbarer Verborgenheit, unter deren Schutz so vieles zu erreichen sein würde.

Als die Dienerin, die sie nach dem Bade knetete, sie verließ, sprang Nurya auf und begann die Truhe zu durchwühlen, welche in einen entfernten Winkel geschoben worden war — wurde sie doch nie gebraucht —, denn sie enthielt die Frauenkleidung, die von Yasmak-sis Nurhial bisher noch niemals benutzt worden war. Als sie so suchte und mit einem gewissen Behagen die duftenden Seiden und Samte durch die Finger gleiten ließ, ergriff sie zufällig auch den Schleier, von dem der Vater gesagt hatte, er sei der Mutter Brautschleier gewesen. Nurhial hängte ihn sich um, der schwer war von Goldstickerei und ihr eine erstickende Last bedeutete, und sie betrachtete sich halb lachend ob der großen Fremdheit in einer leuchtend hellen Kupferschale, die ihr zum Zwecke diente, sich darin zu spiegeln. In diesem Augenblicke vernahm sie das Aufbrüllen ihres Vaters, und es klang so erschreckend, daß sie zum Vorhang glitt, ihn sacht einen Spalt hebend, um sich zu vergewissern, daß dem Vater nichts geschehen sei. Dann sah sie den Jüngling, an dessen Hand sie dachte, hörte seine Frage und wußte, daß es an ihr sei, darauf zu erwidern. Ruhig sprach sie die für sie schicksalsschweren Worte und mochte wohl heimlich ahnen, daß sie damit ihr Leben wandelte.

Dann kehrte sie in ihr Gemach zurück und warf den schweren Schleier ab. Lautlos begann sie auf den dicken Fellteppichen hin und her zu gehen, erwägend, ob sie es wohl wagen dürfe, dem Vater den in ihr künstlich geschaffenen Sohn zu rauben. Wie es jene tun, die viel allein sind, hatte auch sie die Gewohnheit, in der Bergstille leise mit sich zu reden, angenommen. Sie sagte vor sich hin: »Ich werde bald alt, hart und häßlich sein in diesem Leben einer Hirtin und hier oben vertrocknen wie ein Dornenstrauch. Niemals werde ich einen Mann sehen, der so schön ist wie jener Gast meines Vaters. Immer werde ich Lämmer zählen und abends totmüde davon berichten. Nein, ich will nicht mehr! Seit meinem zwölften Jahre habe ich meinem Vater gedient — sieben Jahre lang; nun soll er mich freigeben! Und ich werde niemandem mehr ein Ärgernis sein, werde keine Unruhe zu anderen Frauen tragen, aber er soll mich mitnehmen in sein Leben, damit ich mich an seiner Hand halte, der mit dem grünen Ringe — denn so ist es mein Kismet. Bismillah!«

Nach der Nacht unter den Sternen, die dem Traume vom Glück gewidmet gewesen war, erhob sich der Prinz Ali so erfrischt wie nach tiefem Schlummer, denn er war mit sich einig geworden. Nun galt es nur noch, den Äußerlichkeiten gerecht zu werden, die auch bei diesem ungewöhnlichen Fall beachtet werden mußten. Denn seit Ali Nurya verschleiert gesehen hatte, war sie seinem Vorstellungsbild der ersehnten Frau einverleibt, und es unterlag keinem Zweifel, daß sie in aller gebotenen Feierlichkeit sein Weib werden mußte. Der Ablauf des Geschehens wäre sonst gewesen, daß der Großvezier bei dem Brautvater um dessen Tochter für den Sohn des Sultans geworben und mit ihm die Höhe des Brautpreises festgesetzt hätte. Unmittelbar nach der Auszahlung der vereinbarten Summe nahmen dann die Hochzeitsfeierlichkeiten ihren Anfang.

Es gab im Islam keine verschiedenartigen Bräuche: für den Sohn des Sultans wie für den des Lastträgers waren sie die gleichen, nur mit dem Unterschied, daß sich die Armen die für die Braut bestimmten Prachtgewänder ausliehen. Aber die Zeremonie an sich blieb die gleiche. Zum Beginn wurde die Braut in feierlichem Zuge, in einer verhüllten Sänfte sitzend, von ihrem Elternhause zu dem des Bräutigams gebracht, geleitet von allen männlichen Anverwandten. Dort angelangt, wurde sie von der ältesten Dienerin des Hauses empfangen und betrat mit ihrer Mutter, die in einer zweiten Sänfte der ihren gefolgt war, das Haremlik. Ob es sich hierbei um das Haus wohlhabender Geschlechter handelte oder um die einfache Behausung der Ärmsten, war gleichgültig, denn die Art der Feier blieb, wie erwähnt, dieselbe. Es erfolgte nunmehr die Einsegnung der Ehe durch den Imam, aber solcherart, daß die Brautleute hinter einem Vorhang einander noch verborgen blieben. Neben dem Bräutigam stand sein Vater, neben der Braut ihre Mutter. Diese zwei waren es, die den Fragen des Imam Antwort gaben, nicht aber die Brautleute selbst. Die Fragen aber richteten sich nur nach den Worten des Korans und verpflichteten die Frau zum Gehorsam ihrem Manne gegenüber, den Mann aber zur Einhaltung der ehelichen Pflichten. Damit war die Trauung vollzogen, und die Braut wurde im Haremlik zu einem Hochsitz geführt, auf welchem sie bis zum Abendazan sitzen blieb. Um sie waren nun unzählige Frauen versammelt, die sich untereinander unterhielten und Süßigkeiten speisten, während die beklagenswerte Braut einem Götzenbild gleich reglos auf dem Hochsitz zu verharren hatte. Unterdessen feierten die Männer an reicher Tafel mit allen Freunden das Fest, und dem elendesten Bettler von der Straße war zu dieser Tafel Zutritt gewährt. Gegen die Stunde des Abendazan begab sich dann der junge Ehemann zum Haremlik, und schrille Warnungsschreie der Dienerinnen kündeten sein Kommen an, worauf alle Frauen sich aus der Nähe der Braut entfernten. Der junge Ehemann kam zum Hochsitz heran, hob den Schleier der Braut und sah sein Weib nun zum ersten Male für eines Herzschlags Dauer, wonach er den Schleier sogleich wieder sinken ließ und zu seinen Gefährten zurückkehrte, mehr oder weniger erfreut über den ihm gewordenen Anblick. Im Dämmern wurde dann die Braut von des Hauses Dienerinnen und ihrer eigenen Mutter, in Spitzen und Duftwässer gehüllt, auf das Brautbett gesetzt, und dort hatte sie auf den jungen Ehemann zu warten, der es sich indessen weiterhin bei seinen Gefährten wohl sein ließ.

Solcherart war das, was die Sitte forderte, und im Überdenken all dieser Gezwungenheiten war Ali schon jetzt für seinen Bergfalken von tiefstem Mitleid erfüllt. Wenn er sich dieses Geschöpf der Freiheit auf den Brautthron gebannt vorstellte, umgeben von neugierigen Weibern, die suchen würden, was an der Hirtin zu tadeln sei — ein wahrhaft erschreckender Gedanke und ein Ehebeginn, der unmöglich Glück bedeuten könnte! Nein, das mußte anders, ganz anders beginnen! Nun ihm das Kismet beschert ward, fern allem höfischen Leben und seinem Zwange die Liebe zu finden, wie sie dort niemals anzutreffen wäre, nun wollte er dieses hohe Fest der Liebe auch ganz in Freiheit feiern. Keine rosenfarbenen Seidenkissen sollten die erste Umarmung in weichlichen Falten ersticken — nein, der Duft von Bergkräutern würde das Liebeslager umwehen und die Bergesferne der erste Gruß des Hochzeitsmorgens sein. So würde einem Prinzen des Sultanshauses auch einmal der Genuß der Liebe beschieden sein in Freiheit und Größe, nicht in dumpfer Beschlossenheit uralter Bräuche. Eines allein blieb davon übrig: wenn es auch hier keinen Großvezier gab, so doch dessen Sohn, und er sollte es sein, der die Werbung des Freundes überbrachte. Zwar vertraute Ali dem Jugendfreunde nicht mehr ganz so, wie er es ehemals tat, seit er wußte, daß er es mit einem Haschischin zu tun hatte, aber noch war er weit vom Mißtrauen entfernt.

Eilig ging er nun zum bisher gemeinsamen Zelte und rief nach Hassan, den er drinnen mit seinem Diener sprechen hörte. Der Sohn des Veziers kam bereitwillig heraus, sagte leise: »Ich war sehr schlaftrunken gestern und weiß nicht, ob du noch zu mir sprachst, mein Freund, oder ob ich das nur träumte?« Ali winkte ungeduldig ab, denn daran lag ihm jetzt nicht mehr viel. »Lasse das, Hassan, mein Freund, ich habe jetzt Wichtiges von dir zu erbitten.« Hassan murmelte, er sei zu allem bereit, und wartete gespannt auf das Weitere. Ali legte ihm die Hand auf die Schulter, sagte lachend: »Heute, o Sohn des Großveziers, wirst du an Stelle deines Vaters, dessen Amt das sonst gewesen wäre, für mich den Brautwerber machen, wirst es tun beim Bergfürsten. Gleichzeitig wirst du ihm sagen, wessen Sohn ich bin und daß er für den Brautpreis eine Anweisung auf die Schatzkammer des Sultans annehmen muß, da ich bares Geld in dieser Höhe nicht mit mir führe, wie begreiflich. Ist es dir recht, Hassan Bey, dieser hohen Ehre teilhaftig zu werden?« Was blieb Hassan zu tun übrig, als zu gehorchen und sich geschmeichelt zu verbeugen, Hofmann, der er doch war? Leise murmelte er seinen Dank, wagte es aber doch noch zu fragen: »Soll ich werben für eine Nebenfrau oder eine Sultana?« Fast jubelnd kam die Antwort: »Für eine Sultana, so gewißlich sich der Mond nachts erhebt und die Sonne am Tage — für meine Sultana!« Hassan verneigte sich und grüßte, sagte halblaut: »Ich gehe, mich festlich zu kleiden, um deines hohen Auftrags würdig zu sein, o Herr!«

Sie hatten sich beide feierlich angeredet und kaum bemerkt, was damit gesagt und getan wurde. Hassan wandte sich ab und fühlte in sich das Hochquellen eines Machtgefühls, wie ihm das sonst nur der Haschischgenuß schenkte. Jetzt hatte er alles in der Hand — konnte dem Befehl seines Vaters gemäß handeln und durfte es tun im Auftrage des Prinzen Ali — Maschallah, welch ein Glückszufall! Er würde dafür sorgen, daß die Beleidigungen der Hirtin solcherart waren, daß es Ali unmöglich gemacht wurde, nochmals das Zelt des Hirtenfürsten zu betreten. Dann würde das Lager hier oben abgebrochen werden, wonach späterhin die Hochzeit von Suleimans Sohn mit der Tochter des Großveziers, Hassans Schwester, gefeiert werden würde. Dann konnte man diesen verhaßten Berg verlassen, um daheim wieder alles Behagen eines weichen Seidenlebens zu genießen, ruhend im seligen Traume des Haschisch. Mit aller Sorgfalt ließ sich Hassan von seinem Diener kleiden, der voll Erstaunen die Befehle seines Herrn vernahm, auch dessen kostbares Wehrgehänge ihm anzulegen. Und dann ging Hassan siegessicher die wenigen Schritte zum Zelte des Bergfürsten hinüber, mit Befriedigung die neugierigen Blicke all derer bemerkend, an denen er sich hochmütig vorbeibewegte.

Daß Ali den Bruder der Makbuleh als Freiwerber erwählte, zeigt, welch seltsamer Werkzeuge sich das Kismet oftmals bedient zum Erreichen seiner Zwecke, und wir werden hören und sehen, was nunmehr geschah.

Vor jedem Zelteingang pflegen sich immer einige Diener aufzuhalten, um dem Herrn vor Belästigungen Schutz gewähren zu können, und diese wollten vor dem reich gekleideten Manne sogleich den Zeltvorhang heben. Aber Hassan winkte ab, sagte kalt und hochmütig: »Meldet eurem Herrn, ein Bote des erhabenen Prinzen Ali sei gekommen, um im Auftrage des edlen Prinzen mit eurem Herrn zu verhandeln. Eilt euch, auf daß ich nicht zu warten habe.« Eile zu befehlen, geziemt sich nicht, und danach gegen die Haltestäbe des Zelteinganges gelehnt zu stehen, bedeutet Mißachtung des Zelteigentümers — so tat Hassan schon vor seinem Eintreten alles, um mit Hochmut und Anmaßung seinen Auftrag mißliebig zu machen. Die Diener schilderten dem Tschellebi, lebhaft davon beeindruckt, die prächtige Kleidung des Boten, vergaßen auch nicht des juwelenblitzenden Wehrgehänges Erwähnung zu tun und vermittelten auf diese Art und Weise ihrem Herrn die vermutliche Wichtigkeit des Auftrages. Da der Bote so prächtig daherkam, wie viel mehr mußte es der sein, der ihn sandte! Der Bergfürst hatte noch niemals von einem Prinzen Ali gehört, aber er wußte, daß oftmals große Herren sich hohe Titel nach Belieben beilegten, und glaubte, es wohl mit dem Boten eines Großen zu tun zu haben, wenn ihm auch vom Kommen eines solchen nichts gemeldet worden war. In jedem Falle hielt er es für klug, diesen Fremden selbst zu begrüßen, und kam zum Zelteingang, voll einer gewissen Neugier und daraus sich ergebender leichter Erregung.

Diese Erregung des Tschellebi, von Hassan bemerkt, deutete er in seiner sinnlosen Überheblichkeit als auf sich bezüglich, auf die Pracht seiner Kleidung und insbesondere seines Wehrgehänges, während sie sich beim Tschellebi einzig und allein auf ein Wegerecht bezog, von dem er befürchtete, daß man gekommen sei, es ihm zu kündigen. Da ihm seine Späher und Wegewächter nichts vom Kommen dieses prächtigen Boten gemeldet hatten, glaubte er, es mit Bestechungen zu tun zu haben, und dementsprechend meldete sich bereits Abwehr in ihm, ehe noch Hassan ein Wort gesprochen hatte. Als der alte Hirtenfürst nun das hochfahrende und anmaßende Gebaren des Schönlings zu spüren begann, sträubte sich alles in ihm gegen diesen Boten eines unbekannten sogenannten Prinzen, und er bereitete sich vor, in innerlicher Abwehr dessen Worte zu hören. Schon die Art, wie Hassan begann, reizte den Tschellebi.

»Du bist der Tschellebi genannte Hirte?« Noch um Höflichkeit bemüht, antwortete ruhig der alte Hirtenfürst: »Ich bin es, Herr.« Hassan rief mehr, als er sprach — tat es, wo halblautes Reden erstes Gebot ist: »Du hast eine Tochter namens Nurhial?« Der Tschellebi fuhr hoch, als sei er gestochen worden, denn jetzt wurde ihm schon eine Beleidigung ge-

boten, da es äußerst ungebührlich ist, von Frauen zu sprechen. Heiß vor Zorn fragte der erregbare Alte: »Was hast du damit zu schaffen und wie betrifft es dich?« Hassan lachte auf, rief: »Mich? Mich sollte ein Hirtenmädchen betreffen? Hüte deine Zunge, Alter, denn mit solcher Niedrigkeit habe ich nichts zu schaffen. Aber meine Botschaft betrifft es, und sie lautet so: verschaffe mir das Hirtenmädchen Nurhial, an dem ich mich vergnügen möchte, jene Schamlose, die Yasmak-sis — ich werde gut zahlen! Hörtest du, alter Hirte, es wird gut gezahlt, denn der Prinz Ali hat viel Geld!«
Der Bergfürst vermochte nicht mehr zu sprechen, aber seine Diener, die ratlos vor solchen Beschimpfungen in der Nähe gestanden hatten, wie es sich gebührt bei wichtigen Besuchern, verstanden seine Handbewegung, und der anmaßende Sohn des mächtigen Großveziers mußte es sich gefallen lassen, von den Dienern dessen, den er nur »Hirte« genannt hatte, an den Armen gepackt und hinausgeschoben zu werden. Da drehte sich Hassan nochmals um, rief wieder: »Es wird gut gezahlt, alter Hirte!« Und hatte noch die Befriedigung, den stolzen alten Mann unter diesem Hieb auf ein Sitzkissen sinken zu sehen, als sei er niedergestoßen worden. So glaubte Hassan nun den Zutritt zum Zelte des von ihm so verächtlich »Hirte« genannten Mannes für Ali unmöglich gemacht zu haben und begab sich stolz und siegessicher zum Lager Alis zurück.
Es darf bei all diesem nicht vergessen werden, daß die Sklaven des Haschisch im letzten Grunde tief bemitleidenswert sind, denn sie wissen nicht, daß ihre gesamte Wesenheit durch das, was sie als Segnung betrachten, längst schon zerstört wurde. Sie kennen keine Beherrschung mehr, keinen Mut, und es bleibt ihnen nichts vom Wesen des Mannes, fühlen sie sich doch nur stark unter der Herrschaft dessen, was sie ihre Segnung nennen und was doch in Wahrheit der Fluch des Eblis ist, jenes dunklen Engels, des Schattens Allahs, der

es versteht, Recht in Unrecht, Wahrheit in Lüge und Dunkel in Licht zu verdrehen — über den einstmals auch Allah Erbarmen haben möge. Sein Werkzeug ist neben vielen anderen auch das Haschisch. Und so sei es geboten und erbeten, sogar noch für Hassan Erbarmen aufzubringen, denn wo er sich mutig glaubte, war er nur voll des trügerischen Hanfes, und wo er sich klug dünkte, war er ein armer Tor — Allah kerim, in der großen Barmherzigkeit, die Sein Wesen ist, möge Er sich auch dieses Seines Sohnes erbarmen! Solches zu verstehen und zu begreifen, nein, so zu berichten über all dieses, was geschah, daß, die es hören und wissen, von was gesprochen wird, ist der gehalten, der es euch darstellt, o meine Brüder, es in aller Demut und Bescheidenheit tut. Stafula, so ihr versteht.

Nun also eilte Hassan zum Lager Alis zurück, gewiß, dem Befehl des Vaters gehorcht zu haben und den bisherigen Freund vor einer großen Torheit zu bewahren, auch solcherart seine Schwester Makbuleh bereits zur Sultana erhoben zu haben. Voller Ungeduld hatte Ali seinen Boten vor dem Zelt erwartet, aber er hatte angenommen, daß die Unterredung mit Handel und Angebot des Brautpreises doch eine gute Stunde währen würde. Als er jetzt den Sohn des Großveziers, seinen Brautwerber, stolz und siegessicher daherkommen sah, lief er ihm entgegen, packte ihn am Arm und war erstaunt, daß der »Freund« seine Hand abwischte, als entferne er ein lästiges Insekt. Etwas geistesverwirrt, wie er jetzt fast immer war, glaubte Hassan, es sei noch eines Dieners Hand, die ihn berühre, hatte er sich doch durch die Art, wie er hinausgeschoben wurde, tief in seinem Stolz verletzt gefühlt. Daß er sich solches durch seine frei erfundenen beleidigenden Worte nur selbst zuzuschreiben hatte, bedachte er nicht, sondern fand, an aller Unerfreulichkeit sei nur der Prinz Ali schuld. Als dieser nun erregt fragte, warum er denn schon zurück sei und ob der Tschellebi vielleicht abwesend gewesen wäre, da die Besprechung doch so schnell unmöglich beendet sein konnte, sagte Hassan ärgerlich: »In eine schöne Sache hast du den Sohn des Großveziers verwickelt, mein Prinz Ali, denn dieser Hirte besaß die Frechheit, mich durch seine Diener aus dem Zelte weisen zu lassen, womit du auch die Antwort auf deine sogenannte Werbung hast. Ein andermal suche dir andere Boten aus, o Herr!« Damit wandte sich Hassan zum Zelteingang und rief seinen Diener, ohne sich weiter um Ali zu kümmern. Der starrte ihm für die Dauer einiger Herzschläge fassungslos nach, dann lief er, wie die Beine ihn trugen, zum Zelte des Bergfürsten. Da solches Verhalten, mehr als fremdartig in seiner Würdelosigkeit, die Diener am Zelteingang ratlos machte, entnahm Ali eilig seiner Börse einige Geldstücke, drückte sie stumm den Dienern in die Hände, worauf sich der Zeltvorhang vor ihm hob und tiefe Bücklinge seinen Weg säumten.

Der alte Hirtenfürst saß noch auf dem Sitzkissen, wie ihn Hassan zuletzt gesehen hatte, und rauchte zur Beruhigung seinen Tschibuk. Erstaunt blickte er auf, als der Jüngling, ohne ihm gemeldet worden zu sein, plötzlich vor ihm stand, atemlos vom schnellen Lauf, die Hand auf das wild schlagende Herz gedrückt. Doch rief der Hirtenfürst beim Anblick Alis in seiner lebhaften Art aus: »Wie gut tut es mir, teurer Sohn, dich zu sehen, nachdem mir soeben eine Beschimpfung zugefügt wurde, die mich tief erregte. Lasse dich bei mir nieder und nimm meinen Tschibuk, komm, teuerer Sohn!« Doch Ali blieb stehen, sagte, seiner Stimme kaum mächtig und eben noch verständlich: »Seit wann, Herr, ist es eine Beschimpfung, wenn der Sohn Suleimans durch den Sohn des Großveziers bei dir werben läßt um deine verehrungswerte Tochter, auf daß er sie zu seiner Sultana mache? Wie vermagst du das beschimpfend zu nennen, o Herr? Sprich, antworte meiner Frage.« Jetzt schwang zum ersten Male der Befehlston des beleidigten Fürsten in des Prinzen Stimme mit. Der Tschellebi war aufgesprungen, starrte in hilflosem Staunen den Besucher an, rief: »Djanum, von was sprichst du, Herr? Wer ist der Sohn Suleimans, wer der des Großveziers? Ich weiß von keinem dieser zwei, nur von einem anmaßenden Boten, der sagte, er komme vom Prinzen Ali, und dieser Elende begehre meine Tochter zu seinem Vergnügen, werde auch gut dafür zahlen. Wer ist dieser Ali, ob Prinz, ob nicht? Er komme vor mich und gebe mir Rechenschaft wegen dieser Beschimpfung!«

Ali war nun seinerseits völlig aus der Fassung geraten, packte den alten Hirtenfürsten am Arm und ahnte nicht, wie fest sich durch die Seide hindurch seine Finger ins Fleisch bohrten, schüttelte diesen umkrallten Arm und brachte mühsam hervor: »Was hat er gesagt? Im Namen Allahs, wiederhole es mir, ich beschwöre dich!« Der alte Hirtenfürst sah in das todbleiche junge Gesicht, merkte, daß hier wohl etwas Besonderes, ihm noch Verborgenes sich ereigne, und tat, wie der Jüngling begehrte, wiederholte die schmählichen Worte, die sich in seine Seele eingebrannt hatten. Es war, als krümme sich der Jüngling unter dem Gehörten, und endlich sank er auf ein Sitzkissen nieder, schlug die Hände vor das Gesicht und bebte am ganzen Körper. In Scham und Schrecken verlor der Prinz Ali einen Freund und zugleich auch den Glauben an Treue und Wahrheit.

Der alte Hirte war aufgestanden und trat lautlos an den Zusammengesunkenen heran. Er zweifelte jetzt nicht mehr daran, es wirklich mit dem Sohne Suleimans zu tun zu haben, und die Zuneigung, die er von Anbeginn für den liebenswerten Jüngling empfunden hatte, wurde um so stärker, als die Abneigung gegen den verräterischen Boten wuchs. Der kluge alte Hirte begriff, daß hier und jetzt etwas überwältigend Großes in sein und seiner Tochter Leben trat, und schon in diesem Augenblicke des ersten Verstehens packte ihn die Angst, daß er sie werde hergeben müssen. Leise berührte er die Schulter des Niedergesunkenen, sagte halblaut voll

Güte und Verstehen: »Herr, edler Herr und Fürst, glaube mir, alle, die nahe den Thronen geboren wurden, sind von Verrat umgeben, es ist dieses ihr Kismet.« Aber Ali schüttelte den Kopf, sagte hinter den verbergenden Händen hervor voller Pein und Kummer: »Du magst recht haben, Herr, doch dieser, der Sohn des Großveziers, wuchs mit mir auf, war mir näher als meine leiblichen Brüder, und so hätte ich ihm mein Leben anvertraut, vertraute ihm heute auch mehr als das, meiner Seele größten Wunsch! Was tat ich ihm, daß er so gegen mich handelt?«
Ali schaute auf, gerade in des alten Hirten Gesicht, der mit einem fast zärtlichen Ausdruck des Mitgefühls auf ihn niederblickte. Leise und voll banger Scheu fragte der Hirtenfürst: »Und was, edler Herr, ist deiner Seele größter Wunsch? Willst du ihn mir nennen?« Ali sprang auf, fühlte, daß alles noch gut werden könne, wenn auch der Schmerz des Verrates bliebe, und sagte leidenschaftlich: »Daß deine herrliche Tochter meine Sultana werde, Herr, das ist meiner Seele und meines Herzens größter Wunsch! Was ist deine Antwort, o Herr?« Der Tschellebi lächelte ein wenig geheimnisvoll und gab zurück: »Wolltest du denn mich ehelichen, edler Herr? Ich habe doch nicht zu antworten, sondern sie, meine Nurya. Du schaust mich wie erstarrt an, mein Fürst, und wirst zur Antwort geben, daß im Islam noch niemals die Frauen gefragt wurden, ob sie diesen oder jenen ehelichen wollten — ist es nicht so?« Ali nickte, konnte nichts erwidern, staunte nur und lauschte den Worten des Hirtenfürsten. Der fuhr fort und sah dabei immer wieder lächelnd zu Ali hin, sagte: »Ich habe Nurya als Knaben erzogen, und sie besitzt eines Knaben Ehrlichkeit. Das tat ich, weil ich von keinem Weibe mehr einen Sohn haben wollte, denn Nuryas Mutter, die Tschirkass, sollte allein nur mein Weib sein und bleiben. Frei wollte ich meine Nurya, wie ich selbst ein Freier der Berge bin — verstehe mich, Sohn meines Herrn, frei! Weißt du, was das ist: frei sein?

Es bedeutet, sich gebunden zu wissen an ein großes Gesetz, das viel von den Freien verlangt, denn sie müssen es in sich tragen und ihm immer gehorchen, wie es sie auch belaste. So, in Freiheit und nach deren Gesetz, ist meine Nurya aufgewachsen, und ich weiß, daß sie rein blieb an Leib und Seele. Meinst du nicht, mein Fürst, daß es ihr gebühre, gefragt zu werden, mit wem sie ihr Leben verbringen wolle, ihm untertan in allem, auch in Liebe und Treue? Entscheide du, ob ich Nurya rufen lassen soll— ich tue nach deinem Willen!«
Ali saß etwas zusammengesunken da, so wie er es in der Medresseh zu tun pflegte, wenn der Hodja eine besonders schwierige Stelle des Korans erklärte, denn dieses, was der Hirtenfürst vorgebracht hatte von der Entschlußfreiheit der Frau, das war für den Prinzen Ali eine mehr als schwierige Stelle! Niemals noch in seinem von Liebe und Zeremoniell umgebenen Leben hatte jemand von Freiheit zu ihm gesprochen, denn wie konnte es sie geben für den Sohn des Sultans, da es sie für den Sultan selbst auch nicht gab? Jetzt blickte er auf und betrachtete sich ernsthaft das Antlitz des ersten freien Menschen, den er traf — eines, der es vermocht hatte, auch eine islamische Frau zu einem freien und verantwortlichen Menschen zu erziehen. Fast erschreckte es Ali, an seinen Bergfalken in dieser Art zu denken, denn, um es klar heraus zu sagen, daß ein Falke, ein Schahin, der freieste der freien Vögel sei, das hatte Ali noch nie erwogen. Plötzlich aber schrak er auf, denn es war ihm gewesen, als spüre er die vertrauten Krallen seines Jagdfalken am Finger der rechten Hand, und er sah das von der Jagdkappe verhüllte Vogelköpfchen im Geiste vor sich. Er war sich nicht bewußt, gesprochen zu haben, wußte nicht, daß er leise gesagt hatte: »Yah, du Ärmster!« Und als der Hirtenfürst ihn halblaut fragte: »Was sagtest du, Herr?« gab er, immer noch abwesenden Geistes, zur Antwort: »Ich sprach zu meinem Jagdfalken, Herr, denn wenn ich heimkomme, lasse ich ihn und

sie alle fliegen!« »Maschallah!« antwortete der Hirte, »das war eine schöne Antwort! Ich lasse jetzt deinen Bergfalken rufen, mein Fürst, auf daß du deine Antwort erhältst.«
Der Hirtenfürst klatschte in die Hände und befahl dem eintretenden Diener: »Lasse die Herrin Nurhial holen, und die Frauen sollen sich beeilen, sie zu benachrichtigen, daß ich sie zu sprechen begehre. Gehe!« Der Diener warf einen Blick auf den Besucher, nahm wohl an, der werde sich inzwischen verabschieden, und ging, seinen Auftrag auszuführen. Wie es aber der Zufall, besser gesagt, das Kismet, wollte, war die Dienerin der Herrin, die der Bote antraf, jene, die schwerhörig war und immer von allem nur die Hälfte verstand, diese aber falsch. Um nicht ihre endlosen Fragen beantworten zu müssen, deren Antworten stets falsch verstanden wurden, rief ihr der Diener nur zu: »Die Herrin, schnell, zum Herrn!« Die halbtaube Dienerin grüßte und glitt davon. An diesem für sie außergewöhnlichen Tage, an dem sie nicht mit den Junghirten zu Berge zog, hatte Nurya, um sich die Zeit zu vertreiben und auch, weil es sie reizte, den ihr bisher so fremden Frauenschmuck kennenzulernen, begonnen, den Inhalt jener Kleidertruhe, der sie am Abend vorher den Brautschleier entnahm, auf ihrem Lager auszubreiten. Es sollte nur eine erheiternde Spielerei für sie sein, denn es war ihr so ganz ungewohnt, sich während des Tages hier im Zelte zu befinden, daß sie fand, sie müsse auch etwas ganz Fremdartiges betreiben.
Aber es ist ja nun einmal so, daß, wenn eine Frau, auch eine solche, die ihr Weibtum bisher als Last empfand, sich plötzlich mit Seiden, Samten und Schleierstoffen befaßt, der lächelnde Djin der Eitelkeit sie schon am Schopf gefaßt hat, am schönen rotbraunen. Bei Nurya verhielt es sich nun so, daß sie kaum wußte, welchen Zwecken die Kleidungsstücke dienten, noch auch, in welcher Reihenfolge sie angelegt werden mußten, und so ließ sie einige sachkundige Dienerinnen her-

beirufen, damit sie ihr bei der Lösung dieser Schwierigkeiten behilflich wären. So kam es, daß die älteste der Frauen, die erklärt hatte, mit diesen Torheiten nichts mehr zu tun zu haben, noch auch, sich damit beschäftigen zu wollen, diejenige war, welche den Befehl für Nurya übermittelt bekam. Alles, was sie ausrichtete, war, daß die Herrin sich sogleich zum Herrn begeben solle. So wußte Nurya nur, daß der Vater sie rufe. Sie ließ sich über das schleierartige Gewand, das sie trug, einen schweren Persermantel legen und drückte sich das kleine Käppchen, das unter dem Yasmak getragen wird, ein grünes mit allerlei Steinzeug bestickt, schief auf das rötliche Haar. Zuletzt raffte sie noch einige Ketten zusammen, die sie sich lachend umhängte, und glitt davon. Lachend trat sie auch bei ihrem Vater ein, wollte dann aber sogleich erschrocken die Flucht ergreifen, als sie seinen Gast erblickte. Doch ein Anruf des Vaters hielt sie zurück. Der Hirtenfürst sagte: »Bleibe, Nurya, mein Kind, und höre, was dieser edle Herr dich zu fragen hat! Rede, mein Sohn, wir achten deiner Worte!« Das war nun leichter gesagt als getan, denn Ali brachte kein Wort heraus, so sehr ergriff ihn der Anblick dieser so völlig verwandelten jungen und lieblichen Frau.

Der schleppende Mantel ließ sie größer erscheinen, und das viele Schmuckzeug, das sie sich umgehängt hatte, machte sie verwirrend weiblich, ebenso wie das kleine glitzernde Käppchen in dem rötlichen Haar. Er starrte sie hingerissen an, die er sich so schön nicht vorgestellt hatte, diese von ihm erwählte Frau, die zu suchen er nach Anatolien gekommen war. Es muß bedacht werden, daß der Sohn Suleimans, der alle Frauen, die er begehrte, haben konnte, eben das Begehren noch kaum gefühlt hatte. Niemals war diesem Jäger noch Zeit zum Suchen, zum Nachstellen, zum Erobern gelassen worden, und was bedeutet einem solchen Eroberer das leicht Dargebotene? Ein ermüdendes Nichts. Und jetzt dieses! Diese verwegene Frau der Freiheit, die Frucht der

Berge, der kühne Bergfalke, diese schöne Tschirkass, jungfräulich und begehrenswert — yah, neh Kismet!
Ali riß sich zusammen, denn es ging nicht an, das erwählte Mädchen einem groben Toren gleich anzustarren, auch galt es, des alten Hirtenfürsten Aufforderung endlich Folge zu leisten. Der Prinz ging zwei Schritte auf Nurya zu, verneigte sich tief, wodurch er der Verpflichtung, sie anzuschauen, überhoben wurde, und sagte, geziemend halblaut sprechend: »Erhabene Herrin und meine Sultana, ich habe dir zu bekennen, daß ich um deinetwillen allein hierher auf den Gandhar Dagh kam ...« Ehe er weiterreden konnte, fiel Nurya hastig ein, fragte lebhaft: »Wie denn um meinetwillen? Was konntest du, Herr, der du aus dem Tale kamst, von mir wissen?« Ali hätte nun gerne weiter berichtet, aber der alte Hirtenfürst wollte durchaus nicht, daß seine Tochter etwas von der Sache mit der Lendenlahmheit erführe, und so sagte er schnell: »Lasse das, meine Tochter! Ich werde es dir später erklären, wie es kam, daß der edle Herr von dir hörte. Du erlaube ihm, dir darzulegen, was er von dir erhofft. Rede, Herr, sie wird dir Antwort geben.« So begann denn Ali nochmals, und beklommen fühlte er, wie schwierig seine Aufgabe diesem ruhig wartenden Mädchen gegenüber war. Wieviel leichter wäre alles für den Prinzen gewesen, wenn er gewußt hätte, daß unter dem schweren Persermantel ein Mädchenherz wie rasend klopfte, und daß Nurhials Frage an ihn nur aus Verlegenheit gestellt worden war. Er holte tief Atem und sagte entschlossen: »Und weil ich von dir hörte, Herrin, erfuhr von deinem freien Leben der Berge, kam ich herauf, dich zu fragen, ob du mit mir ziehen willst als meine Sultana und ob du glaubst, ein Leben im Tale zu ertragen.«
Ehe Nurhial etwas erwidern konnte, wohl wissend, wie oft das Wort »Sultana« als überschwänglicher Kosename verwendet wurde, sagte ihr Vater leise: »Der edle Herr ist der Sohn des Sultan Suleiman, dem wir alle untertan sind.« Es ist

nicht verwunderlich, daß bei all diesem, das einem Sturzbach gleich auf sie einstürmte, Nurhial die Fassung verlor und sich tastend an der Zeltwand zu halten suchte. Mit drei Schritten war Ali bei ihr und schob ihr ein Sitzkissen zu, auf das das starke Hirtenmädchen niedersank, als sei ihr ein Schlag in die Kniekehlen versetzt worden. Der Hirtenfürst betrachtete seine Tochter gespannt, und als sie nun die Hände vor das Gesicht schlug, fuhr er sie unsanft an, rief: »Gib dem edlen Herrn Antwort, meine Tochter, tue es in Ruhe und Sammlung, wie es sich gebührt!« Der strenge Ton wirkte. Nurya richtete sich auf und fragte, scheu zu Ali hochblickend, der noch vor ihr stand: »Welcher Art, o Herr und Fürst, würde das Leben sein, das ich an deiner Seite zu führen hätte? Wäre es eines im Haremlik? Das, o Herr, vermöchte ich nicht, so gerne ich auch mit dir käme, wolle es mir glauben.« Ali zog sich nun hastig noch einige Sitzkissen herbei, fragte erregt, denn er hatte von ihrer Antwort nur eines wirklich gehört: »Du würdest gerne mit mir kommen, Herrin Nurhial — sagtest du so?« Sie nickte, erwiderte leise: »Sehr gerne, aber im Haremlik leben, nein, das vermöchte ich nicht!« Ali wußte, daß sie die Wahrheit sprach, und auch der Tschellebi wußte es, aber er griff noch nicht in diese Besprechung zweier junger Menschen ein, die versuchen mußten, allein ihren gemeinsamen Weg zu finden, so dachte der alte Hirte in seiner tiefen Lebensklugheit.

Ali begann sich nun schon daran zu gewöhnen, mit einem Mädchen sprechen zu können wie mit einem Gefährten, schob sein Sitzkissen noch etwas näher zu dem Nuryas heran und sagte ernsthaft: »Nein, du könntest in keinem Haremlik leben, das weiß ich wohl. Aber wie es sich gestalten ließe, daß du, o Herrin, meine Sultana, wärest anders als im Haremlik, das vermag ich noch nicht zu sagen. Wüßtest du uns einen Rat, Herr?« Solcherart ausdrücklich befragt, sagte der Tschellebi vorsichtig tastend: »Dein erhabener Vater,

o mein Fürst, wird wünschen, dich in seiner nächsten Nähe zu haben?« Die Antwort, aus tiefster Überzeugung gegeben, lautete nur: »Ja, Herr.« Der alte Hirtenfürst fuhr fort zu fragen: »Er würde leiden unter einer Trennung?« Wieder nur das gleiche: »Ja, Herr.« Ruhig, ernst und eindringlich kam die nächste Frage: »Kennt der erhabene Sultan Anadolu, unser Land?« Ali sah erstaunt auf, gab zur Antwort: »Er kennt es nicht. Auch mir war es bisher fremd — warum fragst du, Herr?« Statt der Antwort kam wieder eine Frage: »Dir aber, o Fürst und Herr, der du zum ersten Male in unserem Anadolu weiltest — erscheint dir dieses Land des Beherrschens durch einen großen Sultan wert?« Jetzt wurde Ali sehr aufmerksam, fragte lebhaft: »Du meinst, Herr, es sei bisher diesem Anadolu zu wenig Beachtung geschenkt worden?« Zwar begriff Ali nicht, was all dieses Hin und Her mit seinem Wunsch zu tun hatte, Nurhial zu seiner Sultana zu machen, aber ihm war, als greife aus den Worten des alten Hirtenfürsten irgend etwas sehr Starkes nach ihm, und er spürte, all dieses werde nicht gesagt um einer Ablenkung willen. Ebenso wie Ali hörte Nurhial gespannt ihrem Vater zu, denn sie, die ihn kannte, wußte, er verfolgte eine ganz bestimmte und sehr ernste Absicht mit seinen eigenartigen Fragen.
Auf Alis letzte Worte war die Erwiderung des alten Hirten: »Ich glaube, o Sohn des großen Suleiman, daß dieses Land Anadolu vielerlei Reichtum birgt, der noch ungenützt blieb. Und ich glaube, daß es für einen großen Herrscher sich wohl lohnen würde, alle seine Reichtümer zu heben, zu pflegen und zu hüten. Auch glaube ich, daß in Not und Gefahr, die Allah von deinem erhabenen Hause abwenden möge, seine Berge besserer Schutz wären als auch die mächtigste Veste. All dieses, erhabener Prinz, wolle erwägen und dich fragen, ob es nicht klug wäre und gut, dir hier in unsrem Anadolu ein Serail zu erbauen, in dem Nurhial, meine geliebte Tochter, neben dir leben könnte in Freiheit, und du, o Fürst, für deinen

großen, erhabenen Vater Verwalter und Beherrscher dieses unsres Landes wärest.«
Völlig benommen von diesem neuen und fremdartigen Gedanken, sah Ali zu dem seltsamen Manne hin, dessen Scharfblick und weite Sicht ihm geradezu beängstigend erschienen. Ehe er sich auch nur ein weniges gefaßt hatte, fiel Nurhial ein, rief begeistert: »O Herr und Vater, welch ein wunderbarer Gedanke ist dieser! Und weißt du, wo das Serail zu erbauen wäre? Auf dem Quellgrunde jener Hochebene, wo du mit den Deinen, Herr, die erste Nacht verbrachtest, wie ich vernahm von meinen Dienerinnen, die mir auch berichteten von Hassan und seiner kleinen Hirtenflöte, die er für Euch blies. Es ist eine sehr geschützte Stelle, sie besitzt mehr als eine Quelle und ist, wenn die Straßen in Ordnung sind, auch leicht zu erreichen. Wie herrlich wäre das, Herr! Du sagst nichts? Es gefällt dir alles nicht?« Hier aber griff der kluge Vater wieder ein, sagte ruhig und bestimmt: »Verlasse uns nun, Nurya, meine Tochter! Der edle Prinz hat dir gesagt, was er von dir ersehnt, und damit geschah für jetzt genug. Und ich wünsche, meine Tochter, daß du zu niemandem, wer es auch sei, von dem allem auch nur ein Wort sprichst, was immer hier geredet wurde. Es ist ein Befehl.«
Nurya erhob sich sogleich, grüßte beide Männer, murmelte: »Hören ist gehorchen«, und war fort, ehe Ali noch eine Gebärde des Zurückhaltens machen konnte. Doch muß auch gesagt werden, daß die großen und bedeutsamen Gedanken des alten Hirtenfürsten ihn zutiefst beschäftigten, denn ihm war schon klar geworden, daß sich hier für ihn eine Aufgabe abzeichnete, die seinem geheimsten Sehnen entsprang.
So sehr er auch seinen Vater liebte und verehrte, das müßige Leben an dessen prächtigem Hofe war dem Prinzen Ali schon lange zur Last geworden, doch eine Unterredung, die er einstmals mit dem Sultan gehabt hatte, verstand er dem Sinne nach erst jetzt ganz. Es war da von der Umwandlung

des jahrhundertealten Gesetzes der Nachfolge innerhalb des Sultanats die Rede gewesen, und Suleiman hatte seine drei Söhne zu sich berufen, um ihnen mitzuteilen, welche Absichten er in dieser Hinsicht hege und aus welchen Gründen er ein neues Gesetz zu schaffen gedenke. Fast teilnahmslos hatten die beiden Scheichzadeh, Machmud und Mehmed, den Ausführungen des Vaters zugehört, denn wenn der Sultan etwas beschlossen hatte, so war nichts mehr dagegen zu tun — warum sich also darob erregen? Doch Ali, diesen jungen Feuergeist, hatte es nicht gelitten, und er fragte Suleiman erstaunt: »Warum, erhabener Herr, denkst du, die glorreiche Reihenfolge von Vater und Sohn zu durchbrechen, die seit Jahrhunderten den Thron der Kalifen zierte?« Sehr ernst hatte der Sultan erwidert: »Du weißt, mein Sohn, daß mein Vater, Selim der Erste, ein harter und sehr gestrenger Mann war, und ich konnte seinen Tod kaum erwarten, um ein anders geartetes Sultanat zu schaffen. Darum sei meinen Söhnen nicht das gleiche Los beschieden. Sie seien frei, sich ihr Leben zu bilden nach eigenem Willen, und der älteste Fürst des Hauses werde Erbe des Sultanats. Da niemand wissen kann, wer beim Tode des Sultans grade der älteste sein würde, gibt es keinen Neid, keinen Mord — nur noch Freiheit!« Wie sehr dankte Ali jetzt dem Vater dieses neue Gesetz, denn wenn auch er selbst niemals Erbe geworden wäre — dennoch bedeutete es auch ihm die Freiheit, die er erst jetzt ganz zu erkennen glaubte. Der Gedanke, hier oben zu leben und zu herrschen, war ihm nahezu berauschend! Gespannt betrachtete der Hirtenfürst den Prinzen, wartete auf das Wort des Kismet, das er aussprechen würde.

Als aber dieses Wort des Kismet von den jungen Lippen geformt wurde, erschrak der Hirtenfürst heftig. Das Wort war: »Gibt es einen Imam in erreichbarer Nähe?« Unsicher sprechend, fast heiser vor Bangen, fragte der alte Hirte: »So willst du mir mein Kind doch fortnehmen, Herr? Ich bitte dich, habe Mitleid, denn ich bin sehr einsam!« Erstaunt gab Ali zur Antwort: »Ich verstehe dich nicht, Herr. Willst du nicht, daß ich deine Tochter eheliche? Und wird sie dann nicht dennoch dir ein wenig fortgenommen?« Irgendwie schien der Tschellebi nicht richtig verstanden zu haben, fragte bange: »Dann also doch nicht zur Ebene, Herr?« Nun war das Erstaunen an Ali, und er dachte an alles, was er sich ersonnen hatte für die Hochzeitsfeier, sagte fragend: »Ich wollte nur wissen, ob es einen Imam hier oben irgendwo gäbe, weil ich mir erdacht habe, daß es schön wäre, wenn unsere Hochzeit hier stattfände. Du weißt selbst, Herr, mit welchen Feierlichkeiten sonst Heiraten vor sich gehen. Kannst du dir deine Tochter vorstellen auf dem Brautthron, stundenlang hilflos unter den Augen der Weiber — Herr, wäre es nicht erschrecklich für den Bergfalken?« Heiter und ledig aller Sorge sagte der alte Hirte lebhaft: »Wie recht du hast, mein teurer Sohn, wie sehr recht! Und wie dankbar kann Nurya dir sein, daß du ihr solches ersparst! Aber sage mir, wie hattest du dir alles vorgestellt, und was soll nach der Hochzeit geschehen?« Ali sagte freudig: »Ich hatte mir vorgestellt, du, Herr, würdest anstelle meines Vaters für mich sprechen und eine Amme oder alte Dienerin für die Braut. Auch hatte ich dich fragen wollen, ob es wohl möglich wäre, die Brautnacht in einsamer Bergeshöhe zu verbringen, wo der Bergfalke daheim ist. Es müßte wunder-reich sein und voll größter Schönheit und Erhabenheit. Was denkst du davon, Herr? Du siehst mich so seltsam an — ließ ich es an der dir schuldigen Ehrfurcht mangeln?«

Ja, der Tschellebi sah den Sohn Suleimans des Prächtigen seltsam an, denn er hätte niemals erwartet, daß solche Einfachheit und schlichte Sauberkeit am reichsten Hofe der Welt aufwachsen könnten. Ihn packte es fast wie Rührung, und er mußte sich beherrschen, um nicht in unmännlicher Art seine Ergriffenheit erkennen zu lassen. So antwortete er dem Prinzen Ali: »Wenn ich dich seltsam ansah, so deshalb, weil du mir die Ehre erweist, daß ich für dich vor dem Imam sprechen darf, und so, wenn du es mir gewährst, sage ich für diese Tage wieder, wie ich es zu Beginn tat: mein teurer Sohn, darf es so sein, o Herr?« Ali lächelte, sagte heiter: »Es sei so, Herr, und vergib, wenn ich nicht gleicherweise erwidere, denn das vermag ich nicht.« Der stolze Hirtenfürst erhob sich, grüßte den Jüngling, sagte halblaut: »Du ehrst mich, Herr«, und ließ sich wieder nieder.

Ruhig und sachlich sprach er dann weiter: »Es ist so üblich unter Hirten — und ihrer Sitte müssen wir uns hier oben fügen —, daß bei einer Hochzeit im Freien ein Hammel am Spieß gebraten wird und die Männer sich daran vergnügen. In dieser Zeit wäre es möglich, daß du mit Nurya entkämest. Was aber geschieht während dieser ganzen Zeit mit deinen Begleitern, Herr?« Bei dieser Frage wurde es Ali klar, was er wünschte, und er sagte schnell: »Ich schicke sie fort, denn sie wissen hier oben ohnehin nichts mit sich anzufangen und sind voller Ungeduld fortzukommen. Sind die Straßen wieder in Ordnung, Herr?« Der Tschellebi lachte, meinte: »Das wäre schlimm, wenn sie jetzt noch zerstört wären wie damals, als du kamst, Herr. Die Deinen können mit ihren Pferden ungehindert und gefahrlos zu Tale gelangen.«

Ali gab seiner Freude hierüber Ausdruck und fragte dann lachend: »Und was, Herr, hast du den aufsässigen Althirten als Strafe für ihr Verhalten antun lassen?« Auch der Hirtenfürst lachte, wenn auch etwas grimmig, gab dann Auskunft: »Ich habe sie für drei Tage in den Stock sperren lassen, und ihre Weiber mußten dabeisitzen, um ihren Männern die Fliegen fernzuhalten, drei Tage und drei Nächte lang. Meine Diener haben sie geweckt, wenn sie einschliefen und auch nur eine Fliege die Männer störte. Es war sehr belustigend mit anzusehen, auch wohl heilsam für alle, Männer wie Weiber.« Ali mußte auch lachen, fragte dann: »Und der kleine Hassan,

bekam er seine Belohnung, wie du versprachst, Herr?« Auch der alte Hirte lachte wieder, sagte fröhlich: »Er bekam sie. Ich ließ ihm vom Fell eines gefallenen Lammes ein besonders weiches kleines Hirtenfell anfertigen, und er mußte mir auf seiner Flöte vorspielen. Es hat ihn erfreut und beglückt.« Schnell fragte Ali: »Gibst du uns den Kleinen mit, wenn wir hinunterziehen? Ich möchte sein helles Kismet-Lied nicht entbehren.« Der Tschellebi nickte Gewährung, wiederholte aber dann angstvoll seine Frage, was der Prinz nach der Hochzeit zu tun gedenke. Als die Antwort kam, war sie ganz einfach, denn während dieser sich mehr an der Oberfläche bewegenden Unterhaltung hatte im Unterbewußten der lebhafte junge Geist weitergearbeitet. So sagte Ali: »Ich will meine Sultana zu meinem Vater bringen, und sie soll es ihm darstellen, wie stark dieses Land ist und welchen Reichtum es birgt. Er wird sie hören und befragen, denn nur sie allein vermag es ihm begreiflich zu machen, daß er sich von seinem Sohne trennen muß zum Besten von Anadolu. Indessen wolle du, Herr, beginnen lassen, jenes Serail für uns zu erbauen. Wie lange, glaubst du, wird es dauern bis zur Fertigstellung?«
Der Hirtenfürst hatte sehr aufmerksam zugehört und war voll zufriedengestellt. Eifrig sagte er: »Ich werde in zwei Schichten arbeiten lassen, eine am Tage, eine nachts. Die Nächte sind jetzt nie ganz dunkel, und mit Fackeln ist da auch zu helfen. So wird die Arbeit nicht länger als sechs Monate in Anspruch nehmen, denke ich. Willst du so lange mit Nurya fortbleiben, o Herr und Fürst? Und muß sie, während du am Hofe deines erhabenen Vaters weilst, im Haremlik leben? Es wird sehr schwer für sie sein und nicht gut für die anderen Frauen, denn es ist besser, sie wissen auch weiterhin nichts von der Freiheit – habe ich recht, o Herr?« Ali saß ein Weilchen überlegend da, sagte dann aus seinen Gedanken heraus langsam, wie tastend: »Ich denke Herr, mein Vater wird zustimmen, wenn ich ihn bitte, mir eines seiner großen Kriegs-

zelte in seinen Gärten aufschlagen zu lassen für uns. Ich sende ihm ein Schreiben mit den Gefährten, die morgen in der Frühe abreiten — was hältst du davon, Herr?« Leise sagte der alte Hirtenfürst: »So du dafür Sorge trägst, daß das Schreiben nicht in die Hände jenes Verräters fällt, ist es ein guter Gedanke, mein Fürst.« Ali nickte nur.

Und dann besprachen sie in freundlicher Übereinstimmung die Geldfrage, wobei es sich zeigte, daß der, den Ali als listig bezeichnet hatte, dieser alte kluge Hirte, nahezu großmütig war, was den Brautpreis anlangte, und sich nur eine Vorauszahlung erbat für den Bau des Serails. Als Ali auf der von ihm festgesetzten Summe für den Brautpreis bestehen wollte, zeigte der Tschellebi leichten Ärger, erhob sich und sagte abschließend: »Wolle mir zugestehen, mein Fürst, daß ich mein Kind liebe und sein Glück mir nicht bezahlen lasse, auch nicht die Ehre, daß Nurya vor dem erhabenen Sultan Suleiman für unser Land werben wird. Lasse auch mich, Herr, würdig sein, Vater zu heißen des Prinzen Ali vor dem Imam.« Hierauf gab es keine Antwort als nur die der Ehrfurcht. Ali grüßte tief und verließ den alten Hirtenfürsten rückwärts schreitend, wie er es vor seinem Vater, dem Sultan, zu tun pflegte. Und jetzt wußte er mit voller Bestimmtheit, daß der freie Bergfalke würdig war, Suleimans Tochter genannt zu werden, denn ihres eigenen Vaters Gesinnung machte sie dazu.

Beide Männer, der alte und der junge, hatten nun wichtige Dinge zu tun — beim älteren war es das Wissen, daß Nurya voller Spannung und Ungeduld warte auf das, was er ihr mitzuteilen hatte, beim jüngeren etwas Ähnliches, wenn auch gewißlich nicht gleiches, denn Ali ging, um seinen Gefährten bekanntzugeben, daß ihr Aufenthalt auf dem Gandhar Dagh beendet sei, und er war gewiß, ihm würde nur Freude als Antwort werden. Aber erst an dem Übermaß der Beglückung erkannte Ali, welches Opfer ihm die Freun-

de durch ihr Verweilen hier oben gebracht hatten. Daraus wurde ihm nun auch klar, wie eigensüchtig er gewesen war, denn sie alle hatten nichts gehabt, was ihnen die Zeit in gewohnter Art vertrieb, während für ihn selbst jeder Augenblick mit dem Reichtum des Erlebens angefüllt gewesen war, einer reifen Frucht gleich, deren Saft überquillt. Er bemühte sich, seinen Fehler wieder gutzumachen, indem er mit größtem Eifer bei den Vorbereitungen zu dem Aufbruch am nächsten Morgen mithalf. Die Hauptsache, will sagen, der Mittelpunkt des ganzen lebhaften Geschehens war das Stallzelt. Hier führte Mehmed die Oberaufsicht, er, der einstmals Alis und seiner Brüder Reitlehrer gewesen war. Ihm hatte Ali auch sogleich zugeraunt, daß er ihn nicht entbehren könne, ebensowenig wie das Erwan vermochte, Alis nun schon stallmüdes Edelblut. Er und Selim sollten die einzigen sein, die noch zurückblieben und erst zusammen mit Ali aufbrechen würden in den nächsten Tagen.
Der Prinz zog seinen alten Reitlehrer beiseite und fragte leise: »Sage mir, Mehmed, der du immer ein Menschenkenner warst, da du ein Pferdekenner bist, wer erscheint dir unter allen Gefährten als der verläßlichste? Rede offen, es sei dir alles erlaubt.« Leise fragte Mehmed: »Alles, Herr?« Ruhig kam die Antwort: »Alles, auf Reiterwort.« Das war bindend, wie Mehmed wußte, und sein starkes Gesicht strahlte auf. »Lassen wir uns auf jenem kleinen Fels vor dem Eingang nieder, Herr! Wir haben dort freie Sicht nach allen Seiten und sind deshalb unbelauscht.« Ali tat nach dem Wunsche des früheren Reitlehrers, dem er völlig vertraute, und sah Mehmed Agah erwartungsvoll an. Der holte tief Atem und begann: »Wisse, o Herr, daß die großen Herren nicht bedenken, wie vieles ihren Dienern bekannt ist von dem, was sie vermeinen, vertraulich zu besprechen. Da es in allen Gemächern nur Vorhänge gibt und die Diener gezwungen sind, sich in unmittelbarer Nähe dieser Vorhänge aufzuhalten, um

auf das leiseste Händeklatschen zur Stelle zu sein, ist es unmöglich für sie, nicht zu hören, was in den Gemächern besprochen wird. So ist es kein Lauschen, nein, einfach ein Hören, wenn sie von allem wissen, um so mehr, als die großen Herrn nicht immer leise reden. Auf diese Art, erhabener Herr, geschah es, daß die Dienerschaft des Großveziers ...«
Hier wurde Ali sehr aufmerksam und legte seinen Tschibuk fort, den er sich angezündet hatte und friedlich geraucht bei der langatmigen Darstellung des trefflichen Mehmed. Jetzt aber packte er ihn am Arm, rief heftig: »Ja, also, die Dienerschaft des Großveziers — was ist damit, rede!« Wie er es bei einem aufgeregten Hengst getan hätte, klopfte Mehmed die Hand auf seinem Arm beruhigend und sagte, während er sich umsah: »Leise, Herr, man weiß nie, wer lauschen könnte! Nun also, die Dienerschaft des Großveziers hat der unseren mitgeteilt, daß der Großvezier seinem Sohne anempfahl, dich, o Herr, während dieser Reise zu beaufsichtigen, damit du nicht — vergib deinem Diener, Herr — das Hirtenmädchen ehelichst, sondern vielmehr die Tochter des Großveziers, Makbuleh, zur Sultana machst, durch welche Heirat spätere Schrecken vermieden werden könnten. Und Hassan Bey solle aufpassen, daß ihm der Haschisch keinen Streich spiele und er immer bei vollem Bewußtsein bleibe. Dieses, Herr, ist es, was ich dir zu sagen hatte, um so darzulegen, daß du einem jeden deiner Begleiter ein Schreiben an den erhabenen Sultan anvertrauen kannst, außer dem einen, den du bisher als deinen nächsten Freund ansahst und der in Wahrheit dein Feind ist. Vergib deinem Diener, der dich von deiner frühesten Jugend an als seinen besten Reitschüler geliebt hat, o Prinz Ali!«
Ali nickte mit ernstem Gesicht, erhob sich, legte Mehmed leicht die Hand auf die Schulter, sagte leise: »Ich danke dir, Mehmed! Du hast mir einen Dienst erwiesen, den ich nicht vergessen werde. Wenn ich dieses alles eher erfahren hätte, würde ich es wohl nicht geglaubt haben. Alles hat seine

Stunde, das Wissen und das Nichtwissen. Dir aber sei Dank, Lehrer meiner Jugend!« Ali wandte sich ab und fühlte jetzt in sich die Ruhe und Sicherheit, deren er bedurfte, um mit dem Sohne des Großveziers die letzten Worte zu sprechen, die der Trennung. Er rief Selim und ließ sich bei Hassan Bey anmelden, einem Fremden gleich. Doch kehrte der vertraute Diener sogleich zurück und gab leise Auskunft, flüsterte: »Herr, es ist zwecklos, daß du Gehör begehrst, denn Hassan Bey liegt im tiefen Haschisch-Schlaf, ein hilflos Berauschter.« Ali wandte sich angewidert ab, sah, daß Mehmed ihm gefolgt war, winkte ihn heran, sagte verärgert: »Hassan Bey ist bewußtlos im Haschisch — was sollen wir tun, um ihn morgen in der Frühe von hier fortzubringen? Weißt du einen Rat, mein Freund Mehmed?« Mehmed lachte leise, bemerkte heiter: »Wir setzen ihn in eine Sänfte, Herr. Die haben hier oben dergleichen, um die alten Weiber zu befördern — es sind Holzkästen, die mit starken Gurten zwischen die kleinen Lastpferdchen gehängt werden. Darin kann der Haschischin dann weiterschlafen, denn ein edles Pferd wäre geschändet, bestiege er es.« Diesem Vorschlag vermochte Ali noch nicht zuzustimmen, denn er wußte, welche Unehre es für den Sohn des Großveziers bedeuten würde, solcherart zu Tal befördert zu werden, und es erschien ihm doch als sehr unklug, wenn schon eine Feindschaft vorhanden war, diese noch durch offene Verhöhnung zu verschärfen.
Ali nahm sich vor, den Hirtenfürsten zu befragen, zu dessen Klugheit er das größte Vertrauen hatte, und Hassan vorläufig ungestört zu lassen. Der Tschellebi befand sich unterdessen bei seiner Tochter und hatte, während er Nurya darlegte, was ihr alles bevorstand, unausgesetzt mit einer ihm ungewohnten Rührung zu kämpfen. Sie hockte am Boden vor ihrem Vater und schaute ihn an, als erzähle er ein Märchen, ein ganz erstaunliches und unglaubhaftes. Dann murmelte sie: »Er hat gesagt, wir sollen auf den Berg hinauf zum Fest der

Liebe?« — »Das sagte er, Nurya.« »Hast du gewußt, mein Vater, daß es einen solchen Mann gibt? Einen, der sich erdenkt, was ein Mädchen beglücken könnte, und für sie das Fremdartigste ersinnt, und der zudem ein großer Fürst und Herr ist?«

Der Vater strich leicht über das rötliche Haar, das er erinnernd liebte, und sagte leise: »Vielleicht deshalb, meine Nurya.« Sie richtete sich schnell auf, fragte lebhaft: »Wie meinst du das, mein Vater?« »Ich meinte so, daß ein wirklicher Herr und Fürst auch ein Freier ist. Gewiß bestreitet niemand, daß es Hochgeborene gibt, die nichts sind als Lüstlinge und rohe Unterdrücker — doch diese nenne ich keine Fürsten, Nurya. Ist es nötig, hochgeboren zu sein, um in solcher Art das Geschenk Allahs, das Leben, zu vergeuden? Jeder reiche Tor kann auf diese Weise sein Leben gestalten, um es zu verlieren. Doch ein Fürst, mein Kind, ist jener, der sich selbst zu vergessen vermag, auf sich verzichten kann um eines erhabenen Gedankens willen. Und es ist mir, als seiest du, mein Kind, für den Prinzen Ali ein erhabener Gedanke — der der Freiheit. Sie ist es, die du ihm verkörperst und auch offenbarst — vergiß das niemals, meine Tochter. Darum will er auch das Fest der Liebe nur in Freiheit mit dir feiern, und ich habe sein Wesen an diesem Wunsche erst ganz erkannt. Welch herrlichen Sohn hast du mir in diesem Fürsten geschenkt, Nurya, meine Tochter! Mein Dank und mein Segen werden immer bei dir sein, du weißt es, mein Kind!«

Sie nahm schnell seine Hand, denn nun wußte sie, daß sie ihm nicht einen Sohn geraubt, sondern einen solchen geschenkt hatte, und damit war die letzte Bedrückung von ihr gewichen, so daß ihr Herz sang wie eine Lerche im Morgenlichte und gleich ihr sich hochschwang im Glanze des Glückes. Dieser beseligte Überschwang aber wurde durch die wieder ganz ruhige Stimme des Vaters unterbrochen, der sachlich fragte: »Wo wäre denn ein Platz auf Bergeshöhe, Nurya, wo keine lästige Neugier euch nahe zu kommen vermöchte?« Sie flüsterte wie im Traume vor sich hin: »Die Höhle, mein Vater, nur die Höhle, vor der er uns damals zum Helfer wurde — was denkst du davon? Sie hat das erste Morgenlicht, und ganz nahe beim Eingang befindet sich nicht nur eine Quelle, nein, sogar ein kleiner Wasserfall. Ich habe mich oft von ihm übersprühen lassen, und auch er, der Prinz Ali, hätte seine Freude daran. Glaubst du, ich habe es gut erdacht, Herr und Vater?« Aber der Tschellebi hörte ihr schon nicht mehr zu, sagte zerstreut: »Sehr gut, wirklich sehr gut... Schicke mir Mirhalla, mein Kind, ich habe mit ihr zu reden.« Aber Nurya hielt ihn am Ärmel fest, fragte scheu: »Und wann ist die Hochzeit, mein Vater?« Er lächelte sie an, sagte hastig: »Wenn der Imam kommt, beginnt sie gleich. Er soll sich dann nur etwas vom Aufstieg ausruhen. Der Bote, den ich deshalb aussandte, kehrte noch nicht zurück. Wenn er kommt, erfährst du es gleich, Kind.«

Das mußte ihr für jetzt genügen und, an Gehorsam gewöhnt, ging sie, den seltsamen Auftrag des Vaters auszuführen, ihm ihre ehemalige Amme und jetzt liebste Dienerin Mirhalla zu senden. Die zwar alte, aber frische und lebhafte Frau begrüßte ihr Pflegekind mit einem Jubelruf, denn sie war tief beglückt durch das wunderbare Kismet, das ihrem Liebling beschieden war. Auch war sie bereit, diesem Prinzen Ali, der das Wunder vollbrachte, Nurhial Yasmakli zu machen, als ihren Herrn und Gebieter zu verehren und ihm zu dienen. »Ich soll zum Herren kommen? Habe ich etwas verfehlt? Weißt du es, mein Herz, meine Seele?« Aber Nurya wußte von nichts, und so machte sich denn Mirhalla, auf alles gefaßt, daran, dem Befehle zu gehorchen. Sie trug ein Amulett, das ihr Nuryas Mutter einst geschenkt hatte, als sie im Sterben lag, todmüde schon, das kleine Wesen im Arm, das seine ersten Atemzüge tat. Die schwache Stimme hatte gehaucht: »Nimm, Mirhalla, es kommt aus Mekka, es möge dir und ihr Glück bringen!« Dann hatte sie den Kopf zur Seite geneigt und war entschlafen, während die Amme schnell nach dem Kinde griff. Dieses Amulett umklammerte jetzt Mirhalla, als sie sich dem Befehle gemäß zu dem gestrengen Tschellebi begab. Aber der Empfang, der ihr wurde, war alles andere als gestreng.

Der Hirtenfürst erhob sich von seinem Sitzkissen, was ebenso erstaunlich wie beunruhigend war, klatschte in die Hände und ließ Kaweh bringen — ein Ereignis von wahrhaft erschütternder Ungewöhnlichkeit. Mirhalla getraute sich auch erst nach zweimaliger Aufforderung, auf ein Sitzkissen niederzusinken, und saß dann steif aufgerichtet dort, angstvollen Blickes den Herrn anstarrend. Aber der Hirtenfürst sagte freundlich: »Mirhalla, meine Gute und Getreue, du bist bei der Herrin gewesen, als sie starb, und deine gesegnete Milch hat Nurya am Leben erhalten. Jetzt ist der Tag gekommen, da dir dafür alle Ehre zuteil wird, die es in meiner Macht steht zu vergeben, denn du sollst es sein, Mirhalla, die mit Nurhial hinter dem Vorhang stehen wird und dem Imam jene Antworten geben, die ihre Mutter, die sehr geliebte Herrin, nicht mehr zu geben vermag. Hast du mich verstanden, Mirhalla Hanum?« Aber Mirhalla, einstmals bescheidene Frau eines armen Hirten, hatte ihren grauen Schleier fest um ihren Kopf gelegt und weinte in dessen Schutz Tränen der Ergriffenheit und des Dankes. Um dieser verständlichen Rührung in seiner üblichen Art des Sachlichen zu begegnen, ließ der Tschellebi den Kaweh, den ein Diener soeben brachte, neben die Frau auf den Boden stellen und machte eine Kopfbewegung zu Mirhalla hin, indem er zugleich den Finger, Schweigen gebietend, auf die Lippen legte. Der Diener nickte verstehend und ging lautlos davon.

Nunmehr begann der Tschellebi geräuschvoll, absichtlich übertreibend, den Kaweh zu schlürfen und sprach dazwischen, als rede er zu sich selbst, folgendes darlegend, tat es mit einem ganz besonders ruhigen Tonfall: »Es würde mich erfreuen, das Brautgemach für Nurya herzurichten, doch fürchte ich, ohne die Hilfe einer Frau könnte es mir nicht ganz gelingen. Nun aber ist es besonders schwierig, weil der erhabene Prinz Ali, um Nurya nicht der für die Braut üblichen Pein bei einer Hochzeit auszusetzen und ihrer Liebhaberei für die Bergeshöhe gemäß, es sich erdachte, dieses Brautgemach droben auf dem Gandhar Dagh bereiten zu lassen. Ich befragte Nurya dieserhalb, wenn auch nur kurz, und sie sprach von der Höhle, aus der der Prinz Ali sie errettete. Ich möchte nun hinaufgehen vor der Feier der Hochzeit und diese Höhle innen lieblich herrichten, denn trotz aller Glut der Liebe bleibt der Boden immer hart. Aber ohne Hilfe einer liebenden, weichen Mutterhand würde ich doch dabei ratlos bleiben. Was hältst du von dem allen, o Mirhalla, meine Getreue?«

Längst war der graue Schleier gefallen, und kluge alte Frauenaugen sahen den Hirtenfürsten warm und strahlend an. Noch niemals bisher hatte Mirhalla gewußt, welch lebend liebendes Herz unter dem Wams des Hirtenfürsten schlug, und sie war nun ganz Tat- und Hilfsbereitschaft. Scheu fragte sie: »Und ich, Herr? Ich, die weiß, wie Nurya es gern hat — darf ich nicht helfen dabei?« Der Hirtenfürst lächelte vor sich hin und freute sich, es wieder einmal richtig getroffen zu haben. Er hatte nämlich seit langem die Gewohnheit angenommen, niemals selbst Vorschläge zu machen, sondern, nachdem er um das von ihm Beabsichtigte herumgeredet hatte, die Vorschläge von der anderen Seite kommen zu lassen. Auf diese Art erreichte er es, daß der andere sich als Schöpfer des Gedankens fühlte und zu der Arbeitswilligkeit noch die Überlegenheit über den törichten Hirtenfürsten fügte, den er dann freundlichst in alle Einzelheiten einweihte, die jener sich selbst zu erdenken zu dumm war. Solcherart die ihn umgebenden Menschen wie Puppen beim Kargiös-Spiel zu führen, bereitete dem alten Hirten stets die größte Freude. Darum gab er auch jetzt auf die scheue Frage der Alten eine scheinbar begeisterte Antwort, rief aus: »Welch vortrefflicher Gedanke von dir, Mirhalla, du Getreue! Aber sage mir, wirst du es auch vermögen, dort hinauf zu gelangen? Es ist sehr hoch und steil, mußt du wissen, und sage mir auch noch, kannst du mir einen verläßlichen Knaben oder Jüngling nennen, der einen Katub mit Decken, Polstern, Vorhängen und dergleichen führen würde, ohne danach gleich im ganzen Lager alles herumzuerzählen, was wir, du und ich, heimlich und verborgen beabsichtigen?« Mirhalla hatte auf die erste Frage nur mit einem Achselzucken geantwortet, doch was die zweite anlangte, überlegte sie sorgfältig, ehe sie einen Vorschlag wagte, sagte aber dann doch schnell: »Herr, ich weiß einen solchen Knaben. Er ist der Zwilling des Mädchens Zekieh, der wir die Warnung verdanken bezüglich dessen, was die Weiber, die schlechten, unsrer Nurya antun wollten. Er heißt Machmud und ist der Herrin ganz ergeben, die beide Kinder sogleich in ihre Obhut nahm, um auch sie vor den bösen Weibern zu schützen. Er ist der Rechte dafür und wird zu schweigen wissen.« Der Hirtenfürst war einverstanden, und dann begann zwischen diesen beiden eine Beratung, von der es schade war, daß Nurya sie nicht mit anhören konnte, denn an den vielen Kleinigkeiten, die sich der alte Hirte bereits erdacht hatte zur Ausschmückung des seltsamen Brautgemaches seiner Tochter, würde Nurya erst ganz und vollkommen die Liebe ihres Vaters erkannt haben, sind es doch des Lebens kleine Dinge, die Offenbarungen bringen, nicht die seltenen großen Ereignisse.

Mitten in diese Beratung platzte Ali herein, und Mirhalla erhob sich, zog ihren grauen Schleier wieder eng um sich, hatte aber noch Zeit, einen Blick der Bewunderung auf den zu werfen, zu dessen Dienst und Treue sie sich inzwischen innerlich verschworen hatte, da er die geliebte Nurya erhob und be-

glückte. Ali kam eilends auf den Hirtenfürsten zu, sagte hastig, nachdem er gebührend gegrüßt hatte: »Vergib mir, Herr, daß ich dich wieder belästige . . .« Ehe er weitersprechen konnte, hob der alte Hirte die Hand, sagte warm und herzlich: »Mein teurer Sohn, dem ich nichts als Freude und Ehrung verdanke, wann du auch kommst, um welcher Dinge willen, ob mitten in der Nacht, ob am frühen Tage, du bist und bleibst mir immer willkommen, und dein Anblick ist mir stets Beglückung. Sprich nun, kann ich dir, in was immer es auch sei, eine Hilfe bedeuten?«
Ali hockte sich neben dem Hirtenfürsten nieder, sagte halblaut und bedrückt: »Herr, ich bin so dankbar, zu dir kommen zu dürfen, um mir Rat zu holen, und wenn wir später unten im Serail sind, hoffe ich, dir nicht allzu lästig zu fallen, wenn ich immer wieder vor dir erscheine, um aus dem Born deiner Weisheit zu schöpfen.« Ali wollte weitersprechen, aber er hielt erstaunt inne, denn eine Hand auf seiner Schulter gebot ihm Schweigen, und der Hirtenfürst erhob sich lautlos, war dann mit einem Sprung am Zeltvorhang und riß ihn zurück, zugleich ein hilflos überraschtes männliches Wesen am Halskragen des Gewandes mit sich zerrend. Der starke alte Mann rüttelte und schüttelte das unselige Geschöpf hin und her, als sei dieses ein ins Wasser gefallener Hund, der zu trocknen wäre, und die gewaltige Stimme des Tschellebi, gewachsen an der Bergweite, brüllte das bebende Etwas an: »Wenn du schon lauschen mußt, du trauriger räudiger alter Hammel, dann solltest du nicht so laut schnaufen, daß man dich von hier bis Ancyra hört. Was immer man tut, das sei vollendet getan, hörst du mich wohl?«
Ali mußte für sich lachen, denn es wäre schwer gewesen, bei diesem Stimmaufwand nicht zu hören, und außerdem bereitete es ihm Spaß, wie diesem Anfänger Anweisungen zur Vervollkommnung seines Gewerbes des Lauschens gegeben wurden. Doch ging die Belehrung nun weiter, und Ali hörte be-

geistert zu. Der Tschellebi, immer schüttelnd, schrie jetzt: »Wer bezahlt dich, du Nichtskönner? Rede! Wer?« Durch das Schütteln zum Stotterer geworden, brachte der Mann mühsam hervor: »Diener großer Bey.« Jetzt sprang Ali hoch, ergriff seinerseits den Geschüttelten, schrie ebenfalls: »Den Namen, Elender, den Namen sofort!« Schwer geängstigt stammelte der Mann: »Osman.« Ali ließ von ihm ab, als habe er sich verbrannt, neigte sich zu dem alten Hirten, flüsterte: »Hassans Diener.« Der nickte verstehend, drehte den Mann um, gab ihm einen wohlgezielten Tritt auf die Rückseite und befahl: »Wer du auch seist, du Nichtskönner, du bist entlassen. Sorge dafür, daß ich dich nie mehr erblicke! Geh mir aus den Augen!« In unvorstellbarer Geschwindigkeit war von dem Manne nichts mehr zu sehen — wie wir zu sagen pflegen: an der Stelle, da er gestanden hatte, wehten die Winde.

Der Hirtenfürst schlug die Hände aneinander, als habe er Unsauberes berührt, wie er es auch in Wahrheit tat, und kam zu Ali zurück, der seinen Sitz wieder eingenommen hatte. Er stand und betrachtete den Prinzen sinnend, sagte endlich zögernd: »So du es willst, erhabener Herr, beantworte mir meine Frage — so du es nicht willst, ward sie nicht gestellt: Warum ist ein Mann, der dir Freund und Bruder war, dir jetzt so feindlich gesinnt?« Ali war froh, daß auf diese Art ein Anfang gemacht war, und berichtete dem alten Hirten alles, was er von seinem Reitlehrer Mehmed Agah erfahren hatte, um dann noch die Fragen wegen des Transportes von Haschischin für den nächsten Morgen zu stellen. Der Hirtenfürst sah sehr nachdenklich aus und ließ sich die Worte des Mehmed nochmals wiederholen, bemerkte dann: »Mir fällt auf, teurer Sohn, daß der Großvezier gesagt hat, um Böses zu verhüten, solle diese deine Heirat, Herr, mit jenes Hassan Schwester stattfinden. Es wäre darum gut und geboten, wenn du nach deiner Rückkehr in die Hauptstadt durch Späher herausfinden könntest, was denn wohl dieses Böse sein möchte.

Vergiß nicht, Herr, daß die Großveziere zu allen Zeiten Verschwörer und Verräter waren! Daher erschiene es mir um der Sicherheit deines erhabenen Vaters, unseres großen Padischah willen, geboten, unter die Diener des Veziers einige dir treu ergebene Männer zu mischen, um solcherart späterhin jeder Gefahr begegnen zu können. Nach dem Bericht dieses Mehmed scheint das auch keinerlei Schwierigkeiten zu bieten. Ist es nicht richtig, was ich sage?«

Ali stimmte sehr bedrückt zu und versprach, nach diesem Rat zu handeln, bemerkte aber gleich dazu, daß ihm jede Art von Spähertum verhaßt sei. Der Tschellebi nickte, meinte, er verstehe das, aber wenn es um den Schutz des Padischah gehe, sei auch solches ein Gebot der Stunde. Dann fuhr er fort: »Was nun den Aufbruch des Haschischin anlangt, so rate ich dringend davon ab, ihn auf deinen Befehl in einer Sänfte schlafend hinunterbringen zu lassen. Durch diese Verhöhnung seines Sohnes, in Verbindung mit dem Mißlingen seines Heiratsplanes, würde jenes ›Böse‹, das der Wesir plant, in der Ausführung noch wesentlich beschleunigt werden — ist es nicht so, teurer Sohn?« Ali stimmte wieder ernst zu, wußte nun weder aus noch ein, aber er kannte den alten Hirten schlecht, wenn er glaubte, der habe jetzt keinen weiteren Plan mehr in Bereitschaft. Der Hirtenfürst legte ihm die Hand auf den Arm und sagte heiter: »Ich würde es so machen, daß auf dir keinerlei Verantwortung ruhen kann, was immer auch geschähe.« Dabei betrachtete der alte Hirte mit einem versteckten Lächeln den bekümmerten Prinzen, der ihn völlig verständnislos ansah und leise sagte: »Wie könnte denn das vor sich gehen? Was immer auch geschähe, ich wäre schuld daran.« Der Hirtenfürst schüttelte seinen klugen Kopf, sagte heiter und listig: »Nicht, wenn du deinen gesamten Gefährten deine Schwierigkeit schilderst — etwa so . . .«

Und dem aufmerksam lauschenden Ali wurde eine Belehrung aus der Altersweisheit eines Hirten zuteil, die er nicht so bald vergessen sollte. Ihn packte schließlich ein tolles knabenhaftes Lachen, und er sagte befreit und fröhlich: »Wenn ich von meinem künftigen Serail träume, das es, Inschallah, einmal geben wird, dann denke ich mir immer zugleich, daß du, Herr, in der Nähe sein wirst und ich in allen Nöten dich befragen kann und darf — es ist doch so, Herr?« Der Hirtenfürst nickte, vermochte aber nicht gleich zu antworten, weil ihm irgend etwas die Kehle eng machte. Dann sagte er heiser: »Ich habe das Kismet versucht, indem ich aus einem Mädchen mir einen Sohn zu gestalten suchte. Die Antwort Allahs aber ist diese: Du eitler Tor, warte auf meine Hilfe, und du wirst einen Sohn haben, einen edlen und starken, einen wahrhaften Sohn. El hamd üllülah.«

Ali erhob sich, grüßte ehrfurchtsvoll und ging schweigend davon, denn er vermochte sich nicht daran zu gewöhnen, von dem alten Hirten »Sohn« genannt zu werden. Außerdem drängte es ihn, nach dem Vorschlag des Hirtenfürsten für die Fortschaffung Hassans Sorge zu tragen. Er begab sich zu diesem Zweck in das Stallzelt, denn er nahm an, daß die Gefährten dort um ihre Pferde beschäftigt sein würden, des morgigen Abritts wegen. Darin irrte er auch nicht, denn er sah sich bei seinem Eintritt sogleich umringt und befragt, warum er denn nicht mit ihnen hinunterkäme aus dieser Einöde fort, zum Meer und dem vertrauten Leben am Hofe. Es gab dann einige Spaßmacher unter den Gefährten, die in der Art, wie sie stets unter Jugendgefährten üblich war und es auch immer bleiben wird, begannen, komisch sein sollende Bemerkungen zu machen über das, was den Prinzen Ali hier zurückhielte, doch ließen sie bald ab von dieser Spielerei, da Ali nicht mitlachte, sondern ernst und abweisend blieb. Er begann zu fragen, wer von den Gefährten bereit sei, ein Schreiben für den erhabenen Padischah mitzunehmen und es in des Sultans eigene Hände zu geben — und sogleich kam die Frage, auf welche der Tschellebi seinen Plan für Ali aufgebaut hatte. Einer trat vor, sagte leise: »Erhabener Prinz, warum übergibst du das Schreiben nicht Hassan Bey, deinem besonderen Freunde?« Ali gab scheinbar bekümmert zur Antwort: »Hassan Bey liegt im tiefen Schlafe des Haschisch. Habt ihr schon einmal davon gehört, daß man einem Haschischin etwas anvertrauen darf? Er vergißt es mit dem nächsten Atemzuge, so als habe niemand über irgend etwas zu ihm gesprochen. Und ich bin in Sorge, wie wir ihn hinunterbringen, denn er würde um alles nicht hier zurückgelassen sein wollen, da er es nicht liebt, hier zu sein. In welcher Art gedenkt ihr ihn mit euch zu führen, meine Freunde? Ich bin ratlos und gestehe es euch ehrlich. Ein Vorschlag wurde mir zwar gemacht, doch wies ich ihn entrüstet von mir, da er mir entwürdigend erschien . . .« Ali stockte, und genau wie es der alte Hirte vorausgesagt hatte, geschah es: sie kamen alle nahe zu ihm, riefen, fragten, wollten genau erfahren, was das denn für ein Vorschlag gewesen sei? Ali ließ sich bitten und beschwören, sagte endlich, als entschlösse er sich nur schwer und zögernd, kaum vernehmlich nur: »Eine Sänfte.« Dann schwieg er. Es war erstaunlich, welche Unruhe nun entstand. Es bildeten sich kleine Gruppen, und innerhalb einer jeden wurde eifrig hin und her geredet. Mehmed, scheinbar mit Stallarbeit beschäftigt, ging auf und ab, blieb mit dem Besen in der Hand bald hier, bald da stehen, kam in die Nähe von Ali, der auf einer Futterkiste saß, flüsterte mit halb geschlossenen Lippen: »Sie mögen ihn nicht —« und ging fegend weiter herum. Es versteht sich, daß diese nicht seine Arbeit war, und seine Untergebenen im Stall sahen ihm erstaunt zu, wagten aber nicht, sich einzumischen. Endlich dann, nachdem geraume Zeit vergangen war, kam der älteste der Gefährten, er, der schon ehrwürdige vierundzwanzig Jahre am Rücken hatte, zu Ali, grüßte höflich und sagte: »Erhabener Prinz und unser Freund, wir haben beraten und uns erdacht, daß es für Hassan Bey das Beste wäre, seinen Diener Osman zu bestim-

men — er ist für allerlei Bakschisch empfänglich, das weiß man gut —, Hassan Bey noch einiges mehr von diesem Haschisch einzuflößen oder wie immer man es sich einverleiben mag, und ihn dann in tiefem Schlafe morgen in der Frühe in eine Sänfte zu tragen, schlafend wie er ist. Wacht er dann auf, befindet er sich daheim und weiß nicht, was mit ihm geschah. Ist es dir genehm, Herr, daß es so geschehe? Dort im Winkel stehen diese Sänften, die von zweien der kleinen Pferde getragen werden. Wir könnten sie mit Decken und Fellen füllen, auf daß Hassan Bey weich ruhe — was hältst du davon, o Herr?«
Ali erhob sich, sagte scheinbar zögernd: »Mir gefällt es nicht, mir nicht!« Der andere bemerkte: »Doch wenn er erkrankt wäre, vermöchten wir ihn auch nicht anders mit uns zu führen — und ist ein Haschischin nicht ein Kranker, Herr?« Ali schien zu überlegen und sich dann schwer zu entschließen, sagte endlich: »Gut also, es sei! Doch dir, Abdullah Bey, vertraue ich meinen Freund Hassan an, und dir auch das Schreiben an den Padischah, das ich jetzt verfassen werde. Geleite alle sicher hinunter und Allaha ismagladyk.« Der Prinz Ali grüßte, sie alle taten ein gleiches, und die Bewunderung für des alten Hirten Klugheit und Menschenkenntnis stieg bei Ali ins Ungemessene, denn alles hatte sich genauso abgespielt, wie er es vorausgesagt hatte, und nun trug niemand mehr eine Verantwortung, denn alles entstand aus einem gemeinsamen Beschluß mit Rücksicht auf einen »Kranken«! Tief befriedigt ging Ali davon, gefolgt von Mehmed Agah, der nahezu die Fassung verlor vor Freude und deshalb streng zurechtgewiesen wurde: »Paß auf, du verdirbst uns noch alles, wenn sie fühlen, daß wir uns freuen! Nachher, wenn du hilfst, die Sänfte auszustatten, murmelte hie und da so etwas wie — es gefällt mir nicht — es sollte ihm nicht angetan werden, und zeige deutliche Mißstimmung. So etwas merken sich die anderen Diener und erzählen es später

herum. Sei ein guter Schauspieler, mein Freund Mehmed, denn das ist für uns jetzt sehr wichtig. Und nun gehe, denn ich will den Brief an den erhabenen Sultan schreiben.« Mehmed grüßte und wollte sich entfernen, als der Prinz ihn nochmals zurückrief und lebhaft sagte: »Mir fällt ein — wenn Abdullah Bey den Brief an sich versteckt, wäre es gut möglich, daß jener Osman, Hassans Diener, der vorhin einen Lauscher an den Vorhang des großen Zeltes sandte, auch klug genug wäre, heimlich durch einen der anderen Diener, die er bestäche, Abdullah Bey zu bestehlen. Deshalb ist es besser, du nimmst den Brief, verbirgst ihn in der Futterkiste, die du allein mit Erwans Futter füllst, und gibst ihn am Morgen beim Aufbruch erst dem Bey.« Mehmed grüßte wieder, sagte hilfsbereit wie immer: »Nach deinem Befehl, Herr, werde ich handeln«, und ging dann wirklich.
Ali ließ sich in seinem Zelt auf ein Sitzkissen nieder und ließ von Selim das kleine niedere Tischchen neben sich stellen, in welchem sich die Schreibgeräte zu befinden pflegen. Dann schnitt er mit dem schmalen Messerchen schön scharf einen Kalem zurecht, tauchte dessen Spitze in die mit Tusche getränkten Seidenfasern, nahm das schwere gelbliche Papier in die Linke, die er auf sein Knie stützte, und begann mit größter Geschwindigkeit von rechts nach links zu schreiben. Zwar bemühte er sich, seinem in diesen Dingen sehr anspruchsvollen Vater ein schönes Schriftbild zu bieten, denn Suleiman besaß die größte Handschriftensammlung des Islams und hatte sie seinen Söhnen immer als Vorbild angepriesen, aber jetzt ging es Ali mehr um den Inhalt. Er schrieb:

»Erhabener Herr und Vater, mächtigster Padischah und Beherrscher der Gläubigen! In Demut naht sich Dir, erhabenster Herr, Dein jüngster Sohn Ali und bittet um gnädiges Gehör. Dein Sohn hat Dir zu vermelden, daß er den Bergfalken fing und daß dieser wilde Falke eine Tschirkass ist von Schönheit, Mut und lieblichem Wesen. Diese Nurya wird in drei Tagen Deines glücklichen Sohnes Weib sein und er bringt sie Dir, Herr, für Deinen Segen, ohne den Deinem gehorsamen Sohne das Glück nicht vollkommen wäre. Sie wird auf der Reise zwar Yasmakli sein, doch Deinem klugen Wort gemäß, möchte ich sie nicht in den Harem bringen, auf daß ihr freiheitlicher Sinn und ihr gerades Wort dort kein Unheil anrichte. Darum erbittet Dein Sohn von Deiner Großmut die Errichtung eines der geräumigen Kriegszelte in den Gärten des Serail, wo wir dann für einige Zeit wohnen könnten, damit das Zusammenleben solcher Art beginne, daß der Wechsel von der herben Bergeinsamkeit zum weicheren Leben im Tal und am Meer meinem Bergfalken nicht allzu schwerfalle, und Dein Sohn, Herr, es vermöchte, ihm ein weniges Trost zu sein, damit der Bergfalke den Verlust der Heimat in Freiheit und Weite in etwas verschmerze. Wenn Du, erhabener Herr und Herrscher, um des Glückes Deines Sohnes willen, auf das Du immer bedacht warst, Dich kurze Zeit hindurch diesen Seltsamkeiten fügtest, würde er, der begnadet genug ist, der Deine zu sein, Dir die Füße küssen, die auf dem Erdball ruhen. In tiefer Ergebenheit, Herr, Dein Sohn

ALI.«

Als der Prinz Ali diesen Brief nochmals durchlas, ehe er ihn zusammenrollte und mit der für solche Zwecke ihm allein eigenen rötlichen Waffel verschloß, wurde es ihm selbst bewußt, daß das ganze Schreiben sich nur mit dem Wohlbefinden und möglichem Behagen des Bergfalken befaßte. Er lächelte ein wenig verlegen vor sich hin, denn es war ihm erst jetzt zum Bewußtsein gekommen, daß dieser Gedanke von Nuryas Glück nunmehr groß und beherrschend über seinem Leben stand — neben dem an Anadolu, das er sich zu eigen machen wollte. Da aber beides unlösbar ineinander verwoben war und blieb, konnte er auch das eine um des anderen willen nicht vernachlässigen. Zudem fiel Ali auf, daß er mehrfach – unbewußt – betont hatte, es würde ihres Bleibens nur kurze Zeit sein, und er hoffte, das möge der wache Geist seines Vaters sich dahin deuten, daß ein Zelt kein Daueraufenthalt sein könne für seinen Sohn und dessen Weib. Und so entschloß sich der Prinz, das Schreiben unverändert auf seinen Weg zu schicken, denn auch dieses, so schien es ihm, war ein Teil des Kismet. So wurde Selim beauftragt, Mehmed herbeizurufen, bei welcher Gelegenheit der seinem Prinzen ergebene Mann es nicht unterlassen konnte, sich niederzubeugen und zu flüstern: »Herr, Osman achtet auf alles, was sich bei uns begibt. Befiehlst du, daß ich dennoch Mehmed hole?«

Ali sah seinen Diener betroffen an, denn er hatte ihm so viel Klugheit nicht zugetraut, sagte dann hastig: »Nein, tue es in keinem Falle. Wir werden eine günstigere Zeit abwarten. Ich danke dir, Selim.« Solcherart ermutigt, beugte sich Selim wieder zum Ohre seines Herrn und hauchte: »Herr und Gebieter, ich vernahm, was du mit Mehmed vor weniger Zeit sprachst wegen des Verbergens deines Schreibens an den Erhabenen, und ich bin gewiß, daß die Futterkiste von Erwan der erste Ort sein wird, an welchem Osman suchen würde. Vergib, Herr, daß ich alles vernahm, aber ich kenne die List der beiden, so vom Herrn wie vom Diener. Als du letzthin, mein Gebieter, einmal im Zelte von Hassan Bey warst und ihn schlafend glaubtest, weshalb du dich wieder abwandtest, sah er dir hellwach nach, während du das Zelt verließest, und Freundschaft lag nicht in seinem Blick. Auch fürchte ich für Abdullah Bey, wenn du ihm den Brief an den Erhabenen anvertrauen würdest, denn diese zwei glauben, daß du dem Erhabenen über den Verrat des Hassan Bey berichtest, und es liegt ihnen alles daran, daß der Erhabene nichts davon erfahre. Wenn dir, Herr, das Leben des Abdullah Bey lieb ist, so finde einen anderen Boten, ich beschwöre dich!«

Selim richtete sich auf, und Ali rieb sein Ohr, in das diese lange Rede gehaucht worden war. Er sah Selim mit ganz neuen Augen an und gedachte der Worte von Mehmed, daß die großen Herren sich niemals Rechenschaft gäben über alles, was ihre Dienerschaft von ihren vermeintlichen Geheimnissen wisse. Den deutlichen Beweis für die Wahrheit von Mehmeds Worten hatte er jetzt erhalten. Aber woher einen anderen Boten nehmen, woher nur so schnell? Plötzlich klangen im Geiste Alis seine eigenen Worte wieder: »Und ich darf dich in jeder Not und Ungewißheit befragen, Herr?« Das war es: der Hirtenfürst mußte Rat wissen!

Ali erhob sich hastig, warf noch ein Wort des Dankes dem treuen Selim zu und eilte zum Zelte des Hirtenfürsten. Er wußte, es bedurfte für ihn keiner Anmeldung mehr, und das war den Dienern am Zelteingang wohl auch schon bekannt, denn ohne jegliche Befragung wurde der Vorhang gehoben. »Bist du es, teurer Sohn?« klang sogleich von innen die Frage, und dieses Mal störte Ali die Anrede schon nicht mehr, gab ihm vielmehr ein wohltuendes Gefühl der Geborgenheit, denn hier, das glaubte der so vielfach betrogene Prinz Ali zu wissen, gab es den Verrat nicht. Schnell kam er zu dem Hirtenfürsten heran, der saß und wie immer seinen Tschibuk rauchte, und sagte lebhaft: »Es ist sehr schön und beruhigend, Herr, dich befragen zu dürfen. Zudem wollte ich dir noch berichten von jener Besprechung mit den Gefährten, die nahezu wortwörtlich so verlief, wie du sie vorgedacht hattest. Sie haben beschlossen, dem Hassan durch seinen bestechlichen Diener Osman noch mehr Haschisch einflößen zu lassen, so daß der Bey schlafend in einer Sänfte hinuntergetragen wird. Wie du es voraussagtest, Herr, so geschah es, und ich ließ mich, deinem Rat gemäß, nur schwer dazu überreden. Das also wäre beschlossene Sache und hat mit uns nichts mehr zu tun. Doch habe ich ein Schreiben an meinen erhabenen Vater verfaßt, und es liegt mir sehr daran, daß es

ihn erreiche. Einer der Gefährten war bereit, es dem Erhabenen selbst zu überbringen, doch erhielt ich eine Warnung, daß es hieße, das Leben des Abdullah Bey aufs Spiel zu setzen, wenn er diesen Auftrag ausführte —, so komme ich dich fragen, Herr, ob du einen Boten hättest, von dem niemand wüßte und der mein Schreiben hinunterbrächte zum Erhabenen?«
Ali schwieg erwartungsvoll, aber der Hirtenfürst fragte ernsthaft: »Von wem, teurer Sohn, kam dir jene Warnung? Das zu wissen ist von Wert.« Ali beschrieb nun, was Selim ihm berichtet hatte und auf welche Art dessen Verdacht erregt worden war, auch, welche Veranlassung er Hassan zuschrieb, um das Schreiben sein Ziel nicht erreichen zu lassen. Der Hirtenfürst sagte ruhig: »Ich verstehe vollkommen. Du mußt wissen, teurer Sohn, daß man erst dann dem Verrat wirkungsvoll zu begegnen vermag, wenn man alles darum weiß. Wie ich die Sache jetzt sehe, wird es am besten sein, wenn ein sehr elender Bettler dieses kostbare Schreiben hinunterschafft zum erhabenen Padischah. Sei unbesorgt und sieh nicht so erschrocken aus, teurer Sohn, denn dieser elendeste aller Bettler wird mein eigener vertrauter Diener sein, dessen Lebenskrönung dieser Auftrag sein wird. Er soll nur, wenn er von hier sich hinunterbegibt, so elend erscheinen, um keinen Verdacht zu erregen. Langt er im Tale an, wird er Reittiere bereit finden und zugleich auch für mich einige Aufträge erledigen können. Ich vertraue ihm wie mir selbst. Du mußt mir nur den nennen, teurer Sohn, dem er das Schreiben zu übergeben hätte am Hofe des erhabenen Padischah, denn es geziemt sich nicht, daß er nicht wisse, wem er dort vertrauen könnte.« Ali sah traurig vor sich hin, sagte mühsam: »Vertrauen, Herr? Ich glaube, ich habe es verlernt, und ich weiß nicht, wen von meines Vaters Dienern ich für diesen Dienst benennen könnte. Wie aber, Herr, heißt dieser dein Diener? Ich sah noch keinen deiner zahlreichen Dienerschaft, den du besonders mit deinem Vertrauen ausgezeichnet hät-

test. Wo hält er sich auf und was betreibt er? Könnte ich ihn nicht sprechen, ehe er davongeht, um alles Nähere mit ihm zu bereden? Es ist so einfach nicht, am Torhüter des Serail vorbeizugelangen, und dazu müßte ich ihm einiges sagen dürfen, es selbst tun, Herr!«

Aber der Hirtenfürst war zu keinerlei Auskunft bereit, erklärte immer wieder, der Prinz solle ihm alles Nötige mitteilen, er werde es getreulich weitergeben, bis Ali sich endlich, um nicht unhöflich zu erscheinen, bereit fand, dem Wunsch des Hirtenfürsten zu entsprechen. Die Unterredung endete damit, daß Ali das an seinen Vater gerichtete Schreiben, das er in seinem Wams verborgen hatte, dem Hirtenfürsten übergab. Der führte es ehrfürchtig an Stirn und Lippen und verbarg es an sich, sagte dann sehr ernst und gesammelt: »Von jetzt an, teurer Sohn, ist meine Ehre, mein Leben und mein Ansehen diesem Auftrag verfallen, den auszuführen ich mich verpflichte mit allem, was ich bin und habe. Sage mir nur dieses, so du mir soweit vertraust: Steht von Nurya darin und daß du sie mitbringst?« Ali lächelte vor sich hin und sagte leise: »Nur von ihr, nur von meinem Bergfalken mit dem rötlichen Gefieder.« Erstaunt sah der Hirtenfürst den Prinzen Ali an, fragte: »Rötliches Gefieder? Ein Falke? Teurer Sohn, du irrst — du, ein Jäger!« Kaum vernehmlich sagte Ali: »Das Haar, Herr, das wunderbare Tschirkass-Haar!« Dann schwiegen sie beide. Der eine dachte zurück, der andere vorwärts — aber wenn zweie erst einmal gemeinsam geschwiegen haben, dann sind sie Freunde, so sie Männer sind, und diese einmal empfundene Einheit vergißt sich nicht.

Die Unruhe am nächsten Morgen war groß, aber sie schien allen sehr willkommen zu sein — am meisten wohl den Pferden. Zwar hatten Alis Gefährten die Pferde täglich auf jener Bergwiese bewegt, die der erste Lagerplatz gewesen war, aber auch dieser Raum war begrenzt im Vergleich zu den aus-

gedehnten Rennstrecken, welche die Freunde des Prinzen Ali sonst zur Verfügung gehabt hatten. Es erfüllte Ali und Mehmed mit großer Sorge, wie es wohl gelingen würde, die unruhigen Tiere die Bergpfade hinunterzubringen, und sie standen beratend vor dem Stallzelt, als ein Diener des Tschelebi herbeihastete und den Befehl überbrachte, die Araberstute des Herrn zu satteln und sich zu beeilen, denn der Herr selbst folge sogleich nach. Zu seinem Erstaunen erfuhr der Prinz Ali auf diese Art erst, daß der Hirtenfürst ein großer Reiter war, und er begriff jetzt, warum das Stallzelt so groß gehalten wurde und sich in solch ausgezeichnetem Zustand befand. Die zierliche Stute wurde vorgeführt, und schon kam der Hirtenfürst daher, gekleidet, wie es sich für einen Reiter geziemt, in der Hand nur ein Haselstöckchen haltend, was verriet, daß der schlanke Mann die Stute nur durch Gewichtsverlegung lenken würde, das Haselreis aber brauchte zum Vertreiben der Fliegen vom Hals des Pferdes.
Ali eilte dem Manne entgegen, der sich vom ersten Tage an als sein Freund erwiesen hatte, und fragte besorgt: »Du reitest fort und verläßt uns, Herr?« Der Hirtenfürst lachte belustigt, sagte heiter: »Du hast es erraten, teurer Sohn, ich verlasse euch. Warum sollte ich auch hierbleiben? Etwa wegen einer solchen Nebensächlichkeit wie der Hochzeit meiner Tochter? Oder der noch viel unwichtigeren Begebenheit, neben dem Sohn Suleimans zu stehen vor dem Imam? Torheiten diese alle, und so verlasse ich euch, wie du es erraten hast!« Ali war sich noch nie so töricht vorgekommen, aber er fand auch seine Frage an den Tschellebi so dumm, daß sie solche Antwort wohl verdiente. Schon aber fuhr der Tschellebi zu sprechen fort, sagte ernst und gesammelt: »Es ist eine Sitte bei uns Hirten des Gandhar Dagh, den Gästen, die uns verlassen, das Geleit zu geben, und dieser Gewohnheit gemäß reite ich deinen Gefährten voran, um sicher zu sein, daß ihnen nichts zustößt. An der Grenze meine Gebietes lasse ich sie

dann ihres Weges ziehn.« Ali sah erstaunt aus, fragte scheu: »Deines Gebietes, Herr? So ist dieser Berg dein Eigentum?« Bestürzt über so viel Unwissenheit lachte der Hirtenfürst etwas ärgerlich auf, sagte dann sehr ruhig: »Meines und meiner Vorväter im sechsten Gliede, ja.«

Ali senkte beschämt den Kopf, denn er war sich nicht bewußt gewesen, es mit einem freien Fürsten zu tun zu haben, hatte vielmehr angenommen, auch dieses Hochland gehöre zum Sultanat. Jetzt erst begriff er die stille Großmut, die ihm erlaubte, sich hier heimisch zu machen, und schwor sich zu, des erwiesenen Vertrauens wert zu sein. Wieder hatte der Hirtenfürst dem Jüngling die Gedanken vom Antlitz abgelesen, denn die vielfach geübte Kunst, seine Empfindungen zu verbergen, beherrschte Ali nicht, und so lächelte der Tschellebi, stieg auf sein Pferd, beugte sich dann herab und flüsterte dem Prinzen Ali zu: »Gräme dich nicht, teurer Sohn! Ich kenne deine Gesinnung.« In diesem Augenblick kam Abdullah Bey eilig herbei, rief hastig dem Prinzen zu: »Den Brief! Ich erhielt ihn noch nicht.« Ali schüttelte den Kopf, gab ruhig zur Antwort: »Und ich schrieb ihn noch nicht – so ist alles in Ordnung. Gute Reise, mein Freund Abdullah! Allaha ismagladyk!« Das war eine deutliche Entlassung, und es blieb dem braven Abdullah Bey nichts anderes übrig, als zu grüßen und sich zurückzuziehen. Jetzt richtete sich der Hirtenfürst in den Steigbügeln auf, und seine starke Stimme, an den Widerhall der Berge gewöhnt, sprach zu den bereits aufgesessenen Männern: »Efendiler, Beyimler! Ich danke euch, daß ihr mir die Ehre gabt, mitsamt euren edlen Pferden meine Gäste zu sein, und ich bitte, mir zu erlauben, euch bis an die Grenzen meines Gebietes zu geleiten, um euch solcherart die besten Wege zu zeigen, um so mehr, als ich mit Bedauern bemerkte, daß in eurer Mitte die Sänfte eines Kranken geführt wird, die vor jeder Erschütterung bewahrt werden muß. Reiten wir denn in Allahs Namen. Gidelim!«

Auf dieses Befehlswort — gehen wir! — setzte sich alles in Bewegung, und im gleichmäßigen Paßgang der kleinen Halbpferde schwebte wie gewiegt die Sänfte Hassans daher, geleitet von dem getreuen Osman, der unbewegten Gesichtes eines der kleinen Pferde am Zügel führte. Ali stand reglos und sah dem Zuge seiner Gefährten nach, eine tiefe und wahre Erleichterung verspürend, daß er endlich allein sei hier oben auf dem Gandhar Dagh, Herrschgebiet von seines Bergfalken Vater. »Im sechsten Gliede« hatte der Hirtenfürst gesagt, herrschten die Seinen hier, das bedeutete, wenn man es flüchtig zählte, dreihundert Jahre — welch eine Zeit! So tief war Ali in seine Gedanken versponnen, daß er es nicht gleich hörte, was der neben ihm stehende Mehmed Agah sagte, erst aufmerksam wurde, als Selim von der anderen Seite her Antwort gab und bemerkte: »Ich glaube es auch nicht.« Ali drehte sich hastig zur Seite, fragte schnell: »Was glaubst du nicht, Selim?« Selim sah seinen Herrn erstaunt an, bemerkte trocken: »Nun, was Mehmed soeben sagte vom Schlafen Hassan Beys, Herr.« Sehr beunruhigt wandte sich Ali Mehmed zu, fragte: »Ich war in Gedanken und gab nicht acht auf deine Worte, mein Freund Mehmed — was hattest du gesagt?« »Vergib, Herr, ich sprach wohl zur Unzeit — ich meinte nur, daß ich nicht glaube, Hassan Bey habe sich im Schlaf befunden, als Osman ihn in die Sänfte bettete. Mir schien, der Bey habe seinem Diener etwas zugeflüstert — sahest du es nicht auch, Selim?« Selim nickte, sagte ernsthaft: »Ich glaube, jener Osman hat zwar den Bakschisch genommen, den Abdullah Bey ihm gab, aber seinem Herrn nicht mehr Haschisch eingeflößt, als er schon in sich trug. Denn ich habe sehr genau zugeschaut, als Hassan Bey in die Sänfte gehoben wurde, und denke sicher, ich irre nicht, daß ich sah, der Bey habe die Hand gehoben, um eine Decke glattzustreichen, wohl in der Annahme, alle Vorhänge seien geschlossen, was sie aber nicht waren. Trägt Abdullah Bey den Brief an den Erhabenen, Herr?« Ali sah sehr beunruhigt aus, antwortete aber leise: »Er hat ihn nicht.« Mehmed sagte: »Trotzdem werden sie ihn durchsuchen, und man kann nur hoffen, Abdullah Bey möge sich nicht wehren — tut er es, ist er verloren.«

Diese Äußerung ließ Ali neuen Mut schöpfen, denn er wußte, daß Abdullah viel Spaß am Sinnlosen hatte, erinnerte sich dessen aus ihren Kinderspielen gut und nahm an, der dem leidenschaftlichen Haschischin und dem kalten Osman weit überlegene beste Schüler der Medresseh werde sich lachend die Durchsuchung gefallen lassen, um nachher zu fragen: »Nun, meine Freunde, fandet ihr die von euch gezähmte und entflohene Wanze?« Möge es Allahs gnädiger Wille sein, daß alles in gleicher Heiterkeit ende, wie es begann — Inschallah!

Eine wunderbare Bergesruhe herrschte an diesem Abend um den Platz, wo die Zelte gestanden hatten, die ehemals die Gefährten beherbergten und von den Dienern des Hirtenfürsten schon abgeschlagen worden waren, mit jener nahezu zauberhaft wirkenden Geschwindigkeit, wie sie Nomaden und Hirten eigen zu sein pflegt. In großer Ruhe lag das Stallzelt da, in dem sich nun die braven Maulesel, die Katublar, neben den Halbpferdchen wieder breitmachen durften, während der edle Erwan, Alis geliebtes Pferd, sich immer wieder umblickte, die Gefährten suchend. Sein Herr lag indessen auf dem Boden vor seinem Zelt, hatte die Hände unter dem Kopf verschlungen und genoß zutiefst das Bewußtsein, sich nicht von Hinterlist und Verrat umgeben zu wissen. Daß es hier oben dergleichen nicht gab, das machte ihm die Aussicht, sich hier ein kleines Gebiet eigener Herrschaft zu gründen, so beglückend.

In diese freudige Ruhe brach der so vertraute Laut der Hufschläge von Pferden, und er sprang auf, aus seiner Ruhe aufgestört. Aber das Bild, das sich seinem Blick bot, war so sehr

der Inbegriff des Friedens, daß er seiner Besorgnisse selbst lachen mußte. Da kamen sie zu zweit, auf seiner edlen Araberstute sein Freund und Helfer, der Hirtenfürst, und neben ihm, klein und bescheiden auf einem Katub, ein alter Mann, der niemand anders als der Imam sein konnte. Beglückt eilte Ali den ungleichen Reitern entgegen, rief schon von weitem: »Hosch geldinis, sefa geldinis!« und strahlte über das ganze schöne junge Gesicht. Sichtlich stellte der Imam eine Frage, die mit Kopfnicken beantwortet wurde, und dann lächelte auch er, winkte dem frohen Jüngling freundlich zu. Ali eilte den Reitern entgegen, rief im Laufen nach Mehmed und Selim, war ganz beglückter Eifer, denn nun wurde ja alles Wirklichkeit, was bisher nur beseligender Traum gewesen war. Da war er, der sie vereinen würde, ihn und den Bergfalken, neben dem es niemals eine andere geben sollte, und da war der prächtige Mann, der am Dasein des Bergfalken das Verdienst hatte. Nun war es greifbar nahe, das Glück, das fremdartige, das geheimnisvolle, das sich einem Falter gleich nicht immer halten und fangen ließ — aber wer weiß: mochte der Bergfalke nicht vielleicht das Kunststück kennen, wie man den Falter einfängt? Warten, nur noch einen Tag warten, dann würde sie ihn in alle Geheimnisse einweihen, die ihr zu eigen waren, der Tschirkass-Nurya, seinem Bergfalken.
Unterdessen fragte der Imam leise, zum Hirtenfürsten geneigt: »Maschallah, welch ein schöner und liebenswerter Jüngling! Oder trügt sein Äußeres?« Der Hirtenfürst gab ebenso leise zur Antwort: »So wie du ihn siehst, Herr, so ist er, ganz ohne Falsch und Trug. Mein Kind ist gesegnet durch dieses Kismet.« Der Imam konnte eben noch hauchen: »Segen auch für mich . . .«, da war Ali schon bei ihnen angelangt und begrüßte beide freudig. Der Hirtenfürst sagte lebhaft: »Ich hatte Glück, fand den ehrwürdigen Imam und meinen Diener bei ihm, so konnte ich diesen mit anderen Aufträgen fortschicken und den ehrwürdigen Herrn selbst heraufgeleiten. Ich gehe jetzt,

sein Kommen Nurya zu vermelden, denn sie ist voller Ungeduld, die Arme, die noch niemals so lange eingeschlossen blieb und zum Warten verurteilt — womit sie schon beginnt, das Los der Frau zu verspüren — ist es nicht so, teurer Sohn?«
Ali schüttelte heftig den Kopf, daß die dunklen Locken flogen, und sagte heftig: »Durch mich nicht, Herr, nein, gewiß nicht!«
Der Hirtenfürst sah den Sohn Suleimans lächelnd an, gab aber keine Antwort, und schon kamen die Diener, um in friedlicher Eintracht eine edle Stute und ein schlichtes Maultier zum Ausruhen in den Stall zu führen. Ali aber hielt den Tschelebi am Ärmel fest, flüsterte hastig: »Wann, Herr, wann?«
Aber der Hirtenfürst lächelte wieder, legte leicht seine Finger auf die ihn haltende Hand, zuckte die Achseln und sagte halblaut: »Allah bilir —«, fügte aber schnell hinzu: »Du schenkst uns die Freude deiner Anwesenheit bei der Abendmahlzeit, teurer Sohn?« Ali grüßte, verbarg seine Enttäuschung, murmelte »Stafula« und ging in sein Zelt, denn er wußte, nun mußte erst der Imam als Gast versorgt werden, und dem Herrn des Lagers oblag dadurch vielerlei Verrichtung.
Wie sollte er nur die Tage des Wartens tatenlos ertragen? Und was war aus dem sogenannten Bettler geworden, der als Bote das Schreiben an den Sultan befördern sollte? Daß er sich als solchen aufspiele, war doch, nun sie allein hier oben waren, nicht mehr nötig. Aber dann schlug sich Ali alle diese Gedanken aus dem Sinn, ließ sich Erwan satteln und vertrieb sich und dem edlen Tiere allen Mißmut durch einige lebhafte Bewegung auf dem Quellengrund. »Wirst du hier stehen, mein Serail?« rief Ali in die Weite, und das Echo antwortete: »Serailim — Serailim« — zweimal ganz deutlich. Ali grüßte die Antwort des Ifrit und war wieder voll Freude und Zuversicht.
Indessen hatte sich der Hirtenfürst zu seiner Tochter begeben, und als Nurya von der Ankunft des Imam erfuhr, war

auch ihre erste Frage: »Wann, Herr, wann?« Er lächelte auch hier wieder, strich leicht über das geliebte Haar, flüsterte: »Halte den Brautschleier deiner Mutter bereit, mein Kind«, und war davon, ehe Nurya weiter fragen konnte. Draußen stand wartend Mirhalla, nach der er schon rufen lassen wollte. Sie sagte leise: »Herr, ich vernahm, der Imam sei im Gastzelt angelangt. Wann gehen wir hinauf?« Der Tschellebi griff nach der Hand Mirhallas und zog sie mit sich in sein Gemach. »Lasse dich nieder«, sagte er, »wir haben einiges zu beraten. Ich habe dem Boten, der den Imam holen sollte und den ich unten antraf, beauftragt, mir von den kleinen Öllampen, die mit farbigem Glas, weißt du, einige herzubringen. Diese werden wir rings an den Wänden der Höhle befestigen, und auch dazu brauchen wir den jungen Machmud. Ich hätte ihn gern gesprochen; kannst du ihn mir heimlich herbringen, meine Getreue? Und hast du sonst alles vorbereitet an Kissen, Dekken und Ähnlichem für ein weiches und warmes Lager? Es wird kalt sein droben.« Mirhalla lächelte überlegen, meinte: »Das merken sie nicht, diese zwei Gesegneten, Herr!« »Aber wenn sie einschlafen doch«, bemerkte der Hirtenfürst, und beide alten Leute sahen sich verstehend und wissend an. »Hole den Kleinen, ich bitte dich!«
Mirhalla grüßte und ging. Sie mußte an vielen Stellen herumfragen nach dem Hirtenjungen, gelangte aber schließlich zu Zekieh, dem Zwilling, und erhielt dort die gewünschte Auskunft, stieß jedoch auf ein neues Hindernis. Zekieh sah mit großen nachtdunklen Augen angstvoll zu der Oberdienerin auf, stammelte: »Hat Machmud etwas zu befürchten? Wird der große und mächtige Herr ihn bestrafen?« Da Mirhalla nichts verraten durfte davon, wofür Machmud gebraucht werde, dauerte es eine Weile, bis die Kleine beruhigt war, aber dann fand Mirhalla den jungen Hirten bei den Frauen, die den Ziegenkäse bereiteten und den Knaben, der sich gegen sie nicht zu wehren vermochte, in ihren Dienst zwangen. »Komm

mit mir, Machmud, der Herr bedarf deiner!« sagte Mirhalla befehlend, und der Knabe folgte ihr gerne, hatte er doch längst genug von dem Weiberdienst. Als dann Mirhalla mit Machmud durch die Zeltgänge zurückkam, bemerkte sie nicht den lautlosen Schatten, der ihnen nachschlich, sah auch nicht die zierliche Gestalt der Zekieh, die sich an dem Vorhang niederkauerte, der sich hinter Mirhalla und Machmud schloß, um alles zu hören, alles zu wissen, was der große, der mächtige Herr ihrem geliebten Zwilling anhaben könnte, und sich dazwischenzuwerfen, wenn ihm etwa Schmerz bereitet würde. Doch was der kleine zärtliche Zwilling zu hören bekam, war anderer Art, als es ihr scheues liebendes Herz befürchtete, und Zekieh hätte nun beruhigt davongehen können, blieb aber dennoch an ihrem Lauscherposten hocken, denn nun war ihr ein ganz neuer Gedanke gekommen, dessen Ausführung ihr das Zusammensein mit dem geliebten Zwilling für einen ganzen Tag lang schenken würde. Reglos hockte sie dort, und ihre leichten Atemzüge wurden nicht hörbar. Der Hirtenfürst hatte beim Eintritt des jungen Machmud aufgeblickt, denn es lag ihm daran, sich selbst einen Eindruck von dem Knaben zu bilden und nicht nur den Worten der guten alten Mirhalla zu vertrauen. Doch schon die furchtlose Art, mit der der Knabe vor ihn trat, bewies dem alten Hirten, daß dieses junge Gemüt nicht von der Feigheit der Lüge beschwert wurde. Der Knabe grüßte geziemend, verneigte sich und sagte fragend: »Du hast befohlen, hoher Herr?« Der Tschelebi lächelte unwillkürlich, beeindruckt durch diese freie und grade Art des Knaben Machmud, und sagte freundlich: »Komm her zu mir, Knabe, und sage mir, ob du dich kraftvoll genug dünkst, Löcher in eine Felswand zu schlagen?«

Machmud ließ sich von dem Arm des Hirtenfürsten umschlingen und fühlte sich wohl und geborgen in dieser warmen Fesselung. Er sah in das nahe starke Gesicht, betrachtete die Adlernase, die wilden dunklen Brauen über den leuchtenden

Augen, das noch kaum ergraute Haar über der hohen Stirn und dachte, daß ihm all dieses wohlgefiele. Dann fragte er ruhig: »Welchem Zwecke sollen die Löcher in der Felswand dienen, Herr?« Diese Frage, die nichts zu schaffen hatte mit dem der Jugend so geläufigen Prahlen, bereitete dem alten Hirten Freude, und er gab Auskunft: »Der Zweck der Löcher wäre, kleine Öllampen an den in die Löcher getriebenen Nägeln aufzuhängen.« Wieder kam eine sachliche Frage: »Diese kleinen Lampen mit buntem Glas, hoher Herr — diese meinst du? Sie sind ganz leicht, ich kenne sie. Dafür müßten die Nägel nicht tief in das Gestein eindringen, und das brächte ich wohl fertig, wenn ich gute Nägel und einen festen Hammer hätte. Wo befindet sich die Steinwand, und soll ich es gleich versuchen?« Aber der feste und sichere Arm gab Machmud nicht frei, und der sah fragend in das Gesicht, das ihm so gut gefiel.
Der alte Hirte drückte den Knaben an sich, sagte herzlich: »Nein, Machmud, das sollst du nicht gleich tun, aber achte jetzt gut auf, was ich dir sage. Am Tage nach dem morgigen findet die Heirat der Herrin Nurya mit dem erhabenen Prinzen Ali statt. Der Prinz, dessen Wünschen Gehorsam gebührt, hat erklärt, er wolle das Brautlager halten in jener Höhle, in welche sich damals die Junghirten eingeschlossen hatten, als du, mein mutiger Knabe Machmud, die Herrin Nurya vor einer Beschimpfung bewahrt hast durch die Warnung, die du ihr gabst — ja, was ist? Was willst du sagen?« Denn Machmud hatte die Hand gehoben und wurde sehr unruhig, sagte eifrig: »Vergib, hoher Herr, aber das war mein Verdienst nicht, es war das meiner Zwillingsschwester Zekieh. Sie ist es gewesen, die sich im Frauenzelte schlafend stellte und so alles vernahm von dem Anschlag dieser Weiber, und erst als sie es mir bekanntgab, was jene beabsichtigten, vermochte auch ich etwas zu tun. So war es, Herr, und anders nicht!«

Die große Hand des Hirtenfürsten strich dem Buben beruhigend über das dunkle Haar, und der Tschellebi sagte heiter: »Gut, gut so, mein kleiner Held, niemals Lob annehmen, das einem nicht gebührt. Aber nun höre an, was ich von dir erwarte. Wir, Mirhalla hier und ich, werden beim Dämmern des morgigen Tages hinaufziehen zur Höhle des Gandhar Dagh und werden diese Höhle, die unwirtliche, mit allem ausstatten, was sie für ein fürstliches Brautlager würdig macht. Du sollst einen Katub führen, dem wir alle Kissen und Decken aufladen, die benötigt werden, und mit dem ersten Hahnenschrei wollen wir bereit sein. Ist es dir recht, uns zu helfen in dieser Sache? Würdest du mir ein Versprechen geben, zu keiner Menschenseele von unsrem Vorhaben zu sprechen, weder jetzt noch später? Hättest du ein Ding, was immer es auch sei, dir so geweiht, daß du dabei versprechen würdest, und solches Wort halten, was auch geschähe?« Machmud sah in die Augen des Herrn, sagte ruhig: »Ja, Herr. Das Haupt meiner Schwester Zekieh. Bei diesem Haupte verspreche und versichere ich, nichts zu verraten, niemandem jemals von deinem Vorhaben zu sprechen, was auch geschehe.« Der alte Hirte sah den Knaben forschend an, fragte leise: »Du liebst sie sehr?« Machmud antwortete: »Es ist nicht nur lieben, Herr. Sie ist ich, und ich bin sie, das ist es.«
Hier aber war für die draußen kauernde Zekieh die Grenze des Ertragens erreicht, hatte sie doch noch nie den Bruder solcherart von seiner Verbundenheit mit ihr sprechen hören, denn er war ihr immer eher wortkarg erschienen. Mit einem leichten Schrei, der wie der Ruf eines Vogels im Dämmern klang, stürzte die zierliche kleine Gestalt in das weite Gemach und hing an des Bruders Hals, in haltloses Schluchzen ausbrechend. Der Hirtenfürst, der sich belauscht glaubte, wollte zornig hochfahren, aber Mirhalla, die ihm nahe am Boden saß, wagte es, ihm die Hand auf den Arm zu legen und mit der anderen auf die beiden Kinder zu deuten, wobei sie eine

kleine bittende Gebärde machte. Und der alte Hirte schaute hin, wie sie es wollte, sah, wie sich die zwei umklammerten, und spürte, wie dieses Bild unlösbarer Verbundenheit ihn deshalb ergriff, weil es die völlige Verlassenheit der zwei Kinder so augenfällig bewies.

So verhielt sich der Hirtenfürst still, und Mirhalla tat ein gleiches, ein übriges auch, indem sie noch den Finger auf die Lippen legte, mit einer Kopfbewegung auf die beiden weisend. Der alte Hirte nickte, nahm seinen Tschibuk aus dem Behältnis und begann friedlich zu rauchen. Der sich zuerst faßte, war Machmud. Sanft löste er die Arme der Schwester von seinem Halse, trat zu dem Hirtenfürsten heran, zog sie mit sich, fragte ernst: »Wie geschah es, Zekieh, meine Seele, daß du alles hörtest? Sprich ohne Furcht, denn ich glaube dir.« Das war wohl alles, worauf es der kleinen Zekieh ankam, denn sie sah nicht einmal zu dem großen und mächtigen Herrn hin, der auch ihre Worte vernahm, blickte vielmehr nur in des Bruders Gesicht: »Ich hörte, wie Mirhalla nach dir rief, o meine Seele, und als sie dich dann herführte, Machmud, vor des Herrn Antlitz, glaubte ich, es könne dir etwas geschehen, und ich wollte mich dazwischenwerfen, daß sie dir nichts anhaben könnten. Darum, als Mirhalla mit dir den Vorhang hinter sich sinken ließ, saß ich davor und hörte alles, um im rechten Augenblick vor dich springen zu können. So war es — auf dein liebes Haupt, Machmud, nur so.«

Machmud nahm sie an der Hand, führte sie vor den Herrn, sagte leise, denn er war sehr bewegt: »Herr, sie spricht die Wahrheit und ihr ist zu glauben.« Auch des alten Hirten Stimme war ganz sicher nicht, als er Zekieh zu sich heranwinkte, und, sie im Arm haltend, wie vorher den Bruder, fragte: »Willst auch du Schweigen versprechen, du Kleine, ja? Dann könntest du, auf dem Katub sitzend, über Decken und Kissen wachen, daß nichts heruntergleite — auch du nicht. Willst du mitkommen? Sage!« Fast erschrak der alte

Hirte, der so etwas seit langen Zeiten nicht mehr mit angesehen hatte, über den Jubel, den er auslöste, und hingerissen betrachtete er das zierliche Wesen, das mit fliegenden Schleiern herumwirbelte, als habe der Sturm ein Blatt erfaßt und treibe es vor sich her. Endlich stand Mirhalla auf, fing sich die Kleine, nahm sie mit zum Sitzkissen und hielt das in Glück und Freude bebende Geschöpfchen an sich gedrückt, so fest, daß auch sie von dem wilden jungen Herzschlag mit durchzittert wurde.

Dann wurde beraten, wieder und wieder, wie das alles am besten und verborgensten einzurichten sei, und es war schließlich doch Machmud, der den besten Vorschlag fand. Er sagte ernsthaft, wie ein Mann sprechend, nicht wie der junge Knabe, der er war: »Herr, wie es auch gerichtet werde, immer ist es möglich, daß jemand fragt, wo du seist, und wie es geschehen könne, daß du nicht zu erreichen wärest. So dachte ich mir, es sei am besten, sich irgend etwas auszudenken, das diesen Bergausflug erscheinen ließe als etwas, das geboten sei und der Sitte nach eine Pflicht. Gibt es nicht so irgend etwas hier in den Bergen, davon du weißt, Herr?«

Dieser Gedanke sprang wie ein Funke über in des alten Hirten Geist, und er glaubte plötzlich, längst zu Staub gewordene Lippen lebend sich bewegen zu sehen, und eine verstummte Stimme klang wie lebend in ihm, sagte eindringlich wie einstmals, da sie die seines Lehrers, des Hodja, gewesen war: »Achte darauf, mein Sohn, daß du an lebendigen Wassern die Hilfe Allahs beschwörst, für was immer du begehrst an Segen. Doch laß es Wasser sein, das aus dem Fels quillt und das noch nicht verunreinigt wurde.« Dieser schon seit vielen Jahren verstummten Stimme eines weisen Lehrers auch heute noch zu gehorchen, konnte Erhöhung bedeuten, und so beschloß der große Tschellebi, auf den Rat eines Knaben hin sein Vorhaben als das eines Gebotes der Verehrung öffentlich zu verkünden, fügte aber hinzu: »Daß der

Katub, mit den Decken und Kissen, den Fellen und allem, was dazu gehört, auch deine Zekieh nicht zu vergessen, gut beladen und heimlich aus dem Lager gebracht werde, das, Machmud, ist deine Sache, deine allein, die ich dir übergebe, dir und Mirhalla. Mir will scheinen, es wäre gut, den Katub noch in der Nacht zu beladen und aus dem Lager zu bringen, denn seine Lasten können wir niemals glaubhaft erklären. Was denkst du davon, Machmud?«
Es fiel niemandem auf, daß der Tschellebi den Knaben um Rat fragte, denn es ist das Wesen der Klugheit, die besondere Begabung anderer zu erkennen und zu verwenden. Machmud schwieg für kurze Zeit, blickte dann auf und fragte lebhaft: »Herr, da war der Ziegenhirte mit der kleinen Pfeife, der die Helfer hinanführte zur Höhle damals — wie hieß er, Herr?«
Der Hirtenfürst wartete voll Spannung, was nun kommen würde, sagte schnell den Namen und glaubte zu wissen, was Machmud meinte. Der Knabe sprach jetzt bedächtig, als formten sich ihm die Gedanken, während er sie in Worte faßte, sagte langsam: »Dieser Hassan schien mir sehr verläßlich und klug zu sein. Ich würde ihn gerne herbeiholen, ihn einweihen und zum Schweigen verpflichten, um danach dann den beladenen Katub in des Hassans Zeltlager zu schaffen während der Nacht. Er kann uns mit dem Tier morgen im Dämmern treffen und mit uns hinaufziehen — so wüßte niemand von unserm Tun. Was hältst du davon, Herr?«
Der Tschellebi nickte Zustimmung, und Mirhalla wurde aufgetragen, die kleine Zekieh bei sich zu behalten während der Nacht. Blieb noch eine Schwierigkeit: Nurya. Sie war es gewohnt, von ihrer ehemaligen Amme bedient zu werden, und würde es nicht verstehen, warum sie abwesend sei in eben diesen Tagen, aber der Tschellebi übernahm es, seiner Tochter klarzumachen, daß Mirhalla für allerlei Vorbereitungen von ihm selbst gebraucht werde, und so schien denn alles geordnet. Als so alles besprochen war und Mirhalla sich

schon erhoben hatte, um das Gemach zu verlassen, stand Machmud plötzlich wieder vor dem Herrn, sah ihn unerschrokken an, fragte: »Warum, Herr, wenn du doch mit uns in der Höhle sein wirst, kannst nicht du die Löcher in den Fels schlagen? Vermagst du es nicht mehr?« Hierauf brach der Hirtenfürst in ein Lachen aus, wie er es seit langem nicht gekannt hatte, zog den Frager wieder an sich, sagte heiter: »Nimm dir eine Lehre an diesem Geschehen, Knabe: wir mit den vielen Dienern, wir wissen kaum noch, was wir selbst zu tun vermögen, was nicht. Aber morgen werden wir es beide erleben, ob der alte Hirte noch einen Hammer zu schwingen vermag, achte dann gut auf, denn in dieser Sache bist du mein Herr und Meister!« Völlig verstehend verneigte sich der Knabe Machmud schweigend und bewies dadurch seine Überlegenheit.

Allein geblieben, begab sich der Hirtenfürst zu Nurya und setzte ihr geduldig auseinander, daß sie für einen Tag die Dienste ihrer Mirhalla werde entbehren müssen in diesen bewegten Tagen, da er selbst dringend ihrer Hilfe für vielerlei bedürfe. »Bleibt sie mir zur Verfügung, so wird die Heirat am Tage nach dem morgigen stattfinden können. Läßt du sie mir nicht als Hilfe, muß die Feier weiter hinausgeschoben werden — wähle also, mein Kind!« sagte der listige Mann und verbarg sein Lächeln, als ihm sogleich Mirhallas Dienste zugebilligt wurden, eifrig und eilig.

In dieser Zeit nun war Ali ganz sich selbst überlassen geblieben, nachdem er Erwan wieder in den Stall zurückgebracht hatte. Es mochte noch eine gute Stunde etwa sein bis Sonnenuntergang, und vorher wurde niemals zur Nacht gespeist. Der Prinz überlegte, daß inzwischen dem Imam genug Zeit geschenkt worden war, um der Ruhe zu pflegen, und er es demnach wagen durfte, ihn im Gastzelt aufzusuchen. Doch schickte er, um allen Geboten der Höflichkeit zu genügen,

Selim mit der Anfrage voraus, ob der Prinz Ali dem ehrwürdigen Imam willkommen sei, und erst als die Antwort bejahend ausfiel und er sich vom Staub des Rittes gesäubert hatte, begab er sich zum Gastzelt, nicht ohne Selim wiederum mitgehen zu heißen, auf daß er den Zeltvorhang gebührend hebe. Nachdem all dieses geschehen war, wodurch der Sohn Suleimans die Ehrfurcht vor dem Amte des Imam zu bekunden dachte, trat er ein und verneigte sich tief vor dem Imam, der behaglich auf den Sitzkissen lagerte. Ehe der alte würdige Mann sich erheben konnte, um Suleimans Sohn zu ehren, war Ali mit drei schnellen Schritten bei ihm, drückte ihn sanft nieder und sagte halblaut: »Herr, beschäme mich nicht, indem du dich erhebst, du, den ich als Quell der Weisheit und des Wissens in meiner Ratlosigkeit zu befragen kam, o Ehrwürdiger!«
Der Imam, ein alter Mann wie andere alte Männer auch, mit Neugier, die er Wißbegier nannte, bis zum Halse angefüllt, was in diesem besonderen Falle noch dazu völlig verständlich war — man denke, die Yasmaksis, Tochter des großen Tschellebi, und der Sohn des großen Suleiman! — Man denke — Djanum, so man ein Mann und ein Mensch ist —, so denke man! Was also mochte der Prinz jetzt ihn zu befragen kommen, der große Herr und schöne Jüngling, der ihm so viel unverdiente Ehre erwies? Hatte sich dieses Mal der kluge Hirtenfürst doch getäuscht und das liebenswerte Äußere trog, wie schon so oft? Als aber der Prinz Ali von einer hohen Geldsumme, die für den Bau einer Moschee verwendet werden könnte, gar nichts sagte, sich vielmehr nur nahe dem Imam auf ein Sitzkissen niederließ, den Kopf in die Hände legte und traurig vor sich hin sah, da wurde der Imam nur zu gern anderen Sinnes, legte dem Trübseligen eine ruhige Hand auf die Schulter und sagte mit leiser Stimme — denn die Beschwerten hören nur das leise Wort: »Sprich, mein Sohn, das ehrfürchtige Ohr meines Herzens hört dich!« Und

schnell, ganz schnell und nebenbei, dachte der kluge Kopf, wie sich doch alles immer ausgleiche — Pracht und hohe Stellung, Liebe und Glück neben einem verborgenen Leide daherlebend.

Ali sagte, so hauchleise, daß der Imam sich zu ihm hinneigen mußte, um zu verstehen: »Ehrwürdiger, ich hatte einen Freund. Er war mir näher als meine leiblichen Brüder, und es gab nichts, das wir nicht zusammen taten vom ersten unsicheren Schritt an bis zum Mannestum. Mein Leben in seine geliebte Hand zu geben, wäre mir gewesen, als wolle ich am hellen Tage eine Kerze entzünden, so sinnlos wäre es mir erschienen, auch nur darüber nachzusinnen. Dieser mein Freund, mir mehr als mein Bruder, wurde an mir zum Verräter — ich vermag es nicht zu verstehen, Ehrwürdiger! Ich komme, dich zu fragen um dieses, Herr: Ist es wahr, daß Haschisch den Menschen so zu verwandeln vermag, daß er nicht mehr liebt, was er liebte, nicht mehr Freund ist dem Freunde, nicht mehr Wahrheit von Lüge scheidet, sondern ein anderer wird, Ehrwürdiger, ein Fremder und Verräter?« Ali hatte den Kopf in die Hände gewühlt, bebte vor Erregung am ganzen Körper und biß sich auf die Zunge, um nicht in unmännliches Schluchzen auszubrechen. Der Biß auf die Zunge tat weh und war darum wohl nützlich zum Wiedererlangen der Fassung.

Mit fast zärtlichem Mitleid sah der Imam auf den gesenkten Kopf, ähnlich wie es vor kurzen der Hirtenfürst getan hatte. Hier lebte ein so starker und so ehrlicher Schmerz, der Schmerz eines Mannes, wenn auch eines jungen, dafür jeder andere Mann volles Verstehen hegen mußte. Freundschaft war ihnen allen so viel, bedeutete ihnen mehr als Frauenliebe, so daß ein jeder Muslim den Schmerz um solchen Verrat voll verstand. Hier kam nun zudem noch das schreckliche Wirken des geheimnisvollen Haschisch hinzu, davon Ali fragend sprach, und all dieses ergriff den Imam zutiefst, abgesehen davon, daß es ihn ein wenig in Verlegenheit brachte, weil er vom Haschisch und seiner Einwirkung des Verwandelns der Wesenheit seiner Opfer nicht viel wußte. Doch wäre er ein Theologe gewesen, wenn er nicht aus jeder Verlegenheit einen Ausweg gewußt hätte? Was bedeutet schon die Konfession und was die Sprache, in welcher die Gottheit verehrt wird — ihre Diener kennen stets eine mehr oder minder glückliche Deutung für alles, um es dem gläubig Lauschenden darzulegen, denn ihnen ward von je der Ariadne-Faden erblich zuteil, um dem Verirrten jedes Labyrinthes Ausgang zeigen zu können.

So war es auch hier, und es währte nicht lange, da war dem ehrfürchtig lauschenden Prinzen so vielerlei berichtet worden über die völlige Veränderung des Menschenbildes durch das Haschisch, das der Imam als das wirkungsvollste Mittel des dunklen Engels Eblis bezeichnete, um Fromme zu Verächtern, Tapfere zu Feiglingen zu wandeln. Edle zu Verrätern, so daß Ali bald überzeugt war, dem einstmals geliebten Freunde bitter Unrecht getan zu haben, indem er ihm nicht nur Mitleid erzeigte. Da er aber doch in allem den Verstand zu Hilfe nahm, kamen ihm dennoch einige Zweifel an den vom Imam so freigebig gewählten Beispielen verwunderlich gewandelter Menschen, und wie er es in der Medresseh gelernt hatte, so gab er auch hier diesem freundlichen und gütigen alten Manne gegenüber seinen Zweifeln Ausdruck, tat es in ruhiger und ehrfürchtiger Art, fragte: »Imam Efendi, sage mir, ich bitte dich, hast du bei dem, was du von diesen Seltsamkeiten berichtet hast, die Wahrheit gesprochen?«

Der Imam, der das gewiß nicht getan hatte, vielmehr nur dem Jüngling zum Trost daherredete unter reichlicher Zuhilfenahme geläufiger Vorstellungen, ließ sich doch durch diese schwierige Frage nicht aus der Fassung bringen, denn ihm fiel rechtzeitig die Weisheit eines großen Derwisches ein, der auf seinen Lehr-Reisen auch einmal in die Nähe ihres kleinen Schehirs gekommen war und, nachdem er von vielerlei Wunderbarkeiten berichtet hatte, auf die gleiche Frage solcherart Antwort gab, wie es nun nach ihm der Imam tat. Er sagte: »Was ist das, mein Sohn, was du Wahrheit nennst?« Ali dachte ein wenig nach, sprach dann wie aus Gedanken heraus: »Ich dächte, Imam Efendi, die Wahrheit wäre das, was man nachprüfen könnte, oder es greifen — ist es nicht so?« Der Imam mußte sich erst besinnen auf jene damalige Frage- und Antwortfolge, glaubte aber dann richtig Auskunft zu geben, als er sagte: »Das Nachprüfen wäre in diesen Fällen deshalb sehr schwierig, weil niemand zugeben würde, unter Haschisch gestanden und allein deshalb so unzuträglich gehandelt zu haben. Und was das Greifen anlangt, so meinst du, mein Sohn, das Wirkliche und nicht die Wahrheit. Denn das Faßbare ist wirklich, nicht aber die Wahrheit. Sie ist unfaßbar und doch dem Licht gleich, das wirklich ist und dennoch unfaßbar — oder hast du schon einmal das Licht greifen können?« Ali war sehr betroffen, merkte zwar, daß all dieses mit seiner ursprünglichen Frage nichts zu tun hatte, war aber weit davon entfernt, in ehrfurchtsloser Art darauf hinzuweisen, und sagte darum nur: »Ich habe das Licht noch niemals greifen können, Ehrwürdiger.«

Der Imam nickte sehr zufrieden, denn er fand, er habe sich aus diesen Schwierigkeiten so leicht und gleitend wie eine Yilan, eine kleine schöne grüne Schlange, herausgewunden. Als Prinz Ali sich jetzt erhob und seinen Dank aussprach, zugleich mit der Bewunderung für die Weisheit des Imam, da hatten sie beide, der alte und der junge Mann, das befriedigende Gefühl, in Höflichkeit und Geschicklichkeit dem anderen etwas vorgemacht zu haben — nur wußte der Imam nicht, daß der Prinz es erkannt hatte. Es kommt vor, daß Jugend klüger ist als Alter — ja, das gibt es —, wenn sie als letzte zu schweigen versteht.

In dieser Zeit begaben sich im Zelte des Hirtenfürsten recht bemerkenswerte Dinge. Da hockte der Verwalter dieses kleinen Staatswesens dem Beherrscher des Gebietes gegenüber und schrieb eifrig, was ihm anbefohlen wurde. Er schaute immer einmal wieder zu seinem Herrn auf, als traue er seinen Ohren nicht, erhielt aber stets durch einen Fingerzeig den Befehl, weiterzuschreiben, und tat es dann endlich ohne weiteren Ausdruck des Erstaunens oder der Anteilnahme.

Der Hirtenfürst sagte soeben: »Wenn der erhabene Prinz und meine Tochter Nurhial Sultana am dritten Tage etwa vom Gandhar Dagh herunterkommen, so wirst du, Achmed Baba, für den Erhabenen sein edles Pferd bereit halten, für die Sultana aber eine prächtige Sänfte, mit deren Herstellung schon heute begonnen werden muß. Sie soll breit gebaut sein und für zweie Raum bieten, im Falle der Erhabene für kurze Zeit neben seiner Gemahlin Platz nehmen will. Eine zweite Sänfte wird benötigt für die Dienerschaft, deren es zwei Frauen sind und zwei junge Knaben, die zu Fuß gehen oder Esel reiten. Der Diener Selim des Erhabenen, und Mehmed, sein anderer Diener, werden reiten. Die erste Rast im Schehir wird bei Baruk Efendi sein — gib Anweisung für die Sänften! Der Efendi wird dann schon Bescheid wissen und den Reisenden alle weiteren Raststellen angeben. Ich werde dir einen Brief zurücklassen, den du dem Erhabenen übergibst, sobald er mit seiner Gemahlin vom Berge kommt. Ich selbst werde zehn Tage, so denke ich, abwesend sein. In dieser Zeit hast du mit den Bauleuten des Serail auf der Quellenwiese Besprechungen zu pflegen und ihnen anzugeben, daß es in etwa sechs Monaten fertig zu sein hat, so daß der Erhabene und seine Gemahlin es bewohnen können. Bis dahin wird hier neben meinem Zelt ein großes gleiches errichtet, darin der Erhabene und seine Gemahlin wohnen werden. Die Beuteteppiche, die wir den Räubern abnahmen, sollen alle zur

Ausschmückung dieses Zeltes verwendet werden. Hast du das alles, Achmed Baba?«

Achmed Baba nickte, denn er war ein sehr gewandter Schreiber, und zudem eignete sich die türkische Schrift dazu, als Schnellschrift benutzt zu werden. Er blickte jetzt auf, sagte sehr beunruhigt: »Wie werden wir nur leben, Herr, wenn du fort bist? Wer wird mir gehorsamen — aman, aman?« Der Hirtenfürst lachte, sagte heiter: »Wenn du das jetzt noch nicht weißt, Achmed Baba, nachdem du seit mehr als zwanzig Jahren mein Verwalter bist, dann wirst du es niemals lernen, dir Gehorsam zu verschaffen. Und ich glaube mit Sicherheit, daß ihr euren alten Hirten für zehn Tage entbehren könnt, ohne allesamt des Todes der Sehnsucht zu sterben. Djanum, darf ein Mann sich nicht nach so vielen Jahren steten Hierseins einmal zehn Tage lang in eigener Angelegenheit entfernen, ohne euch genau mitzuteilen, wohin, wozu und weshalb? Ist man ein Gefangener in seinem eigenen Bereich? Sage mir das, Achmed Baba!«

Hier rührte der Hirtenfürst an das, welches eigentlich das Leben eines Zeltlagers ausmachte: die Unmöglichkeit, sich abzuschließen. Jeder wußte von einem jeden alles, was er tat oder unterließ — das Eigenleben gab es nicht und schon gar nicht irgendeine Abgeschlossenheit. Aus diesem Grunde hatten auch die Vorbereitungen für das kleine Geheimnis der Höhlenausschmückung so umständlich besprochen werden müssen, und trotzdem blieb die Frage offen, ob eine Geheimhaltung möglich sein würde. Was jedoch die Antwort des Hirtenfürsten auf des Verwalters Achmed Gerede angeht, so gab deren Fassung, von Achmed wiederholt, Veranlassung zu der Legende, daß der Tschellebi, kaum daß seine Tochter verehelicht sei, ausziehe, um sich langentbehrten Freuden hinzugeben — um so verständlicher, als für den großen Herrn hier oben nichts dergleichen jemals zu haben gewesen sei, da die Frauen der Hirten dafür nicht in Frage kamen und deren Töchter noch weniger. Weit davon entfernt, der ihm gebührenden Achtung Abbruch zu tun, vermehrte dieses Gerücht die Verehrung für den Tschellebi, und es hieß überall: »Maschallah, welch ein Mann ist unser Gebieter, Maschallah!«

Für Nurya schlichen unterdessen die Stunden bleiernen Fußes dahin. Sie, die von jeher an die Freiheit der Berge gewöhnt gewesen war, an die Höhe und deren Frische, saß nun in selbstgewählter Gefangenschaft in dem ihr beängstigend eng erscheinenden Gemach und wußte nicht, was tun. Sie kannte nichts von dem, womit Frauen sich die Zeit zu kürzen suchten, als da sind vielfach geartete Stickereien kunstvollster Art, das Herstellen eigener zartester Wäschestücke aus Seide oder selbstgewebten Leinens, und da sie sich nun entschlossen hatte, um des ersehnten Prinzen willen sich als Frau zu verhalten, bis er ihr erlauben würde, wieder sie selbst zu sein, der in Freiheit lebende Bergfalke, war sie Willens, diese Selbstkasteiung bis zum Tage der Hochzeit einzuhalten. Doch wie tödlich langweilig war solch ein Leben! Wie es ihr in allen Gliedern zuckte, zu laufen, zu steigen, unter der eisigen Quelle zu stehen! Yah, Djanum, war dieses denn noch Leben, dieses reglose Herumsitzen? Wie behielten sie nur ihren Verstand, die Frauen, die am Boden hockten und mit ihren Händen die Seidensträhnen ordneten wie auch die Goldfäden — mit ihren Händen — ja.

Hier stockte das Denken für Nurya, denn sie hatte in der Welt ihrer Vorstellungen die eigenen Hände gehoben und betrachtete sie erschrocken. »Sultana«, hatte der Prinz mit der schönen Hand, daran der Saphir blitzte, sie genannt — und war dieses die Hand einer Sultana? Zerschunden vom Dornengestrüpp, daran sich zu halten, was oftmals notwendig gewesen war, um das Abstürzen zu bremsen, zerrissen und hart in der Innenfläche — und er gewöhnt an weiche duftende Hände, die ihn liebkosten! Wie würde er diese harte und rissige Hand ertragen? Schnell, ganz schnell mußte da etwas geschehen, sofort mußte es sein! Und Nurya begab sich auf die Suche nach Mirhalla, von der der Vater zwar gesagt hatte, er bedürfe ihrer — aber doch wohl nicht für den ganzen Tag?

Sie lief zu den Zelten der Dienerschaft und freute sich, diesen Grund zu haben, um ihrem Gemach zu entfliehen, laut nach Mirhalla rufend, bekam aber keine Antwort der vertrauten Stimme, wohl aber die einer anderen, leichten und jungen. Zekieh kam herbeigelaufen und tat alles, was in ihrer Macht stand, um zu verhindern, daß die Herrin in die Nähe des Zelts gelange, in dem Mirhalla unter Decken und Kissen halb verborgen kramte und bereitlegte, was für morgen gebraucht wurde. Die Kleine kam der Herrin eilig entgegen, erdachte sich schnell eine Ausrede, warum Mirhalla jetzt nicht erreichbar sei, und fragte eifrig, ob sie nicht einen Dienst leisten könne? »Du sagst, Mirhalla ist beim Herrn? Es ist sehr schlimm, denn ich habe ja nun keine Zeit mehr, um meine Hände schön zu gestalten. Sieh nur, wie schlimm sie sind! Und du weißt auch kein Mittel? Wie solltest du auch?« Doch es traf sich, daß die kleine Zekieh dennoch ein Mittel wußte, ein Erlauschtes auch dieses, da die Frauen im Weiberzelt das kleine Bündel Leben niemals beachtet hatten. So sagte sie freudig und hilfsbereit, wie sie immer war: »O doch, Herrin, ich weiß ein gutes Mittel, das schnell hilft! Es ist ganz einfach, bedarf nur warmer Ziegenmilch und einiger Kräuter, die darin gekocht werden. Ich kenne sie, weiß, wo sie wachsen, und kann sie holen — auch die Ziegenmilch schaffe ich sogleich herbei, Herrin, ich koche die Mischung und bringe das Ganze in dein Gemach. Wolle dich nur kurze Zeit gedulden!«

Ehe Nurya noch irgend etwas hatte sagen können, war die Kleine, Flinke schon davon, denn es galt, jeder Gegenrede zuvorzukommen, gelang es doch nur so, dem schönen Vorwand Wirklichkeit zu schaffen, dorthin zu laufen, wo sich Machmud befand, bei dem Ziegenhirten nämlich, dem mit der kleinen Pfeife. Daß diese Kräutermischung sich zur Not auch mit Schafsmilch hätte herstellen lassen, unterliegt keinem Zweifel — aber Liebe macht erfinderisch, ganz besonders bei einer kleinen werdenden Frau. So lief denn Zekieh flüchtigen Fußes dorthin, wo auch ihrer ein Kismet harrte, eines mit einer kleinen Flöte, dem es gegeben war, singend alles Ungemach zu überwinden. Doch zeigte sich dieses Kismets Licht vorerst noch ganz, ganz fern in einem matten Leuchten am Horizont, weit jenseits des Gandhar Dagh.

Besonders gute Zeit hatte jetzt der bisher recht vernachlässigte Erwan. Nicht nur wurde er auf dem Quellengrund bewegt, nein, er wurde auch noch von Sattel und Zaumzeug befreit, mit einem freundlichen Schlag auf die Hinterhand zum Grasen geschickt, während sein geliebter Herr gelegentlich beschnuppert werden konnte, da er in seiner Lieblingsstellung, die Hände unter dem Kopf verschränkt, im duftenden Berggrase lag, träumend von dem Serail, das ihm hier erstehen sollte. Von dem prächtigen Stall, den er einstmals in diesem Serail zu eigen haben würde, wußte Erwan noch nichts, aber das hinderte ihn nicht, durstig das herrlich frische Quellwasser zu trinken, das ihm immer wieder über die empfindliche feine Nase sprühte. Als Erwan dieses Spiel endlich begriffen hatte, schnaubte er der Quelle immer wieder heftig entgegen, was diese mit Sprühen erwiderte. War es eine Peri, eine Quellenperi, die so mit dem edlen Pferde spielte? Wie dem auch sei, es war dieses Spiel von Erwan und der Quelle, das den Prinzen Ali späterhin veranlaßte, zu verlangen, im Serail sollten die Quellen frei bleiben, spielend, wie immer sie begehrten, frei, wie auch der Bergfalke es bleiben sollte, der ihrem ewigen Wechsel und Anruf glich. So versunken in alle diese Betrachtungen war der Prinz Ali, daß er um ein weniges vergessen hätte, sich rechtzeitig auf

den Weg zu machen, um die Abendmahlzeit mit dem Imam und dem Hirtenfürsten einzunehmen, wie ihm geboten worden war. Er fand eben noch Zeit, Erwan zu satteln, ihm das Zaumzeug anzulegen und zurückzusprengen, konnte nicht einmal mehr das abendliche, schon bereitete Bad nehmen, ließ sich nur mit Selims Hilfe in Eile umkleiden und hastete hinüber zum großen Zelte. Der Hirtenfürst und der Imam warteten schon, und Ali hatte keine andere Entschuldigung bereit als die der Wahrheit, daß er auf dem Quellengrunde die Zeit vergessen habe. Der Hirtenfürst lachte, sagte, er verstehe das gut, denn dort müsse dem Prinzen einem Traume gleich sein Serail erstanden sein.
Dann wurden die erlesenen Speisen aufgetragen, und als alle drei gesättigt waren, auch nach dem Kaweh den Tschibuk rauchten, fragte Ali den Hirtenfürsten, ob das Schreiben an den Sultan schon abgegangen sei, er habe bisher vergeblich nach einem Bettler Ausschau gehalten. Lachend gab der Hirtenfürst Auskunft, bemerkte: »Das war eine Torheit von mir, ich hatte vergessen, daß nun die anderen alle fort sind, es solcher Spielereien nicht mehr bedarf. Da du mir das Schreiben anvertrautest, teurer Sohn, so gebe ich es morgen meinem vielfach erprobten Diener, der jetzt noch unterwegs ist. Bin ich dir dafür sicher, mein Sohn?« Ali versicherte den Hirtenfürsten erneut seines vollkommenen Vertrauens, bemerkte aber ergänzend: »Ich hätte diesen Boten darum gerne selbst gesprochen, Herr, weil es sehr schwierig ist, am Torhüter des inneren Serailtores vorbeizugelangen und Eintritt zu gewinnen. Dieser Achmed kennt mich seit meiner frühesten Kindheit und ist durch einige Kleinigkeiten sogleich zu gewinnen, doch müßte ich diese dem Boten selbst verraten.« Der Hirtenfürst sah gedankenvoll aus, bemerkte dann: »Ich wäre dir dankbar, teurer Sohn, wenn du mir diese Kleinigkeiten mitteilen könntest. Mein vertrauter Diener ist ein sehr seltsamer Mann, mir ganz ergeben, sonst voll von Miß-

trauen. Einem Befehl von mir gehorcht er bis zum Tode, stellt sich jedoch dumm an vor anderen. Es wäre darum besser, du nenntest mir das Zauberwort, das die Serailtore öffnet.«

Ali mußte lachen, holte dann aus einer Gewandtasche eine kleine goldene Dose hervor und hielt sie dem Hirtenfürsten vor die Augen. Der blickte hinein, sagte dann: »Ich sehe, teurer Sohn, es sind die gleichen Waffeln, mit deren einer du das Schreiben verschlossen hast — was soll's damit?« Ali sagte ernsthaft: »Wenn Achmed von diesen Waffeln eine sieht, die er kennt als mein Namenszeichen, wird er den Boten einlassen. Es wäre gut, wenn der Mann, den du dafür erwählst, Herr, sich eine solche Waffel vielleicht auf die Handinnenfläche klebte und zugleich den Brief hochhielte, so ist es dann wie ein Geheimzeichen und bedarf keiner Worte — verstehst du mich, Herr, und willst du dem Boten eine Waffel geben? Nimm, hier ist sie!« Mit einer winzigen goldenen Zange, die sich ebenfalls im Kästchen befand, nahm Ali eine Waffel heraus, sagte noch mahnend: »Vorsicht, sie brechen leicht!« und beobachtete, wie der Hirtenfürst die rote Waffel behutsam neben sich niederlegte auf die Seide seines Sitzkissens. »Sei unbesorgt, teurer Sohn, ich richte es alles getreulich aus, und es wird gewissenhaft nach deiner Anweisung gehandelt. So wie ich dieses Schreiben an Stirn und Lippen führe, so wird es in die Hände gelangen, für die es bestimmt ist, die unseres erhabenen Sultans, den Allah segne und bewahre.« Der Imam und Ali wiederholten leise die Segensworte, und dann wandte sich das Gespräch anderen Dingen zu.

Endlich war der Tag der Hochzeit gekommen, einer Hochzeit, von der die gesamte Türkei viele Jahre lang zu sprechen haben sollte, sie bezeichnend als »Das wunderbare Geschehen am Gandhar Dagh«. Zweien schien es, als wolle die Sonne sich heute gar nicht erheben, und das waren Ali und Nurya — einem aber war es, als rase sie einem wild gewordenen Rosse

gleich daher, und dieser war der Hirtenfürst. Die Sonne aber, unbekümmert um der Menschen Tun und Denken, zog ihre Bahn, kommend vom Throne Allahs und dorthin zurückkehrend, wenn ihr Weg vollendet war — El hamd üllülah.
Und dann war die Stunde da! Der Prinz Ali ließ sich von Selim alles anlegen, was an prächtiger Gewandung mitgeführt worden war — nicht allzuviel war es für diese Reise gewesen —, und versetzte dann den getreuen Diener in lebhaftes und mißbilligendes Staunen, indem er anordnete, ihm innerhalb einer Stunde nach vollzogener Vermählung ein kurzes Reitwams bereit zu halten, eines, das sich zum Bergsteigen eignen würde. Selim sagte nichts als nur das übliche: »Hören ist Gehorchen.« Aber er fand es eines Sohnes des erhabenen Sultans unwürdig, am Tage seiner Heirat ans Bergsteigen zu denken.
Zur gleichen Stunde legte der Hirtenfürst seiner Tochter den Brautschleier der toten Mutter auf das rostrote Haar und murmelte tief bewegt alle Segenswünsche, deren er sich entsinnen konnte. Nurya trug wieder den reichverzierten Persermantel, stand ergeben da, als sie verhüllt wurde, hob dann aber einen Zipfel des lastenden Schleiers und flüsterte fragend: »Herr und Vater, welche Kleidung darf ich anlegen, wenn der erhabene Prinz mich holen wird, um hinaufzugehen zum Gandhar Dagh? Und wie erfahre ich sein Kommen?«
Der Hirtenfürst sagte etwas verlegen, weil er sich seiner Sache nicht ganz sicher war: »Lege dein kleines Hirtenfell an, mein Kind, und das Kommen deines erhabenen Gemahls erfährst du durch mich zur rechten Zeit.« Er wollte sich schon zum Gehen wenden, aber Nurya lag plötzlich tief geneigt zu seinen Füßen, ganz eingehüllt in den golddurchwobenen Schleier, der sich weit um sie bauschte. Sie griff nach des Vaters Hand, hielt sie an ihre Stirn gepreßt und sagte hauchleise, wollte ihr doch die Stimme nicht gehorchen: »Herr und Vater, sehr geliebter und verehrter, wolle deiner Tochter erlauben,

dir zu danken, es aus ganzem Herzen zu tun, für die Jugend in Freiheit, die du ihr geschenkt hast, wodurch du sie zu einem Teil deiner eigenen großen Freiheit werden ließest. Und zu danken auch dafür, daß du ihr nun ein starkes und freies Leben gibst, an der Seite eines Prinzen, den zu lieben ihr Stolz sein wird. Meine Liebe und mein Dank bleiben immer, ach immer, bei dir, mein Vater!« Der Hirtenfürst fühlte auf der Hand die Lippen seiner Tochter und einen heißen Tropfen. Er riß sie hoch, Schleier und alles, und drückte sie an sich, die er heute hergeben mußte — wonach er fluchtartig den Raum verließ.

Leise glitt an seiner Stelle Mirhalla herbei, ordnete den verschobenen schweren Schleier und flüsterte: »Der Imam kam schon, mein Herz, meine Seele — komm, gehen wir nun!« Nurya, die Mutige, bebte am ganzen Körper und hatte Angst, oh, so viel Angst, nun es Wirklichkeit wurde! Sie klammerte sich an die vertraute Dienerin, und Mirhalla schob den Schleier ein wenig beiseite, küßte ihren Liebling auf das Ohr, wie sie es dem Säugling an ihrer Brust oftmals getan hatte, und flüsterte: »Mut, Bergfalke, denn dein schönster Höhenflug beginnt!« Das war das richtige Wort, und Nurya hob stolz den Kopf, schritt ihrem Kismet sicher und frei entgegen. Sie gelangten zu dem kleinen Vorraum von des Vaters Zelt, und Mirhalla sagte leise, um jenseits des Vorhangs nicht gehört zu werden, dicht an Nuryas Schleier geneigt: »Der Prinz ist bereits dort — höre, der Imam spricht.« Nurya lauschte gespannt, obgleich sie wußte, daß der Imam nur Worte des Korans sagen würde und allein der Vater antworten, aber ihr Herz klopfte doch wild.

Der Imam fragte: »Dein bei dir befindlicher Sohn ist bereit, zum Weibe zu nehmen die noch verborgene Braut und die Pflichten des Ehemanns an ihr zu erfüllen? Er neige den Kopf, du aber antworte!« Da kam des Vaters Stimme, die ruhig sagte: »Er ist bereit.« Wieder die Stimme des Imam, etwas lauter jetzt: »Du dort, Mutter der Braut, sprich, ist sie, die bei dir ist, bereit, in Gehorsam und Ergebenheit diesem hier bei mir befindlichen Manne zu gehören, seine Kinder zu gebären und ihm Ehre zu erweisen in allen Dingen? Ist sie es, so sage du, ihre Mutter: Sie ist es um Allahs willen.« Mirhallas Stimme war kaum vernehmlich, so bewegt war sie über die ihr widerfahrene Ehre, aber der Imam schien befriedigt, sagte laut und feierlich: »Es geschah genug, und ihr seid vermählt, Ali ibn Suleiman und Nurhial, dein Weib. Allaha ismagladyk.«

Es war vorbei, sie war vermählt, sie war das Weib des Ali ibn Suleiman, wie der große und mächtige Prinz, Sohn des Sultans, in schlichtester Art nach dem Wesen der Muslim benannt worden war. Mirhalla zog die in Gedanken versunkene Braut sacht am Arm, und Nurya folgte ihr gehorsam, wußte auch nicht, was nun weiter geschehen würde — denn dieses war so wenig gewesen nach all den hohen Erwartungen. Schon wandte sie sich ab, als der Vorhang, hinter dem sie verborgen gewesen war, lebhaft zur Seite geschoben wurde und der Hirtenfürst in all seiner freien Kraft lachend dort stand, rief: »Imam Efendi, du wolle nicht erschrocken sein, denn diese zwei, die nun Mann und Weib wurden durch dein Wort, sahen sich schon hier unter meinen Augen, und ich will, daß sie es jetzt wieder tun, wenn es auch nicht der Sitte und dem Herkommen entspricht. Komm her zu mir, meine Tochter — und du, mein teurer Sohn, nimm sie aus meiner Hand entgegen! Sie ist immer ein ehrlicher Hirte gewesen, und sie wird dir darum ein treues Weib sein — ich weiß es, denn ich kenne sie besser als mich selbst. Rede, Nurya, mein Kind, sprich zu deinem Gemahl — und mögen deine Worte so sein, daß er sie niemals vergißt!«

Nurya nahm allen Mut zusammen, ging auf Ali zu, der sie reglos und entzückt anstarrte, nahm seine Hand, jene mit dem blitzenden Stein im Ring, legte sie an ihre vom Brautschleier bedeckte Wange und sagte leise: »Mein Herr und mein Gemahl, diese deine Hand sah ich zuerst von dir, als du sie durch die Hirtenstäbe an der Höhle strecktest, auf daß wir erkennten, ob es Jugend sei, die der Jugend zu Hilfe komme — und um dieser deiner jungen Hand willen wurde ich dir ganz ergeben. Ich will dir dienen, mein Herr und mein Gemahl, in Treue und in Ehren, und nach dem Glauben der Hirten dir in Not und Gefahr beistehen. Ich habe gesprochen.« Nurya verneigte sich ein weniges, ließ die Hand los und trat zurück. Aber Ali griff sogleich nach ihr, bekam einen Teil des Schleiers zu packen, zog daran, und das schwere Gewebe gab nach, sank zu Boden. Mit einem Schreckensruf bückten sich zweie danach: Mirhalla und der Imam. Aber der Hirtenfürst schob ein Bein vor und verhinderte so das Hochheben des Schleiers und das neuerliche Verhüllen der Braut. Dann wandte er sich an den Imam, sprach ernst und ruhig, sagte: »Imam Efendi, dir erscheint dieses alles ungehörig, ich erkenne es wohl, doch hast du, Herr, vom Leben und Sein der Hirten kein anderes Wissen, als daß sie gelegentlich Milch zu Tale tragen oder auch die Herden vor die Türen der Häuser im Schehir treiben, um sie dort zu melken! Was aber das Leben der Hirten ist und bedeutet, davon wißt ihr im Tale drunten nichts. Denn dieses Leben ist schwer, Imam Efendi, ist es von der ersten Morgenfrühe an bis zum Sinken der Sonne. Wie viele Jungtiere verirren und versteigen sich, werden dann mit Gefahr Leibes und des Lebens vom Hirten, dem sie anvertraut waren, gerettet! Er muß sie alle kennen, um am Abend zu wissen, ob er sie wieder bei sich hat oder ihm doch eines fehlt. Fehlt es dann wirklich, das noch hilflose Jungtier, so steigt er im Dämmern die Berghänge hinab, lockt es mit seinem Namen, und wenn es verletzt ist, trägt er es auf seiner Schulter hinauf, daß es in der erbarmungslosen Bergnacht nicht umkomme. Sieh hier, Imam Efendi, die Hände meiner Tochter an, sieh, wie viele Risse und Kratzer daran sind, Zeugen ihrer Treue zu den ihrer Obhut anvertrauten Tieren! Und darum, Imam Efendi, sagte ich vorhin, daß ein Hirte Treue kennt und weiß, was sie bedeutet. Darum auch ließ ich meine Tochter die Hand ihres Gemahls halten und wollte, daß der erhabene Prinz sehe und verstehe, welcher Mund diese Worte der Treue zu ihm sprach. Kannst du mich verstehen, Herr, und auch begreifen, warum ich gegen das Herkommen handelte?«

Der Imam verneigte sich und sprach dann seltsame Worte, tat es leise, als erwiese er Ehrfurcht: »Ich habe verstanden, Herr, und nehme deine Worte mit mir hinunter in das Schehir, sie in meinem Sinn zu bewegen. Doch werde ich sie niemals lebender Seele wiederholen, denn die gefährlichste aller Früchte Allahs ist die der Freiheit, und man sollte sie niemandem zu kosten geben. Du tatest es, Herr. Möge dir Heil daraus erwachsen, dir, der du auf freier Bergeshöhe lebst mit den Deinen! Allaha ismagladyk.« Er wandte sich ab und war davon, ehe ihn noch jemand zurückhalten konnte. Sogar Ali riß den Blick vom Antlitz seines Weibes los und blickte dem ein wenig gebeugt davonschreitenden kleinen Manne nach, wie sie es alle taten, denn ihnen war, als ginge da einer, der eine schwere Last trug, die ihm niemand abnehmen konnte. Einem Diener, der die Vorhänge hob, gab der Hirtenfürst einen Wink und wußte, es werde für die Bedürfnisse des Imam gesorgt werden, sein Katub vorgeführt, sein schmales Bündel aufgeladen und ein junger Hirte als Führer erwählt sein, um jeden Unfall beim Abstieg zu verhüten. Da der Hirtenfürst bereits vor dem Vollzug der kleinen und kurzen Feier zum Besten der Moschee dem Imam einen reichlichen Betrag überreicht hatte, war somit alles geordnet. So legte der alte Hirte die Arme um das neuvermählte Paar, führte sie zu den Sitzkissen, rief Mirhalla zurück, die eben davongleiten wollte, klatschte in die Hände, und wie mit einem Zauberschlag standen Diener bereit, die unzählige kleine

Schüsseln herbeischafften und sie auf einer großen Kupferplatte geordnet niederließen. In hohen Tonkrügen befand sich eiskalter Sherbeth und der Hirtenfürst sagte feierlich: »Ihr, mein Sohn, meine Tochter — und du, Gute und Getreue, die mit Recht heute den Namen ›Mutter‹ erhielt, ich will euch begrüßen, wenn es auch gegen das Herkommen geht, und euch bitten, noch einen Bissen mit mir zu kosten von jener gefährlichen Frucht Allahs, der Freiheit. Ihr geht dem Glück entgegen, ich einem Gedanken, der auch der Freiheit zugehört. Speisen wir gemeinsam, denn ihr habt noch einen weiten Weg vor euch — meine Kinder, sei euch dieser erste gemeinsame Weg gesegnet — Allaha ismagladyk!«
Schweigend speisten sie dann, denn es war ihnen alles so fremdartig, daß sich keines recht getraute, ein Wort zu sprechen. Nur Mirhalla hatte eine besondere Sprache für sich allein, die darin bestand, der neben ihr hockenden Nurya immer einmal weich über das Haar zu streichen — diese Sprache bedurfte keiner Worte, wurde aber der guten Frau doch schwer geneidet von dem hilflos zuschauenden Prinzen Ali. Er war es dann, der den Mut fand, ein Wort zu sagen, fragte beklommen: »Wann, Herr, wird es möglich sein, aufzubrechen?« Der Hirtenfürst lächelte, fragte Nurya: »Wann glaubst du, mein Kind, werden sie beginnen, den Hochzeitshammel zu braten, so daß ihr euch unbemerkt davonmachen könnt?« Nurya wandte sich fragend an Mirhalla, und auch diese zuckte die Achseln, erklärte, vor der Dämmerung werde es wohl kaum dazu kommen. Da rief Ali besorgt: »Wie können wir aber im Dämmern unsren Weg finden?« Leises Lachen antwortete ihm, und der Hirtenfürst sagte: »Täglich ist Nurya sieben Jahre lang im Dämmern hinauf- und herabgegangen, teurer Sohn, und sie kennt jeden Stein des Weges. Zudem aber wird euch ein kleiner Lichtschein geleiten, von einem Knaben euch vorangetragen, der die Flöte zu spielen versteht — du kennst ihn, mein Sohn, ist es nicht so?«

Auch Ali mußte nun ein wenig lachen und gab sich so weit als möglich zufrieden.
Dann waren sie entlassen, diese beiden jungen Menschen voller Glückshoffnungen, und der Prinz ging zu seinem Zelt, Nurya in ihr Gemach, wo sie die große Freude erlebte, sich die einengenden Gewänder vom Leibe streifen zu dürfen und ihr kleines Hirtenfell anlegen zu können, was sie unter den mißbilligenden Blicken von Mirhalla tat, die keine Hand rührte, um der jungen Herrin dabei zu helfen. Das gleiche konnte sich Selim seinem Herrn gegenüber zwar nicht leisten, aber die Mißbilligung war auch hier um nichts geringer, als der Prinz das leichte, zum Wandern bestimmte Gewand anlegte, das er sonst nur auf der Jagd zu tragen pflegte. Dienerschaft ist immer strenger als ihre Herrschaft in der Beachtung des Herkommens, und es bedeutete für Selim gewiß eine Zumutung, die Hochzeit von Suleimans Lieblingssohn sich in dieser Art abspielen zu sehen.
Als der Prinz das Zelt verlassen hatte, begab sich Selim zu Mehmed Agah in das Stall-Zelt und hoffte, eine friedliche Aussprache mit dem alten Freunde haben zu können, wobei Erwan der einzige Zeuge sein würde. Doch als er den Zeltvorhang zurückschlug, blieb er erstaunt stehen, denn die seit dem Abritt von des Prinzen Gefährten hier herrschende Leere war völlig gewandelt und hatte einer Fülle neuen Lebens Raum gegeben. Das Zelt des edlen Erwan war bis in alle Winkel angefüllt mit Mauleseln, den berggewohnten Katublar! Mehmed kam dem Freund lachend entgegen, sagte heiter: »Hier siehst du, Selim mein Freund, die Ursache vor dir, warum weder Erwan noch ich auch nur ein Auge während der Nacht schließen konnten. Seit der Dämmerung des gestrigen Abends, unmittelbar nachdem der Imam hinunterritt, sind alle diese Katublar heraufgebracht worden, zwanzig an der Zahl, doppelt so viele, als wir vorher Pferde hier hatten. Die Männer, welche die Tiere heraufbrachten, wußten auf meine

Fragen nur zu antworten: Befehl des Tschellebi! Und es will mir nunmehr scheinen, als wären wir zu Gaste bei einem viel größeren Herrn, als wir angenommen hatten. Das hier ist nicht nur ein Hirtenlager, vielmehr der Sitz eines Herrschers, denn nur ein solcher vermag es, das Heraufbringen so vieler Maulesel innerhalb einer Nacht in die Wege zu leiten!« Es wird hieraus ersichtlich, daß ein jeder verschiedene Arten des Verstehens besitzt und daß die des Mehmed sich auf dem Umweg über das Reittier vollzog. Für den Prinzen Ali war die Erkenntnis der Bedeutung des Hirtenfürsten dessen Wort gewesen, er wolle die Gefährten bis an die Grenzen »seines Gebietes« geleiten — jeder nach seiner Art, und eben das macht die Vielgestaltigkeit des Menschen aus. El hamd.

Niemals hatte der Prinz Ali geglaubt, daß ein Tag so lang sein könne, wie es dieser war. Wann kam sie denn endlich, die vielfach ersehnte Dämmerung, und senkte ihren Schleier nieder, so daß die Sonne seines Glücks aufgehen konnte? Er war viel zu unruhig, um sich mit Erwan die Zeit zu vertreiben, denn ein edles Tier spürt des Reiters Erregung deutlich und gebärdet sich dann wie verwunschen. Außerdem gab es keinen anderen Reitweg als den zum Quellengrund, und von dort kam er vielleicht verspätet herauf, wenn der Bote erschien, der gesegnete, der ihm vermeldete, die Hirten täten sich an dem Hochzeitshammel gütlich. Blieb also nichts anderes übrig als ein Schachspiel mit sich selbst, denn das Schah-Nameh vermochte stets die Gedanken zu fesseln und zu halten.

Währenddessen wurde wiederum Mirhalla zum Herrn befohlen, doch erschreckte sie ein solcher Befehl jetzt nicht mehr. Der Hirtenfürst wollte nur sicher sein, daß alle Vorbereitungen in Ordnung seien, was die Höhle anlangte, und Mirhalla gab fast lachend Auskunft, sagte mit neu gewonnener Sicherheit: »Sorge dich nicht, Herr, denn Zekieh und Machmud befinden sich, seit wir hinaufgingen, droben, haben auch in der Höhle die Nacht verbracht, um sie zu beschützen. Der Ziegenhirte Hassan, der die Erhabenen geleitet, wird, wenn sie sich nähern, besonders schrill auf seiner Flöte rufen, so daß sie dann wissen, sie haben die Lichter zu entzünden. Hassan ist es auch, der für die Vorräte Sorge trägt und täglich frische Milch und Brot hinaufbringt.« Der Hirtenfürst nickte befriedigt, erkundigte sich noch, wo der Katub untergebracht sei, der die Decken und Kissen hinaufbrachte, und schien dann in sich eine Schwierigkeit zu überwinden, als er fragte: »Wer wird dann die Gegenstände alle wieder hinunterbringen zu dem Vorratsraum, aus dem du sie entfernt test, Mirhalla?« Die Dienerin sah ihren Herrn erstaunt an, sagte ganz ratlos: »Vermagst du, Herr, nicht irgendeinen Hirten hinaufzusenden, wenn die Erhabenen herabkamen, da auch ich dann nicht hier bin, vielmehr mit der Herrin fortziehe?« Der Hirtenfürst sagte leise, denn er verriet seine geheime Absicht ungern: »Das könnte ich mit Leichtigkeit tun, wenn ich hier wäre, Mirhalla, doch werde auch ich abwesend sein, eben das ist's!« Mirhalla starrte ihren Herrn an, als spreche der aus dem Schlafe, rief, völlig aus der Fassung gebracht: »Du wirst nicht hier sein, Herr? Du nicht? Fort auch du? Wo denn wirst du sein, Herr, und zu welchem Zwecke?« Diese Frauenfragen hatte der Tschellebi genau so erwartet und darum Mirhalla so ungern verständigt, doch blieb ihm nichts anderes übrig, als zu antworten. Er seufzte tief auf, sagte geduldig: »Alles das kann ich dir nicht mitteilen, Mirhalla, doch nehme ich den Großteil meiner Dienerschaft mit, und eben deshalb frage ich dich, ob du von einem verläßlichen Althirten weißt, der auf dem Katub die Dinge herabbrächte, wenn die Erhabenen die Höhle verließen, am dritten Tage. Da Zekieh und Machmud ebenso wie Hassan mit herunterkommen, bleibt niemand, der um das Geheimnis der Höhle weiß, und ich will, daß die Gegenstände verwahrt seien, bevor ihr alle aufbrecht. Ich bitte dich, nenne mir einen

zuverlässigen Mann dafür, Mirhalla.« Schweigen. Mit der Geduld des Hirten ließ der Tschellebi die Dienerin sich schweigend besinnen, wartete eine ganze Weile, und dann sagte sie endlich: »Der zuverlässigste Hirte, den wir haben, heißt jetzt Nurhial Sultana.« Der Hirtenfürst fuhr hoch von seinem Sitz, fühlte sich verhöhnt, rief ärgerlich: »Was fällt dir ein, Mirhalla? Solche Späße liebe ich nicht!« »Habe ich gespaßt, Herr? Wie kannst du glauben, daß ich es wagen würde, da du mich so lange schon kennst und wissen müßtest, ich würde so ehrfurchtslos niemals sein! Aber ich glaube ehrlich, daß es gut wäre, Nurya zu ersuchen, ehe sie am dritten Morgen herabkommt mit ihrem Gemahl, den Katub zu beladen mit allen jenen Kostbarkeiten, die hinaufgebracht wurden von uns. Die kleine Zekieh kann dann wieder auf dem Katub mit hinunterreiten, Herr, denn ich will sie so lange oben lassen, damit unsere Nurhial Sultana sich nicht mit Speiseresten und Ähnlichem abgeben muß während ihrer drei Liebestage.« Hier spürte der Tschellebi nun wieder die andere Seite weiblicher Überlegungen, nickte einverstanden und sagte, er werde sich nun zu Nurya begeben und all dieses mit ihr besprechen. »Wenn es mir auch leid ist, ihr die Überraschung zu zerstören«, fügte er hinzu, geriet aber erneut an einige weibliche Erwägungen, denn Mirhalla sagte: »Es wird Nurya viel mehr Freude bedeuten, ihrem Gemahl die Überraschung bereiten zu dürfen, als sie selbst zu erleben, glaube es mir, Herr!«
Mit soviel Frauenweisheit beladen, begab sich der Hirtenfürst zu seiner Tochter und freute sich, einen Vorwand zu haben, diese wenigen Stunden noch mit ihr beisammen zu sein vor dem großen Aufbruch. Er sah sie inmitten ihres Gemaches stehen, die Arme hochgereckt, lang entbehrte Freiheit der Bewegungen genießend, kam langsam auf sie zu, fragte sich, ob wohl Ali, der Prinz, es ganz ermesse, was ihm in diesem bis in die Tiefen freien Weibe geschenkt werde. Warum aber solche Erwägungen anstellen? Kismet ist alles

– nur die Botschaft der fernen Gottes-Stimme zu erkennen, darum geht es! »Nurya, mein Kind, lasse mich noch eine kurze Weile mit meiner jungfräulichen Tochter beisammen sein, ich bitte dich, denn ganz das gleiche wird es späterhin niemals mehr sein, ob uns auch unsere vertrauende Liebe bleibt. Ist es dir genehm, meine Tochter?« Nurya sah den Vater erstaunt an, der solcherart sie befragte, und spürte, hier habe sich bereits etwas verändert. Sie kam schnell auf ihn zu, schob ihm ein Sitzkissen hin, hockte sich daneben, schmiegte sich an des Vaters Knie, sah tief vertrauend zu ihm auf und sagte leise: »Niemand, mein Herr und Vater, wird jemals dich aus meinem Herzen, meinem Sinn und Geist zu verdrängen vermögen, ob ich ihn auch liebe – das vermag er nie! Du wirst es mir glauben, Herr?« Der Hirtenfürst nahm ihren Kopf in die Hände, drehte ihn zu sich, sah tief in die goldbraunen Augen und sagte halblaut: »Inschallah!« Dann lachte er ein wenig, um die Rührung für sie beide zu vertreiben, und bemerkte ruhig: »Ich kam, um dir etwas mitzuteilen, mein Kind, und dich um etwas zu bitten, das du mir gewähren mögest.«

Nurhial unterbrach des Vaters Rede durch eine Gebärde der Ergebenheit und sprach die uralten Worte des vollkommenen dienenden Gehorsams: »Welche auch deine Bitte sein möge, schon wurde sie erfüllt.« Der Hirtenfürst dankte nach alter Sitte, indem er die Hand an Mund und Stirn legte, und sagte bittend: »Ich möchte, Nurya, mein Kind, daß du, wenn du mit deinem Gemahl hinaufgehst zum Brautgemach, ihm zur Ehre den Persermantel über diese deine Hirtenkleidung legest und auf dein Haar, dein schönes, einen ganz leichten Schleier breitest. Mag ihn der Höhenwind dann fortwehen, das macht nichts mehr aus – verstehst du mich, mein Kind?« Sie nickte ganz einverstanden, sagte leise, fast andächtig: »Ich werde mich sehr daran gewöhnen müssen, zu bedenken, daß alles, was ich von jetzt an tue, einem anderen Schaden oder Nutzen bringen kann, aber ich werde mich bemühen, glaube es mir, Herr und Vater!« Sie schmiegte ihre Wange an sein Knie, und er strich ihr wieder sacht über das leuchtende Haar, sagte dann zögernd und etwas unsicher: »Ich muß dir noch berichten, meine Tochter, daß ich eine kleine Reise anzutreten habe in allerlei wichtigen Dingen, daß ich im Schehir Besprechungen haben werde wegen des Baues eures Serails. Darum werde ich nicht hier sein, wenn ihr von oben herabkommt nach drei Tagen. Ich rate, nicht länger oben zu bleiben, denn dieses soll euch beiden im Erinnern bleiben wie ein einziger Lichtblitz am dunklen Himmel. Auf daß es euch schön im Gedenken lebe, habe ich zusammen mit Mirhalla am gestrigen Tage, da es hieß, ich besichtige ein entferntes Zeltlager, die Höhle wohnlich für euch eingerichtet. Machmud und Zekieh halfen dabei, und die kleine Zekieh bleibt oben, um dir in einigen Dingen behilflich zu sein. Meine zweite Bitte ist nun, du mögest am Morgen des dritten Tages die dort befindlichen Teppiche, Kissen und Decken auf den Katub laden helfen, wofür Machmud dir Dienste leistet, und solcherart diese Kostbarkeiten vor Verderb bewahren helfen. Mirhalla glaubte, du würdest es gerne tun — oder irrte sie?«

Nurya starrte ihren Vater an, als sähe sie ihn zum ersten Male, fragte scheu: »Verstehe ich richtig, Herr und Vater, du bist dort hinaufgestiegen, um mir das Brautlager zu bereiten — du mit eigenen Händen?« Der Tschellebi wurde verlegen, wie es Art großmütiger Männer ist, wenn ihre Taten beim Namen genannt werden, sagte leise: »Da deine Mutter fehlte, Nurya, mein Kind«, und es klang, als müsse er sich entschuldigen. Aber Nurya wühlte ihren Kopf in die Seide seines Ärmels und verstand zum ersten Male ihren Vater ganz, wußte und erkannte, wie sehr er ein Hirte war, der sein Jungtier behütete. Der Hirtenfürst hob den Kopf seines Kindes hoch, fragte leise: »Freut es dich, Nurya?« Sie nickte nur,

konnte noch nicht sprechen, und er fügte an: »Sage es dem Prinzen noch nicht, es soll ihm Überraschung sein, das würde mich freuen. Da ist noch eine Nebensächlichkeit, deren Kenntnis ich auch Mirhalla verdanke: Du besitzt kaum Frauenkleidung, mein Kind, und kannst so an den Hof des Sultans nicht reisen. Deine Dienerin gab mir deine Maße, und ich werde Sorge tragen, daß an den verschiedenen Haltestellen eurer Reise dir Kleidungsstücke gebracht werden sowie auch einiger Schmuck, denn ich will nicht, daß eine Tochter unseres alten Geschlechtes einer Bettlerin gleich am prächtigsten Hofe der Welt auftritt. Bekümmere dich nicht, mein Kind, daß du in einer Sänfte reisen mußt — es läßt sich nicht ändern, und du mußt es um deines Gemahls willen ertragen. Diese äußerlichen Dinge seien der Preis deines inneren Glückes, gibt es doch auf dieser Welt nichts, für das man nicht in irgendeiner Art zahlen müßte.«
Nurya schwieg, was besagte, sie werde gehorsamen, fragte nur noch: »Wie lange, Herr und Vater, nimmst du an, wird der Bau des Serails dauern?« Der Hirtenfürst zuckte die Achseln, meinte, das sei schwer zu beurteilen, und fügte an: »In der Zwischenzeit des Wartens lasse ich nahe dem meinen ein großes Zelt errichten für dich und deinen Gemahl, und von dort aus kann der Bau überwacht werden — auf diese Art gibt es keine Unruhe und Sorge, und ihr könnt zurückkehren, wann immer ihr es begehrt — das ist es doch, was du wissen wolltest, Nurya, mein Kind?« Sie sprang auf und fiel ihm um den Hals, eine Zärtlichkeitsart, die zwischen diesen zweien sehr selten war. Und dann wirbelte sie im Raume umher in einem Tanze reinster Freude und Ausgelassenheit, rief dabei: »Jetzt erst ist das Glück vollkommen, jetzt erst, nun ich weiß, ich darf immer zurückkehren! So glücklich bin ich, oh, so glücklich — dank dir, Herr und Vater, dank dir!« Sie wollte sich eben wieder an seinen Hals werfen, da war er verschwunden. Während einer ihrer glückstrunkenen Dre-

hungen hatte der Hirtenfürst sich leise, verstohlen erhoben und den Raum verlassen. So, vor Glück tanzend und jubelnd, wollte er das Bild seines Kindes mit sich nehmen, um es sich vor das innere Auge zu zaubern, wenn ihm in der Trennung das Herz schwer wurde.

Trotz aller düsteren Gedanken der zwei jungen Menschen sank auch an diesem Tage die Dämmerung über das Lager am Gandhar Dagh, und gleich, als es nicht mehr möglich war, einen weißen Faden deutlich zu erkennen, flammten die Feuer auf, an denen die Hammel gebraten werden sollten. Durch das ganze ausgeweidete Tier wurde zu diesem Zwecke ein zugespitzter Stock gedreht, Gewürze aller Art in das Innere gestreut, und dann wurde der Jüngste angestellt, um den Stock über dem Holzfeuer zu drehen, nachdem ein kunstvoll hergerichteter Griff zu diesem Zweck angebracht worden war. Die Frauen hatten Sorge dafür zu tragen, daß genügend Gewürze zugestreut wurden und das herabtropfende Fett immer wieder aufgefangen und übergegossen ward. Bis so ein Tier zum Verzehren bereit war, verging gut eine Stunde, und diese Zeit unterhaltend auszufüllen mit dem Erzählen von Märchen, oblag den ältesten der Teilnehmer. Das Fleisch war, auf diese Art zubereitet, von köstlicher Zartheit und sehr würzig. Hassan, der mit der kleinen Flöte, saß tatenlos dabei und kümmerte sich nicht um höhnische Zurufe, die besagten, er, der Jüngste von allen, solle nun endlich drehen helfen — oder ob er denke, er werde auch nur den kleinsten saftigen Bissen erhalten, wenn er nicht mit gedreht habe? Ihn kümmerte das Drehen nicht und nicht die saftigen Bissen, er hatte Besseres zu tun und wartete hier nur, bis das Märchenerzählen beginne, um davonzueilen und den Prinzen zu holen. Daß ihn niemand sehen werde, dessen war er sicher, denn sein braunes Haar, sein braunes neues Hirtenfell und seine braunen Beine darunter — all das machte ihn nahezu unsichtbar, wenn es dämmerte. Das traf auch zu, denn soeben erst hatten sie ihn noch reglos dort sitzen sehen, und als sie sich wieder umwandten, war er verschwunden, und niemand hatte etwas von seinem Fortschlüpfen bemerkt. Einer kleinen braunen Ziege gleich, einem flinken Jungtier ähnlich, huschte er davon, und Ali sah ihn erst, als er unmittelbar vor ihm stand.

Der Prinz Ali fuhr hoch, warf das Schachbrett um und lief davon, ohne sich umzusehen. Es war ihm vom Hirtenfürsten gestattet worden, daß er seine Braut selbst abholen dürfe. Die Dienerin würde bereitstehen, ihm den Weg zu weisen. So raste der Prinz Ali seinem ersehnten Ziele zu, und Mirhalla, die ihn kommen sah, mußte verstohlen lächeln über diese wilde Liebeshast. Sie trat zur Seite, um nicht umgerannt zu werden, und wies stumm den Zeltgang entlang, denn der Worte, das war ersichtlich, bedurfte es hier nicht. Aber hell hob sich ihre Stimme zu einem Warnungsruf. »Nurya, er kommt!« rief sie und war froh, solcher Glücksbote sein zu können. Ali wandte lachend den Kopf zurück bei diesem Ruf und nickte Mirhalla zu, kam zum Vorhang vor Nuryas Gemach, rief leise: »Hörst du, Bergfalke, er kommt!« Von drinnen klang leise Antwort: »Er trete ein!«

Diesem Befehl gehorchte der Prinz Ali nur zu gern, betrachtete sein junges Weib und sagte erstaunt: »Aber der Mantel, der schwere, und damit auf den Berg hinauf?« Lächelnd schlug Nurya den Mantel ein wenig zurück, stand vor ihm in ihrer gewohnten Hirtenkleidung und sah knabenhaft jung und heiter aus, sagte halblaut, als teile sie ein Geheimnis mit: »Der Vater meinte, es gereiche dir zur Ehre, Herr, wenn dein Weib in dieser Art gekleidet das Lager verlasse, auch mit dem Schleier über den Haaren. Doch wenn du nicht so denkst, Herr, ich bin nur beglückt, wenn ich das schwere Stück nicht hinauftragen muß. Wie beliebt es dir, mein Herr und mein Gemahl? Ich gehorche.« Ali gab nur zur Anwort: »Sag's noch einmal, ich bitte dich!« Nurya sah ihn erstaunt an, fragte ganz betroffen: »Das von dem Mantel, Herr?« Er schüttelte den Kopf, und die dunklen Locken flogen, was Nurya so versunken betrachtete, daß sie beinahe seine Antwort überhörte, die aber auch sehr leise und verlegen kam: »Nein, nur die Anrede, bitte!« Da verstand sie ihn sogleich, kam nahe zu ihm heran, sagte hauchleise: »Mein Herr und mein Gemahl!« Und sie fand sich in seiner Umarmung, die durstigen jungen Lippen auf den ihren.

Da erwachte ihre Frauenklugheit urplötzlich zum Leben. Sie dachte an die Zauberhöhle, schob den Jüngling sacht von sich und flüsterte: »Komm, gehen wir, denn der Weg hinauf ist lang. Wir laufen, dann sieht uns niemand – komm schnell! Aber wo ist denn Hassan, unser Lichtschein? Was tatest du mit ihm, Ali, mein Gemahl?« Ja, was hatte er mit ihm getan? Völlig vergessen, daß er vorhanden sei, nicht einen Blick nur rückwärts gewendet, nur davongehastet zum Bergfalken. Reuevoll gab der Prinz Ali Auskunft, sagte beschämt: »Ich weiß es nicht. Er kam, mir zu sagen, es sei Zeit, und ich lief hierher. Wo er sich jetzt befindet, weiß ich nicht, vergib mir, meine Sultana.« Nurya lachte über die fremdartige Anrede, nahm den Prinzen bei der Hand, glitt an Mirhalla vorbei, die ihr einen Segenswunsch nachrief, und war dann draußen in der warmen duftenden Bergdämmerung. »Bei deinem Zelte, Herr?« flüsterte sie fragend. Er nickte nur, denn er genoß es, so vertraulich fortgezogen zu werden von ihr, die ihn nun an diesem Abend nicht mehr verlassen würde. Sie kamen vor des Prinzen Zelt an und fanden von Hassan keine Spur vor, dafür aber kam ihnen erregt Selim entgegen, der beim Anblick des Bergfalken zurückfuhr, als sei er auf eine Schlange getreten und wüßte nicht, wohin er schauen sollte. Dann sprudelte er, zu seinem Herrn gewandt, hervor:

»Du warst noch nicht ganz fort, erhabener Herr, da fand ich hier vor deinem Zelt einen diebischen Hirten, der sich damit abgab, deine kostbaren Figuren vom Schah-Nameh aufzusammeln und an sich zu verbergen. Als ich ihn festhalten wollte, war er davon, einer Wolke gleich, und ich sah seither nichts mehr von ihm.« Hier stockte der eifrige Bericht des erzürnten Selim, und er wies offenen Mundes auf eine Stelle unmittelbar hinter dem Prinzen, stotterte: »Da! Da ist er, o Herr — laß mich . . .« Aber der unerwartet kräftige Arm dieses Wesens, das man nicht ansehen durfte, schob sich vor ihn, und schon zog auch sein Herr an ihm, sagte lachend: »Du irrst, Selim, mein Freund, dieser ist kein Dieb. Sage mir, Hassan, was geschah mit den kleinen Gestalten des Schah-Nameh? Du nahmst sie an dich? Warum?« Hassan trat vor, grüßte lachend und nahm die kleinen, schön geschnitzten Elfenbeingestalten eine nach der anderen aus seiner Hirtentasche, setzte sie behutsam auf den Boden vor Ali, selbst daneben hockend. »Du liefst fort, Herr, und diese zarten Dinge stürzten zu Boden. Mir war bange, es könne ihnen etwas geschehen, die von großer Schönheit sind, zumal jener Mann dort, seines Weges nicht achtend, zornig dahergelaufen kam, und so verbarg ich die Zerbrechlichen an mir, bis du zurückkehrtest, Herr, wohl wissend, es werde bald geschehen! So ich Unrecht tat, wolle mir vergeben, Herr, und jetzt ist es an der Zeit, daß wir uns auf den Weg machen. Gehen wir?« Sie gingen.

Tief beschämt ob seines Irrtums, blieb Selim zurück und sammelte behutsam die zierlichen Gestalten vom Boden auf, wo sie Hassan für ihn hatte stehen lassen. Dann blickte er seinem Herrn nach, der freudig dahinschritt, begleitet von jenem Wesen, das weder Weib noch Mann war, er, der die schönsten Frauen des Reiches hätte haben können. Voran ging ihnen der Hirtenbube, seiner Flöte Töne entlockend, die dem Ruf eines Vogels im Traum glichen. Dann sah Selim sie nicht mehr, denn zwischen ihn und jene senkte sich die Dämmerung. Traurig wandte sich der Diener ab, war ihm doch, als sei ihm sein Herr genommen worden, den er mehr liebte als einen Sohn.

Immer noch hielt Nurya Alis Hand, und als sie versuchte, sich zu lösen von diesem weichen Halten, griff der Prinz nur fester zu. Da lachte sie auf, fragte: »Sage, Herr, willst du, daß Hassan auch weiterhin für uns spiele, ja oder nein?« Ali sah erstaunt aus, meinte entschieden: »Gewiß will ich das.« »Dann wirst du meine Hand lassen müssen, denn auch die Laterne soll gehalten werden, und Hassan muß beide Hände frei haben für sein Flötenspiel. Du wirst das Licht tragen müssen, Herr, wie du mir von nun an auf allen meinen Wegen Leuchte und Führer bist — ist es dir genehm, Herr?« Bei dieser Forderung dachte sich Nurya nichts weiter, als daß auf Bergwegen jeder irgend etwas zu tun hat, außer daß er sicheren Schrittes ist. Aber bisher hatte noch niemand vom Prinzen Ali verlangt, er solle eine Leuchte tragen, waren doch für solche und ähnliche Dienste stets unzählige Diener vorhanden gewesen. Jedoch kam es ihm nicht in den Sinn, eben jetzt zu irgend etwas, das sein junges Weib von ihm verlangen würde, nein zu sagen, und so antwortete er bereitwillig: »Wo ist die Laterne — und wie werde ich sie zum Brennen bringen?« Hierauf erfolgte zweistimmiges Lachen, und die leisen Flötentöne schwiegen, denn diesen beiden Kindern der Berge erschien die Frage sehr erheiternd. Ali aber fühlte sich durch diesen Heiterkeitsausbruch nicht verletzt, sagte vielmehr ruhig: »Habe ich Torheit gesprochen? Vergebt es mir und bedenkt, daß mir alles fremd blieb, was euch vertraut ist — ich will gerne von euch lernen, wenn es euch nicht langweilt, mir alles zu erklären. Wollt ihr?«
Von diesem Augenblick an hatte Ali ibn Suleiman gewonnenes Spiel, denn es gibt nichts, was der Mensch der Berge höher schätzt als Bescheidenheit und die Fähigkeit, sich nicht verletzt zu zeigen, höchster Beweis der Klugheit. Es gab auch hinfort niemanden mehr, der über irgendeine Ungeschicklichkeit des Prinzen Ali gespottet hätte, denn Hassan war ein geschickter Verbreiter dieses kleinen Geschehens und hing

von da an dem Jüngling Ali noch herzlicher an, als er es schon bisher tat. Nun wurde dem Sohne Suleimans gezeigt, wie man Feuer schlug, und er war von dem Erlebnis, die kleine Flamme aufwachen zu sehen aus dem Stein, ganz hingerissen, so daß Hassan und Nurya, für welche das Alltäglichkeit bedeutete, sich plötzlich als große Künstler fühlten und als bedeutsame Zauberer, was sie tief befriedigte. Friedlich ging es dann weiter, eine Dreiheit, die sich gemeinsam fühlte und darum stark war und froh. Es wurde dunkler und dunkler, und Ali, dem das Bergwandern noch neu war, fragte voll staunender Bewunderung Nurya: »Und diesen selben Weg hier hast du Jahre hindurch jeden Tag zweimal gemacht? Maschallah, yah Maschallah!« Nurya sagte nichts, aber Hassan bemerkte eifrig: »Und vergiß nicht, Herr, oftmals trug sie noch ein verletztes Lamm hinab, eines, das sich verstiegen hatte — und es wurde dunkel, wie es jetzt ist, ehe sie anlangte. Wie du gesagt hast, Herr: Maschallah, yah Maschallah!« Darauf sagte auch Ali nichts mehr, aber seine freie Hand legte sich weich auf Nuryas Schulter für eines Gedankens Dauer, denn er verstand erst jetzt ganz die Worte des Hirtenfürsten, die er gesprochen hatte von der Hirtentreue. Ein Gefühl tiefster Demut ergriff ihn, und in ihm jauchzte ein Jubel hoch, daß er sich diesen Bergfalken eingefangen hatte, um mit ihm frei und stark zu werden.
Plötzlich wurde die bisherige feierliche Bergesstille von einem schrillen Pfeifenschrei zerrissen, so laut, daß sogar Nurya erschrocken stehenblieb und Hassan anrief: »Was geschah deiner weichen Flöte, Hassan? Du wirst alles nächtliche Getier hart erschrecken! Tue es nicht wieder, ich bitte dich!« Nurya konnte nicht sehen, daß Hassan vor sich hinlächelte, während er scheinbar demutsvoll sagte: »Ein Sandkorn, Herrin, das in meine Flöte geriet, war die Ursache — es kommt nicht mehr vor, glaube mir!« Nurya hatte ganz vergessen, was ihr der Vater von dem vereinbarten Zeichen sagte, das denen in

der Höhle ihr Kommen künden würde, und die Entfernung hatte sie nicht richtig eingeschätzt, weil ihr der so gewohnte lange Weg ganz lächerlich kurz erschienen war. So kam es, daß die Hirtin Nurhial sich urplötzlich vor einem lichtdurchfluteten Vorhang sah, dessen Vorhandensein in dieser Berghöhe ihr wie ein erschreckendes Djinnengespinst erschien und sie veranlaßte, den Arm des Prinzen Ali angstvoll zu umklammern und ihn flüsternd zu befragen: »Siehst du es auch, mein Gemahl, oder wird nur mir allein der erschrekkende Anblick zuteil?« Es war für Ali ein nahezu berauschendes Erleben, daß die starke, freie Nurya sich schutzsuchend an ihn klammerte, und er stellte sogleich die nutzlos gewordene Laterne auf den Boden, legte die Hand auf die seines jungen Weibes und sagte beruhigend: »Erschrick nicht, meine Sultana, denn auch ich sehe es, und es ist nichts anderes als nur ein Vorhang, durch den ein mildes Licht hindurchscheint. Woher aber solches hier in der Bergeinsamkeit sich ergeben könnte, das will auch mir mehr als seltsam vorkommen!«
Jetzt aber hatte sich Nurya gefaßt, und sie erinnerte sich an das, was ihr der Vater verraten hatte über alles, was er zusammen mit Mirhalla an dieser Höhle tat, um ihr das Brautlager zu bereiten. So lief sie auf das schöne Leuchten zu und schlug den Vorhang zurück, der bereits hochgehalten wurde, an der einen Seite von Machmud, an der anderen von Zekieh. Sie sagten beide zu gleicher Zeit: »Hosch geldinis, sefa geldinis«, traten ein wenig zur Seite, verneigten sich und flüsterten: »Buyurunus — «, tretet ein! Ali sah sich um, sagte leise: »Wallaha — es ist Aladins Höhle des Zaubers! Welch eine Genie hat hier für unser Glück geschafft, oh, meine Sultana?« Sie antwortete sehr leise, denn ihr gehorchte auch jetzt wieder die Stimme nicht: »Es war mein Vater.« Ali starrte sie erstaunt an, grüßte dann und sagte leise: »Vater und Mutter zugleich — du bist reich, meine Nurya! Möge es dir erhalten bleiben.« Die zwei, die den Vorhang hochgehal-

ten hatten, glitten jetzt lautlos davon, und Ali war mit seinem jungen Weibe allein in der Zauberhöhle.
Wir aber ziehen einen Vorhang vor, durch den kein auch noch so leichter Lichtschein hindurchdringt, und entfernen uns ehrfurchtsvoll, wie es auch die drei Kinder taten, die sich daranmachten, ihr kleines Zelt vom Rücken des geduldigen Katub zu nehmen und es an geschützter Stelle für sich aufzuschlagen. Sie taten es, laut miteinander und dem Katub redend, um solcherart darzutun, daß sie nicht etwa zu lauschen gesonnen seien, und suchten dann ebenso geräuschvoll nach einem guten Platz für den Maulesel. Endlich dann, nach vielem Hin und Her, fanden sie das brave Tier geborgen unmittelbar an der Zeltwand stehend und bedeckten es noch mit einer Zeltplane. Hassan suchte Kräuter, womit er das Tier fütterte, das Machmud schon getränkt hatte, und kroch dann in das niedere Zelt hinein zu den Gefährten, Brot, Käse und Milch mit ihnen teilend. Sie schmiegten sich der Kälte halber eng aneinander und schliefen den Schlaf gesunder Jugend in Geborgenheit. So sank die Nacht der Liebe nieder über den Gandhar Dagh.
Was aber wäre zu berichten über Tage und Nächte des Glücks? Vom Schmerz könnte vielleicht gesprochen werden um des Mitleids willen — vom Glück sollte man schweigen, denn es ist wie ein Hauch Allahs, davon das leichte Schweben durch ein Wort schon zerrissen werden kann. Es gibt einen Ausspruch bei uns, der besagt, die Nacht der Liebe sei wie der lautlose Flug schwarzer Schwäne, deren Flügelschlag die Wolken streift: »Störe sie nicht in ihrem Fluge, o Bruder und Freund, denn sie tragen mit sich das Schweigen, das allen Glückes Geheimnis ist! Lautlos ziehen sie dahin, ihr Flug eine Bitte um Stille — die schwarzen Schwäne der Glückseligkeit.« Und so sei denn Schweigen auch für uns das Gebot der Ehrfurcht für die Nächte — nur für die Nächte, Freunde, denn am Tage herrschte dort oben lachende und be-

freite Geschäftigkeit. Wenn Ali ibn Suleiman das bisherige Leben seines Bergfalken hatte kennenlernen wollen, jetzt vermochte er es und wurde ihm dazu alle Gelegenheit geboten. Da war zunächst in aller Sonnenfrühe der Lauf zu der Quelle, die den liebheißen Körper eisig frisch übersprühte. Dann eilig der Rücklauf zur Höhle, vor der Hassan schon ausbreitete, was er im Dämmern herbeigeholt hatte von seinem Oberhirten: die noch warme Ziegenmilch, das frische Brot, der Honig der Bergkräuter — alles dieses war hergerichtet von Zekiehs Kinderhänden und auf dem blütenreichen Boden, auf dem Kissen aus der Höhle niedergelegt worden.

Dem Prinzen Ali, diesem Sohn der Ebene, schien es, als sei er verzaubert. Dazu lachte seine junge Frau ihn an, deren Lippen heiß und rot waren von seinen Küssen, und sie jauchzte plötzlich auf, so daß er fast erschrak, denn es klang ein ganz besonderer Ton in diesem Jubelruf, und als er ausgestoßen worden war, schaute er fragend auf sie alle, die am Boden um sie herumsaßen und die Finger an die Lippen legten, während sie den Kopf lauschend zur Seite neigten — und da klang von weither der gleiche Jubellaut, hallte wider vom Feldgestein und war Hirtenbotschaft von Gipfel zu Gipfel. Hassan erhob sich, legte die Hände um seinen Ruf und gab der Ferne denselben Freudenlaut zum Weitertragen. Wieder kam Antwort, und dann dauerte es nicht lange, da wurde Steinschlag hörbar, und Machmud raffte in Hast alles vom Boden auf, damit es nicht zertrümmert werde, während Hassan rief. »Es wird Hikmet sein, der kommt. Er weidet seine Tiere an der Nordseite. Der ganze Berg weiß, Herrin, welche Ehre uns allen angetan wurde, daß du mit dem Erhabenen hier heraufkamst, dein hohes Fest mit uns zu feiern — wir sind stolz und froh, Herrin!« Er hatte noch nicht ausgesprochen, als von oben her ein Blumenregen über Nurya herabfiel und ein junges Gesicht lachend um einen Felsvorsprung herabspähte. Ali hatte als erster den Sinn dieser schönen Hirtenehrung seines Falken erfaßt, griff nach den herabfallenden Bergblüten, die noch taufeucht waren, und legte sie in Nuryas Haar, in dessen Fülle sie auch hängenblieben. Was er in Händen hielt, preßte er an die Lippen, atmete den herben Duft tief ein und dachte geschlossenen Auges, daß die Haut seiner jungen Liebsten ebenso dufte, wie auch nicht anders möglich.

Dann war der Hirte Hikmet heran, ein Rufen und Reden hin und her begann und ein frohes Schmausen des jungen Hüterbuben, der sich nicht genugtun konnte in freudigen Segenswünschen für die Hirtin Nurhial und deren jungen Gemahl. Sonnenreich und düfteschwer verging der Tag auf dem Gipfel des Gandhar Dagh in friedlicher Einsamkeit, in Freude und Glück. Unruhig und fremdartig gestaltete er sich dagegen im Hirtenlager. Da füllten vor dem Stallzelt vom Morgendämmern an die vielen Maulesel den bisher freien Raum, und die Männer, die befehlsgemäß die Katublar heraufgebracht hatten, verursachten allerlei Unruhe mit dem Beladen der Sättel und dem Tränken der Tiere, für die zudem noch Futter beschafft werden mußte. Die Diener des Hirtenfürsten hatten vielerlei auszusetzen an der Art, wie die Männer von der Ebene die Katublar beluden, und diese wiederum tadelten die Leute von den Bergen und rissen alles wieder herunter, was mühsam aufgeladen worden war.

In all dieses Durcheinander kam erst Ordnung, als der Hirtenfürst reisefertig aus seinem Zelt trat, begleitet von dem vertrauten Diener, den er so oft dem Prinzen Ali gegenüber erwähnt hatte, den dieser aber mühelos als einen oft gesehenen Mann erkannt hätte, der den Hirtenfürsten stets allein bei der Tafel zu bedienen pflegte. Dieser Seifulla entriß sogleich einem Manne von der Ebene das Kleiderbündel seines Herrn und belud damit den eigenen Maulesel, wonach Mehmed sich eine Ehre daraus machte, des Tschellebi Araberstute ihm

selbst vorzuführen. Der Hirtenfürst beugte sich zu diesem Diener des Prinzen Ali herab, sagte ihm freundliche Worte und ersuchte ihn, sich darum zu kümmern, daß die Sänfte für die Sultana rechtzeitig fertiggestellt werde, so daß sie und der Erhabene gleich die Reise antreten könnten, wenn sie am übernächsten Tage in der Frühe vom Berg herabkämen. Seifulla teilte Mehmed mit, wer den Auftrag zur Herstellung der Sänfte erhielt, so daß nachher kein Aufenthalt entstehe. »Auch mußt du dir, Mehmed, von Mirhalla, der Dienerin der Sultana, die Teppiche, Decken und Kissen geben lassen zur Ausstattung des Inneren der Sänfte, und vergiß nicht, dir von Abdullah die nächtlichen Aufenthaltsplätze nennen zu lassen! Das ist alles — außer Allahs reichstem Segen über seine Tochter und ihren Gemahl.«
Damit stieg der Hirtenfürst in den Sattel und ritt davon, ohne sich noch einmal umzusehen — nach Art großer Herren, die wissen, was immer geschehe, die Dienerschaft folgt ihnen nach. Der lange Zug der Maultiere, davon nur der Hirtenfürst allein wußte, womit sie beladen waren, langte am Abend im Schehir an, und der Hirtenfürst begab sich sogleich zu dem Geschäftsfreunde, dem er bereits Tage vorher sein Kommen durch Seifulla hatte ankündigen lassen. Baruk Efendi empfing den einflußreichen und geehrten Gast an der Eingangspforte seines Konaks und geleitete ihn zu dem großen Gastraum, welchen ein jedes türkische Haus, sei es auch noch so gering, besitzt, und darin beliebig viele Gäste Platz haben. Um aber dem Hirtenfürsten anzuzeigen, daß nur er allein als Ehrengast darüber zu verfügen habe, war der große Raum durch Vorhänge abgeteilt, so daß der Hirtenfürst sich wie in seinem heimischen Zelt fühlte. Er überließ alles Seifulla und begab sich sogleich zu einer Beratung zu dem Geschäftsfreunde.

Nun darf nicht vergessen werden, daß ein kleines Städtchen zu Füßen der Berge mit seiner Verpflegung weitgehend auf das angewiesen ist, was ihm die Berghirten zukom-

men lassen, wobei es sich nicht nur um Milch handelt, so wichtig diese auch sei. Wenn die Hirtenlager nicht zu hoch gelegen sind, so können sie auch Oliven anbauen und das lebenswichtige Öl liefern. Dann ist da die Wolle von Schafen und Ziegen, ferner der berühmte Ziegenkäse, auch der Yoghurt, eines der Hauptnahrungsmittel, und schließlich und endlich nicht zu vergessen die Bergkräuter. Als Heilmittel, als Zugabe zu Bädern, als Gewürze aller Art sind sie beliebt und vielfach begehrt. Es ist also nicht zu verwundern, wenn ein großer Herdenfürst, wie es der Tschellebi war, ein Herrscher, dessen Geschlecht seit Hunderten von Jahren den Gandhar Dagh besaß, als bedeutsamer Geschäftsfreund und mächtiger Herr im Schehir zu Füßen seines Herrschgebietes betrachtet wurde. Das alles wußte der Hirtenfürst, und so einfach er sich auch in seinem Bereich geben mochte, hier trat er auf als der einflußreiche Fürst, der er war, und als welcher er auch behandelt wurde. Der Mann, den er mit seiner Anwesenheit beehrte, wußte diese Ehre voll zu würdigen, und als der Hirtenfürst in sein Selamlik eintrat, verneigte er sich tief, grüßte ergeben und sagte die üblichen Worte der Gastlichkeit: »Herr, alles was ich bin und habe, ist dein, damit zu verfahren nach deinem gnadenvollen Belieben. Verfüge und befiehl, o Herr!«
Es sind die uralten Worte, die auch im Wüstenzelt gesprochen werden und dem, der Gast ist, alle Rechte geben, ja, sogar die über Leben und Tod. Doch muß das richtig verstanden werden, denn es könnte sich beispielsweise ereignen, daß ein Mann gehetzt würde von irgendeinem ihm feindlichen Stamme der Wüste und, um sich vor den Verfolgern zu retten, in ein beliebiges, auf seinem Wege gelegenes Zelt flüchtete. Später erst, bei der Begrüßung, bemerkt er, daß er das Zelt eines Todfeindes des eigenen Stammes betrat, aber er weiß auch, daß nach dem Gesetz der Gastlichkeit die, welche ihn nun beherbergen, verpflichtet sind, ihn zu schützen,

sei es auch gegen ihre eigenen Stammesbrüder. Darum wurde gesagt, der Gast sei Herr über Leben und Tod, und somit bleibt dieses Gesetz der Gastlichkeit eines der erhabensten, erdacht vom großen Geiste der Brüderlichkeit. El hamd!

Hier nun, beim Tschellebi, war gewiß von keinerlei Feindschaft die Rede, noch drohte sie ihm irgendwo. Es handelte sich vielmehr darum, daß der Hirtenfürst einem Manne, der sich ihm verpflichtet fühlte, einige Anweisungen zu geben hatte, die dieser entgegennahm, als seien sie ihm von einem Herrscher gegeben worden, der der Tschellebi auch war. Es ging darum, daß des Hirtenfürsten Tochter mit ihrem Gemahl, dem Sohne des erhabenen Sultans Suleiman, auf dem Wege zu eben diesem Sultan am Tage nach dem morgigen in diesem ehrenwerten Hause zur Abendstunde erscheinen werde und daß ihr und dem Gemahl ein Gemach, würdig solch bedeutsamer Geschehnisse, in der Nähe des Haremlik bereitet werde. Des ferneren sei ein reitender Bote zu senden an das nächste Schehir, um die gleiche Nachricht hoher Freude auch dort zu verkünden. Verständlich werde es dem ehrenwerten Herrn des Hauses sein, daß des Hirtenfürsten Tochter oben im Lager nicht ausreichende Kleidungsstücke besessen habe, um würdig am Hofe des erhabenen Sultans als Gemahlin von dessen Sohn zu erscheinen, weshalb der Hirtenfürst die von seiner Tochter Dienerin erhaltenen Maße dem ehrenwerten Herrn des Hauses nunmehr übergebe, gleichzeitig mit dem Ersuchen, die Schneider des Schehirs sogleich zu benachrichtigen, auf daß, wenn die Sultana in zwei Tagen mit ihrem Gemahl hier eintreffe, alles für sie bereit sei. Die Geldbeträge übergebe der Vater der Sultana vertrauend dem Gastfreunde und bitte um Rechnungslegung, wenn eben derselbe auf dem Rückwege wieder einkehre.

Das war es, was der Hirtenfürst dem Gastgeber zu sagen hatte, und es war genau dasselbe, was er bei gleicher Gelegenheit auf seinem weiteren Wege zum Meer hinunter

noch einige Male zu verlangen gedachte. Da er aber in den südlicher gelegenen Orten nicht bekannt war, machte der Hirtenfürst diesen im heimatlichen Schehir hochgeachteten Großkaufmann Baruk Efendi zu seinem Geldverwalter, welcher danach alle weiteren Forderungen für Bestellungen von Kleidung und Schmuck in der unter Kaufleuten an dieser belebten Küste üblichen Art erledigen konnte.
Zufrieden, auf diese Art für Nurya den Weg bereitet zu haben, machte sich der Hirtenfürst zur frühesten Morgenstunde wieder auf den Weg mit dem getreuen Seifulla und den Maultiertreibern, bestrebt, sein Ziel zu erreichen, ehe er eingeholt werden konnte, was ihm auch gelang. Die Kenntnis aller Wege seitens der Maultiertreiber, Leute, denen die Handelswege vertraut waren wie das Innere ihrer Hand, brachte es mit sich, daß des Hirtenfürsten kleiner Karawanenzug schon nach vier Tagen in Üsküder anlangte und dem Tschelebi solcherart das Erlebnis zuteil wurde, das Marmarameer zum ersten Male im Abenddämmern zu erblicken, wobei es sich in seiner ganzen unvergleichlichen Schönheit dem Beschauer darbietet. Der Mann der Berge, dem das Herbe, das Gefahrvolle immer aller Schönheit Inbegriff gewesen war, fühlte sich dennoch seltsam ergriffen von dieser rosig schimmernden Weite, die sich in nichts aufzulösen schien und eins wurde mit dem Himmel — aber er atmete doch etwas beklommen und murmelte vor sich hin: »Bleibe mir treu, Ifrit des Gandhar Dagh, wie auch ich es dir immer bin!« Dann richtete er den Blick auf die Serailspitze, deren weiße Paläste in diesem Abendlichte wie unwirklich erschienen, grüßte feierlich über die abendlichen Wasser hinüber, sprach leise einen Segensspruch und begab sich zu dem Hause, das ihn für diese Nacht aufnehmen sollte, wieder ein beengendes Dach über den freien Zeltbewohner legend.
Am nächsten Morgen standen dann die Maultiertreiber bereit, und auch die bestellte schwere Mahone war zur Stelle, doch

ergaben sich nunmehr beträchtliche Schwierigkeiten, die im Angesichte des Zieles um so ärgerlicher wirkten. Als nämlich der Mahonenbesitzer erfuhr, welches das Ziel der Fahrt sei, geriet er völlig außer sich und erklärte, in der Nähe des Serails des Sultans zu landen sei unmöglich, weil streng verboten. Er schrie den Hirtenfürsten an, er habe geglaubt, es mit einem ehrlichen Kaufmann zu tun zu haben, der Waren von den Bergen bringe zum Bazar, und nun geschehe es ihm, daß Verräter am Werke seien, die, wer weiß von welchem Sheitan gesendet, ihn und seine Lebensarbeit vernichten wollten. Der Hirtenfürst kam nahe zu dem erregten Manne heran, klopfte ihm beruhigend auf die Schulter und flüsterte ihm dabei einige Worte ins Ohr, die eine wahrhaft erstaunliche Wirkung auslösten. Der Mann vergaß allen Zorn, grüßte und bemerkte ruhig: »Hättest du das gleich gesagt, Herr, würden wir uns nicht haben erregen müssen. Fangen wir also an mit dem Einladen dieser braven Tiere! Die Katublar sind ruhiger bei der Überfahrt als die Pferde, davon ich vor gar nicht langer Zeit eine Ladung hatte — Djanum, Djanum, Herr, du glaubst nicht, wie mühevoll es mit diesen schönen und edlen Tieren, ihrer zehn an der Zahl, war. Ihre Herren waren dabei, aber keiner rührte eine Hand, um beim Ausladen zu helfen, alles überließen sie ihren Dienern — es waren sehr große Herren, vom Serail drüben. Fangen wir also an, Herr?« Dem Hirtenfürsten kam der tolle Gedanke, ob dieses wohl die gleiche Mahone sei, in welcher Ali und seine Gefährten übersetzten? Aber er wollte den Mann nicht weiter befragen, weil ihm diese Vorstellung gefiel und er das »Nein« nicht hören mochte.

Nachdem also jenes weltbekannte Zauberwort von einem hohen Geldbetrag alle erregten Wogen des Zorns geglättet hatte, fragte der Hirtenfürst noch leise und vertraulich seinen neuen Freund, den er am Ärmelzipfel zurückhielt, wieviel die Bewacher des Hafens beim Serail wohl an Bakschisch erwarten würden, und erhielt die erstaunliche Antwort: »Herr, es sind arme Kerle, und ihr Dienst ist hart. Auch wird es sogar hier bei uns in den Nächten kalt. Wenn du bei deinen Waren einen oder den anderen Mantel hättest, würdest du damit Gutes tun — wie auch diesem deinem ergebenen Diener, Herr, der in allen Wettern ausfahren muß. Und du gibst mir dann an Geld weniger, das versteht sich unter Freunden, die wir nun sind — sind wir es, Herr?« Die Antwort war kurz und schnell: »Wir sind es. Doch dein Name, Freund?« Es kam die schnelle Antwort: »Hussein — und deiner, nun mein guter Freund?« Wieder hätte es Befremden ausgelöst, die leise Gegenrede zu vernehmen. »Ali?« lachend wiederholte es der Mahonenführer. »Maschallah! Dann sind wir Vater und Sohn: Ali, der große Prophet, und sein Sohn Hussein — fehlt nur noch Hassan, und sie wären alle beisammen, die Armen, die alle ein düsteres Kismet traf. Mögen sie ruhen und gesegnet sein!« Und der Schiffer vom Marmarameer murmelte einen Segensspruch, den der Hirtenfürst leise wiederholte.

Es war ihm sehr seltsam zu Sinne, denn seit unzähligen Jahren hatte er seinen Eigennamen nicht mehr ausgesprochen, und niemand hatte ihn dabei gerufen, seit der oft geküßte Mund der unvergessenen Frau verstummte. Und nun sprach hier ein fremder Schiffer vom fremden Meere den ehemals vertrauten Klang wieder aus, jenen, mit dem sein Kind nun den jungen Geliebten rief. Ein Kreislauf alles, und an irgendeiner Stelle trafen sich die verschlungenen Pfade und begegneten sich die Schicksale. Dann wurde Seifulla gerufen, der seinem Herrn nie allzu fern war, und ihm Auftrag gegeben, das Bündel mit der Zahl elf zu öffnen und daraus drei Hirtenmäntel hervorzuholen, sie auch sogleich herzubringen. Schon wollte der Diener davoneilen, als sich Hussein nahe zum Ohr des Hirtenfürsten neigte und flüsterte: »Es sind aber drei Wächter an der Landestelle, Herr!« Der Hirtenfürst nickte, rief Seifulla nach: »Nicht drei, vier Hirtenmäntel, Seifulla!« Der Diener hastete davon, und die zwei neuen Freunde setzten sich auf den Boden, bereiteten ihren Tschibuk zum Rauchen und schauten zufrieden vor sich hin, kurz, sie machten Keef. Es folgte dann sehr bald das Einladen der Maulesel, die mit derselben gleichbleibenden Ruhe freundliches Zureden wie Schimpfen über sich ergehen ließen, und endlich setzte das schwerfällige Fahrzeug ab.

Der Führer Hussein hatte zwei Ruderknechte, und das Meer war ruhig, so konnte er sich dem entzückten Betrachten seines Mantels völlig widmen. Er stand inmitten der friedlichen Katublar, befingerte den weichen und schmiegsamen Wollstoff, zog den Mantel mit den breiten und abstehenden Schulterärmeln an und aus und legte sich die weiche Wolle an die Wange, als wolle er sie liebkosen. Der Hirtenfürst betrachtete dieses Gebahren des neuen Freundes mit leicht gerührter Erheiterung und fühlte, seine Gabe war nicht verschwendet worden. Doch sollte ihm noch ein große Überraschung zuteil werden, denn als er dem Mahonenführer den Betrag aushändigen wollte, dessen Höhe er ihm vorhin zuflüsterte, da erklärte Hussein nahezu ärgerlich: »Sind wir nicht inzwischen Freunde geworden? Und hast du mir nicht ein Geschenk gemacht, dessengleichen ich an Schönheit noch niemals sah? Gib dem Dosdu nicht einen Stich in die Seele, indem du ihn undankbar nennst und mit Geld abspeisen willst! Du und ich, mein Freund Ali, haben heute unsere erste Fahrt zusammen gemacht, aber unsere letzte war es nicht! Denn ich bin auch noch Besitzer eines sehr schönen Kaiks, und du brauchst nur nach Hussein fragen zu lassen, so wird man dir Bescheid geben, wo du auch sein mögest in dieser unsrer schönen Stadt Stambul.«

Es nützte auch alles Zureden nichts, Hussein drohte ernstlich verstimmt zu werden, als dem Hirtenfürsten noch rechtzeitig das offene Bündel elf einfiel und er sich den Maulesel, der es getragen hatte, zeigen ließ. Ein sicherer Griff hinein, und er hielt in der Hand ein Gefäß, das nach allen Seiten hin sorgfältig verschnürt war und dennoch starken Duft verströmte. Er brachte es zu Hussein, fragte: »Bal seviormisin?« Völlig überrascht fragte Hussein: »Bal?« Denn er hatte Honig noch niemals genossen, obgleich vielerlei türkische Süßigkeiten ihn enthalten. Der Hirtenfürst nickte heiter, gab Seifulla das Gefäß zum Öffnen, befahl einen Löffel zu bringen und hielt dann die goldene Köstlichkeit zunächst Hussein an die Nase, atmete auch selbst sehnsüchtig den Duft heimischer Bergkräuter ein. Als jetzt der Löffel gebracht wurde, dreht ihn der Hirtenfürst gewandt in der sonnenhellen Flüssigkeit um, befahl dem neugierigen Hussein, den Mund zu öffnen, und flößte ihm die Köstlichkeit ein. Hussein erstickte fast daran und trug wesentlich zur Erheiterung seiner Ruderknechte bei, während Seifulla viel zu höflich war, um auch nur zu lächeln. Als er endlich die fremdartige Süßigkeit geschluckt hatte, griff er nach dem Gefäß, fragte wie ein Kind: »Benim ütschün?« Ist es für mich? und war völlig beglückt, denn der Muslim, der keinen Alkohol genießt, verbraucht viel süßes Zuckerwerk, und die geballte Süße des Berghonigs ist ihm vollkommenes Entzücken und war zudem ganz neu in der Nähe des Meeres.

So geschah es denn, daß der Hirtenfürst eine besonders preiswerte Überfahrt zusammen mit seinen Mauleseln hatte und um die Mittagsstunde schon den Fuß auf jenen Boden setzen konnte, den zu berühren er seine Bergveste verließ. Es ging dann alles sehr schnell, wie immer, wenn viel Geld die Hände wechselt. Der neue Freund Hussein erwies sich als unschätzbare Hilfskraft, denn er verhandelte mit den Wächtern, bei denen ebenfalls die Hirtenmäntel höchste Freude auslösten, und er wußte, wohin die Maultiere mit ihren Wärtern zu bringen seien. So ergab es sich denn, daß Seifulla seinem Herrn zum Serail folgen konnte, immer noch auf dem Klei-

derbündel des Hirtenfürsten thronend hoch droben auf dem Katub, der allein übriggeblieben war.
Sie gelangten an das Außentor des Serails, und jetzt hörte Seifulla zum ersten Male die Worte, welche ihm den Sinn dieser geheimnisvollen Reise offenbarten, als sein Herr, der mächtige und reiche Hirtenfürst, zu dem Hüter des Außentores sagte: »Ich komme als Bote des erhabenen Prinzen Ali, einen Brief des Erhabenen an den Sultan Suleiman abzugeben. Wolle mich durchlassen mit diesem meinem Diener, der meine Kleider bringt.« Ein Goldstück wechselte Hände, und der Torhüter flüsterte dem Diener dieses freigebigen »Boten« zu: »Sage deinem Herrn, daß er auf diese Art am inneren Tore nicht Einlaß finde — Allaha ismagladyk!«
Er grüßte und zog sich in sein Wächterhaus im Turmgemach zurück. Seifulla hütete sich jedoch, seinem Herrn, dem großen Tschellebi, irgend etwas dergleichen zu bestellen, folgte vielmehr schweigend auf seinem Maultiere den Schritten des Voranschreitenden, überzeugt davon, daß der Mächtige wisse, was er tue. Wie sehr er damit recht hatte, erwies sich, als sie am inneren Tore nach etwa fünfzig Schritten anlangten. Dortselbst hielt nämlich der Hirtenfürst nur seine linke Hand hoch, an welcher jetzt ein roter Fleck zu bemerken war, und darauf begab es sich, daß der Torhüter Achmed diese so beklebte Hand an Mund und Stirn führte, ehe er in einen Strom von erregten Fragen ausbrach. Seifulla, ein Diener, der wußte, was sich geziemt, hielt sich mit seinem Katub zurück, doch hätte er, ohne die Ehrfurcht zu verletzen, alles mit anhören können, was gesprochen wurde.
Kaum hatte Achmed, der Torhüter, die Hand mit der roten Waffel erblickt, als er in lebhafter Erregung rief: »Herr, vielfach gesegneter Herr, du kommst von ihm, dessen Lachen wir entbehren, du kommst von Ali, dem Erhabenen, er, von dessen Dasein unser großer und machtvoller Herr lebt! Sei

dein Kommen gesegnet wie jeder deiner Schritte, die du in diesem Bereiche tust! Djanum, welch eine glückselige Stunde erlebt dein Diener Achmed! Vergib, wenn ich ungebührlich frage, doch würdest du mir aus Großmut sagen, wie er sich befindet, der Gesegnete?« Der Hirtenfürst beugte sich ein wenig zu Achmed herab, denn der Torhüter reichte an des Tschellebi stolze Höhe nicht heran, und sagte leise: »Ich vertraue es dir an, den er seinen Freund von frühester Jugend auf nannte: Er befindet sich nicht nur gut, er ist in diesem Augenblicke, in dem wir miteinander sprechen, glücklicher, als es vielfach Menschen sind, denn er hat sich vermählt mit einer schönen, jungfräulichen Frau, die er liebt, und sie ihn gleichermaßen, und feiert sein Fest der Liebe in Freiheit und Jugendlust — El hamd üllülah!«

Damit wandte sich der Hirtenfürst ab und ließ einen völlig verwirrten Mann zurück, der schon mit dem Wort »Freiheit« nichts anzufangen wußte, geschweige denn in Verbindung mit Jugendlust, der Beklagenswerte! Irgendwohin wandte jetzt innerhalb der weiten Gärten des Serails der Hirtenfürst seine Schritte, die es von jeher gewohnt waren, über eigenes Gebiet zu gehen, und auf diese Art geschah es, daß er sich plötzlich vor einem Gartenkiösk befand, in welchem, auf einem seidenen Sitzkissen hockend, sich ein sehr alter Mann aufhielt. Dieser alte Mann, völlig allein, fand in einem anderen Herrscher plötzlich den, der ihn erkannte und verstand, denn der Hirtenfürst sagte sich dieses: Wenn ich nicht vor einem Sultan stehe in dieses Herzschlags Dauer, dann weiß ich nicht, wer ein Sultan ist, — und er beugte seine Knie, die sonst sich nur vor Allah neigten, lag dort vor einem alten Manne, der nicht erschrak, und sagte leise, voll tiefster Ehrfurcht: »Herr, erhabenster, verzeihe deinem Diener, doch gab mir dein Sohn, der erhabene Prinz Ali, dieses Schreiben hier, es in deine eigenen verehrungswerten Hände zu legen. Hier ist es, erhabenster Herr!«

Der Hirtenfürst zog das Schreiben aus seinem Gewand hervor, und bei der Bewegung der Linken, die das Gewand zur Seite hielt, bemerkte der Sultan Suleiman die Waffel auf der Handfläche des Mannes, der vor ihm kniete. Er fragte leise, weil ihm die Bewegung auf die Stimme drückte: »Die Waffel gab dir mein Sohn, und er muß dir sehr vertrauen, wenn du dieses Erkennungszeichen von ihm erhieltest. Doch sage mir zuerst, wo er sich befindet, und ob es ihm gelang, sich den Bergfalken zu zähmen, den zu finden er auszog. Erhebe dich, ich bitte dich, und lasse dich neben mir nieder, denn ich liebe es nicht, wenn Freie vor mir knien, der auch ich nur ein Diener Allahs bin –, und daß du, o gesegneter Bote, ein Freier bist, sagt mir dein Blick. Ja, so können wir sprechen –, berichte, ich beschwöre dich!« Der Hirtenfürst begriff schon jetzt, warum Ali seinen Vater, den Sultan, so sehr liebte und verehrte, erkannte auch daran, daß er bereits zweimal »gesegneter Bote« genannt worden war, welche Liebessaat sein Tochtermann ausgestreut hatte, und hockte sich zufrieden neben dem Sultan nieder.

»Erhabenster Herr«, sagte er halb lächelnd, »dein schöner und liebenswerter Sohn ist – soweit es von einem Kinde Allahs zu sagen ist – zu dieser Zeit, da wir miteinander sprechen, ein sehr glücklicher Getreuer des Propheten, dessen Name gesegnet sei. Doch wolle, o Herr, den Brief in deiner Hand lesen, und du wirst alles erfahren.« Der Sultan lachte leise, legte die Hand auf das Knie des neben ihm Sitzenden und murmelte: »Mir scheint, wir könnten Freunde werden – du hast recht, ich lese jetzt.« Doch zuerst holte der Sultan aus einer Gewandfalte einen kleinen Gegenstand hervor, rund, in Gold gefaßt, und hielt ihn vor ein Auge, nicht ohne ihn dem Hirtenfürsten vorher zu zeigen und stolz zu bemerken: »Ist mir aus Chinamachin gebracht worden und läßt mich alles selbst lesen, was es auch sei.« Der Hirtenfürst neigte sich höflich vor, den Gegenstand zu betrachten, der aus einem durchsichtigen Stoff zu bestehen schien, und mußte ein wenig für sich lächeln, was er sogleich höflich hinter seinem weiten Ärmel versteckte, denn er wußte, daß die an Bergesweite gewohnten Augen, seine und die seiner Hirten, dergleichen Hilfsmittel niemals bedürfen würden.

Während Suleiman der Prächtige, dessen Name ein Zeitalter prägte, den Brief des Sohnes las, betrachtete ihn der Hirtenfürst von der Seite, und er sah, daß, ehe die Schatten des Alters dieses Antlitzes Schärfe verwischten, sich hier Kraft, Klugheit und Größe eingezeichnet hatten. Doch als Suleiman beim Lesen von des Sohnes Brief lachte, wurde die entschwundene Jugend seiner Züge wieder lebendig, und der Hirtenfürst wußte, wie der Sultan ehemals ausgesehen haben mußte. Suleiman ließ das Briefblatt sinken, zeigte auf die rote Waffel, die es am Abschluß trug, und bemerkte: »Sieh hier den Beweis, daß du in Wahrheit von meinem geliebten Ali kommst, o Bote! Doch wolle mir nun berichten, was er tut und wie er dort lebt am Gandhar Dagh, und welcher Art dieser Bergfalke ist!« Der Hirtenfürst starrte den Sultan ratlos an, fragte, völlig aus der Fassung gebracht: »Erhabener Herr, wolle erst du mir künden, was der Prinz Ali in diesem seinem Schreiben dir zur Kenntnis bringt, denn mir sagte er, es stehe alles darin über meine Tochter, und daß er sie hierher bringe, sie dir, Herr, zu zeigen, die sein Bergfalke ist. Auch berichtete er mir, er habe dich, Erhabener, ersucht um die Errichtung eines Kriegszeltes zur ersten Wohnung ihrer beider — ist das alles Lüge? Ich vermag es nicht zu glauben, denn wenn ich jemals einen Menschen traf, auf dessen Stirn Gawril, der vielfach Gesegnete, den Stempel der Wahrheit drückte, so ist es Ali, dein Sohn, o Herr, und mein Tochtermann! Sprich, ich beschwöre dich, auf daß ich nicht den Glauben an die Menschheit verliere!«

Doch Suleiman, der Sultan, hatte sich schon erhoben, tat es mit jener Geschmeidigkeit, die dem Moslim bis ins hohe Alter zu eigen bleibt, da er sich lebenslang am Tage zu fünf Malen vor Allah, dem Erbarmer, im Gebet beugt, dessen Bewegungen im Erheben und im Niederlassen Mohammed, dessen Name gesegnet sei, verordnete und gebot. Suleiman erhob sich also, zog den Hirtenfürsten mit sich hoch — denn welcher Moslim vermöchte das nicht —, umfaßte ihn dabei, drückte ihn an sich und rief lachend: »So bist demnach du der Lendenlahme! Genauso habe ich mir einen solchen immer vorgestellt, der schnell und leicht aus den Knien aufsteht, sich ebenso schnell und leicht wieder auf ein Sitzkissen oder den Boden niederläßt! Warum, Herr, hast du dir diese ganze lendenlahme Sache erdacht? Ich bitte dich, lasse es mich wissen.« Nun, da er solcherart vom Sultan Suleiman selbst gebeten wurde, konnte der Tschellebi nicht anders als gehorchen, und lachend setzte er das Ganze auseinander, sagte heiter und selbstbewußt: »Es ist sehr schwer, Herr, die Leute daran glauben zu machen, daß ein Mann imstande sei, nur eine einzige Frau zu lieben und zu begehren und alle anderen nach ihr als störende Last zu empfinden. Nun aber ging es mir so, daß ich nach dem Tode meiner schönen Tschirkass keine Frau mehr anschauen mochte. Weil mir aber meine Hirten immer wieder ihre jungen Töchter anboten, da sie glaubten, ihr angestammter Herr habe ein Recht darauf, ihnen die Blüte zu rauben — um sie also nicht zu beleidigen, die mir und den Meinen seit Hunderten von Jahren ergeben sind, erfand ich die Torheit von der Lendenlahmheit, und von da an hatte ich Frieden und Ruhe.«

Der Sultan nickte verstehend, denn niemand wußte besser als er, wie lästig diese steten Frauenangebote werden konnten, aber das, was ihn in diesem Bericht berührt hatte, war nur der Satz gewesen »mir und den Meinen seit Hunderten von Jahren ergeben« und auch noch das von dem »angestammten Herrn«. Es ergab sich hier jenes geheimnisvolle Etwas, daß sich Herrscher immer verstehen, es tun durch unbedacht

ausgesprochene Wortgebilde, auf deren Zusammensetzung ein anders Gearteter kaum achtgeben würde. So waren des Sultan Suleiman nächste Fragen, sehr ruhig und ganz selbstverständlich gestellt, diese: »So seid ihr dort oben am Gandhar Dagh schon lange die Herrscher?« Verstehend lächelte der Hirtenfürst, erwiderte bescheiden: »Nichts im Vergleich mit dir, Erhabener, ist unser kleines Fürstentum, das eben nur den hohen Berg Anadolus umfaßt, den wetterumwölkten Gandhar Dagh. Daß dein liebenswerter Sohn sich von dort die Gemahlin holte, ist uns ein Zeichen, Erhabenster, daß wir von nun an nicht mehr vergessene Kinder eines großen Vaters sein werden — Inschallah!« Der Sultan, Mann und Herrscher, betrachtete gedankenvoll diesen Bergmenschen, der so selbstverständlich von »Tochtermann« und »Gemahlin« daherredete, als könne es gar keinen Zweifel geben, daß der Sohn des mächtigsten Herrschers der gegenwärtigen Welt ein von ihm begehrtes Hirtenmädchen auch zugleich eheliche! Sie standen immer noch beide, und die Hand Suleimans, des Sultans, ruhte auf des Hirtenfürsten Schulter, dessen Blick gerade in den des anderen gerichtet war. Es mußte aber in den Augen des Hirtenfürsten irgend etwas leben, das dem Wesen eigengebürtig war, denn plötzlich sagte der Sultan: »Setze dich noch einmal, Herr der Berge, und berichte mir von meinem Sohne, deiner Tochter und deinem Berglande, das den Deinen so lange schon eigen ist! Wie lange denn? Ich bitte dich, es mir zu sagen!«
Hier nun zeigte sich jene Bescheidenheit, welche zum Ausdruck kommt, wenn ein Mann spricht, der freier Herr seines Gebiets ist und für sich wie seine Bedeutung keinerlei Bestätigung von außen her bedarf. Der Hirtenfürst sagte ruhig und war sich nicht bewußt, welch herben Tadel er aussprach, da ihm eben jetzt nichts ferner lag als zu tadeln: »Du, Herr, mächtiger Beherrscher aller Fernen, auch von Ferenghistan und uns unbekannten Weiten, hast niemals der Nähe be-

durft noch ihrer begehrt. In deinen Gedanken war dir das Land Anadolu, so nehme ich es an, wohl kaum mehr als einem Reiter der Raum, darin er sein Pferd bewegen würde zur Morgenstunde. Und doch lebt dir und deinem Lande, Herr, dort noch unentdeckter Reichtum! Denn dieses Anadolu, das Ihr, Hohe und Mächtige, niemals beachtet habt, trägt großen Reichtum in sich und wäre Euch eine Veste der Unbezwinglichkeit, so Ihr es nur wolltet. Dein Sohn, Erhabener, hat das erkannt, er, der die Treue der Hirten erproben konnte, da er mit uns lebte, und er weiß, welchen Kraftquell Ihr, die Gewaltigen, ungenutzt laßt — vergib mir, Erhabener, schon sagte ich zuviel!« Der Hirtenfürst verneigte sich ehrerbietig. Aber der Sultan Suleiman winkte ihn wieder nahe zu sich heran und sagte freimütig: »Ich höre zum ersten Male wirklich etwas Bemerkenswertes von deinem Anadolu, du seltsamer freier Mann und Fürst. Doch wolle mir nun noch angeben, in welcher Art ich es zuwege bringen könnte, daß die Heimat nicht vernachlässigt werde um der Fremde willen?«
Der Hirtenfürst besann sich nur eine kleine Weile und glaubte es dann doch wagen zu dürfen, diesem großen alten Manne die Wahrheit zu sagen. Er preßte sich die Nägel in das Fleisch der geballten Hände, richtete sich auf und sagte mutig: »Den Prinzen Ali zum Herrscher machen über Anadolu, erhabener Herr!« Der Sultan Suleiman bäumte sich auf, wie es ein edles Pferd tun würde, dem ein schlechter Reiter die noch niemals verspürten Sporen gibt, rief entrüstet: »Und ihn niemals mehr in meiner Nähe sehen, der mein Leben und meine Freude ist! Unmöglich, undenkbar ist das!« Der Hirtenfürst sagte sehr gesammelt: »Auch meine Tochter Nurya war mir Leben und Freude, Herr, und doch gab ich sie hin für diesen Gedanken der Größe Anadolus.« Der Sultan zuckte verächtlich die Achseln, sagte hart und scharf: »Du vergreifst dich, Freund, wenn du so redest, denn du wolltest sagen, du habest deine Tochter gerne hergegeben, um sie eine prächtige Hei-

rat machen zu lassen — nicht wegen der Größe deines elenden Bergländchens! Aber du vergißt ganz, wie leicht und schnell eine jede Ehe für den Moslim zu löschen ist: drei Worte an meinen Sohn gerichtet werden ihn, nun er dieses Hirtenmädchen genossen hat, bestimmen, sich von ihr zu scheiden! Er möge sie herbringen, und ich werde ihm befehlen, sich von ihr zu scheiden, und du kannst sie dann wieder mit heim nehmen. Sollte meines Sohnes Samen sie befruchtet haben, werde ich später das Kind holen lassen und es erziehen, wie es ihm gebührt. Hast du mich verstanden, du Mann der Berge?«

Der Hirtenfürst behielt die Ruhe, denn er hatte sich auf einen harten Kampf gefaßt gemacht und fühlte ein gewisses Mitleid mit dem alten Sultan. So sagte er ruhig: »Wie sollte ich dich nicht verstanden haben, erhabener Sultan, da du und ich die gleiche Sprache von Kindheit auf reden? Doch irrst du, Herr, in allen deinen Schlüssen, und das wirst du erkennen, wenn du deinen Sohn, den Prinzen Ali, wiedersiehst, was in einigen Tagen der Fall sein wird. Er ist keiner, der sich Spielereien hingibt, und er glaubt, ein Herrschbereich dort gefunden zu haben, zugleich mit einer Frau, der er in Liebe verbunden ist. Du wirst erkennen müssen, erhabener Herr, daß du dich schwer irrtest, wenn du solcherart von deinem Sohne denkst — wolle es mir glauben, o Herr!«

Jetzt aber hatte der Sultan genug von dieser Unterredung. Er stand auf und sagte verärgert: »Du glaubst, meinen Sohn besser zu kennen, als ich, sein Vater, es tue? Und du kommst in seinem Auftrag hierher, um mir alle diese Torheiten zu berichten, in Sonderheit auch ein Wesens zu machen von einem Hirtenmädchen, das vermutlich mit seiner Gunst bisher kaum sparsam war ...« Der Hirtenfürst hob die Hand, und Suleiman erkannte, daß er zu weit gegangen war. So sagte er leise: »Ich bitte dich, mir zu vergeben! Ich sprach unbedacht und hoffe auf deine Großmut, Freund. Du ver-

zeihst?« Der Hirtenfürst sagte ruhig: »Um der Reinheit meiner Tochter willen verzeihe ich dir, Sultan Suleiman. Und es sei dir gesagt, daß dein Sohn nichts davon weiß, daß ich seinen Boten machte. Er weiß auch nicht, daß ich meinen Besitz verließ, da er sich gegenwärtig auf der höchsten Höhe des Gandhar Dagh befindet, wo er sein Brautlager feiert.«
Der Sultan starrte diesen ruhigen Mann an, fragte erstaunt: »Du sagst, mein Sohn weiß nicht, daß du als sein Bote zu mir kamst?« »So ist es, Herr.« »Wie glaubt er denn, werde seine Botschaft an mich befördert?« »Durch einen meiner zahlreichen Diener.« »Und wodurch hast du dich dann seiner roten Waffel bemächtigt?« »Du glaubst, durch List und Betrug, Herr? Bei uns auf den Bergen arbeiten wir damit nicht, solches geschieht nur an den Höfen, Herr.« Der Sultan wollte auffahren, doch wieder hob der Hirtenfürst die Hand, und Suleiman schwieg, wartete, was sein Gast sagen werde, tat es geduldig. »Dein Sohn, Herr, gab mir Brief und Erkennungszeichen zur Weitergabe an jenen Diener, den er sich als Boten dachte.« »Und warum kamst du selbst, du, ein großer Herr in deinem Bereich?« »Ich tat es, Herr, weil dein Sohn dich sehr liebt und ich ihm ersparen wollte, jene Worte zu vernehmen, die du soeben aussprachst. Du hättest dir seine Liebe verscherzt, Herr, denn er weiß, daß seine Braut rein ist und seiner eigenen Gradheit würdig.«
Unter diesen Worten sank Suleiman der Prächtige zusammen, hockte auf seinem Sitzkissen, ein alter, müder und trauriger Mann. Ruhig abwartend stand der Hirtenfürst vor ihm und rührte sich nicht, sah den Gebrochenen auch nicht an, denn würdelos und verwerflich ist es, wenn der Sieger den Besiegten betrachtet. Eine Weile verging, dann winkte Suleiman, zeigte auf das Kissen neben dem seinen, und der Hirtenfürst ließ sich grüßend nieder, wartete wieder schweigend. Und nach einer Weile sagte der Sultan: »Daß ich es erleben mußte ... Einer kommt zu mir, auf daß ich nicht meines ge-

liebten Kindes Liebe verlöre! Niemals würde ich es geglaubt haben, niemals und einen Tag! Doch will ich auch dieses hinnehmen und dir nicht grollen, vielmehr dich weiterhin Freund nennen, weil du meinen Sohn, wie ich zu verstehen glaube, liebst. Tust du es, Freund?« »Du sagst es, Herr, ich liebe ihn und ich glaube an seine Kraft und Größe. Darum auch gab ich ihm gläubig mein sehr geliebtes Kind, für das ich lebte, seit mein Weib die Augen schloß. Daß Ali ein großer Prinz ist, Sohn des mächtigsten Mannes der Erde, das hätte mich nicht dazu bewegen können, ihm Nurya zu geben, denn ich bedarf dieser Dinge nicht, noch auch meine Tochter. Verstehst du mich, Herr?« »Du sagst, du bedarfst nicht meiner Macht und nicht meines Sohnes großen Namens? Wie kann das zugehen, wie ist das möglich?« »Sagte ich dir nicht, Herr, daß mein Geschlecht seit Hunderten von Jahren auf dem Gandhar Dagh herrscht? Nun also, dort sind wir die Herren und bedürfen Eurer nicht.«

Dergleichen hatte Suleiman der Mächtige noch niemals vernommen, ja, er hatte nicht für möglich gehalten, es könne so etwas geben. Das ist auch gewiß nicht zu verwundern, denn die Freien sind selten in dieser Welt des verächtlichen Scheins, und ebenso selten ist es, daß einem großen Herrscher ins Gesicht gesagt wird, man bedürfe seiner nicht. Suleiman faßte sich langsam, erhob sich dann, grüßte den überraschten Hirtenfürsten, sagte ernsthaft: »Du bist größer als ich, Freund, und deine Tochter ist es wert, meines Sohnes Weib zu sein. Und jetzt wolle mir alles berichten, aber auch alles, hörst du wohl? Und lasse nichts aus, was sich auf deinem Berge oben begab! Ich höre, und ich werde für jeden von uns ein Nargileh bringen lassen, da spricht es sich besser.« Der Sultan klatschte in die Hände, von irgendwoher eilten Diener herbei und brachten das Befohlene nach einem erstaunten Blick auf diesen Fremden. Und dann berichtete der Hirtenfürst.

Er begann bei jener erheiternden Hirtenschlacht, vergaß auch nicht, genau über den Anteil seiner Tochter an dieser Sache sich zu verbreiten, und konnte einflechten, was er damals dem Imam über das Hirtenleben gesagt hatte. Auch gelang es ihm, dem Sultan darzustellen, warum Nurya so lange Yasmaksis gewesen sei, eben um des Hirtenlebens willen. Der Sultan lauschte, als werde ihm ein Märchen erzählt durch einen großen Mazarlikdji. Es kam nun die Sache mit des Prinzen Hand, die er durch die Hirtenstäbe steckte, jener Höhle, in welcher er jetzt das Brautlager gefeiert hatte, und später dann alles, was sich mit Hassan, dem Großvezier-Sohn, begab. Es ist verständlich, daß grade dieses Geschehen den Sultan ganz besonders erregte, und er stellte immer neue Fragen, erfuhr auch auf diese Art, daß jener Hassan ein Haschischin sei und wie sehr der Prinz Ali unter dem Verrat des Freundes gelitten habe. Er unterbrach den Bericht zum ersten Male, fragte: »Du glaubst, Freund, daß jene für meinen Sohn die Heirat mit Tochter und Schwester erzwingen wollten?«

»Ich glaube es, Herr, und weiß, was mir der Prinz Ali davon berichtete, denn Mehmed, des Prinzen Reitlehrer, wußte vieles davon zu sagen und warnte vor dem Großvezier und dessen Sippe. Doch das ist alles nur von zweiter Hand berichtet, Herr, und wir sollten uns damit nicht aufhalten, ist doch so vieles noch zu erzählen von deinem herrlichen Sohne, Herr. Denn wolle bedenken, welche Freiheit der Gesinnung er bewies, als er es sich allein erdachte, ihr, die er den Bergfalken nennt, jene Dinge zu ersparen, die für die Braut eine Hochzeit zur Plage machen! So bat er mich, einen Imam zu holen, und das Brautlager droben auf dem Berge halten zu dürfen. Ich stieg dann mit der Amme Nuryas hinauf und habe es ihnen in jener Höhle, von der ich dir sprach, so schön wie nur möglich gestaltet, auch junge Dienerschaft dort gelassen, nur ehrfurchtsvolle, verstehst du, Herr — und sie lieben den Prinzen Ali wie auch Nurya, sein junges Weib, zwei freie und starke junge Menschen.«

Der Sultan war sehr gedankenvoll geworden, fragte dann aber doch, einfach aus Wissensdurst, weil er sich solche Lebensgestaltung nicht vorzustellen vermochte für eine Frau: »Sage mir, Freund, wenn es nun doch einmal geschehen wäre, daß einer der Junghirten versucht hätte, deiner Tochter . . .« »Die anderen hätten ihn in Stücke zerrissen, Herr!« »Doch so ohne Schleier, ohne Yasmak . . .?« »Begreifst du denn nicht, Herr, daß der Yasmak eine Versuchung ist für jeden Mann? Weil sie schleierlos blieb, war sie beschützt — kannst du mich verstehen, warum ich es tat?« Auch dieses war ein neuer Gedanke für den Sultan und blieb ihm haften, so daß er bei einer nicht fernen Gelegenheit einem hochgelehrten Hodja vorgelegt wurde zur Begutachtung, einem Manne, der oftmals die Abendmahlzeit mit dem Sultan einnahm, weil diesen sein weites Wissen fesselte.

Der Hodja gab dem Sultan eine Auskunft, die diesen in höchstes Staunen versetzte und so lautete: »Wer immer dir sagte, Herr, daß der Yasmak eine Versuchung bedeute, ist ein weiser, wenn auch sehr freier Mann. Ich will dir verraten, daß in der ersten Zeit, da unser gesegneter Prophet — dessen Name gepriesen sei —« Der Sultan wiederholte, wie üblich, diese Worte, und der Hodja fuhr fort: »Die Frauen hatten nur eine einzige Stelle des Kopfes zu verbergen, jene des Scheitelpunktes, Sitz der Keuschheit, wie es hieß. Daß die Frauen Arabiens wegen der quälenden Sonnenhitze sich dann auf Karawanenritten das Antlitz verhüllten, hatte nichts mit des Gesegneten Verordnungen zu tun. Wolle dich daran erinnern, Herr, daß heute noch bei Hochzeiten, wenn der junge Ehemann in das Haremlik kommt, um den Brautschleier zu heben, die Frauen, die nicht mehr flüchten konnten, sich nur ein kleines Seidentuch auf den Scheitel legten. Du wußtest es nicht, Herr?«

Der Sultan mußte über die Frage lächeln, denn wie sollte er

wohl je dazu gekommen sein, in einem Haremlik diese Dinge haben beobachten zu können? Aber er gab dem Hodja recht, der gesagt hatte, nur ein weiser und sehr freier Mann könnte sich das Yasmaksis für seine Tochter als Schutz erdacht haben.
Dieser selbe »weise und freie Mann« aber hatte noch eine besondere Überraschung für den Sultan vorgesehen. Dem Hirtenfürsten war freier Zutritt zum Sultan Suleiman zugesichert worden, in dessen nächster Nähe ihm seine Wohnung angewiesen wurde — wenigstens für den Anfang, denn auch hier hielt es der Zeltbewohner nicht lange unter einem festen Dache aus. Eines Tages also eröffnete er dem Sultan dieses: »Herr, ich habe dir einen Gruß deines Landes Anadolu mitgebracht. Er ist auf neunzehn Mauleseln verladen, und die braven Katublar haben ihn dir bis hierher getragen. Würdest du gnädig Befehl geben, daß man den Tieren hier ihre Lasten abnehme, und mir erlauben, dir alles zu zeigen, was Anadolu hervorbringt?« »Du hast mir auf neunzehn Mauleseln Dinge mitbringen können, die mein vergessenes Land Anadolu erzeugt? Djanum, du bist in Wahrheit ein Herrscher, der einen anderen Herrscher besucht! Wo sind die Tiere und ihre Führer? Warum erfahre ich erst jetzt davon, Freund?« »Herr, es waren jene Boten aus Hongaristan meist bei dir, die dich bereden wollen, erneut hinzuziehen, und so wollte ich dir nicht mit meinen braven Katublar zur Last fallen — bedenke, Herr, neunzehn an der Zahl!«
Der Hirtenfürst war in dieser Zeit der einzige Mensch, der gelegentlich den Sultan Suleiman zum Lachen bringen konnte. Denn der Herrscher hatte Hongaristans wegen schwere Sorgen, und immer wieder befragte er den Tschellebi, wann denn nun endlich sein Sohn mit Nurya eintreffen könne — er sprach schon nie mehr anders von ihr — oder ob es ein böses Kismet von ihm verlange, nach Hongaristan zu ziehen, ohne den geliebten Ali wiedergesehen zu haben und dessen

Bergfalken — Daghin Schahinissi. Beruhigend pflegte dann der Hirtenfürst darzulegen, was die jungen Leute wohl aufhalten könnte, als da war das stets neue Anlegen kostbarer Gewänder für Nurya, dann das Auswählen von Schmuck und ähnliche Torheiten mehr. Ob der Erhabene sich nicht inzwischen die Lasten der neunzehn Katublar betrachten wolle? Und endlich siegte die Neugier des Sultans, der sich noch niemals mit Anatolien und seiner Beschaffenheit abgegeben hatte, und er ordnete an, daß einer der großen Festsäle dem Hirtenfürsten überlassen werde und ihm nach Belieben Dienerschaft zur Verfügung zu stehen habe. Das war der Tag, an welchem sich Seifulla stolz zum Basar begab, woselbst die Katublar, durch die Vermittlung des Mahonenführers, in einem großen Han untergebracht worden waren zusammen mit den Maultiertreibern, die ihres Lebens herrlichste Zeit hier verbrachten, ohne jede Arbeit bei reichlicher Bezahlung und Nahrung, und nun wenig entzückt waren, zu erfahren, sie hätten sich mit ihren Tieren zum Serail zu begeben, wo man alles abladen werde.
Der große Tag für den Hirtenfürsten kam. Er war lange schon nicht mehr so aufgeregt gewesen, denn nun galt es, Anatolien, galt es auch, Ali und seiner Nurya . . . Djanum, Djanum, nun hieß es Kismet spielen! Die Diener des Serails luden vor dem äußeren Tor mit viel Geschrei zusammen mit den Maultierführern die Lasten ab, und die Maultiertreiber hatten ihr lebelang in ihrem kleinen Schehir von der Pracht des Serails und seiner Gärten zu berichten. Dann mußten die verwöhnten Diener sich bequemen, allerlei Dinge tragen zu helfen, doch taten sie es gern wegen der fremdartigen Seltsamkeit ihrer Lasten. Dazu kam noch, daß die Maultiertreiber unausgesetzt wiederholten: »Bisim Anadolu-dan«, und die Diener des Serails von diesem Anadolu noch niemals etwas gehört hatten. So nahmen sie denn an, daß der seltsame Fremde, der so hoch geehrt wurde, ein Fürst sei, dem Sultan

tributpflichtig, und er nun dem Lehnsherrn seine Abgaben zu Füßen lege, wie es die Pflicht erfordere. So strömte denn der fremdartige Reichtum Anatoliens in das Serail des anscheinend mächtigsten Herrschers der Welt! Über allem aber stand unsichtbar einer, der mächtiger war als die Mächtigsten und dem der Mächtige verfallen war — Allah bereket wersin —!

Voll Eifer und tiefer Beglückung arbeitete der Hirtenfürst an seiner Ausstellung anatolischer Erzeugnisse und war für niemanden zu sprechen, vergaß Essen und Trinken wie auch den Azan. Er hatte von Suleiman das Versprechen erhalten, daß er den Saal nicht betreten werde ohne ausdrückliche Aufforderung, und so wähnte sich der Hirtenfürst ganz gesichert. Es versteht sich aber, daß der Großvezier von allem wußte, was um den Sultan herum geschah, und so auch von der Ankunft des Bergfürsten erfahren hatte, und davon, daß sich zwischen dem Fremden und Suleiman ein gutes Verhältnis angebahnt hatte. Während nun also der Hirtenfürst in Freude an seiner kleinen Ausstellung arbeitete, der Sultan unausgesetzt an Hongaristan dachte und dem Kommen seines Sohnes entgegenfieberte, erfuhr der Großvezier von seinem kranken Sohne Hassan alles Wissenswerte über die Leute vom Gandhar Dagh und deren Oberhaupt. Nur eines wußte der verräterische Mann nicht, und das war das Wichtigste von allem: er hatte nichts erfahren über den noch geheimen Plan der möglichen Herrschaft des Prinzen Ali über Anatolien und ahnte nichts von der Absicht, auf dem Quellgrund ein Serail zu errichten, denn all dieses war erst nach dem Abzug der Gefährten erdacht und erörtert worden. Trotzdem plante der Großvezier die Vernichtung dieses Mannes von den Bergen und sah das sogar als seine Pflicht an, denn solcherart verwirren sich die Begriffe derartiger Menschen.

Nun, wie dem auch sei — Ali und Nurya kamen näher und näher und waren beide gleichermaßen tief ergriffen von des

Hirtenfürsten erstaunlicher Fürsorge. »Daß dein verehrungswerter Vater an die Dinge dachte, die sonst nur Frauen vertraut sind, setzt mich am tiefsten in Verwunderung, und ich werde auch das Bild unserer glückseligen Höhle niemals vergessen, mein schöner rotbrauner Falke. Aber nun sogar Kleider und Schmuck — ich fasse es nicht!« Sie strich ihm durch die dunklen Locken, was ihn immer wieder veranlaßte, ihre Hand zu fangen, festzuhalten und ihr die rötliche Haarfülle zu verwirren, bis sie um Gnade bat. »Du mußt nicht vergessen, mein Herr und mein Geliebter, er war mir Vater und Mutter zugleich und ihm verdanke ich alles, was ich bin — auch dich, mein schöner und herrlicher Geliebter!« Hier endeten gesprochene Worte, denn die Sprache der Liebenden kennt andere Ausdrucksarten, beredter als nur Worte! Näher und näher kamen sie zum Meer, und immer wieder fragte Nurya vergeblich, wo denn nur der Vater sich befinden könne? Sie hatte es nicht zu begreifen vermocht, daß er abwesend war, als sie glückselig vom Berg herunterkam und sie sich fühlte wie eine der seit je geliebten Bergblüten, ganz mit Honig angefüllt, wie sie dem Geliebten verriet. Der machte ein scheinbar strenges Gesicht, erklärte, die Blüte sei nur für diese eine Biene, die er selbst sei, geschaffen, und bewunderte, während er so spaßte, daß der Hirtenfürst wieder an alles gedacht hatte, was zum Behagen der Tochter beitragen konnte und zu des Tochtermannes Freude. Der Anblick der breiten Sänfte, aus edlen Hölzern gefertigt, weich ausgestattet, entlockte Nurya einen Ruf der Freude, und als Mirhalla des Hirtenfürsten Bemerkung wiederholte, wonach er gesagt hatte, daß vielleicht der Prinz Ali einmal des Reitens müde werden könne und zu seiner Sultana einsteigen wolle, da sandte Ali diesem gütevollen Manne einen besonderen Dank des Verstehens zu.

Mehmed Agah gab durch nichts zu verstehen, daß er wußte, in welcher Art der Hirtenfürst abgeritten sei mit den zwanzig Maultieren, den schwer beladenen, auf deren einem der ernsthafte Seifulla thronte. Doch als der Prinz fragte, ob man von einem Boten denn gar nichts wisse, da zuckte alles die Schultern und verstummte. Da merkte Ali, daß hier irgendein Geheimnis obwalte, und er hütete sich, weiterzuforschen, denn er hatte alles Vertrauen zum Vater seines jungen Weibes und glaubte zu wissen, daß der Hirtenfürst, in allem, was immer er tue, nur zu ihrer beider Besten handle. So zogen sie denn in die Welt, die des Prinzen eigene war, vor der sich Nurya aber etwas fürchtete, und waren umgeben von treuer Dienerschaft und väterlicher Sorgsamkeit.

Hassan, der Hüterbube, hatte erklärt, nicht zurückbleiben zu können, wenn die Herrin fortzöge, und außerdem wolle er bei seinem Freunde Machmud sein und dessen kleiner Schwester. So wurde denn für die beiden Buben ein Maultier vorgeführt, aber Zekieh mußte mit Mirhalla in der zweiten Sänfte sitzen. Selim und Mehmed hatten ihre Pferde, und als der kleine Zug sich in Bewegung setzte, nahm Hassan seine Flöte zur Hand, sagte befehlend: »Führe du den Katub, Machmud, ich muß singen!« Gehorsam tat Machmud, was der Freund verlangte, und dann »sang« Hassan, der Hüterbub, sang auf seiner Flöte voll Freude sein Lied von den Bergen, die seine Heimat waren.

Und alles, was die Bergheimat vorstellte, ordnete mit fast zärtlichen Händen der große Hirtenfürst dort im prächtigen Festsaale des Sultans Suleiman an der Serailspitze. Da waren die großen weichen Hirtenmäntel, von denen wir schon wissen, jene mit den weiten Schulterärmeln. Da waren die Teppichgewebe der Frauen, daran wie ein kleiner Spaß, wie ein heiteres Witzwort die bunt gefärbten Schöpfe aus Ziegenhaar hängen, die solch fröhlichen Anblick ergeben. Dann waren da die großen weichen Teppiche für den Zeltboden, hergestellt aus den weichesten Fellen älterer Schafe, alles gefärbt mit Kräuterfarben, welche auch die Frauen in langwierigen

Verfahren herstellten. Dazu kamen Baumwolltücher, bunt bestickt mit selbstgesponnenen Garnen, und endlich als Krönung dieser Frauenarbeiten, Stolz der Hirtenweiber, leichte Gespinste, gewoben aus Fasern einer Grasart, die an besonders steilen Hängen wächst. Das Gewebe war weich und durchsichtig und konnte für den Yasmak verwendet werden, wenn es auch nicht seiden war, so doch von schmiegsamster Zartheit.

Alle diese Dinge hatte der Hirtenfürst so geschickt ausgebreitet, daß sie den weiten Raum ausfüllten, und endlich war da noch ein kleiner niederer Tisch, auf welchem Berghonig stand sowie Krüge, von denen der Hirtenfürst den Dienern, die ihm halfen, erklärte, sie enthielten Milch, kräftige, nach Bergkräutern duftende Ziegenmilch, daraus dieser Käse hier hergestellt wurde — »Kostet nur, kostet — ich gebe es gern, glaubt mir!« Sie glaubten ihm und kosteten, worauf sie sogleich erklärten, von diesem wunderbar würzigen Käse noch mehr haben zu wollen — schade, sehr schade, daß er nicht mehr mitbrachte, der Tschellebi! Der lachte und erklärte, ebenso wie mit der Milch sei es auch nicht möglich gewesen, Yoghurt mitzubringen, diesen köstlichsten aller köstlichen Genüsse. »Wie, ihr kennt ihn nicht? Dann kommt nach Anadolu, da werdet ihr sie kennenlernen, die Speise, die Alte jung macht und Junge stark wie die Bären aus meinem Land, Anadolu, dem reichsten, das es gibt!« Es dauerte nicht lange, da hatte es sich herumgesprochen, welch ein wunderbares Land dieses sagenhaft reiche »Anadolu« sei, und als der Hirtenfürst endlich noch verschiedene der edelsten Holzarten wie auch seltsames Gestein ausbreitete, da gab es niemanden im ganzen Serail, der nicht von »Anadolu« gesprochen hätte — es bewundernd tat.

So fand der Hirtenfürst es an der Zeit, Sultan Suleiman zur Besichtigung seiner Schätze einzuladen. Der Herrscher war an diesem Tage besonders mißgestimmt, da die Nachrichten

aus Hongaristan recht unerfreulich waren und ein kriegerisches Eingreifen unvermeidbar erscheinen ließen, wogegen Suleiman sich sträubte, weil er nichts unternehmen wollte, ehe er seinen Sohn wiedergesehen hatte. Doch folgte er höflich der Einladung des Bergfürsten und erwartete, eine der üblichen, halb spielerischen Darbietungen gezeigt zu bekommen, mit deren Betrachtung er oftmals gelangweilt wurde. Doch als er den Saal betrat, an dessen Schwelle der Hirtenfürst stand und tief sich neigend ihn mit den Worten begrüßte: »Erhabener Herr, dein Land Anadolu zeigt dir seinen Reichtum...«, da blieb der Sultan stehen, denn er traute seinen Augen kaum, glaubte ein Trugbild zu erblicken. Vorerst sagte der Bergfürst nichts, ging schweigend neben dem Sultan her. Die Diener, die ihren Herrn begleitet hatten und all die Herrlichkeiten schon erblickten, hielten sich im Hintergrunde und verbargen mühsam ein erwartungsvolles Lächeln, flüsterten auch hauchleise miteinander. Suleimans erste Worte waren: »Djanum, Djanum, mümkünmi?« Was etwa heißen würde: Ist es die Möglichkeit? »Woher hast du, Freund, alle diese Dinge fremdartiger Neuheit? Sage es mir, ich bitte dich, tue es schnell!« »Sagte ich dir nicht, Herr, daß dein Land Anadolu dir seinen Reichtum zeigt?« »Du willst doch nicht ernstlich behaupten, daß diese Dinge hier, die Teppiche, die Schleier, die prächtigen Mäntel aus deinem Lande kommen, Fürst und Herr?« »Aus deinem Lande Anadolu kommen sie, Fürst und Herr!«
Da mußte der Sultan Suleiman lachen, und nun begab sich dieser Kenner der Gewebemöglichkeiten an die Prüfung der weichen Decken, der starken Zelt-Teppiche wie auch der Zeltdecken für den äußeren Schutz und endlich an das leichte Fasergespinst, das zwischen Daumen und Zeigefinger prüfend zu reiben er nicht müde werden konnte. Der Sultan erfuhr von der Naturfärbung der lustigen Ziegenhaar-Schöpfe und blieb dann endlich wieder bei den Mänteln stehen, die,

aus weichem Ziegenhaar gefertigt, sandfarben waren, geschmeidig und doch widerstandsfähig gegen Wetter und Kälte. »Hätte ich von diesen Mänteln früher gewußt, ich würde sie für meine Soldaten in Auftrag gegeben haben, Hunderte, ja zu Tausenden. Warum kamst du nicht eher zu mir, Herr und Fürst?« »Kismet, Herr«, sagte der Hirtenfürst mit einem Achselzucken, »denn der Prinz Ali war des Kismet Bote, vergiß es nicht, Erhabener!«

Der Sultan verstand gut, was der Bergfürst mit diesen Worten meinte, und murmelte vor sich hin: »Warum nicht, jetzt während meiner Abwesenheit in Hongaristan? Es käme auf einen Versuch an!« Der Bergfürst griff sich ans Herz, und dem starken Manne war, als schwanke der Boden unter seinen Füßen — war es möglich, konnte sich auf diese Art schon sein leidenschaftlicher Wunsch der Erfüllung nähern? Suleiman griff nach des Bergfürsten Arm, sagte leise: »Du erbleichtest, Fürst und Herr? Ist es nicht seltsam, daß das Übermaß der Freude die gleichen Anzeichen hat wie der Schmerz? Aber vergiß nicht, ich sagte, nur während meiner Abwesenheit, wenn es ihm Freude bereitet, nur dann — wir haben uns verstanden, Fürst und Herr?« Der Bergfürst nahm des Sultans Hand, führte sie an Mund und Stirn, sagte mühsam sprechend, von innerer Bewegung erstickt: »Wir verstanden uns, Erhabener, und aller Segen sei mit dir — Allah bereket wersin.« »Inschallah«, erwiderte Suleiman, kostete den Bal, den würzigen Gebirgskräuterhonig, fragte, ob irgend etwas zum Verkauf stehe, und ließ für den Harem die Faserschleier bestellen sowie Bal — viel davon, kaufte für sich von den weichen Teppichen, lachte leise dazu und bemerkte, diese wolle er in das große Kriegszelt legen lassen, um dessen Aufbau Ali gebeten habe, worauf sich seine Züge umdüsterten und er anfügte, er werde seinem Sohne wohl nur das kleine Kriegszelt überlassen können, da er das große mitnehmen müsse nach Hongaristan. Halblaut bemerkte der Bergfürst:

»Es wird den Prinzen Ali die Veranlassung schmerzen, um deretwillen er das große Zelt nicht benützen kann, doch der Raum ist für Liebende auch noch in einer Nußschale groß genug, während die, welche sich feind sind, sich in aller Himmelsweite stoßen, Erhabener; ist es nicht so?« »Du sprichst wahr, mein Bruder, wie du mit jedem Worte, das ich von dir vernehmen durfte, Mut und Freiheit des Mannes beweisest — ich wollte, ich könnte dich zu meinem Stellvertreter machen in dieser verlorenen Zeit, die ich jetzt in Hongaristan verbringen muß! Doch ist es einem Herrscher niemals erlaubt, nach seinem Belieben zu handeln — er ist nur der Sklave seines Amtes. Und darum muß ich den Großvezier zu meiner Vertretung berufen, obgleich ich weiß, daß er ein Verräter ist und ein Betrüger. Aber versuchen wir dein Bergland vor ihm zu retten, dem Sohne des Sheitan — soviel Freiheit sei auch mir erlaubt!«
Der Sohn des Sheitan aber verdiente sich zur gleichen Zeit, als der Sultan Suleiman diese Worte aussprach, die herabsetzende Bezeichnung in vollem Maße. Denn vor ihm stand in der ergebenen Haltung, welche viele und hohe Bakschische hervorzurufen pflegten, der oberste Befehlshaber der Janitscharen, Mehmed Ali. Dieser Mann, der sich seine Oberhoheit über eine Truppe, deren ganzer Bestand Grausamkeit und unerbittliche Härte bedeutete, dadurch erworben hatte, daß er grausamer als der Grausamste war, härter als der Härteste und von einer schrecklichen Unerbittlichkeit, glaubte sich nun endlich am Ziel seiner Wünsche. Das bedeutet, er glaubte es zu sein, insoweit als ein Verräter dem anderen vertrauen kann, doch haben wir einen Spruch bei uns, der besagt: »Wenn du aus einer Quelle trinkst, an deren Rand ein Becher hängt, so siehe zu, ob er nicht ein Loch habe!« Nun, wie dem auch sei, Mehmed Ali war überzeugt, daß nur Grausamkeit zum Ziele führe, und zwar solche körperlicher Art, da er noch nicht Gelegenheit gehabt hatte, zu erkennen, daß

es eine geistige Grausamkeit gibt, die vielfach wirksamer ist. Er stand also vor dem Großvezier und sah sich mit geschickt verborgener Mißachtung den zierlichen Mann an, dem er sich weit überlegen glaubte in seiner Kraft der Arme und Beine, aber er beugte sich tief vor dem Vezier, weil dieser gut zahlte.

Der Großvezier, Machmut Hikmet, der sich dieses ihm verächtlich erscheinenden Werkzeuges nur bediente, weil ihm dadurch allein die Möglichkeit geboten wurde, die Janitscharen in die Hand zu bekommen, seit je und immer diejenigen, die Sultane vertrieben und einsetzten, sagte mit seiner leisen Stimme zu Mehmed Ali: »Höre mich gut an, du mutiger Mann, und vergiß nicht, was ich dir sage: ich weiß es mit vollkommener Gewißheit durch meine Kundschafter, daß der Erhabene — bleibe sein Schatten lang! — sich baldigst nach Hongaristan begeben muß. Zudem weiß ich, daß sein Sohn Ali, dem Allah gnädig sei, sich in Kürze hier einfinden wird. Dem Erhabenen aber liegt nur an diesem seinem Sohne Ali, während die Prinzen Machmud und Suleiman ihm nicht ans Herz gewachsen sind. Ich verlange also zum Ausgleich aller Gelder, die ich dir bisher zukommen ließ, allein dieses: du wollest, wenn er zurückkehrt, den Prinzen Ali beseitigen lassen — unauffällig, verstehst du, so als sei ihm nur ein Unfall zugestoßen. Danach kannst du dich daranbegeben, den Scheichzadeh Machmud und seinen Bruder auszulöschen. Dafür, daß der Sultan, dessen Schatten lang bleibe, nicht aus Hongaristan zurückkehre, werde ich allein Sorge tragen — damit hast du nichts zu tun. Gehorche meinen Befehlen, und du wirst mit den Deinen, den Janitscharen, an der Herrschaft sein und auch bleiben, denn ich brauche euch für die Zeit, da ich Sultan sein werde und mein Sohn Scheichzadeh. Gehe jetzt und mache deine Pläne! Der Weg, den der Prinz Ali nimmt, wird dir rechtzeitig bekanntgegeben werden. Du bist entlassen, Mehmed Ali!«

Der Oberste der Janitscharen zog sich mit tiefen Bücklingen zurück, aber der kluge und weltweise Vezier Machmut Hikmet hatte zwei Fehler begangen diesem machtgeschwollenen Manne gegenüber, den er nur als Werkzeug ansah und deshalb falsch beurteilte: Er hatte gesagt: »Gehorche meinen Befehlen« — und: »du bist entlassen« — diesen beiden Beleidigungen aber sann Mehmed Ali nach, als er den Großvezier verließ, und daran lag es, daß die bedeutsamen Ereignisse, welche den Lauf der Geschichte zu wandeln vermocht hätten, nicht ganz so verliefen, wie es Machmut Hikmet geplant hatte. Der mächtige und seiner Umgebung geistig weit überlegene Mann, der sein Leben lang gezwungen gewesen war, körperliche Unzulänglichkeit mit geistigen Mitteln wettzumachen, hatte eine einzige Schwäche: die törichte Liebe zu seinem Sohne Hassan. Es brach ihm nahezu das Herz — wieviel oder so wenig er davon haben mochte — zu sehen, wie dieser hinsiechte, ja, nur noch von dem verwünschten Haschisch zu leben schien und kaum noch Nahrung zu sich nahm. Da der Großvezier das Empfinden hatte, eine seinem Sohne angetane Beleidigung an dem Prinzen Ali rächen zu müssen, wünschte er dessen Tod herbeizuführen, wenn ihm auch der junge Nachkömmling kaum im Wege stand bei der Durchführung seiner ehrsüchtigen Pläne. Doch daß der Prinz seinen Jugendgespielen in einer Sänfte heimtragen ließ, das verzieh ihm der Vater nicht und niemals, denn das kam einer Entehrung gleich, und darum sollte Ali sterben.
Es war verständlich, daß der Großvezier glaubte, den Weg des Prinzen Ali nach den Angaben seines Sohnes Hassan genau berechnen zu können; aber er besaß keinerlei Anhaltspunkte über die Dauer der Reise des Prinzen mit seiner jungen Gemahlin. Ganz im Gegensatz zu Hassan, der es als eine Beleidigung ansah, daß der Jugendfreund das »Hirtenmädchen« zu seiner Gemahlin erhob, beachtete der Großvezier diese Seite der Angelegenheit gar nicht, da er mit

Sicherheit annahm, der Sultan werde seinem Sohne die Scheidung befehlen, wonach dann alles ein anderes Ansehen gehabt hätte. Da jedoch nun Alis Tod bei Machmud Hikmet beschlossene Sache war, hatte die ganze Frage für den Vezier alle Wichtigkeit verloren. Nach den Angaben von Hassan hätte der Brautzug des Prinzen Ali schon lange zur Stelle sein müssen, und immer noch hatte der Großvezier nichts davon gehört, daß ein Unfall das junge Leben ausgelöscht habe. Die Ungeduld beherrschte ihn ganz, und er hatte alle Mühe, dem geliebten Sohne nicht jetzt schon mitzuteilen, daß jene ihm vom Jugendgespielen angetane Schmach gesühnt sei. Zornig sandte er nach Mehmed Ali, doch sein Bote kehrte zurück und meldete, man habe ihm bei den Janitscharen erklärt, der Oberbefehlshaber sei abwesend in wichtigen Dingen und werde vor mehreren Tagen nicht zurückerwartet. Da glaubte Machmud Hikmet zu wissen, in welch »wichtigen Dingen« Mehmed Ali unterwegs war, und faßte sich in Geduld. Zwar hatte der Janitschar bisher nur erfahren, daß der Zug des Prinzen von Üsküder ab übersetzen würde, aber das genügte einem erfahrenen Aufspürer des Feindes wohl als Hinweis. Ist es nun nicht seltsam, zu beobachten, welch eigenartiger Mittel sich das Kismet oftmals bedient, um seine Ziele zu erreichen? Mittel, die fast als Torheiten erscheinen, so wie hier die Ausstattung einer jungen Braut mit Kleidern und Schmuck — Gebilde der Eitelkeit, nichts sonst. Und doch geschah es, daß die hierdurch verursachte Verzögerung der Ankunft in Üsküder sich als hochbedeutsam erwies. Zunächst ermöglichte sie, daß der kleine Hüterbube Hassan mit allen ihn umgebenden Seltsamkeiten völlig vertraut wurde, ebenso wie mit seiner eigenen, von dem Ziegenhirten immer wieder neu bestaunten prächtigen Kleidung.

Hassan der Kleine, schon einmal Bote des Kismet für den Prinzen Ali und seine Gefährten, wurde es zum zweiten Male, eben dieser seiner neuen Kleidung wegen, und das

kam so: wie hinlänglich bekannt, haben alle bäuerischen Abgeschlossenheiten ihre besondere Art, sich zu kleiden, am strengsten aber die Hirtenvölker Anatoliens. Nun war im Schehir unterhalb des Gandhar Dagh auf besonderen Wunsch des Prinzen Ali, der den kleinen Ziegenhirten ins Herz geschlossen hatte, die Kleidung für ihn angefertigt, welche ihn sogleich als zum Hirtenvolk gehörig kennzeichnete, fast ebenso, als wenn er sein ihm vom Hirtenfürsten geschenktes Hirtenfell noch getragen hätte. Und diese Kleidung Hassans, der sich beglückt in Üsküder erging und staunend vor dem Anblick des Meeres stehenblieb, war es, welche Mehmed Ali veranlaßte, den Kleinen anzureden. Er verriet dabei sein sorgfältig gehütetes Geheimnis, ein Mann der Berge zu sein, denn es gab eine Beschimpfung, die besagte: du bist so dumm, wie nur ein Bergmensch sein kann oder ein verlaufener Katub — und dem setzte sich Mehmed Ali nicht aus, sondern verschwieg vielmehr sorgfältig seine Herkunft. Als er nun aber die ihm wohlbekannte Kleidung heimatlicher Art erblickte, tat sein von Grausamkeiten verhärtetes Herz einen Sprung, und er rief Hassan zu sich heran: »Tschodschuk«, sagte der starke Mann und wilde Soldat, »komm einmal her zu mir und verrate mir, was du hier tust?« Diese Art ihn anzusprechen, ihn auch noch »Kind« zu nennen, behagte Hassan gar nicht, und so ging er einige Schritte zur Seite, um außer Reichweite des Mannes zu kommen, der ihm nicht gefiel. Mehmed Ali aber, gewohnt an unbedingten Gehorsam, auch daran, daß er gefürchtet ward, wurde zornig und schrie: »Hast du nicht gehört, daß ich dich rief, du Kleiner? Komme sofort hierher, oder du wirst mich kennenlernen!«
Während seiner langen Dienstzeit bei den Janitscharen hatte sich der Oberste der gefürchteten Truppe nun zwar ein fehlerfreies Türkisch angewöhnt, aber sowie er zornig wurde, geriet er wieder in die heimatliche Sprechweise, welche Hassan sofort als solche erkannte, hatte er diese schwerfälligen

Laute der Hirten von der anderen Bergseite doch oft genug vernommen. So antwortete er nur lachend: »Dich kennenlernen? Dessen bedarf es nicht, denn ich weiß, du kommst von der Nordseite des Gandhar Dagh, wo die Hirten wohnen, die grausam zu ihren Tieren sind! Warum also soll ich dich noch kennenlernen, zumal du an Waffen aller Art genügend an dir hängen hast, um zu zeigen, daß auch du grausam sein mußt und zudem vor irgend etwas in Angst lebst — denn wozu sonst die vielen Waffen? Sage mir das, du Wilder!« Es wäre nun anzunehmen, daß der harte Mann den kleinen lachenden Buben gepackt und kopfüber ins Meer geworfen hätte, um ihn einer Maus gleich zu ertränken, aber nichts dergleichen geschah. Mehmed Ali starrte dieses winzige Lebewesen fast hilflos an, denn es war ihm kaum jemals vorgekommen, daß jemand ihn furchtlos auslachte und zudem sogleich seine Herkunft erkannte. Aber ist es nicht eine bekannte Erscheinung, daß Menschen, welche nur bebende Sklaven um sich sehen, an dem Gegenteil Freude haben, da sie durch Furchtlosigkeit wieder zurückversetzt werden in die große Menschheitsfamilie, aus welcher sie sich selbst ausgeschlossen haben?

So winkte Mehmed Ali, der Gefürchtete, mit einem mühsamen Lächeln den kleinen Hassan zu sich heran, und der kam herbei, ohne sich im geringsten zu beeilen. Der Janitschar strich fast liebkosend an des Knaben Anzug entlang, fragte leise: »So kommst du vom Gandhar Dagh?« Doch solchem Ausfragen gegenüber zeigte sich Hassan verschlossen. Er zuckte die Achseln und bemerkte nebensächlich: »Von dorther oder wo immer es sei — was geht es dich an?« Der Janitschar war vorsichtig geworden dieser kleinen Stachelpflanze gegenüber und antwortete milde: »Wie du sagst, es geht mich nichts an. Nur die Liebe zur Heimat ließ mich zu dir sprechen, kleiner Bruder, denn da ich deine mir ehemals so vertraute Kleidung sah, da war es mir, als grüße mich die Heimat, nur

darum rief ich dich herbei — das war's, nur das allein, wolle mir glauben! Tust du es?« Das klang Hassan aber so besorgt, daß er mißtrauisch wurde, und auch die Sache mit der heimatlichen Kleidung und der Heimatliebe wollte ihm nicht recht in den jungen klugen Kopf hinein, nachdem kurz vorher erst so ganz andere Töne angeschlagen worden waren. Aber mit der gewohnten List der Hirten, die sich von Betrug umgeben fühlen, tat er nicht dergleichen, antwortete vielmehr scheinbar ergeben: »Ich verstehe vollkommen, Herr, und werde dir gerne jede Auskunft geben, deren du bedarfst. Frage, ich bitte dich, dein Diener hört!«
Auf diese einfache Art in Sicherheit gewiegt, fühlte sich der Janitschar wieder ganz als der Beherrschende — wie denn auch nicht gegenüber einem Knaben, wer weiß, sogar einem Hirten aus den Bergen der Heimat? Und er beging den groben Fehler, wie ihn oft jene begehen, die nur mit käuflichen Personen zu tun haben. Er zog aus einer der zahlreichen Taschen seiner Gewandung ein goldglitzerndes Geldstück hervor, ließ es in der Sonne auf seiner Handfläche auf- und niedertanzen und sagte mit einem Lachen, von dessen Mißton er nichts ahnte: »Dieses hier, kleiner Bruder, gehört dir, wenn du mir Nachricht gibst über einige Reisende, die, wie ich erfuhr, ebenfalls wie du vom Gandhar Dagh kommen. Es soll, so sagte man mir, ein vornehmer junger Mann sein, der ein Hirtenmädchen mitnahm, dazu seine Diener und einige nebensächliche Begleiter. Dem jungen Manne droht Gefahr, und ich kam deshalb von der Hauptstadt drüben, ihn zu warnen. Du vermagst demnach auch ihm einen großen Dienst zu leisten, wenn du ihn warnen kannst, wofür er sich gewiß auch erkenntlich zeigen wird, denn er ist ein großer Herr und gibt dir wohl mehr, als ich es tue. Sprich also, kleiner Bruder!« Nun traf es sich, daß dies die erste Anrede gewesen war, welche seinerzeit Ali für Hassan gehabt hatte, und die Worte liebte der kleine Flötenspieler ganz besonders, aber

nur, wenn Ali sie aussprach. So tat er zweierlei: er führte einen leichten, ganz leichten, kaum spürbaren Schlag gegen die Hand des Janitscharen, auf welcher das Goldstück sich tanzend in der Sonne spiegelte, so daß es zu Boden fiel. Als es im Staube lag, gab Hassan dem verführerischen Ding einen leichten Stoß mit dem Fuß, und fort war es. Dann sagte er lachend, froh seiner kleinen Tat: »Herr, wenn ich von großen Herren und deren Hirtenmädchen wüßte, so stünde ich nicht verlassen hier in deiner Nähe, diente vielmehr ihnen allein. Für dein Wohlwollen und deine Großmut sage ich dir Dank — Allaha ismagladyk.« Und war wie ein großer farbiger Schmetterling im Gewirr der Straßen von Üsküder davon.

Sprachlos starrte ihm der Janitschar nach, bis er ihn nicht mehr sehen konnte, bückte sich dann und suchte sein verschmähtes Goldstück aus dem Staub hervor. Er begriff das Ganze nicht, fühlte aber deutliches Unbehagen. Worin hatte er hierbei falsch gehandelt? Er war mit den besten Absichten nach Üsküder gekommen, wenigstens mit etwas, das er als solche ansah, denn er hatte seine Dienste und seinen Einfluß dem Prinzen Ali zur Verfügung stellen wollen, um solcherart gegen den Großvezier Machmud Hikmet arbeiten zu können, von dem er sich beleidigt fühlte. Und nun spielte ihm das Kismet den Streich, ihm einen Knaben in heimatlicher Tracht in den Weg zu stellen, und um dieser Nebensächlichkeit willen wußte der Meister des Verrates nicht mehr aus noch ein, ahnte auch nicht, welche größeren Seltsamkeiten ihm heute noch durch besagtes Kismet beschert sein würden. Für den Augenblick entschloß sich Mehmed Ali, eine Mahlzeit einzunehmen, und gewährte dadurch weiteren Ereignissen Zeit zum Reifen. Er beabsichtigte danach, zu dem Platz an der Uferstraße zurückzukehren, um zu warten, ob der kleine Bergler sich eines anderen besonnen habe und nunmehr bereit sei, das aus dem Staub geborgene Goldstück anzunehmen.

Hassan aber lief indessen durch die engen gewundenen Straßen der uralten Stadt, tat es mit jenem unbeirrbaren Ortssinn, der dem Berggeborenen eigen ist, und langte nahezu atemlos am Hause des großen Kaufherrn an, in welchem Ali und Nurya für die Nacht Gäste gewesen waren. Ohne sich um Selim zu kümmern, der vor den Gemächern des Prinzen gewissermaßen Wache stand, schob Hassan den Diener zur Seite, so wie er es mit einer ihm im Wege stehenden Ziege getan hätte, und stürzte, einem Windstoß gleich, in das Gemach des jungen Paares. Ohne auf den hinter ihm her scheltenden Selim zu hören, noch auch Alis Verblüffung zu beachten, sprudelte Hassan hervor: »Herr, Erhabener, dort unten am großen Wasser befindet sich einer, der will wissen von dir, ob du ankamst und wo du dich befindest, und er bot mir ein Goldstück, daß ich ihn zu dir führe!« Von hinten packte Hassan eine feste Hand, und der zornige Selim rief: »Und du nahmst den Bakschisch und hast unseren Herren verraten, du elendes Gewächs vergifteter Erde?« Es war Nurya, die herbeisprang und Hassan befreite, es mit ihren starken Händen tat, deren Kraft so manchem Lamm das junge Leben rettete. Zornig rief sie: »Ist das bei euch üblich, einen Menschen zu verurteilen, ehe er noch ein Wort der Verteidigung sagen konnte? Nennt ihr solches Tun gerecht, ihr von der Ebene? Wir von den Bergen haben ein anders Denken!« Ali trat herzu, sagte ernst: »Mische dich nicht in Dinge, Selim, von denen du nichts verstehst! Umsonst ist Hassan noch niemals erregt gewesen — ich kenne ihn. Sollte er aber dennoch bestraft werden müssen, so wäre es nicht an dir, denn Hassan gehört der Herrin. Gehe nun! Wenn ich deiner bedarf, werde ich dich rufen.«

Selim grüßte und entfernte sich leise, doch ein Blick des Zornes streifte Nurya, der gegenüber er sich in Eifersucht verzehrte und die er zudem mißachtete als eine Schamlose, seit er sie in ihrer Hirtenkleidung am Hochzeitstage gesehen hatte. Hassan bemerkte diesen Blick, der die geliebte Herrin streifte, und flüsterte dem Prinzen Ali zu: »Er will der Herrin nicht wohl — achte auf ihn, Erhabener!« Aber Nurya rief ungeduldig: »Erkläre mir jetzt, Hassan, warum du hier eindringst, als sei es das Zelt von Räubern! Was ficht dich an!« Hassan sah sie traurig an, sagte leise: »Herrin Nurhial, mir war bange um unseren Herrn Ali, darum lief ich, als jagte ich ein verlorenes Zicklein, um zu vermelden, daß ich glaube, es sei gut, von hier aufzubrechen, ehe jener uns Schaden zufügen kann, der mich um ein Goldstück kaufen wollte — mich, einen Hirten vom Gandhar Dagh!« Die tiefe Entrüstung des Knaben, der schon beinahe ein Mann war, ergriff Ali mehr als Nurya, der es als selbstverständlich erschien, daß dergleichen verachtet wurde. Er faßte nach des erregten Knaben Hand, fragte ruhig: »Nun berichte mir, Hassan, was von Anbeginn an geschah und wie es kam, daß ein Fremder zu dir sprach. Komm, lasse dich neben mir nieder — ich höre!« Fast wortwörtlich erfolgte nun der Bericht von Hassans Erlebnis, und als die Rede auf das Goldstück kam, das in der Hand des Fremden im Sonnenlicht tanzte und blitzte, um im Staub zu enden, da erhob sich Nurya von ihrem Sitzpolster, blieb vor dem Knaben stehen und grüßte ihn. Hassan errötete tief und fand im geheimen, er habe soeben ein viel schöner leuchtendes Goldstück erhalten. Aber Ali sah gedankenvoll vor sich hin, sagte dann: »Wolle mir nun, Hassandjim, genau in allen Einzelheiten die Kleidung jenes Fremden beschreiben, so werde ich wissen, um wen und um was es geht.«

Hassan nickte verstehend, schloß die Augen, und so wie er gelernt hatte, ein gestohlenes Herdentier bis in die kleinste Locke genau zu beschreiben, auf daß es wiedergefunden werden könne, gab er eine Schilderung von der Kleidung jenes Fremden wie auch von seiner Art, zu sprechen und sich zu verhalten, vergaß auch nicht die Aussprache jener zu er-

wähnen, die an der Nordseite des Gandhar Dagh wohnten und ihrer Grausamkeit wegen mißachtet wurden.
Ali unterbrach die bildhaft klare Schilderung nicht ein einziges Mal, und als Hassan geendet hatte, sagte er ruhig: »Ein Janitschar, und wenn ich nicht irre, Mehmed Ali selbst. Gehen wir, Hassan, kleiner Bruder. Führe mich dorthin, wo er dich ansprach! Er wird warten, so glaube ich, und mir liegt daran zu wissen, was er von mir will. Du verstehst, Nurya, Geliebte, daß ich es wissen muß?« Nurya sah ihn ernst und ruhig an, sagte halblaut: »Ich verstehe, mein Herr und Gebieter, und warte in Frieden auf deine Rückkehr — Allaha ismagladyk.« Ein stolzer Herzschlag hob des Prinzen Brust, und er sagte sich, wie gesegnet er sei, diesen Bergfalken zum Weibe zu haben und nicht ein weichlich zärtliches Etwas, das sich ihm an den Hals hängen würde und betteln — gehe nicht, Geliebter, dir könnte etwas zustoßen, und was würde dann aus mir, die dich liebt? — ein schrecklicher Gedanke, es mit solcher Art von »Liebe« zu tun zu haben! Ernst grüßte Ali sein junges Weib und begab sich in den Nebenraum, um sich von Selim für die Straße kleiden zu lassen. Dieser ergebene, aber immer eifersüchtige Mann bat, den Herrn begleiten zu dürfen, mußte es aber erleben, daß nur der kleine Ziegenhirt mitkommen durfte. Zornig schaute er den Davongehenden nach und wußte nichts davon, wie klug der Prinz Ali handelte, indem er Mehmed Ali — wenn er es wirklich war — zeigte, daß er sich vor ihm nicht fürchtete. Sie gingen Hand in Hand, die zwei Ungleichen, denn Hassan hatte Anweisung, sogleich, wenn er den Fremden bemerke, der Hand des Prinzen ein Zeichen zu geben.
Als sie sich dem Meere näherten, fühlte der Prinz ein leises Zucken der Hand, die er hielt, und er nickte unmerklich, denn dort, nicht weit entfernt, saß auf dem selben Steinklotz, den er vorher innegehabt hatte, Mehmed Ali, der gefürchtete Oberste der Janitscharen, und rauchte gemächlich

seinen Tschibuk. Er blickte scheinbar gedankenverloren zum Meere hinaus, aber der Prinz Ali kannte den Mann genug, um zu wissen, daß der dort sein Kommen längst bemerkt hatte. So trat er nahe zu ihm heran und sagte ruhig: »Mehmed Ali Baschi — du suchst mich? Hier bin ich! Was ist's, das du von mir begehrst? Ich stehe dir zu Diensten.« Der Janitschar hatte sich erhoben, stand nun tief geneigt vor dem Sohne des Sultans und fühlte sich ein wenig ratlos. Er hatte sich diese Unterredung anders vorgestellt, geheimgehalten, mit allerlei Vorsichtsmaßregeln verhüllt, nicht so einfach und offen, mitten unter allen Vorübergehenden, in Gegenwart eines kleinen seltsamen Buben, der ihn unerschrocken anstarrte, als sei er ein fremdartiges Tier. Da der Janitschar nichts sagte, wiederholte Ali die Aufforderung, ihm sein Anliegen mitzuteilen, aber Mehmed Ali sagte, halblaut sprechend, um seine Ehrfurcht zu beweisen: »Herr, hier in der Öffentlichkeit und in Gegenwart des Knaben — es geht nicht, Herr!« Der Prinz antwortete ruhig: »Der Knabe wird außer Hörweite gehen — ist es nicht so, Hassandjim? Und was die Öffentlichkeit anlangt, o Janitsch Baschi, so hat dieses Meer hier gewiß schon vielerlei Seltsames vernommen und es rauschend vergehen lassen — sprich also ungehemmt und laß mich, ich bitte dich, neben dir auf dem Steine Platz haben, so es dir genehm ist!«

Im Geiste verglich der Janitschar diese Art, mit ihm zu reden, mit dem Gehaben des Großveziers, dieses Verhaßten, und er dachte bei sich, wie leicht er jetzt einen Unfall des Prinzen hätte vortäuschen können, wenn der Knabe nicht gewesen wäre, der ihn von weitem nicht aus den Augen ließ. Doch entsann sich der Janitschar noch rechtzeitig, daß des Sultans jüngster Sohn als einer der besten Schwimmer ihrer Meere galt, und ein kleines Lächeln zuckte über seine Züge. Ali bereitete seinen Tschibuk zum Rauchen und sagte ruhig: »Ich schwimme wie ein Fisch — es wäre nutzlos, Janitsch Baschi!«

Der grimmige Janitschar mußte lachen und dachte, daß dieser Tag ihm wahrhaft Seltsames beschere, auch liebte er den Mut und fühlte, daß dieser junge Mensch neben ihm nicht einmal den Begriff der Furcht kannte. Das bedeutete ein Hindernis des Verrates, das einzige, das dieser wilde Krieger anerkannte, denn den Mutigen zu morden, war feige, und Feigheit war Mehmed Ali fremd und erschien ihm verächtlich und eines freien Mannes unwürdig.

Der Prinz Ali betrachtete den Janitscharen von der Seite, wo er neben ihm saß, und es kam ihm urplötzlich zum Bewußtsein, wie fern ihm alles bereits erschien, das einstmals zu seinem Leben gehört hatte. Seit er wußte, was Freiheit war, sowohl die räumliche wie auch die menschliche, rückte das Vorherige wie in weite Ferne, so als ob man etwas sieht, das sich mehr und mehr entfernt und dadurch immer kleiner wird. Der Mann, neben dem er saß, dieser gefürchtete Janitscharenführer, war ihm bisher auch unheimlich gewesen, nun aber schien er sichtlich zusammenzuschrumpfen, und wenn man so schweigend nebeneinander wartend saß, würde er bald verschwunden sein. So mußte man sich beeilen, wollte man noch etwas erfahren! Ali sagte hastig: »Rede also, Janitsch-Baschi, daß ich endlich höre, warum du herkamst! Daß es im Auftrag irgendwelcher Leute geschah, denen ich im Wege bin, ist offensichtlich. Nur verstehe ich nicht, warum du mich sprechen wolltest und noch nicht auftragsgemäß gehandelt hast — ich warte, daß du es mir mitteilst, aber nicht mehr lange, denn selbst du wirst verstehen, daß ein glücklich Liebender Besseres zu tun weiß, als mit einem Feinde zu plaudern — oder nicht?« Lächelnd beugte sich Ali ein wenig vor, und jetzt wußte der Janitschar, was er zu antworten hatte.

»Nicht ich, Herr, bin dein Feind — warum auch sollte ich es sein? Du hast mich niemals in meiner Arbeit gestört — ja, ich hatte bisher nichts mit dir, Herr, zu tun. Deine Feinde aber sind jene, die nicht nur dir Schaden zufügen wollen, nein, auch deinen Brüdern, ja sogar dem Erhabenen, den Allah segne und hüte. Ich kam, dir von diesen deinen Feinden zu berichten und dich zu fragen, Herr, ob du die Dienste meiner Leute und die meinen annehmen willst?« Ali war zusammengeschreckt, als Mehmed Ali davon sprach, daß auch dem Erhabenen Gefahr drohe, und nur darum fragte er jetzt knapp und kurz: »Wieviel, Mehmed Ali?« Einen Seitenblick warf der Janitschar auf den Prinzen und sagte sich, daß diese Art des Verhandelns ihm behage. Er nannte eine Summe, von der seine Truppe fast ein Jahr lang würde leben können und deren Höhe ihm bei dem Vezier nur Hohn und Spott eingetragen hätte, dazu sicher neue Beleidigungen. Der Prinz nickte nur, sagte nahezu freundlich: »Sei morgen nach dem Azan an der äußeren Serailpforte und sage dem Torhüter nur dieses eine Wort: Hüriyet. Er wird dir das Verlangte aushändigen. Sei meiner Dankbarkeit versichert, und insoweit du irgendwann meines Schutzes bedarfst, wird dir das Wort, das ich nannte, immer sogleich Zutritt zu mir verschaffen. Daß du dein Wissen nicht näher bezeichnet hast, ich meine, die Quelle desselben, danke ich dir ganz besonders, ich finde, du hast die Sicherheit eines Sultanats billig berechnet, nicht wie ein Kaufmann, sondern wie ein Soldat. Habe ich Urlaub zu gehen, Mehmed Ali Pascha? Ich kehre morgen mit dem ersten Lichte in das Serail zurück—Allaha ismagladyk.« Ali wollte seiner Wege gehen, winkte auch bereits Hassan herbei, aber der Janitschar versperrte ihm den Weg, stotterte in höchster Erregung: »Herr, Herr — du sagtest Mehmed Ali Pascha! War das nur eine Höflichkeit oder — oder ...« Schon hatte sich Hassan zwischen den Prinzen und den Janitscharen geschoben, da er seinen Herrn bedroht glaubte, aber der Prinz Ali klopfte ihm lachend auf die Schulter, wandte sich dann ernsthaft an Mehmed Ali und sagte beinahe feierlich: »Diejenigen, welche den Erhabenen schützen, sind es allein wert, Pascha zu sein. Du tatest es, und darum wirst du es morgen schon sein — Allah bereket wersin.« Und er eilte nun wirklich davon, so hastig, daß ihm Hassan kaum folgen konnte — zum Bergfalken schnell, nur schnell zu ihr, die ihm Hüriyet bedeutete. Aber der Mann, den er verließ, der stolze, grausame und wilde Janitschar, sank auf den Steinklotz zurück und deckte die Augen mit der Hand. Er war am Ziel seines Ehrgeizes angelangt, und niemals würde er es dem Prinzen Ali vergessen, ihm seinen höchsten Wunsch erfüllt zu haben — auch die Worte nicht, die besagten, er habe nicht wie ein Kaufmann, sondern wie ein Soldat gerechnet. Welch ein Tor war er gewesen, sich bisher mit diesem kleinlichen und niedrigdenkenden Vezier abzugeben, jener der sich anmaßte, ihm Befehle zu erteilen! Was aber tat der hochgeborene Sohn des Padischah? Er bat um Urlaub, sich entfernen zu dürfen, er zahlte, ohne zu feilschen, und er würde ihn durch den Erhabenen zum Pascha machen lassen — welch ein Glück, welch eine gewaltige Freude! Segen über den schönen jungen Prinzen, sein junges Weib und über das gesamte Sultanat — Bereket — Bereket!

Und der Janitschar steckte zwei Finger in den Mund, stieß so nach alter Hirtenart einen schrillen Pfiff aus, worauf sogleich hinter einem kleinen Felsvorsprung ein von sechs Ruderern gelenktes Boot hervorschoß. Diese seine eigenen Leute sahen erstaunt auf ihren grimmigen Obersten, dessen strahlendes Gesicht sie kaum erkannten, und der sonst so wortkarge Mehmed Ali konnte sich nicht beherrschen, er mußte seinen Dienern mitteilen, was geschehen war. So rief er im Einsteigen: »Wißt ihr, meine Getreuen, wen ihr vor euch seht? Ihr erratet es niemals, so sage ich es euch! Wir Janitscharen sind geehrt worden wie noch niemals zuvor, denn euer Oberhaupt wurde zum Pascha ernannt! Der herrliche Sohn des Erhabenen verkündete es mir soeben — ihm blühe langes glückseliges Leben! Und am heutigen Abend werden wir feiern mit Tänzerinnen, Sherbeth und Pilav — es herrsche Freude, nichts als Freude!« Beinahe wäre das Boot umgeschlagen, denn die Ruderer sprangen auf, stießen Freudenrufe aus und wollten alle dem Pascha-Efendim Ehrfurcht erweisen. Der aber lachte nur, wo er sonst Strafen verhängt hätte, und die Diener erkannten, daß nun bessere Zeiten für sie alle anbrachen, denn offenbar war der harte Mann versunken in ein milderes Paschatum — Bereket wersin dem Prinzen, der dieses zuwege gebracht hatte!

Um diesen selben Prinzen und sein junges Weib aber sorgten sich zur gleichen Stunde zwei Väter bitterlich. Die Unruhe und Ungeduld des Sultans war täglich, ja, stündlich gestiegen, bisher jedoch durch das Zureden des Bergfürsten immer wieder beschwichtigt worden. Nun aber hatte der Hirtenfürst während einer schlaflosen Nacht Berechnungen angestellt, und so stand er im Dämmern des gleichen Tages vor dem Lager des Sultans, bei dem ihm stets Zutritt gewährt worden war, und beugte sich nieder, um Suleiman zu wecken. Aber der Sultan sagte müde: »Ich schlafe nicht, mein Bruder, denn die Sorge läßt mir keine Ruhe. Kommst du, mich wieder zu beruhigen? Es ist nutzlos, glaube mir!« Der Bergfürst schüttelte den Kopf, sagte hastig: »Nein, Erhabener, ich komme, um dich zu bitten, mich nach Üsküder fahren zu lassen, denn ich meine, unsere Kinder müßten schon dort sein, und ich verstehe nicht, warum mir Nurya noch keinen Boten sandte!« »Sagtest du mir nicht, Freund, daß sie nichts von deinem Hiersein wisse?«

Der Hirtenfürst faßte sich an den Kopf, brach dann in Lachen aus, womit er das etwas spöttische Lächeln des Sultans beantwortete, und fühlte sich von Sorge befreit. Nicht so Suleiman. Er war aufgesprungen, klatschte in die Hände, und als einer der Diener herbeigelaufen kam, hastig und besorgt der ungewöhnlich frühen Morgenstunde wegen, befahl der Sultan, sogleich den Obersten der Leibwache herzusenden. Ein mißtrauischer Blick des Dieners streifte den Bergfürsten, und Suleiman mußte nun auch lachen, sagte heiter: »Ich wette, dieser brave Abdullah geht jetzt überall verkünden, du, mein Freund, werdest verhaftet und abgeführt wegen irgendwelcher schrecklicher Dinge, die du begingst. Doch sage mir, weißt du, wo unsere Kinder genächtigt haben könnten?« Nun war es am Bergfürsten, spöttisch zu lächeln, und er sagte ruhig: »Da ich die Kinder nur bei meinen besten Freunden übernachten ließ, den größten Kaufherren der Schehir, durch die sie kamen, weiß ich es auch von Üsküder. Laß mich nun fahren, Herr, ich bitte dich! Ich kann jenen Hussein mit seiner Mahone wieder mieten — ist es dir so genehm, Erhabener?«

In diesem Augenblick trat der Oberste der Leibwache ein, dessen Kleidung anzumerken war, mit welcher Hast er sie angelegt hatte. Er warf einen zornigen Blick auf den Bergfürsten und verneigte sich dann tief vor seinem Herrn, dem das Lachen in den Mundwinkeln saß und der das Ganze als Spaß sehr genoß. Er zwang sich zum Ernst und sagte feierlich: »Machmud Efendi, nimm alle deine Leute und fahre diesen hier anwesenden Fürsten nach Üsküder! Aber nimm die gesamte Leibwache und mein größtes Kaik, das mit den zwanzig Ruderern!« Der Oberst Machmud sah etwas ratlos aus, aber er stellte sich neben den gefährlichen Mann, zu dessen Bewachung die gesamte Leibwache aufgeboten werden mußte, und machte ein grimmiges Gesicht. Die beiden alten Männer lächelten sich heimlich zu, was der Oberst jedoch bemerkte und was ihn den letzten Rest seiner Ruhe verlieren ließ. Erregt fragte er: »Und was hat mit dem Mann zu geschehen, Erhabener?« Weiterhin mühsam Ernst bewahrend, sagte der Sultan: »Es hat zu geschehen, daß dieser Mann mit der gesamten Leibwache zugleich euch zu einem bestimmten Hause führen wird. Und in diesem Hause befindet sich der Hauptschuldige, den ihr mit hierherbringen

werdet in aller nur möglichen Geschwindigkeit. Er heißt Ali ibn Suleiman und ist mein sehr geliebter Sohn, welcher mir eine Tochter bringt, von diesem schlimmen Manne hier gezeugt. Und — beinahe hätte ich es vergessen, Machmud Efendi — trage Sorge dafür, daß ein Zelt errichtet wird auf dem Kaik, auf daß die Sultana Nurya geziemend Aufenthalt finde! Ich bitte dich, mir meinen kleinen Spaß zu vergeben, Machmud Efendi, aber die Aussicht, den gesegneten Prinzen Ali noch vor dem Azan wieder in die Arme zu schließen, ließ mich alle gebotene Würde vergessen. Vergib es einem Vaterherzen!«
Der Oberst Machmud verneigte sich tief vor dem Lager des Sultans, warf aber dem Bergfürsten, um dessentwillen er zum Narren gehalten worden war, im Hinausgehen einen nicht sehr freundlichen Blick zu. Mit Untergebenen zu spaßen, ist immer ein etwas gefährliches Unterfangen. Aber des Sultans Befehle wurden getreulich ausgeführt, und das große Staatskaik mit seinen zwanzig Ruderern flog wie ein riesenhafter Vogel über die Wasser des Marmarameeres, in rhythmischer Gleichheit des leichten Trommelschlages des Rudermeisters, im Heck die verhüllte kleine Laube tragend, von edelstem Brokat umkleidet, für die junge Sultana, die der Prinz Ali zu seinem Vater Suleiman brachte.
Ahnungslos genossen indessen die zwei jungen Menschen die Stunden, die ihnen noch allein gehörten, denn Ali wußte, er durfte seinen Vater nicht länger warten lassen, und war auch voll Ungeduld, ihm sein junges Weib zu zeigen — wie alle Liebenden erfüllt davon, daß ein jeder gleichermaßen begeistert über die Geliebte sein müsse, und auch wie sie alle vor einer Enttäuschung stehend. Denn je mehr ein Sohn geliebt wird, desto strenger fällt das Urteil aus über die erwählte Gefährtin, sei auch der Wunsch für das Glück des eigenen Kindes ein ehrlicher. Liebe jedoch schafft dem Auge, will sagen, dem klaren Blick, eine leichte Verzerrung, sieht

das geliebte Wesen anders, als es in Wahrheit ist, und im gleichen Maße verzerrt sie die Sicht auf das Geschöpf, das dem Geliebten teuer ist. Leid wird so geschaffen, wo nur Freude herrschen sollte, nutzloses Leid.

Ein wenig bangte Ali um die Weiterentwicklung, denn er ahnte nichts von dem Bundesgenossen, dem starken, den er im Serail hatte. Und weil er bangte, war er doppelt heiter im Bestreben, Nurya nichts von seinen Besorgnissen merken zu lassen. Da er ihr aber von seiner Zusammenkunft mit Mehmed Ali nur ein ganz harmlos-verschwommenes Bild gegeben hatte, wußte sie wohl, es müsse etwas sehr Wichtiges am Werke sein, und verhielt sich ihrerseits völlig gelöst und heiter. Denn solcherart ist die List liebender und kluger Frauen, daß sie sich der Laune des Geliebten fügen, um ihm den Glauben zu lassen, sie bemerkten nichts Ungewöhnliches. In tiefer Innigkeit und Frieden verbrachten sie ihre Nacht, von der Nurya nur wußte, sie sei die letzte hier an Land, denn Ali hatte flüchtig bemerkt, es werde gut sein, mit dem ersten Morgenlichte aufzubrechen, um nicht des Vaters Sorgen zu wecken. Es kam, dieses erste Morgenlicht, und Nurya, gewohnt, es als Erwecker aus dem Schlummer zu betrachten, erwachte vor dem Geliebten. Sie neigte sich zur Seite und sah in Versunkenheit den schlafenden Jüngling an, den sie mit jeder Stunde inniger liebte. Voller Zartheit rührte sie die dicht neben ihr liegende Hand an, jene mit dem grünen Stein, die das erste gewesen war, das sie von ihm sah, und wußte nun, sie hatte sich nicht getäuscht, als sie nach dieser edlen Hand den ganzen Menschen beurteilte, gab es doch nichts, das so untrüglich ist wie das Menschenbild, erschaut nach der Hand. Doch Ali hatte selbst im Schlummer die leise Berührung gefühlt, murmelte jetzt, noch schlafbefangen: »Nurya, mein Herz, meine Seele —«, drehte sich zur Seite und wollte weiterschlafen, näher noch bei ihr, die er träumend gerufen hatte. Da vernahm er ein Flüstern, und es ist

wohl hinlänglich bekannt, daß Flüstern besser vernehmlich ist als der stärkste Ruf.
Ali richtete sich auf und sah, daß neben Nuryas Seite des Lagers die zierliche Zekieh am Boden kauerte und eifrig, erregt zu der Herrin hinauf sprach. Es war nun zwar nichts Ungewöhnliches, daß die Kleine zu ihnen hereinhuschte, wohl aber schien das, was sie berichtete, Nurya zu erregen, und somit wurde es auch zu seiner Angelegenheit. Ali beugte sich zur Seite, griff nach Nurya, fragte lebhaft: »Was ist's, das Zekieh berichtet? Lasse es mich wissen, meine Geliebte!«
Mit einem wilden Aufschluchzen, das ihn erschreckte, warf sich Nurya zu ihm herum, rief, nein stammelte: »Der Vater ist hier, und die Leibwache deines erhabenen Vaters bringt ihn oder geleitet ihn — ich weiß nicht, wie ich es deuten soll! Innig beschwöre ich dich, geliebter Gemahl, steh auf und finde heraus, was sich da begibt! Sie sind im großen Gastzimmer unten, sagt Zekieh, und es herrscht heftige Erregung!«
»Dein Vater ist hier?« rief Ali verblüfft, hatte bereits einige Kleidungsstücke übergeworfen und stürmte davon. Voll Sorge sah ihm Nurya nach, erhob sich, kleidete sich hastig mit Zekiehs Hilfe an und wartete, wartete ...
In das große Gastzimmer, aus dem Stimmengewirr drang, stürmte der Prinz Ali in höchster Erregung und sah zu seinem maßlosen Staunen, wie der Bergfürst von dem Obersten Machmud der Leibwache am Arm festgehalten wurde. Mit zwei langen Schritten war er neben dem Vater seiner Nurya, gab Machmud einen Stoß und schrie ihn erbost an: »Was unterstehst du dich, Elender? Lasse deine Finger von dem Vater meiner Gemahlin oder du wirst den Zorn des Sultans kennenlernen! Gehe mir aus den Augen, ehe ich mich vergesse!« Der Prinz Ali bebte an allen Gliedern, und der Bergfürst sah voll Sorge die tödliche Blässe des schönen jungen Gesichtes. Er legte seine ruhige Hand auf des erregten Jünglings Schulter, griff zugleich nach den Fingern, die im-

mer noch auf seinem Arm lagen, und sagte freundlich: »Geliebter Sohn, wolle dich nicht so sehr erregen um eines Mißverstehens willen, denn um ein solches geht es. Der Oberst Machmud hat einen Spaß deines erhabenen Vaters nicht richtig verstanden und fühlte sich wohl auch ein wenig beleidigt, weil wir, der Erhabene und ich, zusammen lachten — wolle ihm verzeihen, denn er glaubte, so handeln zu müssen, wie er es tat. Wir sind schuld, wir allein, glaube es mir, geliebter Sohn! Dieser brave Offizier handelte seiner Pflicht nach — ist es nicht so, Machmud Bey?«
Der Oberst Machmud sah erstaunt den Mann an, der ihn so völlig in Schutz nahm, denn auch er hatte noch niemals einen wirklich Freien kennengelernt und wußte nicht, daß ein solcher Welt und Menschen anders betrachtet als die, welche an Höfen leben, jener qualvollsten Einengung, die sich Menschen erschufen. Er drückte dankbar die Hand, die immer noch seine Finger umschloß, verneigte sich tief vor dem Bergfürsten wie auch vor dem Sohne des Sultans und wollte den Raum verlassen, wie es ihm dieser befohlen hatte. Da aber hielt die starke Hand des alten Hirten seine Schulter so eisern umkrallt, daß er sich nicht von der Stelle zu rühren vermochte, und die Stimme des Bergfürsten, gewohnt, auch Räubern, die seine Kreise störten, zu gebieten, sagte: »Geliebter Sohn, du wirst es einem Manne, der versehentlich glaubte, dem Befehle des Sultans zu gehorchen, nicht antun wollen, ihn vor seinen Untergebenen zu bestrafen für etwas, das er nicht beging? Ich kenne dich besser, geliebter Sohn, weiß um deine Großmut und deine freie Gesinnung, deine Güte auch, die sich aus deiner Kraft nährt. Du wirst diesen braven Mann nicht vernichten wollen um einer Torheit willen, dessen bin ich gewiß!«
Und jetzt geschah Ali das, was ihm in der Nähe des Hirtenfürsten schon oftmals bewußt geworden war: er fühlte Freiheit, jene Hüriyet, die er erst gestern als Losungswort dem

Janitscharen gegeben hatte. Eilends, ehe es ihn gereuen konnte, ging er auf den Oberst Machmud zu, der ihm in bleicher Spannung entgegenblickte, und sprach die von diesem Manne noch niemals gehörten Worte, sagte in seiner jungen freundlichen Art halblaut: »Machmud Bey, ich bitte dich, mir zu verzeihen und, was ich vorbrachte, als ungesprochen zu betrachten. Du gewannst die Fürsprache dieses freien und starken Mannes, und also bist du mir hinfort wert, einem Freunde gleich. Kannst du vergeben?« Der Oberst Machmud wußte nicht, wie ihm geschah, stand fassungslos da und blickte ratlos um sich — der Sohn des Padischah bat ihn um Verzeihung! Wie konnte dergleichen geschehen? Da fühlte er einen leichten Stoß, und der neue Freund, dieser erstaunliche Bergfürst, der sich für ihn verwandt hatte, obgleich er ihm übelwollte, schob in zum Prinzen Ali, der wartend vor ihm stand. Einem gefällten Baume gleich fiel der Oberste der Leibwache vor dem Sohne des Sultans in die Knie, beugte sich tief und stammelte: »Herr, wer bin ich, deiner Erhabenheit zu verzeihen? Wolle du vergeben, daß ich den großen Fürsten hier ungebührlich behandelte, ihn, der für mich sprach. Lege deinem Diener eine Buße auf, welche es auch sei, er wird sich ihrer nicht weigern!«

Ali begann dies alles peinlich zu werden, denn er liebte solche Zeichen übermäßiger Ergebenheit nicht — ja, er mißtraute ihnen. Er beugte sich herab und hob den Oberst Machmud hoch, sagte lachend: »Ich wüßte von keiner anderen Buße, Machmud Bey, als die, in Zukunft zu versuchen, einen Spaß von einem Befehl zu unterscheiden. Es versteht sich unter Freunden, daß von diesem ganzen Geschehen mein erhabener Vater nichts erfahren wird.« Damit ließ Ali den im Tiefsten unsicher gewordenen Offizier stehen, um ihm Zeit zur Sammlung zu geben, sah sich um und fragte den Bergfürsten: »Djanum, Herr, ich sehe an allen Männern der Leibwache die Hirtenmäntel Anadolus — wie ist so etwas möglich, teurer Herr?« Der Bergfürst nahm den Arm des Prinzen, sagte ruhig: »Ich berichte dir alles, geliebter Sohn, doch sollten wir uns jetzt erst zu Nurya begeben, denn sie könnte um dieser Torheiten willen in Sorge sein. Führe mich! Willst du?« Ali rief eifrig: »Ja, komm, teurer Herr, sie wartet gewiß schmerzlichst, denke ich — eilen wir!«

Kaum hatten die beiden Männer den großen Gastraum verlassen, als die gesamte Leibwache sich um ihren Obersten scharte, um ihm ihre freundliche Anteilnahme an seinem schönen Kismet zu bezeugen, denn Machmud war bei seinen Leuten sehr beliebt. Der Hausherr hatte sich bisher nicht blicken lassen, denn es geziemt sich nicht, anwesend zu sein, wenn geehrte Gäste Streit miteinander haben. Jetzt aber erschien der große Kaufherr, als habe er gewußt, nun sei alles in Ordnung, und forderte die Leibwache des Sultans auf, sich in den weiten Dienerschaftsräumen bewirten zu lassen; den Oberst Machmud aber bat er mit ihm zu kommen. Dabei ging es nicht ab ohne bewunderndes Staunen über die neuen Mäntel der Truppe, worauf der Kaufherr zu hören bekam, es sei das erste Mal, daß man im Kaik nicht gefroren habe, und leicht, dem Flügel eines Vogels gleich, seien sie, diese wunderbaren Mäntel aus Anadolu, die der Fürst der dortigen Berge mitgeführt habe für den erhabenen Padischah, der ihnen diese prächtige Gabe machte. Solcherart war, ohne daß der Kaufherr und sein Geschäftsfreund, der Bergfürst, noch ein Wort miteinander gewechselt hätten, ein weites Absatzgebiet für die anatolischen Hirtenmäntel gefunden!

Unterdessen stiegen die zwei Männer die weiten Treppen des großen Konaks hinauf, und trotz seiner Gelenkigkeit vermochte der Bergfürst dem Prinzen kaum zu folgen. Vor der Tür ihres Gemaches stand Nurya, hatte schon in das Treppenhaus hinabgeschaut und die beiden geliebten Menschen kommen sehen, eilte ihnen nun fliegenden Fußes entgegen. Stumm umfingen sich Vater und Tochter, und der Bergfürst

fühlte, wie sehr er dieses geliebte Kind entbehrt hatte. Ali stand dabei, kam sich dumm und überflüssig vor, war nicht erfreut, beherrschte sich aber, weil ihm daran lag, nun endlich zu erfahren, wie es denn zuginge, daß der Bergfürst sich hier befinde und zudem eine ganze Leibwache mit anatolischen Hirtenmänteln ausstatte. Aber das sollte Zeit haben, denn jetzt war es Nurya, die Fragen zu stellen hatte, nachdem sie den Vater in ihren Raum gezogen hatte, ihn auf einen jener Diwane, die die Wände säumten, niedergedrückt und sich zu seinen Füßen hingekauert hatte. Er strich ihr wieder und wieder über das geliebte Haar und sah herzerfreut von einem zum andern der zwei jungen Menschen, die er liebte. »Zuerst«, sagte er lächelnd, »muß ich dir, geliebter Sohn, Auskunft geben über den Boten, der dein Schreiben zu deinem erhabenen Vater brachte. Dieser Bote, Ali ibn Suleiman, war ich!« Sie starrten ihn an, riefen gleichzeitig: »Du, Vater? Du, teurer Herr?« »Ich, ja, denn, meine Kinder, es lag mir alles daran, daß dein erhabener Vater, geliebter Sohn, etwas erfahre über unsere Heimat Anadolu, und so nahm ich zwanzig Maultiere mit, beladen mit allen Erzeugnissen unsrer Berge, brachte die Waren her und breitete alles nach Erlaubnis des Sultans in einem der großen Säle des Serails aus. Ich konnte ihn solcherart davon überzeugen, wie wertvoll der Besitz von Anadolu sein kann, wenn das Land richtig bewirtschaftet wird und . . .«
Aber Ali konnte seine Ungeduld nun nicht mehr beherrschen, er stürzte neben Nurya zu Füßen des Bergfürsten hin, ergriff dessen Hand, drückte sie an Stirn und Augen, rief, stammelte: »Das hast du alles für uns getan, teurer Herr, und wir ahnten nichts davon, lebten nur unsrer Liebe, spürten zwar deine Sorge, die uns umgab, wußten aber sonst von nichts! Wie dir danken, wie dir jemals genug danken, du unser Vater und Herr!« Das Herz des Bergfürsten tat einen Sprung, denn Ali hatte »Vater« gesagt — das war ihm vielfacher Lohn und

darüber hinaus! Jetzt aber galt es, vorsichtig zu sein, denn er mußte dem Sohne des Sultans zugleich Gutes wie auch Schlechtes mitteilen, und er tat es auf eine Art, die jedes Staatsmannes würdig gewesen wäre, sagte scheinbar nebensächlich: »Auch hat sich dein erhabener Vater, geliebter Sohn, einverstanden erklärt, daß du die Oberhoheit über Anadolu übernähmest und dich dort aufhältst in deinem Serail — allerdings vorläufig nur während der Abwesenheit des Erhabenen, wie er sagte.« Der Bergfürst schwieg und wartete. Ali sah ihn verständnislos an, wollte aufjubeln, fühlte jedoch irgend etwas, das im Hintergrunde stand und das Freuen noch verbot. Er fragte angstvoll: »Während seiner Abwesenheit, sagst du, Herr? Was bedeutet das? Welche Abwesenheit denn wäre es, um die es hier geht?« Der Bergfürst sagte, in einem Tonfall, der das Ganze zu einer Bedeutungslosigkeit machte: »Nichts Wesentliches, nur einige Unruhen in Hongaristan, die zu schlichten sind und die Anwesenheit des Padischah selbst verlangen. Es dauert, so will mir scheinen, nur geringe Zeit, und indessen kannst du, geliebter Sohn, beweisen, wie gut du es verstehst, in Anadolu zu herrschen, auch wenn dein Serail noch nicht fertiggestellt ist.«
Diese Art, die Angelegenheit zu behandeln, verfing so gut, daß Ali sogar mißvergnügt ausrief: »Immer diese fremden Länder, auf deren Beherrschung der Erhabene Wert legt, und kennt nicht einmal das eigene Land! Ich verstehe das nicht, habe es niemals begreifen können!« Sehr befriedigt über die Wirkung seiner Darstellung fügte der Bergfürst noch hinzu: »Jetzt also wirst du Gelegenheit haben, zu beweisen, daß du recht hattest, geliebter Sohn. Doch bitte ich euch nun, laßt die Diener alles versorgen, denn der Erhabene verzehrt sich in Ungeduld, den Sohn in die Arme zu schließen. Das Kaik ist bereit, ruft eure Diener! Ich gehe meinem Geschäftsfreunde inzwischen Dank zu sagen für die erwiesene Gastlichkeit. Laßt die Diener sich beeilen, ich bitte euch!«

Damit grüßte der Bergfürst und ließ die zwei Glücklichen allein. Es wurde Nuryas Aufgabe, die Freude des Geliebten zu dämpfen und statt dessen die Diener herbeizurufen und ihnen zu befehlen, alles zusammenzupacken. Voll Freude, daß es nun endlich zum Ziel der langen Reise ginge, eilten sie, bald fertigzuwerden, und während der Bergfürst die Bestellung der Hirtenmäntel seitens des Hausherrn entgegennahm, kamen schon Nurya und Ali die Treppen herunter, und zum ersten Male erblickte der Vater die Sultana Nurhial in der für die Frauen des Islam gebotenen Verhüllung des Yasmak und des Feradjeh. Ihre Augen sahen ihn aber zwischen den Schleierfalten hervor lachend an, und er war beruhigt, daß sie die Verkleidung als Preis ihres Glückes betrachtete. Ali ging stolz neben ihr, was sich eigentlich nicht gehörte, denn die Frauen zeigten sich in der Öffentlichkeit nur von ihren Dienerinnen umgeben, niemals mit dem Gemahl, aber noch war er nicht gesonnen, sich allen diesen Vorschriften zu fügen, wenn ihm auch klarwurde, daß er sich während der Zeit seines Aufenthaltes im Serail des Vaters in etwa an die strengen Weisungen der Sitte zu halten haben würde, sollte eine Weigerung sich nicht ungünstig für Nurya auswirken.
Ein Vorgeschmack dessen, was ihnen bevorstand, die bisher jede Stunde des Tages und der Nacht miteinander verbracht hatten, wurde ihnen schon geboten beim Betreten des Staatskaiks, denn die Hand Alis, die sich ausstreckte, um Nurya beim Einsteigen zu helfen, wurde ruhig und bestimmt durch den Rudermeister beiseitegeschoben, der gesenkten Blickes seinen Arm als Stütze darbot, es dann ebenso für Mirhalla und Zekieh tat. Danach blieben, ohne aufzublicken, die Ruderer reglos stehen, bis die Frauen vorbeigegangen waren, hin zu jenem kleinen geschlossenen Kiösk am Heck des Kaiks, dessen Vorhänge sich hinter ihnen senkten. Wieder wollte der Prinz Ali folgen, diesmal aber hielt ihn der Bergfürst zurück und murmelte das gefürchtete Wort: »Adett«, solcher-

art dem Prinzen schon jetzt das Gebot der Sitte zu einem Schreckgespenst gestaltend, das es während der wenigen Tage des Verweilens im Serail mehr und mehr für ihn werden sollte, in solch hohem Maße, daß ihm sogar die Abreise des Sultans, die ihn des weiteren Bleibens entband, willkommen wurde. Nurya aber klopfte in dem kleinen duftenden Brokat-Käfig das Herz sehr bange, und nur die Tatsache, daß sie Mirhalla über ihres Lebens erste Wasserfahrt zu trösten und zu beruhigen hatte, ließ sie ihr eigenes Bangen vergessen, zugleich auch durch die Erheiterung, welche das spitzbübische Verhalten der jungen Zekieh bot. Die kleine Hirtin spielte die große Dame, die im Harem verborgen wird, und trieb tausenderlei Possen.

Endlich dann ging auch diese erste Prüfung vorüber, nur um einer neuen, weit ernsteren Raum zu geben, denn kaum hatte Nurya den Fuß auf festen Boden gesetzt, als sich Seine Hoheit, der Obereunuche, tief vor ihr verneigte und eine Handbewegung machte, die sie zum Folgen einlud. Da aber war der Bergfürst schon zur Stelle, und es erfolgte eine längere Auseinandersetzung, bei welcher auch der Prinz Ali, in höchstem Maße verärgert, eingriff. Und wenn es ihn auch nicht viel anging, so trat auch Machmud Bey hinzu, nunmehr für immer ganz auf der Seite stehend, die der Bergfürst einnahm, und erklärte seinerseits, er habe Anweisung, er, der Oberst der Leibwache, die Sultana zum Zelt zu geleiten, das für sie von ihres Vaters, des Bergfürsten, eigenen Händen errichtet worden sei! Hier griff der Hirtenfürst wieder ein und wies den Obereunuchen an, sich beim Sultan selbst zu erkundigen, ob dem nicht so sei, worauf Seine Hoheit mit dem dem Eunuchen eigenen Hochmut erklärte, auch der Padischah habe ihm in Fragen der Leitung des kaiserlichen Haremlik nichts zu befehlen.

Die Sache hätte häßlich ausgehen können, wenn nicht die von Suleiman aufgestellten Späher ihm gemeldet hätten, das

Staatskaik habe gelandet, und der Sultan, in seiner bebenden Ungeduld, den Lieblingssohn wieder zu umarmen, nicht selbst zum Landeplatz innerhalb der Gärten herbeigeeilt wäre, umgeben von entsetzten und ratlosen Hofherren, die solche Eigenmächtigkeit verurteilten. Wie Welle in Welle stürzt, so eilten Vater und Sohn aufeinander zu und umschlossen sich wortlos, während Suleiman nahezu vor Freude weinte. Auch Ali war tief bewegt, aber noch so sehr von Zorn erfüllt, daß er sich nicht lange zu beherrschen vermochte. Er wies mit bebender Hand auf den Obereunuchen und sagte mit halb erstickter Stimme: »Herr, mein geliebter und erhabener Vater, dieser Elende dort hat es sich herausgenommen, zu behaupten, du habest ihm in Dingen, die den Harem angehen, nichts zu befehlen, und er werde mein Weib Nurya dort einsperren, gleichgültig, wie deine Befehle seien. Ist es so, Erhabener, daß jener hier mächtiger ist als du, der Padischah?« Der Sultan, von gleichem Zorn erfüllt wie sein Sohn, wandte sich an den Eunuchen, fragte, leise sprechend, wie er es immer tat, wenn er sehr ärgerlich war: »Was tust du hier, Abderrachman, und wer hat dich hierhergesandt, gegen meinen Willen?« Der Obereunuch verneigte sich pflichtgemäß vor dem Sultan und murmelte zwischen schmalen bläulichen Lippen: »Die Birindji Kadin, Padischa Efendim!« »Und seit wann hat irgendeine Frau, ob Birindji, ob son, in diesem Lande mehr zu sagen als der Padischah? Gehe, Abderrachman, und melde deiner Auftraggeberin, der Padischah werde später mit ihr zu reden haben. Gehe, sage ich dir! Du verdunkelst mir schon allzulange den Blick auf die sinkende Sonne!«
So ging denn der Obereunuch, aber er schwor sich zu, es diejenige fühlen zu lassen, die ihn dieser Demütigung ausgesetzt hatte, und die Hauptfrau Suleimans hatte einige peinliche Stunden durchzumachen, für welche Unannehmlichkeiten sie hinwiederum den Prinzen Ali und diese neue Frau

verantwortlich machte. Das alles beweist, welch angenehmer Boden der der Höfe ist, wenn auch nur an einer soeben betretenen Landestelle. Ali aber war des Sultans Bemerkung von der sinkenden Sonne eine Mahnung geworden, und er zog seinen Vater einige Schritte abseits, sagte hastig: »Herr und Vater, ich habe Mehmed Ali, dem Janitschar, das Paschatum versprochen und zudem eine sehr hohe Summe, denn er war abgesandt worden nach Üsküder, um mich zu töten, hat aber statt dessen mir alles verraten und mir jede Hilfe sowie den Beistand seiner Leute zugesichert, auch dein geliebtes, verehrtes Haupt zu schützen sich verpflichtet. Die Summe – sie ist sehr hoch, vergib mir, Herr, – soll er sich heute beim Azanruf am äußeren Tor abholen. Zürnst du mir, Herr?« Und Ali nannte zögernd die Höhe der Summe. Der Sultan Suleiman aber umarmte den Sohn erneut, rief strahlend: »Wie klug und gut du gehandelt hast, geliebter Sohn meines Herzens, mein Ali! Und der treffliche Mehmed Ali komme dann sogleich zu mir, daß ich ihm selbst im Beisein aller künde, er sei nun Pascha, er, der meines geliebten Sohnes Leben bewahrte – Bereket olsun! Du aber, Schatzmeister, der du auch mitgelaufen bist, komme her und vernimm, was dir Schrecken bereiten wird! Es möge dich lehren, ein andermal dich nicht einzumischen, wenn es mir beliebt, einen Abendgang zu tun – verstehst du mich? Nun gehe hin und suche von dort, wo du deine Schätze aufbewahrst, zehntausend Goldpfund zusammen, bringe sie zum äußeren Tor, übergib sie dem Torhüter und sage ihm, sie seien bestimmt für Mehmed Ali Pascha, den Obersten der Janitscharen! Hast du, mein herzgeliebter Sohn, mit dem Pascha ein Losungswort zum Erkennen ausgemacht?«
Ali nickte, erkannte an der Art, wie der Sultan diese ganze Sache behandelte, den Vater ganz wieder und wußte erneut, warum er ihn so sehr liebte. Er sagte heiter: »Ich tat es, Erhabener. Es ist das Wort ›Hüriyet‹!« Ein erstaunter Seiten-

blick aus klugen Augen streifte ihn, dann wandte sich der Sultan wieder an den entsetzt dastehenden Schatzmeister, sagte halb lachend: »Du hörtest, das Wort ist Hüriyet. Nun also, worauf wartest du? Gehe an deine Arbeit!« Der Schatzmeister weinte nahezu, stammelte verzweifelt: »Herr, Herr, sei deinem Diener gnädig! Woher soll ich zu dieser Abendstunde zehntausend Goldpfund nehmen? Es ist unmöglich!« Völlig gleichgültig zuckte Sultan Suleiman die Achseln, sagte, immer mit jenem Beben des Lachens um die Mundwinkel: »Was geht es mich an, woher du es nimmst? Greife eben deinen eigenen kleinen Schatz an — was du beiseite brachtest, wird schon reichen, denke ich, oder nicht? Kannst es dir ja ab morgen wieder ersetzen!«

Mit dem Ausdruck tief verletzter Würde verneigte sich der Schatzmeister und ging davon. Zwar würde sein kleiner Vorrat nicht ganz reichen, aber er konnte noch dies oder jenes eintreiben, und wie der Erhabene gesagt hatte — morgen war wieder ein Tag. Suleiman sah ihm lächelnd nach, sagte leise zu Ali: »Da geht einer der größten Diebe meines Hofes. Merke dir diesen Achmed, mein Sohn! Doch, laß uns jetzt all dieses beiseite tun! Wo ist deine Tochter, mein Freund und Bruder, wo dein Weib, mein Sohn?«

Tief verneigte sich Nurya vor dem Sultan, und trotz des verhüllenden Feradjeh war die geschmeidige Neigung ihres jungen Körpers wohl zu erkennen. Innerlich beglückt freute sich der Bergfürst, daß er von jener Häßlichkeit damals dem Prinzen Ali nichts mitgeteilt hatte, denn unmöglich würde der Jüngling jemals seinem Vater haben verzeihen können. Als sich Nurya nun vor dem Sultan so reizvoll neigte, wußte der Bergfürst, sie würde Suleiman gefallen, und das erwies sich auch sogleich durch des Sultans erste Worte. Er sagte heiter: »Die Yasmaksis so ganz verhüllt? Kein Wunder, daß Abderrachman sie für eines seiner Opfer hielt! Willst du erlauben, Ali, mein Sohn, daß deine Gemahlin mir ihr Angesicht

zeige?« Aber der Bergfürst griff sofort ein, denn er sah die gespannte Neugier auf den Gesichtern der Hofherren unverhüllt zutage treten. Er trat nahe zum Sultan heran, ehe noch der Prinz etwas äußern konnte, flüsterte: »Herr, betrachte diese Männer und lasse es nicht hier geschehen, sonst wird mein Kind wiederum schamlos genannt. Wolle uns die Gnade erweisen, dich mit uns in das von mir errichtete Zelt zu begeben, das du auch zugleich besichtigen kannst als ein richtiges Hirtenzelt Anadolus. Gehen wir, Herr? Und entläßt du diese Männer, die mit dir kamen?« Der Sultan nickte, wandte sich an seine Begleitung und bemerkte kurz: »Wollet mich verlassen, ich bedarf eurer nicht, tat es auch vorher nicht!« Er schaute ihnen spöttisch nach, wie sie sich zögernd davonmachten, immer wieder neugierig suchende Blicke auf die verschleierte und verhüllte Frauengestalt richtend.
Als sie alle fort waren, legte Ali der Ältere, der Bergfürst, seinen Arm um die Schultern seiner Tochter, und Nurya schmiegte sich dankbar in diesen Halt nach dem Schrecken, den ihr der Obereunuche eingeflößt hatte, denn dieser war das erste Wesen seiner Art, das die Hirtentochter erblickte, wie nicht anders zu erwarten, da sie aus der gesunden und freiheitlichen Welt der Berge kam. Der Bergfürst fühlte sie noch schaudern, beugte sich zu ihr nieder, flüsterte: »Sei ohne Sorge, mein Kind, dergleichen wird sich nicht mehr an dich heranwagen. Sieh nun, welch schönes Zelt ich euch errichtet habe! Ist es nicht ein wenig heimatlich?« Sie nickte etwas scheu, denn sie spürte die erschreckende Fremdheit dieser Umwelt um so mehr durch den Anblick des Zeltes, vor dem der Sultan Suleiman jetzt bewundernd stillstand und sich an Ausrufen der Freude nicht genug tun konnte. »Es verrät die Hand des Meisters, wie es da steht, festgefügt, mit dem Boden verbunden und sich doch frei hochstreckend. Sind es nicht eigentlich Zelte, die uns zeigen, wie wir alle sein sollten,

meine Kinder? Nun aber gehen wir hinein, denn ich möchte das Antlitz sehen, welches es vermochte, meinem geliebten Ali Spiegel allen Weibtums zu sein. Zeige mir, mein Sohn, du selbst dieses Wunder!«
Mit behutsamen Händen nahm Ali Nurya den Schleier ab, und sie warf den beengenden Feradjeh zu Boden, wo ihn Zekieh, die mit ihrer Zierlichkeit immer ein Schlupfloch fand, sogleich aufhob. Schweigend im Hintergrunde stand Mirhalla und wartete auf das Urteil Suleimans über Nurya. Der Sultan sah längere Zeit forschend in Nuryas Züge, denn es muß gesagt werden, daß er sich eine strahlende Schönheit vorgestellt hatte, nicht aber ein wahrhaftes Menschengesicht, davon es unter Frauen seltener eines gibt. Ruhig stand Nurya vor dem mächtigen Manne, und diese zwei sahen sich an, als wollten sie eines dem anderen in die Tiefe der Seele schauen. Eine ganze Weile so, und im Zelte wurde kaum ein Atemzug hörbar. Dann sagte Suleiman: »Der freie Blick der Bergwelt tut mir gut, wie er es auch bei deinem Vater tat, meine Tochter, gib mir deine Hand, ich bitte dich!« Nurya tat es, arglos, und dachte kaum noch an die Zeit zurück, da sie beabsichtigte, aus den Händen einer Hirtin die einer Sultana zu machen. Doch Suleiman, an weiche Frauenhände zartester Art gewöhnt, spürte sogleich die rauhe Haut der festen, wenn auch kleinen Hand, die er hielt, und drehte sie hin und her, sie voller Staunen betrachtend. Da aber stand bereits der Bergfürst neben seinem Kinde, sagte ruhig: »Erinnere dich, Herr, an das, was ich dir vom Hirtenleben berichtete! Du hältst jetzt in deiner Herrscherhand die des besten Hirten vom Gandhar Dagh, deren Schrammen und Härten alle Rettung eines angstvoll rufenden verstiegenen Jungtieres bedeuten.« Suleiman sah erstaunt auf, fragte ungläubig: »So hat sie selbst, diese kleine junge Frau, die Tiere gehütet in den Schroffen eurer Berge? Das ist Wirklichkeit und nicht nur eine kleidsame Erzählung?«

Der Bergfürst warf seinen Kopf zurück und lachte, sagte in der freien Art, an die sich der Sultan nur zu gerne gewöhnt hatte: »Kleidsame Erzählung, Herr? Nennt man so hier bei euch die Lüge? Wir Hirten bedürfen solcher Erzählungen nicht, denn es geht bei uns um Tod oder Leben von Mensch und Tier, nicht um Spielereien, glaube es mir, Herr!« Der Bergfürst wandte sich um, rief leise: »Mirhalla, bist du hier? Komm her, zeige dem Erhabenen die Narben an den Armen der Herrin, auf daß er wisse, was es mit dem Hirtentum auf sich hat.« Der Sultan saß still und beschämt auf seinem Polster, während Mirhalla das leichte Schleiergewand Nuryas an den Armen hochstreifte und die tiefen Narben zeigte, von Dorngestrüpp und Steinschrund in das weiche junge Fleisch gerissen. Die Dienerin wagte es vor dem Sultan zu sprechen, sagte leise: »Ich habe alle diese Wunden selbst mit Heilkräutern gepflegt, Herr und Gebieter, aber Nurya hat niemals geklagt — sie war unser bester Hirte!« Der Bergfürst neigte sich zum Sultan herab, flüsterte: »Ihre Amme, Herr, wolle verzeihen!« Suleiman winkte ab, erhob sich langsam, stand vor Nurya, grüßte feierlich und sagte halblaut: »Herrin Nurhial, hüte auch mir mein kostbarstes Eigentum, wie du es mit den Lämmern der Berge getan hast, und der Segen eines Vaters wird dich auf allen Wegen geleiten — Bereket!« Damit schritt Suleiman zum Ausgang, tat es langsam, wandte sich nochmals, ehe er das Zelt verließ, und dann hörten sie ihn draußen mit Machmud Bey sprechen, der inzwischen aus eigener Machtvollkommenheit Wachen vor dem Zelteingang aufgestellt hatte.
Suleimans befehlsgewohnte Stimme war deutlich zu vernehmen, als er sehr entschieden sagte: »Wie immer hast du gut getan, Machmud Bey, mein Getreuer, diese Wachen hier aufzustellen. Ich bitte dich, deine Leute sorgfältig auszuwählen für diese Posten und sie oftmals zu wechseln, damit sie frisch bleiben für ihre Wachtzeit. Es soll niemand eingelassen wer-

den, außer dem Vater von meines Sohnes Gemahlin und Diener des Prinzen, versteht sich. Wer sich den Eintritt erzwingen will, muß sterben. Ich vertraue dir mein höchstes Gut an, meinen Sohn Ali, Machmud Bey, und glaube an dich wie an mich selbst.« Die im Zelte vernahmen dann das Klirren von Waffen, als die Männer ihren Herrn grüßten, und darauf war Stille, während vermutlich Machmud den Sultan zum Serail zurückgeleitete.

Der Bergfürst hob einen Vorhang zu den inneren Zelträumen und bedeutete schweigend seiner Tochter, sich dort zu verbergen, schickte dann Mirhalla und Zekieh, so wie man Hühner fortscheucht, der Tochter nach, winkte dem Prinzen und schlug den äußeren Zeltvorhang zurück. Die beiden Soldaten der Leibwache, denen auch allerlei erzählt worden war von unverschleierten Frauen und ähnlichen Unmöglichkeiten, drehten etwas ängstlich die Köpfe, grinsten dann aber breit, als sie nur Männer im Zelteingang stehen sahen. Der Bergfürst ging zu ihnen heran, zog zwei blanke Goldstücke aus dem Beutel, der ihm am Gürtel hing, hielt sie zwischen Daumen und Zeigefinger hoch und sagte freundlich: »Wenn ihr gut Wache haltet, meine Freunde, ob nun ihr es tut, ob andere von eurer Truppe, so erhält ein jeder jeden Abend ein solches Goldstück. Wer aber während der Nacht wachen sollte, bekommt deren zwei. Denn ich will ganz ehrlich mit euch sein, und zudem ist es von Wert, wenn Wachen wissen, wogegen sie sich zu wehren haben: Ich glaube, daß die Leute des Großveziers vielerlei Versuche unternehmen werden, um dem Prinzen hier Schaden zuzufügen, wie auch mir — doch ist dieses so wichtig nicht. Darum möchte ich das meine tun dafür, daß dem erhabenen Sultan Suleiman kein Leid geschehe dadurch, daß seinem geliebten Sohne Schaden zugefügt wird. Wir verstehen uns —, ist es nicht so, meine Freunde?« Mit dem Blick auf die beiden Goldstücke gerichtet, versicherten die beiden Soldaten, man verstehe sich ausge-

zeichnet, und gleich danach ruhten die lockenden Dinger in ihren eigenen schmalen Beuteln.
Eben war noch alles friedlich gewesen in der Runde, als sich das Geräusch vieler Schritte vernehmen ließ und ein kleiner Trupp Janitscharen sichtbar wurde. Die Soldaten der Leibwache griffen sogleich nach ihren Waffen, aber der Prinz Ali rief lachend: »Gut Freund — habt keine Sorge, wir kennen uns!« Kaum waren sie heran, etwa zehn an der Zahl, als sich der Anführer dieser kleinen Gemeinschaft vor dem Prinzen Ali auf ein Knie niederließ und ihm eine Rede hielt, die etwa so lautete: »Erhabener und großmächtiger Prinz, wir kommen, dich zu fragen, ob du uns beglücken und beehren würdest durch deine Gegenwart und an einer Festlichkeit teilnehmen, die Mehmed Ali Pascha heute für uns veranstaltet. Es wäre uns wie ein Segen, als welcher du uns bereits erscheinst.« Ali hob den Mann hoch, fragte leise: »War der Pascha Efendi schon am Tor und hat Hüriyet gesagt?« Der Mann strahlte den Prinzen an, sagte feierlich: »Er war es, Großmütiger, er war es!« Noch näher beugte sich Ali zu dem Manne, bemerkte halblaut: »So sage dem Pascha Efendi, der großmächtige Padischah habe den Wunsch ausgesprochen, daß Mehmed Ali sich baldigst zu ihm begebe, auf daß der Padischah vor versammeltem Hofe ihn zum Pascha erklären kann. Dort werde auch ich anwesend sein, Freund, und darum kann ich an eurem Feste nicht teilnehmen — aber mein Dank ist euch gewiß. Doch die Ehrung eures Anführers geht vor, du verstehst?« Der Mann warf sich in die Brust, wandte sich an seine Kameraden, rief: »Der erhabene Prinz wird dabeisein, wenn der Padischah Mehmed Ali zum Pascha erklärt — und wer ist es, der vor seinem Zelte Wache steht? Sind wir es, seine Janitscharen? Nein, es ist Machmuds Leibwache! Nichts gegen euch, Waffenbrüder, aber ihr müßt es euch gefallen lassen, daß auch wir Wachen senden — das verlangt unsere Ehre, die des Mehmed Ali Pascha, unseres großen Obersten!«

Und so kam es, daß von nun an zwei Janitscharen und zwei Mann der Leibwache vor des Prinzen Ali Zelt Wache standen. Der Bergfürst dachte traurig, daß er sich einige Goldstücke hätte sparen können, aber ein Versprechen bleibt ein Versprechen, und dagegen ist nichts mehr zu tun!

In späteren Jahren, wenn Ali an die wenigen Tage zurückdachte, die er in der früher so vertrauten Nähe seines Vaters verbrachte, war ihm immer zu Sinne, als habe von Anbeginn etwas wie eine düstere Wolke über allem gelegen, und die doppelte Wache vor seinem Zelt erschien ihm als ein Anzeichen dafür. War es so weit gekommen, daß der Sohn des Sultans innerhalb der Gärten von seines Vaters Serail solcherart bewacht werden mußte? Gab es an diesem Hofe nur noch Verrat, Betrug, Dieberei und Meuchelmord? Hatte er sich selbst so verändert durch die reichlichen Atemzüge freiheitlicher Bergluft, daß er es erst jetzt verspürte, was immer schon unter der glänzenden Oberfläche vorhanden gewesen sein mußte? Sowohl Nurya bemerkte die mit dem Geliebten vor sich gehende Veränderung, wie es auch der Bergfürst tat, aber dieser kluge Mann tröstete seine Tochter mit Bemerkungen, die der Wahrheit sehr nahe kamen. Sogar beim Zusammensein mit dem Vater fühlte Ali eine gewisse Fremdheit dessen Ansichten und Auffassungen gegenüber, und er mußte sich zwingen, dem geliebten und verehrten alten Manne die Kluft, die sich zwischen ihnen auftat, nicht zu zeigen.
Besonders stark wirkte sich für den Prinzen Ali diese Entfremdung aus in zwei dem Sultan als ganz selbstverständlich erscheinenden Fragen, deren eine die der Beherrschung fremder Völkerschaften betraf, die andere die der Einstellung Suleimans zu den Frauen. Wenn es auch niemals dazu kommen konnte, daß Moslims untereinander über Frauen sprachen, weil das als die höchste oder vielmehr niedrigste Würdelosigkeit angesehen wurde, so gab es doch hie und da Bemerkun-

gen des Sultans wie diese: »Nun, mein Sohn, das Gesetz des Propheten, dessen Name gesegnet sei, verwehrt dir nicht, dich einmal von weicheren Händen liebkosen zu lassen als denen deiner tapferen Hirtin.« Das war die Anschauungswelt, in der jeder Moslim lebte, in nichts bemerkenswert als nur darin, daß aus einem geheimnisvollen Grunde der Prinz Ali ihr entwachsen war. Er wünschte keine weicheren Hände der Liebkosung zu fühlen und liebte die Narben an den Armen seiner Nurya, wollte nur sie als alleinige Gemahlin haben und behalten, denn sie war ihm der Mensch, den er brauchte, und nicht nur ein Spielzeug der Sinne.

So schieden sich zwei Welten, was Ali noch deutlicher zum Bewußtsein kam nach dem pflichtmäßigen Besuch bei seinen Brüdern, Machmud und Mehmed, den zwei Scheichzadehs. Sie lebten zwar innerhalb des geräumigen Serails, hatten aber völlig abgeschlossene Räumlichkeiten mit allem Zubehör an Harem und Eunuchen. Wohlwollend, wie sie es immer getan hatten, betrachteten sie das Alters-Spielzeug ihres Vaters, diesen jungen Ali, der den Jahren nach auch ihr Sohn hätte sein können, doch wurde ihnen beiden bald ein gewisser Unterschied in dessen Verhalten kenntlich. Während früher dieser Jüngste sich nur mit Pferden, Waffenspielen und ähnlichem beschäftigt hatte, schien er von seinem Ausflug nach Anadolu als ein Mann zurückgekehrt zu sein, und das setzte sie um so mehr in Staunen, als auch sie allerlei gehört hatten über mitgebrachte Hirtenmädchen und ähnliches mehr. Was nun diese Frage der Hirtenmädchen anlangte, so teilte der übliche Haremsklatsch den beiden Scheichzadehs weiterhin mit, daß jenes Hirtenmädchen vom Sultan als Gemahlin des Prinzen Ali anerkannt worden sei, sich außerdem nicht im Harem befinde, vielmehr schamlos ein Zelt bewohne mit Vater und Geliebtem, der Vater aber sei ein Bergrebell, wie nicht anders zu erwarten. Zwar taten die beiden Brüder Alis das Weibergeschwätz als solches mit einem Achselzukken ab, doch bemerkten sie untereinander, daß der zu verehrende Vater offenbar alt werde und es hohe Zeit sei, Allah nehme ihn verdientermaßen für einen Ruheposten zu sich. Ali aber erkannte auch hier die erschreckende Fremdheit, mit der er allem Früheren gegenüberstand, und schloß sich demzufolge immer enger an Nurya und den Bergfürsten an. Dieser nun, ein kluger und weitblickender Mann, hatte viel und oft mit Mehmed Agah, dem ehemaligen Reitlehrer des Prinzen, zu verhandeln. Wie immer war auch jetzt der dem Prinzen treue Mann bestens unterrichtet über alles, was um den Großvezier vorging, denn er hatte die Beziehungen zu dessen Dienerschaft sogleich nach der Rückkehr wieder aufgenommen. Mehmed wußte dem Bergfürsten zu berichten, daß der Großvezier furchtbare Wutausbrüche gehabt hatte, als er durch seine Späher erfuhr, der Janitschar Mehmed Ali sei Pascha geworden, weil er des Prinzen Ali Leben verschont hätte, und er habe sofort einen Unterführer kommen lassen, den er nunmehr beauftragte, gegen entsprechende Bezahlung seine Befehle auszuführen. Dieser, ein Araber gleichen Namens wie der Obereunuche, Abderrachman, und wie alle Araber sich nur widerwillig den Befehlen der Türken fügend, hatte mit beiden Händen zugegriffen, und es stand zu erwarten, er werde baldigst zu handeln versuchen. Der Bergfürst nickte gedankenvoll und gab dann Mehmed die inzwischen durchdachten Anweisungen, tat es in folgender Art: »Über all' dieses wundere ich mich nicht, Mehmed Agah, und habe es bereits in Erwägung gezogen. Ich denke aber, der Prinz ist vorläufig sicher, solange die doppelten Wachen vor dem Zelt stehen, doch müssen wir für alles gerüstet sein. Wolle du einem der Janitscharen zuflüstern, solcherart, daß es der Leibwache-Soldat nicht vernimmt, du habest dem Pascha Efendi eine wichtige Mitteilung zu machen, und lasse gleichzeitig dieses Goldstück in seine Hand gleiten. Dann berichte Mehmed Ali alles, was du mir soeben gesagt hast! Nein, warte

noch, es ist Weiteres auszuführen! Wir müssen bereit sein, unmittelbar nachdem der Sultan abgeritten ist, diesen Platz zu verlassen, denn sonst sind wir alle des Todes. Begib dich, ich bitte dich, in den Han, wo sich die Katublar befinden, und sammle sie alle zusammen mit den Maultiertreibern an einem sicheren Platz, wo sie von niemandem entdeckt werden können. Zudem gehe den Hussein suchen, jenen Mahonenführer, der mich herbrachte! Es fällt mir ein, die Mahone wird der beste Platz für die Katublar sein — dort vermutet sie niemand. Wie denkst du darüber, Mehmed Agah?«
Mehmed sann ein wenig nach, bemerkte dann: »Aber die Zöllner, Herr, die für den Wasserweg?« Der Bergfürst lächelte, sagte: »Bakschisch, und zwar hoher. Sprich mit Hussein! Noch gehe nicht. Du mußt auch für Pferde sorgen, Mehmed Agah. Diese können nicht in der Mahone warten. Wie ich weiß, ist der Hüter des inneren Tores, dieser Abdullah, dem Prinzen sehr ergeben — sage ihm, es ginge um dessen Sicherheit, und er wird helfen —, auch ihm Bakschisch dafür! Wir müssen, wie ich schon sagte, fort sein, kaum daß der Sultan abritt, und ich höre, Boten aus Hongaristan kommen stündlich. Worauf wartest du, Mehmed Agah?« Etwas verlegen bemerkte der Reitersmann: »Aber die Herrin Nurhial? Wie kommt sie weiter? Wir können keine Sänfte mit uns führen!« Der Bergfürst lächelte, sagte heiter: »Meine Tochter kann reiten, lernte es schon mit zehn Jahren und ist ein guter Anblick zu Pferde. Es war für sie ein Opfer, sich in einer Sänfte tragen zu lassen. Du mußt ein Pferd für sie kaufen, Mehmed Agah, ein frisches und junges Tier. Die alte Mirhalla muß für ihren Katub einen Frauensattel haben — kaufe auch diesen, Freund! Die Tiere gehen diesesmal ohne Lasten und können darum laufen. Die kleine Hirtin wird ein Tier mit ihrem Bruder teilen, und Hassan soll eines allein reiten. Die Maultiertreiber reiten auch, so kommen wir schnell vorwärts. Hoffen wir nur, daß der Sultan die Nacht zum Aufbruch wählt,

dann sind auch wir sicher. Ich denke nicht, daß es hier länger als noch zwei Tage währen wird. Gehe nun, Agadjim, und bedenke wohl, unsere Leben liegen in deiner Hand — Allaha ismagladyk!« Mehmed grüßte tief, fühlte sich geehrt und gewürdigt und war beglückt, hinfort diesem starken und freigebigen, ruhigen Manne zu dienen, denn es stand für ihn fest, daß auch er droben am Gandhar Dagh leben würde, befreit von Verrat und Hinterlist.

Dem Hirtenfürsten aber oblag es nun, Ali alles über seine Pläne mitzuteilen, und er scheute ein wenig vor dieser Aufgabe zurück. Doch erfüllte ihn die Ruhe, mit der der Prinz seine Mitteilung aufnahm, mit großem Staunen. Ali sagte nur: »Ich verstehe vollkommen, Herr, füge mich allen deinen Anordnungen und bin jederzeit zum Aufbruch bereit, denn ich ersticke hier, wolle es mir glauben!« Beinahe hätte der Bergfürst ein erfreutes »Maschallah« gerufen, aber er besann sich noch rechtzeitig, daß diese Äußerung der Zufriedenheit nicht sehr zartfühlend sein würde, und bat den Prinzen nur, so frühzeitig wie möglich in Erfahrung zu bringen, wann der Aufbruch des Sultans bevorstehe. Suleiman hätte seinem Liebling gerne verschwiegen, daß er zufolge der dringenden Botschaften aus Hongaristan gezwungen sei, am Abend des zweiten Tages schon aufzubrechen, aber die dahin gehenden Fragen des Prinzen mit einer Lüge zu beantworten, war ihm unmöglich. Es setzte ihn jedoch in Erstaunen, wie ruhig sein Sohn diese Mitteilung aufnahm, und daß er nur bat: »Wolle, o mein geliebter Vater und Herr, ein Iradeh herausgeben, daß ich als dein Statthalter für Anadolu bestimmt bin, auf daß mir während deiner Abwesenheit niemand den Besitz streitig machen kann, an dem mein Herz hängt. Willst du es tun, mein Vater?«

Der Sultan strich über seines Sohnes Locken, da Ali auf einem Sitzpolster neben ihm hockte und so gut zu erreichen war für des Vaters Hand, und sagte tief bewegt: »Alles, woran dein

Herz hängt, sollst du haben, Licht meiner Tage! Wie du die Hirtin als Gemahlin erhieltest, so sei auch das Hirtenland dein Herrschgebiet. Ich stelle das Iradeh sogleich aus, das deinen Bruder Machmud, nicht aber den verräterischen Großvezier, zu meinem Stellvertreter hier an dieser Stelle macht und dich zum Beherrscher von Anadolu – höre es selbst, mein geliebtes Kind, mit an!« Der Sultan klatschte in die Hände, befahl dem eintretenden Diener: »Schicke einen Schreiber her, einen für Diwanieh, beeile dich!« Der Mann ging, und schweigend warteten Vater und Sohn, der Sultan den Wortlaut überdenkend, der Sohn mit einem Gefühl der Trauer, das ihn jetzt niemals mehr verließ, er wußte nicht, warum. Der Schreiber, ein älterer Mann, kam sehr bald und brachte das übliche Schreibgerät mit, jenes ganz niedrige Tischlein oder Schränkchen, das alles Nötige enthielt, hockte sich auf ein Sitzpolster, hielt das schwere gelbliche Papier in der Linken, den Kalem in der Rechten, und blickte erwartungsvoll zum Sultan hin. Alle Schreiber des Landes verehrten Suleiman den Prächtigen als Beschützer der edlen Schreibkunst, denn er besaß die größte Sammlung vollendet schöner und kunstvoller Schriften islamischer hoher Schreibfähigkeit, und so konnte er auch einen Schreiber zu sich befehlen, der es verstand, aus freier Hand die schwierige Diwanieh zu schreiben, jene Schriftart, welche nur für hochwichtige Staatsschriften und die vollendete Pracht goldgeschmückter edler Schriften verwendet wurde.

Der Sultan sagte aus tiefem Sinnen heraus: »Ich, Suleiman ibn Selim, Sultan und Khalif, Beherrscher von Missir, Mezopotamya, Syria, Bagdad, Basra, Hongaristan, Afrika/simalli, bestimme über mein Land am Marmara denissi, während ich nach Hongaristan gerufen wurde, daß über mein solches Land der Scheichzadeh Machmud die Herrschaft führe in der Zeit meiner Abwesenheit. Für meinen Sohn Ali aber bestimme ich, daß er an meiner Stelle herrsche, gebiete und allein bestimme über das Land Anadolu, als ein selbständiger Sultan und Befehlender. Ich setze unter dieses Iradeh meinen Namen mit eigener Hand in voller Kraft meiner Männlichkeit und meines Geistes und sage meinen Söhnen — Allaha ismagladyk.«

Der Schreiber, der nicht ein einziges Mal aufgeschaut hatte, obwohl ihn der Inhalt des Geschriebenen in Erstaunen setzte, entfernte sich jetzt, tief grüßend, Ali aber, mit seiner inneren Traurigkeit zuhörend, unter der düsteren Wolke, die er immer verspürte, merkte mit Schrecken, daß der Sultan ihn zu einem selbständigen Herrscher eingesetzt hatte, ohne auch nur einmal die Worte zu gebrauchen: »Bis zu meiner Rückkehr.« Es litt ihn nun nicht mehr, er faßte des Vaters Hand, führte sie an Stirn und Lippen, fragte leise: »Der Bergfürst sagte mir, du habest nur für die Zeit deiner Abwesenheit mir den Versuch erlaubt — und jetzt setzest du mich als einen Sultan des eigenen Reiches ein. Warum, o Herr und Vater?« Suleiman strich wieder über des Sohnes lockiges Haar, sagte ganz hauchleise: »Weiß man jemals, was das Kismet bestimmt? Und sie sollen dir nichts nehmen, Kind meines Herzens, nichts, das ich dir zu sichern vermag!« Es klang in diesen Worten Bitternis und Sorge, so daß Ali spürte, auch der Sultan war sich bewußt, daß rings um ihn nur Verrat lebte. Ein tiefes Mitleid mit dem Vater packte ihn, und er tat etwas, das er als Knabe oft geübt, doch nicht mehr, seit er ein Mann wurde: er legte seinen Kopf an des Vaters Brust und fühlte, wie ihn dessen Arme ebenso innig umschlossen, wie es immer zum Trost irgendeines kindlichen Kummers geschehen war. Ihm kamen die Tränen, er wußte nicht warum, denn wir kennen die Abschiede unseres Lebens nicht, ahnen sie aber doch wohl.

Das Erinnern an dieses innige Umschlingen, an die warme Gemeinschaft im Ruhen an des Vaters Brust, sollte dem Prinzen Ali manche Stunde der Zukunft versüßen und ganz zurückgeben, was er schon verloren geglaubt hatte: die Einheit zwischen Vater und Sohn, das tiefe Verstehen auch, das jenseits der Vernunft ist und nichts mit Verschiedenheit der Anschauungen zu tun hat — eben Liebe ist, nur Liebe. Es war, als rinne Frieden in beider Herzen aus dieser Umschlingung, und sie glaubten zu wissen, daß nichts sie trennen könne, weder das Leben noch jenes andere Leben, das sich »Tod« nennt. Bereket!

Alles traf genauso zu, wie es der Bergfürst vorausgesehen hatte, nur mit dem einen Unterschied, daß Mehmed Ali Pascha, der Janitschar, unmittelbar nachdem Mehmed Agah bei ihm gewesen war, im Zelt erschien. Er befand sich in großer Erregung und wollte genau wissen, ob der zu ihm gekommene Mann verläßlich sei oder nur ein Unruhestifter, und als er alles Nähere über den früheren Reitlehrer des Prinzen Ali erfahren hatte, meinte er, dann bleibe ihm wohl nichts anderes übrig, als sie zu bitten, ihn mit sich nach Anadolu zu nehmen. Der Bergfürst schüttelte den Kopf, sagte ruhig: »Welchen Wert hätte das, Pascha Efendi? Du mußt wissen, daß der Padischah ein Iradeh erlassen hat, nach welchem der Prinz Ali Beherrscher von Anadolu werden wird. Kämest du allein mit uns, so würde es heißen, wir hätten dich entführt. Wenn du aber deine Leute geheim und einzeln befragen ließest, ob sie lieber unter dir oder unter dem Araber und dem Großvezier dienen wollen, und du kämst dann mit denen, die dich wählen, zu uns — dann, Pascha Efendi, hätte der Prinz Ali seine Soldaten und du eine ehrenhafte Tätigkeit. Was hältst du davon, Mehmed Ali Pascha? Du als Günstling des Sultans Suleiman, der dich hoch ehrte, hättest hier ohnehin nur Böses zu erwarten!«

Der Janitschar brachte nur mühsam die Höflichkeit auf, zuzuhören, bis der Bergfürst ausgesprochen hatte, rief noch im Hinausstürmen: »Zurück in die Heimat der Berge, yah Maschallah!« und war schon davon. Mit einem der Wache haltenden Janitscharen hörte der Bergfürst ihn noch flüstern, vernahm eilige Schritte und dann nichts mehr. Er rief sogleich nach Ali und teilte ihm mit, was er getan hatte, und so steigerte sich noch die Erregung der Wartenden, denn dieses war der Abend, an welchem der Sultan, umgeben von Fackelträgern, sein Serail verlassen würde. Auch im Feindeslager herrschte größte Aufregung, und dem Araber wurde wieder und wieder eingeschärft, was er für das erhaltene Geld zu tun habe: »Da ist das Zelt, welches in den Gärten des Serails steht, du gehst hinein, tötest diesen Ali, kannst auch das Hirtenmädchen und deren Vater erledigen, wenn du so willst. Was ist's, was hast du zu sagen?« Der Mann, der im Grunde ein Feigling war wie alle, die für Geld zu morden bereit sind, brachte mühsam hervor, das Zelt sei bewacht, worauf ihm der ungeduldige Vezier erwiderte, das sei ihm bekannt, doch bestehe die Hälfte der Wachenden aus seiner Truppe, und der habe er nur zu befehlen, und sie würde verschwinden. Abderrachman wagte nicht zu sagen, der Gehorsam ihm gegenüber sei nicht unbedingt, bekam noch zu hören, daß er sich das Geld am Abend abholen könne, wenn alles erledigt sei, und ging seiner Wege.

Mehmed Agah hatte indessen alles, was ihm aufgetragen worden war, auf das Genaueste erledigt. Hussein, der Mahonenführer, hatte die Katublar an Bord, die Zöllner waren blind und taub geworden, der Pförtner Abdullah hütete die Pferde, hatte ihnen Lappen an die Hufe gebunden und achtete darauf, daß keines etwa wiehere, denn daß dem geliebten Prinzen Ali Leids geschehe, das durfte nicht sein! Die einzige, aber bedeutsame Schwierigkeit bestand darin, daß Ali auf des Sultans Wunsch unbedingt dabeisein sollte, wenn er abreite, und zwar so, daß Suleiman ihn noch sehen konnte, bis der Weg in einen Bogen auslief. Da hatte Nurya einen klugen Gedanken: »Wie wäre es, wenn ich Mirhalla einen zartfarbenen Feradjeh umlegte und sie, gleichsam als wäre sie die Botin einer ungeduldig Liebenden, Ali zum Laufen veranlaßte, so daß er auf unverdächtige Art schnell bei uns sein würde?« Aber Mirhalla wehrte sich gegen solches Tun, und es war Ali, der vorschlug, für dieses schwierige Amt Zekieh zu nehmen, die schnell im Laufen sei und, wenn sie ein schleppendes Gewand trüge, wohl auch größer wirke. Zudem könne man dann durch das Zelt hindurchlaufen und finde sich danach wieder zusammen. So geschah es auch, doch erschrekkend wurde es, als Ali, Zekieh mit sich reißend, weiterlief, denn ihm waren zuletzt noch seine Falken eingefallen, die er zu befreien versprach. Zum Käfig hin — aufreißen — die Vögel scheuchen, und schon waren die zwei Leichtfüßigen heran, stürmten zu den Pferden hin, wo sie angstvoll erwartet wurden. Eines von den zahlreichen Goldstücken des Bergfürsten glitt in des Torhüters Hand, aber mehr wert war es Abdullah, daß der Prinz Ali ihn umarmte und ihm seinen Dank zuflüsterte, wobei er leise fragte: »Wo finden wir die Janitscharen?« Ebenso kam die Antwort: »Sie warten am äußeren Tore und werden so tun, als wollten sie Euch fangen, um allen Argwohn zu zerstreuen. Mehmed Ali ließ mir sagen, es sei mehr als die Hälfte seiner Truppe.« Der Prinz Ali gab diese wichtige Nachricht weiter, und der Bergfürst riet, darauf einzugehen und eine Flucht zu spielen.

Auf diese Art kamen sie alle, rufend und mit wilden Gebärden das Geschrei verstärkend, in rasender Hast zum Landeplatz der Mahone, in welcher die Katublar in höchste Verwirrung gerieten durch das Heranstürmen der Pferde. Doch hatte Hussein, nachdem er von Mehmed erfahren hatte, worum es ging, noch eine zweite Mahone, einem Arkardasch gehörig, bereitgestellt, und so gelang die schwierige Verladung von Mensch und Tier ohne Zwischenfall, wobei die Janitscharen weiterhin Verfolger spielten. Als sie eben abstoßen wollten, wurde noch ein einzelner Mann sichtbar, der wild bittende Gebärden machte. Der scharfe Blick des Berg-

fürsten erkannte Machmud Bey, den Befehlshaber der Leibwache, und er riß ihn, der einen Sprung wagte, zu sich herein. Atemlos brachte der erregte Mann hervor: »Sie beginnen schon rechts und links zu töten — die Janitscharen, die zurückblieben, haben meine Leute umgebracht, und ihre Wut, daß sie den Prinzen Ali nicht bekamen, lassen sie an den anderen aus. Einer deiner Brüder starb auch, Herr, doch weiß ich nicht, welcher Scheichzadeh! Gebe uns nun Allah guten Segelwind, daß wir Üsküder erreichen, ehe sie von uns wissen!«
Und Allah hörte das Flehen dieses geängstigten Herzens, tat es so gnädig, daß sich die Mahonen tief zur Seite neigten nach dem Segeldruck und die Tiere aufgeregt mit den Menschen durcheinanderpolterten. Aber sie waren dann bald drüben in Sicherheit, und das Ausladen konnte in Ruhe vor sich gehen, wenn man das schreckliche Elend der armen alten Mirhalla nicht als ruhestörend betrachten wollte. Sie wehrte sich auch mit allen ihr verbliebenen Kräften, auf den schönen neuen Frauensattel des ihr bestimmten Katub gesetzt zu werden. Aber was half es ihr gegen die männliche Übermacht?
Und dann ging es durch die Nacht dahin, der steinige Weg mühselig beleuchtet von den Kienfackeln der Maultiertreiber, und Ali mußte an diesen anderen Zug denken, den, darin sein Vater ritt, auch er von Fackelträgern umgeben — doch wie anders, wie ganz anders! Wüßte er es, daß sein Sohn ein Flüchtling hatte werden müssen, welche Verzweiflung würde das müde alte Herz zerreißen! Wie gnädig ist Allah, der die Schleier des Schweigens zwischen Herz und Herzen legt — Bereket!
Mit jedem Atemzuge Bergluft, den Ali tat, wurde ihm wohler zumute, wie einem anderen auch: dem Janitscharen Mehmed Ali! Je näher sie dem Gandhar Dagh kamen — und der Bergfürst bestand darauf, daß sie ohne Aufenthalt weiterzögen, da sie im Sattel schlafen konnten —, desto freier fühlte sich

der Anatolier und begriff immer weniger, wie er es ertragen hatte, in der Luft der Lüge und des Verrates so lange zu leben. Es sank alles von ihm ab wie ein beschmutztes Gewand, und er wußte, er werde nun wieder ein rechter Sohn der Berge werden können, dessen Wort in Wahrheit galt.

Sie waren vier Tage und Nächte unterwegs, und zuletzt wurde Hassan vorausgeschickt, um ihr Kommen im Lager anzukünden. Er setzte sogleich seine kleine Hirtenflöte an die Lippen, und im Dämmern des vierten Morgens hörten sie das frohe Lied verklingen, folgten aber in Gedanken den Klängen und wußten, wo sich der kleine Bote des Kismet nun befand, da ihnen Weg und Steg bekannt waren wie die Linien ihrer Hand. Und nun noch das letzte Stück hinauf — müde, so müde Mensch und Tier, aber jetzt konnte man sich auch Zeit lassen, bis hierher würde ihnen niemand folgen, dessen konnten sie gewiß sein.

Aller Gesichter erheiterten sich, nur einer blickte finster drein, wie er es die ganze Zeit über getan hatte: Selim, Alis Diener. Er mochte die Berge nicht, er mochte auch die Herrin nicht, er mochte das Zeltleben nicht —, aber den Prinzen Ali verlassen, das brachte er auch nicht fertig! Nurya hatte ihn schon oftmals betrachtet, wie er so finster daherkam, und sie ritt nahe zu ihm heran, der nicht anders konnte, als ihre Ausdauer zu Pferde bewundern, legte die Hand ganz leicht auf seines Pferdes Hals und sagte leise: »Selim, ich möchte dich um etwas bitten, das du mir sicher gewähren wirst, obgleich du mich nicht ausstehen kannst. Ich bitte dich, bereite dem Herrn keinen Kummer mehr!« Der Mann starrte sie verblüfft an, stammelte: »Ich — dem Herrn Kummer bereiten? Ich weiß nicht, wovon du sprichst!« Es war eine ungezogene und ungehörige Antwort, aber Nurya war darauf gefaßt gewesen und tat, als habe sie kaum etwas gehört, sagte ruhig: »Gewiß bereitest du ihm Kummer, denn er hat dich sehr gern, und du bist ihm unentbehrlich, aber er merkt, daß du seiner Gemahlin nicht wohlwillst, obgleich sie dir niemals etwas antat. Oder tat ich dir etwas, Selim?« Er war so verwirrt durch diese klare und gerade Art, daß er nur stumm den Kopf schütteln konnte. Nurya fuhr fort zu sprechen, tat es heiter und in Freundschaft, sagte: »Sieh einmal, Selim, wir zwei, du und ich, sind es doch, die ihn am meisten lieb haben — du auf deine Art des treuen Dieners, ich auf meine der treuen Frau —, sollten wir da nicht Freunde sein und versuchen, ihm alles leicht zu machen, da er es in vielem hier oben schwer haben wird? Was meinst du, Selim, kannst du nicht helfen, ihm Freude zu bereiten, anstatt daß er immer wieder fragen muß: ›Was hat nur Selim? Glaubst du, er ist krank? Er macht mir Kummer!‹«

Des Mannes Augen füllten sich, ihm unbewußt, mit Tränen, und er fragte mit unsicherer Stimme: »Er sagt, ich mache ihm Kummer? Mein Herr sagt das von mir? Aman, aman, wie konnte ich nur? Und du, Herrin, was gabst du ihm zur Antwort — ich beschwöre dich, sprich!« Nurya lächelte, sagte halblaut: »Ich habe ihm gesagt, du hättest vielleicht im Tal eine liebende Mutter, von der die Trennung dir schwer würde, deiner Treue zu meinem Gemahl wegen, und es werde schon mit der Zeit vergehen.« Selim glitt mit einer schnellen und geschmeidigen Bewegung vom Pferde, stand neben Nurya, beugte sich herab und küßte ihren Fuß im Steigbügel, murmelte: »Und ich Elender habe diese edle Herrin mißachtet! Nicht wert bin ich, daß mich die gleiche Sonne bescheint, nicht wert!« Nurya neigte sich ein wenig zu Selim herab, sagte leise: »Ich bitte dich, lasse das! Ich liebe dergleichen nicht, und du hast, so nehme ich an, noch keine Hirten gekannt, hast nicht gewußt, daß sie dazu da sind, zu helfen und zu retten, ganz gleich, wer sich verirrte, ob Mensch, ob Tier. Und von jetzt an sind wir zu zweit, die versuchen, ihn glücklich zu machen, den wunderbaren Prinzen, den wir beide lieben — ist es nicht so, Selim, Arkardasch?«

Ein strahlendes Gesicht hob sich zu Nurya, und eine tief bewegte Stimme sagte: »So ist es, Herrin Nurhial, meine Sultana, und auch du gewannst einen Diener, dir bis zum Sterben getreu!« Nurya beugte sich herab, sagte leise: »Ich nehme es an und grüße dich, Selim, der du der unsere bist.« Dabei berührte sie mit dem Knauf ihres Reitstockes des Dieners Schulter ganz leicht, und der Bund war geschlossen. Sie ritt zu den anderen hin, aber Selim stand noch eine Weile und sah ihr nach, beschloß auch bei sich, diese Hirtenleute kennenzulernen, von denen sie gesagt hatte, daß sie zum Erretten bestimmt seien, und vergaß völlig, daß jetzt Arbeit zu leisten sei, bis ihn eine helle Knabenstimme daran erinnerte. Es war die Stimme Hassans, der alle zusammenrief, damit sie hülfen, das Stallzelt neu zu errichten, das inzwischen abgerissen worden war, niemand wußte warum, und das nun vergrößert errichtet werden mußte für die Pferde der Janitscharen und die braven Maulesel, damit die Tiere vor der Nacht ihr Futter und ihren Ruheplatz hätten. Mehmed war schon eifrig bei der Arbeit, und Mehmed Ali Pascha half ihm freudig, hatte auch bereits von seinen Leuten mehrere abgeordnet als Helfer. Selim erklärte, erst seinem Herrn behilflich sein zu müssen, worauf ein Mann, der gerade ein Heubündel schleppte, ihm lachend sagte, sein Herr könne ihn jetzt gar nicht brauchen. Eben wollte Selim zornig auf diese Anmaßung Antwort geben, als er den Prinzen Ali unter dem Heustoß erkannte und auf das Angebot der Hilfe heiter abgewiesen wurde mit dem Bemerken, es sei noch viel anderes zu tun, er solle sich nur umschauen. Das tat denn Selim auch und befand sich alsbald mitten im Gewühl fröhlichster Tätigkeit.

Es dauerte danach einen ganzen Tag, bis sich alle von der schweren Anstrengung des Rittes erholt hatten, und das Lager blieb still, wie verwunschen. Der Bergfürst wollte, daß alle erfrischt seien für das, was die Zukunft bringen könnte,

denn er war überzeugt davon, daß die Verräter und Mörder, denen sie entkommen waren, sich nicht zufriedengeben würden, ehe auch sie vernichtet wären. Noch einer teilte diese Ansicht, und das war Mehmed Ali Pascha. Der Bergfürst suchte am dritten Ruhetage des Lagers den Mann, den er schätzen gelernt hatte und mit dem er einiges Wichtige zu besprechen gedachte, und erfuhr von Hassan, der immer alles zu wissen schien, daß der Pascha sich auf dem Quellengrund befinde. Erstaunt über die Wahl dieses Aufenthaltsortes, der inzwischen allen Reiz verloren hatte, da schon begonnen worden war, auszuschachten für das Serail des Prinzen Ali, begab sich der Bergfürst hinunter und hätte beinahe einen Ruf des Schreckens ausgestoßen, denn am äußersten steilen Berghang stand der Gesuchte. Gerade eben noch besann sich der Hirtenfürst, daß man niemals jemanden anrufen dürfe, der sich an einem gefährlichen Punkt in den Bergen befand, da ein solcher beim plötzlichen Umblicken leicht einen Fehltritt tun konnte, als Mehmed Ali sich ruhig umwandte und auf den Bergfürsten zukam, den er freudig begrüßte.
»Ich freue mich, daß du hierher kamst, Herr, und du kannst alle Sorge um mich beiseite lassen, denn schon begann ich meine Bergfüße wiederzufinden und tue es täglich mehr. Warum ich hierher kam? Weil ich glaube, daß jene dort unten im Serail sich nicht zufriedengeben werden, ehe wir hier oben nicht vernichtet wurden, und ich wollte mir deshalb den besten Platz für die Verteidigung aussuchen. Ich habe ihn gefunden, und hier schon bereitgelegt sind auch die Geschosse!« Wie schnell der Bergfürst sonst zu verstehen vermochte, hier begriff er nichts und blickte verständnislos auf die Steinbrocken, die bereits ausgeschachtet worden waren und ihnen zu Füßen lagen. Etwas hilflos um sich schauend, fragte der Hirtenfürst: »Ich verstehe nicht, Pascha Efendi, wolle mir, ich bitte dich, behilflich sein.« Mehmed Ali hatte es inzwischen gelernt zu lächeln, und was noch vor einigen

Tagen als eine gräßliche Gesichtsverzerrung gewirkt hatte, war nun bereits als Lächeln zu erkennen. Er fragte freundlich: »Sage mir, Herr, dieser Weg, den wir von hier aus sehen, ist er der einzige, der zu uns heraufführt?« Immer noch verständnislos gab der Hirtenfürst zur Antwort: »Der einzige, du sagst es.« Mehmed Ali nickte zufrieden, sagte fast lachend: »Nun also, dann ist alles gut. Und das einzige, was wir zu tun haben, ist, eine Bahn aus Holz zu bauen, die Steinklötze daraufzulegen, ihnen einen Stoß zu versetzen und dann abzuwarten, welchen Schaden sie anrichten — ich meine, Nutzen für uns. Es wird für die dort unten unmöglich sein, zu uns heraufzugelangen, oder irre ich, könnten sie uns umgehen?«

Der Bergfürst dachte an die Schwierigkeiten, die damals der Prinz Ali gehabt hatte, um mit den Gefährten und den Pferden hier heraufzukommen, und er sagte überlegend, nun ganz erfassend, was Mehmed Ali meinte: »Es würde eine kleine Mühe sein, durch meine Leute jeden anderen Weg so zerstören zu lassen, daß wir hier oben ganz unzugänglich wären und denen, die zu uns wollten, kein anderer Zugang bliebe als dieser dort, den wir überblicken. Das ist ein ausgezeichneter Gedanke von dir, Pascha Efendi, und wir sind glücklich zu schätzen, einen solchen Soldaten auf unserer Seite zu haben! Ich schicke dir meine Leute für den Gleitboden und du gibst ihnen die nötigen Befehle. Ich aber gehe die Zerstörung der Wege anzuordnen, und so können wir in aller Ruhe abwarten, bis meine Späher mir Weisung geben, daß Feinde anrücken. Bis ich dich bei der Abendmahlzeit sehe, Pascha Efendi!« sagte der Bergfürst und wollte sich grüßend entfernen. Da hielt ihn Mehmed Ali an einem Gewandzipfel zurück, fragte wißbegierig: »Du sprichst von deinen Spähern, Herr. Wie aber erhältst du von ihnen Nachricht über das Anrücken feindlicher Kräfte?« Der Bergfürst gab lächelnd zur Antwort: »Durch Feuer, Herr, und sie werfen

Farbstoffe, mit denen für gewöhnlich die Wollsträhnen für die Teppiche gefärbt werden, Kräuterfarben, verstehst du, Herr, in die Flammen. Blau bedeutet, sie kommen von Norden her, rot von Süden, grün von Westen und Mischfarbe von Osten. Ich eile, Herr, und schicke dir die Männer.« Schnellflüßig war er fort, ihm folgte ein bewundernder Blick des Soldaten droben auf dem Quellengrund. Mehmed Ali fand, es sei eine Freude, mit diesem Hirtenfürsten zu arbeiten, und da der Bergfürst das gleiche vom Pascha dachte, war es unvermeidlich, daß die beiden Männer Freunde wurden, was sich auch in der Folge ergab.

Indessen ergoß sich des Großveziers Zorn und Enttäuschung einem Sturzbach gleich über des Arabers Haupt, und dieser Beklagenswerte wagte nicht mehr aufzublicken, kam sich wie ein Sklave vor, der er ja auch durch seine mörderischen Machtgelüste war. Der Großvezier seinerseits kam durch seine Ungeduld an den Rand des Wahnsinns, und die Strafe, die ihn nun wiederum hart traf, war die, daß sein angebeteter Sohn Hassan sich vor ihm zu fürchten begann und sich unter seine weichen Flaumdecken verkroch, wenn der Vater den Raum betrat. Das war eine wirkliche Strafe für den Verräter, den Suleiman einen »Sohn des Sheitan« genannt hatte und dem jetzt der Sold des Verrates ausbezahlt wurde in qualvollster Art.

Was aber war unterdessen mit dem Sultan selbst geschehen? Er war in Hongaristan an jenem Platz angelangt, der ihm als Herd der Unruhen bezeichnet worden war, Sigeth, in einem Sumpfgebiet gelegen. Von dem tagelangen Ritt tödlich erschöpft, so sehr, daß ihm auch die Nächte keine Ruhe brachten, befand sich der Sultan trotz aller Sorgfalt, die ihn umgab, am Ende seiner Fähigkeiten des Ertragens, als das Lager in Sigeth erreicht wurde. Ratlos standen die gelehrten Hekimlar diesem plötzlichen Verfall der Kräfte des alten Mannes gegenüber, und heimlich mehrten sich die Stimmen, die von

Gift flüsterten. Sie versuchten zwar alle bisher bewährten Mittel, aber es war umsonst. Gegen Abend des dritten Tages seiner Erkrankung hauchte der Sultan mit einem strahlenden Lächeln: »Ali, Licht meiner Tage, wie schön, daß du zu mir kamst . . .«, neigte das Haupt zur Seite und verschied. Tief bewegt blickte sein eigenster Arzt auf dieses Jugendlächeln, und wie der Tod es fast immer vermag, gab er auch hier dem, den er schützend im Arme hielt, alle Pracht junger Männlichkeit wieder. Der Hekim ging hinaus zu seinen Kollegen, rief sie alle herbei, sagte andächtig: »Seht euch dieses Antlitz an! Wagt es noch einer, von den Schrecken des Todes zu sprechen? Unser erhabener Sultan sprach noch soeben mit dem Prinzen Ali, dann nahm ihn Allah in seine gnädige Obhut. Er lebt weiter, nur uns unerreichbar — Bereket.«
Zur gleichen Zeit aber, als Suleiman zu seinem Sohne sprach, griff sich Ali, viele, viele Meilen weit entfernt, ans Herz, schrie: »Vater! Aman, Vater, geh nicht fort!« Weinend, von einem schrecklichen Schluchzen geschüttelt, versteckte er sich in den Gewandfalten Nuryas, und dieses durch die Liebe weise gewordene junge Wesen fragte nicht, erschrak nicht, wiegte ihn nur sanft in ihren Armen hin und hier, so wie sie wohl einst seinen Sohn wiegen würde, der aus einem Traume erschreckt hochführe. Ali hob das junge schmerzzerrissene Gesicht zu ihr auf, sagte — nein, hauchte ihr die kaum verständlichen Worte zu: »Nurya, Geliebte, der Vater starb, mein geliebter Vater ist tot, ich weiß es so sicher, wie ich dich hier umfange, du gesegneter Trost in allem Schmerz!« Aber Nurya, immer an das Lebenswirkliche denkend — denn wenn ein Jungtier klagt, gilt es, die Dornensträuche zu finden, die es festhalten —, erhob sich vom Lager, flüsterte: »Ich bin gleich wieder zurück«, und eilte fliegenden Fußes zu ihrem Vater, den sie aus dem ersten Schlummer wecken ließ, rief dem Erschrockenen zu: »Herr und Vater, mein Gemahl hat

ein Gesicht gehabt, das ihm den Vater gestorben zeigt. Kannst du Boten aussenden, die herausfinden, ob dem so ist?«

Der Bergfürst, gewohnt an Seltsamkeiten aller Art, wie es die sind, die vertraut zusammenleben mit dem ewig unlösbaren Rätsel der Natur, zeigte sich nicht besonders erstaunt und begann sogleich, dem Wunsch seiner Tochter gemäß zu handeln. Zu diesem Zwecke war es ihm sehr willkommen, daß die Maultiertreiber in dieser späten Abendstunde aufzubrechen gedachten, um am Morgen schon ihre Tätigkeit wieder aufzunehmen, und er ließ sogleich den ältesten der Männer, der als ihr Anführer galt, zu sich rufen, gab ihm Auftrag, herauszufinden, ob ein Gerücht umlaufe, der Sultan Suleiman sei gestorben. Das war für die Lagergemeinschaft am Gandhar Dagh auch deshalb von besonderer Bedeutung, weil unmittelbar nach dem Abzug der Maultiere die Zerstörung der Straßen beginnen sollte.

Nun hatte es sich inzwischen begeben, daß einer der Soldaten der Leibwache, die vor dem Zelte des Prinzen Ali Wache gestanden hatten, ein Mann namens Ismet, als einziger der stolzen Truppe am Leben geblieben war. Dieser Soldat Suleimans hatte seinerzeit dem Bergfürsten behilflich sein dürfen bei der Aufstellung seiner anatolischen Schau und besaß noch den Hirtenmantel, den er als Geschenk erhielt, ebenso wie eines von des Bergfürsten Goldstücken. Es traf sich, daß er Bescheid wußte um den Mahonenführer Hussein, den er in seiner ungewohnten Vereinsamung im Bazar aufsuchte, wo dieser Treffliche seinen Kaweh zu nehmen pflegte. Von Hussein erfuhr Ismet, daß Machmud Bey mit jenen zugleich geflohen sei, die um den Bergfürsten und den Prinzen Ali waren, und so beschloß er, seinem Befehlshaber zu folgen, um doch noch einen der Kameraden wiederzufinden. Doch geschah es auch, daß er im Bazar, wo sich immer alles Wissen sammelt, vom Tode des Padischah hörte, und er glaubte nun, der rechte Bote zu sein, dieses Geschehen dem Prinzen

Ali zu vermelden. Hussein war bereit, den Ismet bei seiner nächsten Lastenfahrt nach Üsküder mitzunehmen, und so langte der Trauerbote an eben dem Tage auf der anderen Seite an, als die Maultiertreiber vom Gandhar Dagh herabgekommen waren und sich überall umhörten, ob jemand etwas wisse über des Sultans Verscheiden.
Die Umfrage vom Berg herab reichte bis zum Meer hin, denn Maultiertreiber haben überall ihre Freundschaften, und so erfuhr auch Ismet davon. Er hatte Glück und wurde von einem Katubdji ein Stück Wegs mitgenommen, stand dann aber vor einer unersteiglichen Höhe, die ihm völlig unzugänglich schien. Doch wollte der Mann so kurz vor dem Ziele nicht aufgeben und begann zu klettern, fort über allerlei Gestein und Geröll, eine Leistung, mit welcher er denen oben, die ihn längst bemerkt hatten, einen Dienst erwies, weil sie solcherart erkannten, wo die Festung der Verbesserung für ihre Unbesteigbarkeit bedürfe. Da sie jedoch sahen, daß der Kletterer einen ihrer Hirtenmäntel trug, riefen sie den Bergfürsten herbei, damit dessen scharfes Auge prüfe, ob er den Mann wohl kenne. Der Hirtenfürst aber konnte beim Verschieben des Mantels durch das Klettern einen Teil der Uniform entdecken und ließ nun Machmud Bey holen, der ihnen Auskunft über den Mann geben sollte. Doch Machmud tat etwas ganz anderes: Er stellte sich an einer zur Not noch gangbaren Stelle auf, legte die Hände an den Mund und schrie aus Leibeskräften: »Hoh, Ismet! Ismet — hoh!« Der Angerufene hob den Kopf und wäre dadurch beinahe hintenüber abgestürzt, erkannte dann aber seine Uniform, bemerkte die weisenden Gebärden und war bald oben, wo sich ihm viele Hände entgegenstreckten. Er aber sah nur einen: Machmud Bey, und kaum hatte er festen Boden unter den Füßen, als er niederkniete und heiser vor Erregung stammelte: »Herr, dein Diener kam zu dir zurück«, denn er war lange Zeit hindurch seines Vorgesetzten eigenster Bedienter gewesen, wes-

halb ihm so sehr daran lag, den Befehlshaber zu finden. Machmud Bey, der auch unter der Einsamkeit gelitten hatte, schloß Ismet in die Arme, und die zwei gingen abseits, damit Ismet dem Offizier alles berichten könne, davon er wußte.
Es dauerte nicht lange, so ließ sich Machmud Bey beim Bergfürsten melden und hatte so vielerlei zu berichten, daß der Bergfürst es für besser hielt, Mehmed Ali Pascha rufen zu lassen. Dann saßen die drei Männer zusammen und vergaßen ganz, den Prinzen Ali holen zu lassen, ihn, der nun durch den Tod des Padischah in Wahrheit, wie es das Iradeh befahl, Sultan von Anatolien geworden war. Es war Mehmed Ali, der daran dachte und sich erhob, um selbst den Prinzen zu holen. Der Bergfürst hatte ihm Mitteilung gemacht von dem Geschehen am Abend vorher, und sie standen ein Weilchen in ehrfürchtiger Stille dort, wie es das geheimnisreiche Geschehen verlangte, dann bat der Bergfürst den Pascha: »Erlaube mir, Pascha Efendi, den Erhabenen zu holen, denn er wird wie immer bei seiner Gemahlin sein, und so würdest du nicht bis zu ihm gelangen. Ich kehre sogleich mit ihm zurück!«
Die zwei Männer, die bisher so etwas wie Rivalen gewesen waren, Befehlender der Leibwache der eine, der Janitscharen der andere, sahen sich halb lächelnd an, und der Pascha sagte heiter: »Machmud Bey, der du, wie ich weiß, ein ausgezeichneter Soldat bist —, würdest du mir die Ehre erweisen, hier mit mir zusammenzuarbeiten, da wir die einzigen richtigen Soldaten auf dem Gandhar Dagh sind und es viel Arbeit für uns geben wird?« Der jüngere Offizier erhob sich, grüßte nach Vorschrift, fragte halblaut, wie es die Ehrfurcht erfordert: »Dürfte ich den hohen Vorzug genießen, dein Jawer zu sein, Pascha Efendi?« Mehmed Ali sprang auf, schloß den Jüngeren in die Arme, rief einmal über das andere: »Aferim, Aferim — das ist ein gutes Wort, mein Sohn, und so erst kann man richtig zusammen arbeiten, wie es sich für Soldaten geziemt! Und jetzt, Jawerim, jetzt kommt der Prinz, den wir

bestimmt sind, zum Sultan von Anatolien zu machen — eine Aufgabe, für die es wert ist, Soldat zu sein. Denkst du nicht so, mein Sohn?« Der junge Machmud stimmte zu und sah glücklich aus, dachte auch bei sich, welche Torheiten doch von Neidern herumerzählt wurden, die immer behauptet hatten, dieser Janitschar Mehmed Ali sei das Schlimmste vom Schlimmen — und nun zeigte sich nur ein Soldat, der zu arbeiten begehrte und zu seinem Jawer »Mein Sohn« sagte! Maschallah, hier würde es sich leben lassen, zumal nun der vertraute Ismet heraufgekommen war! Aber aufgepaßt — der Prinz kam!

Beide Männer standen in tiefer Verneigung vor dem jungen bleichen Menschen, dem der Kummer aus den Augen dunkelte. Dann trat Mehmed Ali einen Schritt vor und ließ sich auf ein Knie nieder, Machmud folgte dem Beispiel des Vorgesetzten und tat ein gleiches. Der Pascha sagte murmelnd: »Erhabener Herr und Sultan von Anadolu, siehe hier vor dir deine Diener Mehmed Ali und seinen Jawer Machmud, die bereit sind, für dich dein Reich zu erkämpfen nach dem Willen des Sultans, deines großen Vaters, der dort, wo er sich befindet, den Segen Allahs auf dein von ihm geliebtes Haupt herabfleht. Wolle, o Sultan, deinen Dienern befehlen!«

Aber der Prinz Ali war noch nicht fähig, dies alles zu erfassen, die Wunde war ihm eben erst geschlagen worden, und ihr Schmerz war nahezu unerträglich. Er wandte sich hilfesuchend zum Bergfürsten um, legte den Kopf auf dessen Schulter und ließ sich von ihm halten und umschlingen, was Ali der Ältere nur allzu gerne tat. Da aber zeigte es sich, welch ein kluger Mann Machmud Bey war, denn er begann zu sprechen über das, was ihm Ismet als die letzten Nachrichten aus dem Bazar von Stambul soeben mitgeteilt hatte, tat es gewissermaßen vor sich hin redend. Mehmed Ali stand auf, sah seinen neuen Jawer erstaunt zuerst, dann verstehend und zuletzt billigend an. Machmud Bey sagte: »Wenn man bedenkt, daß der Großvezier, kaum erfuhr er, daß Suleimans Blick ihn nicht mehr treffen kann, schon das Morden begann! Der erste, der starb, war Abderrachman, jener Araber, von dem du, Pascha Efendi, weißt. Er ließ ihn von einem Diener erstechen, durch einen Vorhang hindurch, warf dem Diener dann Geld hin und trat ihn fort. Von meiner Truppe lebt nur einer noch, er, der soeben heraufkam zu uns, ein braver und tapferer Mann. Deine Truppe, Pascha Efendi, soweit sie zu dem Vezier überging, befindet sich im Gefängnis und wird erst herausgelassen, wenn sie gegen uns zieht. Damit sie aber guter Dinge bleiben, diese Janitscharen, läßt der Vezier ihnen jede Nacht Tänzerinnen schicken, die zu den Soldaten hineingeprügelt werden. So, erhabener Prinz und Sultan, sieht es gegenwärtig im Reiche deines großen Vaters aus!«

Ali hatte sich schon lange von der Schulter, die er weinend gesucht hatte, hochgerichtet und lauschte mit allen Sinnen der jungen starken Stimme dieses Mannes, der ein Soldat war. Aber auch Mehmed Ali war tief erregt, denn er war stolz auf seine Truppe gewesen, und nun wurde sie so verächtlich behandelt! Daß Abderrachman schmächlich starb, geschah dem Verräter recht — aber die Janitscharen! Der Prinz Ali packte plötzlich Machmud Bey am Arm, schüttelte ihn ein wenig, rief: »Das werde ich dir niemals vergessen, Machmud Bey, daß du mich angerufen hast — denn das Klagen ist Suleimans Sohn unwürdig, wenn ein Verräter in Suleimans Reich wütet! Ist es nun alles, Bey Efendi?« Machmud sah zu Boden, flüsterte: »Einer deiner Brüder, Herr, wurde auch getötet — nur weiß ich nicht, welcher. Vergib mir, Herr, daß ich ein Bote des Unglücks wurde!«

Der Prinz sagte ruhig und einfach: »Lasse es gut sein, Machmud Bey — einer mußte es sein, der es mich wissen ließ, besser du als ein anderer. Der Scheichzadeh, den sie töteten, wird der sein, dessen Namen auch du trägst, Machmud Bey, denn ihn bestimmte mein Vater zu seinem Statthalter. Es mag sein, daß mein Bruder Mehmed versucht, zu uns zu gelangen — halten wir Ausschau nach ihm! Und jetzt will ich versuchen, dem Vertrauen des großen Suleiman gemäß ein Sultan von Anadolu zu werden, so ihr, meine Freunde, mir helft, denn ich fühle mich der Aufgabe noch nicht gewachsen — Inschallah, aber gelingt es einmal späterhin, wenn ihr bei mir bleibt: du, Pascha Efendi, du, Herr und Vater, du, Machmud Bey — und eine noch, die mich niemals verlassen wird, der Bergfalke — Daghin Schahinissi!«

Dieses war das Gelöbnis des jungen Ali, Sohn des großen Suleiman, und damit nahm er Abschied von der Jugend, gab sich ganz dem Gedanken an die Aufgabe hin, die ihm von seinem Vater Suleiman zugeteilt worden war nach seinem eigenen Wunsch und Willen. Er verstand es, sich Freunde zu schaffen, dieser erste und letzte Sultan Anadolus, denn er war bescheiden und liebte über alles die Freiheit, die er auch den anderen ließ. Es ist für immer unvergessen, was droben am Gandhar Dagh geschah, es lebt weiter und wird niemals sterben. Ein jedes Kind Anadolus vermag zu berichten, wie die wenigen Männer droben standen am Quellengrund — ja, auch eine Frau dabei, die Sultana Nurhial, wie immer an der Seite ihres Gemahls, und wie sie lachend die großen Blöcke des weißen Gesteins hinabschleuderten auf die Feinde, bis jene Verräter zermalmt waren, unter ihnen als erster der schmähliche Großvezier, den solcherart — barmherzig — die Heimaterde wieder aufnahm.

Es bleibt die große Legende Anadolus, wird sie immer bleiben, wie droben am Gandhar Dagh ein Serail hochwuchs, darin der junge Sultan herrschte, jener Liebling Suleimans des Prächtigen, und wie er Anadolu zur Heimat der Freiheit machte. Es ist wahr, drunten im Schehir herrschte für den jungen Sultan Ali der mächtige Janitschar Mehmed Ali Pascha und neben ihm dessen Jawer Machmud Bey. Doch wann immer die Janitscharen, diese wilden Kerle, sich, ihrem Wesen nach, Übergriffe herausnahmen, so genügte es, eine Klage vor den Sultan Ali zu bringen, und alles war wieder in Ordnung.

Da war auch neben dem jungen Sultan der mächtige Bergfürst, er, der alles wußte von Anadolu, und dieser verstand es, sich von allen Teilen der Erde Fruchtbäume herbeischaffen zu lassen, die, mit großen Klumpen fremder Erde versehen, in die Erde Anadolus eingesenkt wurden. Ein einziger Obstgarten wurde die weite Ebene um die Berge, und droben dann gab es alles jenes, davon der Bergfürst einstmals zum Serail des Sultans Suleiman die Teile brachte, so den Reichtum Anadolus darstellend. Zuflucht für alle wurde das reiche Land, für alle, die Arbeit nicht scheuten und die freie Luft der Berge nicht fürchteten.

Der junge Sultan Ali aber hatte neben sich als Talisman seinen Bergfalken, wie er die Sultana Nurya bezeichnete, und die Kinder, die sie ihm schenkte, wurden Geschöpfe der Freiheit, gezeugt in Liebe. Doch mußten sie alle, ob auch Herrschersöhne, eine Zeitlang Hirten sein. Einen Freund hatten sie, einen Jüngling namens Hassan, der die Hirtenflöte zu blasen vermochte, so daß jede Sorge vergessen wurde, und dieser Hassan hatte zum Weibe eine zierliche Hirtin namens Zekieh. Sie lehrte die Töchter der Sultana Nurya, was eine Hirtin zu wissen hat vom Helfen und Retten. Ihr Zwilling Machmud war im Bunde der dritte, nahm ein Weib, war glücklich und frei.

Alle diese nun sind schon lange eingegangen in den Frieden Allahs, aber was sie schufen, das ist der Reichtum Anadolus, er ist ihr unvergängliches Zeugnis. Heute noch ist für den Wanderer am Gandhar Dagh zu erkennen, wo einstmals im Quellengrund das weiße Serail des jungen Sultan Ali stand, Nest seines Bergfalken — aber lange, lange schon haben Blüten und Gesträuch die Wunden wieder geschlossen, die einstmals Menschenhand der Erde schlug, und die Quellen des Gandhar Dagh strömen fröhlich wie einst über blühendes Leben hin, auch sie ein Beweis für die Unzerstörbarkeit der Freiheit Hüriyet — Bereket olsun!

Worterklärungen

Die Umschreibung des Türkischen in lateinische Buchstaben birgt insofern Schwierigkeiten in sich, weil die Zischlaute des Türkischen in der lateinischen Schreibweise nur durch ein Cedilleh unter dem betreffenden Buchstaben bezeichnet werden (keçi = Ziege). Eine ganze Reihe von Wörtern sind jedoch im Deutschen durchaus eingebürgert, so daß eine solche Schreibweise unnötig fremd wirken würde. Deshalb folgt die Schreibweise in diesem Buch dort, wo die Wörter im Deutschen eingebürgert sind, der deutschen Schreibweise; nur wenn es sich um im Deutschen nicht bekannte Wörter handelt, wurde die Schreibweise des Türkischen in lateinischen Buchstaben beibehalten.

adett: Sitte, Herkommen
Aferim: Bravo, gut so! So ist's recht!
Agah: Mann einfacher Herkunft, doch eines gewissen Standes
Agahdjim: Freundlichkeitsformel (etwa: mein lieber Agah)
Allah: Gott
Allaha ismagladyk: Gott befohlen!
Allah bereket wersin: Allah gebe Segen!
Allah bilir: Gott weiß es
Allah kerim: der barmherzige Gott
Aman: Um Himmels willen!
Ana: Mutter; Anam: meine Mutter
Anadolu: Anatolien
Ancyra: das heutige Ankara
Arkardasch: Gefährte, Kamerad
Atalama: Springer
Azan: Gebet, Gebetsruf
Baba: Vater; Babadjim: Väterchen
Bakschisch: Bestechungsgeld
Bal: Honig
Bal seviormisin?: magst du Honig?
Basch: Kopf; Baschi: Oberhaupt
Benim ütschün?: für mich?
Bereket olsun: es sei gesegnet
Bereket wersin: es werde Segen gewährt
Berekt: Segen
Bey: Herr; vornehmer Herkunft; Sohn eines Paschas
Beyim: mein Herr; Beyimler: meine Herren
Birindji: erster, erste; in diesem Sinne auch: Hauptfrau
Bisim: unser
Bismillah: unter Gottes helfender Hand
Buyurunus: es beliebe Euch
Büyük-mi?: ist es groß?
Chirsis: Dieb
çoban: Hirte
Dagh: Berg
Daghin Schahinissi: Bergfalke
Daghin tschobanlar – Allaha ismagladyk: Hirten der Berge – seid Gott befohlen!
deli: irrsinnig
delilik: Verrücktheit
deli oldu: er ist verrückt geworden
Derwisch: Angehöriger eines islamischen Mönchsordens
Dew: bösartiger Naturgeist
Diwanieh: Schriftart für hochwichtige Staatsurkunden
-dja (an ein Wort angehängt): Ausdruck der Zärtlichkeit
Djami: Moschee
Djanum: meine Seele (vielfach verwendete zärtliche Anrede)
Djehennet: Paradies
Djin: unfreundlicher, unguter Geist
dokuz berrek sakaller: neun Dünnbärte
Dosdu: Freund; Dosdum: mein Freund
dügün: Hochzeit
Eblis: Engel der Dunkelheit
Efendi: Herr; Efendiler: meine Herren!
El hamd üllülah: unter Gottes segnender Hand
Eremitos: Einsiedler (griechisch)
Erkek: Mann
eskemleh: Schemel
Evet kusum: ja, mein Lamm
Feradjeh: Übermantel der Frauen in früherer islamischer Frauenkleidung
Ferenghistan: Frankreich u. ganz Europa
Fes: Kopfbedeckung
Fetwah: Verordnung des Obersten Geistlichen des Islam
finzan: kl. Täßchen f. türkischen Kaffee
Getschmisch olsun: es sei vorüber! Gute Besserung!
gidelim: gehen wir!
göçebeh: Nomade
Großvezier: oberster Statthalter; etwa Kanzler
gül: Rose
gülkoku: Rosenduft
Gülmek: Lachen
Hamam: Badehaus
Han: großes Lagerhaus
Haneh: großes Haus besonderer Art, hauptsächlich Lagerhaus
Haremlik: Frauenteil des Hauses
Harikah: Wunder
Haschisch: Rauschgift
Haschischin: Haschisch-Süchtiger
Hassanbaba: Väterchen Hassan
Hazaretlereh: der Gesegnete
Hazret Miryam: heilige Maria
Hekim: Arzt (arabisch: Hakim)
Hekimler: Ärzte
herkaf menekse: Bergstiefmütterchen
hikayeh: Erzählung
Hodja: Lehrer
Hosch geldinis, sefa geldinis: seid willkommen, seid gut angelangt
hüriyet: Freiheit
Ifrit: freundlicher Naturgeist, auch Echo
Imam: niederer Priester des Islam, Vorbeter

Imdat: Hilfe; Imdatli: der Hilfreiche
Inek: Kuh
Inschallah: Gott gebe es, Gott wolle es
Iradeh: Verordnung des Sultans mit Gesetzeskraft
Ischah: Jesus
Işik: Licht
Islam: Hingabe
Janitsch-Baschi: gebräuchlich gewesene Abkürzung für den Obersten der Janitscharen
Janitscharen: gewaltsam ausgehobene junge Christen, die zwangsweise zum Islam ›bekehrt‹ wurden; gefürchtete Söldnertruppe, die späterhin nach Belieben Herrscher einsetzte oder stürzte; erst um 1800 aufgelöst
Jawer: Adjutant
Kadin: Ehefrau, Vornehme (Birinji Kadin: Hauptfrau des Sultans)
Kaik: schmales, langes Ruderboot, heute noch gebräuchlich
Kalem: Schreibgerät aus Rohr
Kalif: Oberhaupt des Islam, ehemals der Sultan (wörtlich: Stellvertreter)
Kan: Blut
Kara: schwarz (besond. v. Haar u. Bart)
Kargiös-Spiel: Kasperletheater (wörtlich: Schwarzauge)
Katub: Maulesel
Katubdji: Maultierführer
Katublar: Maultiere
Kaweh: türkischer Kaffee
Kawehdji: Kaffeebereiter u. Verkäufer
keçi: Ziege
Keef: in Behagen ruhen
Kertenkele: Eidechse
Kismet: Schicksal
Konak: großes Herrschaftshaus
Koran: heiliges Buch des Islam (arabisch-türkisch: Quran)
Mahone: großes Segellastschiff
Mangal: Feuerstelle (im Haus)
Maschallah: bewunderndes, anerkennendes Lobeswort
Mazarlikdjiler: Märchenerzähler
Medresseh: Moschee-Schule für religiöses Wissen
Midas: sagenhafter König von Phrygien, dem sich alles, was er berührte, in Gold verwandelte und dem Apollo aus Rache Eselsohren wachsen ließ
Minarett: spitzer Turm der Moschee
Mirab: Gebetskanzel in der Moschee
Moischi: Moses
Muezzin: Gebetsrufer
Mümkünmi: Ist es die Möglichkeit?
Muscharabieh: gedrechselte Schutzgitter der ehemaligen Haremsfenster
Nameh: Spiel
Nargileh: Wasserpfeife
neh?: was?
neh Kismet: welches Kismet!
Öküz: Ochse
Padischah: der Herrscher
Pascha: hoher Würdenträger im Rang eines Fürsten
Peri: weibl. Blumen- und Wassergeist
Pilav: Reisgericht
Rüya: Traum
Sabir: Geduld
sarf: Finzanhülle
Schah: König
Schah Nameh: Spiel der Könige
Schahin: Falke
Schehir: städtische Siedlung
Scheich ül Islam: höchster Priester des Islam nach dem Kalifen
Scheichzadeh: ehemals Thronerbe
Sei dein Schatten lang: ein Wunsch, der von den Nomaden der Wüste stammt; wenn der Schatten lang ist, gegen Abend, breitet sich etwas Kühle aus; als Segenswunsch zu betrachten
Selamlik: Männerteil des Hauses
Serail: Schloß; Serailim: mein Schloß
Sevgi: Liebe
Sheitan: Teufel
Sherbeth: süßer Fruchtsaft
simalli: nördlich
Son: der, die letzte
stammeseigen: Hirtenkinder, die ihre Eltern durch einen Unglücksfall in den Bergen verloren haben, werden als Stammeseigentum betrachtet; sie genießen vollen Stammesschutz, können jedoch den Stamm nicht frei verlassen und dürfen sich nur mit anderen Stammeseigenen ehelich verbinden
süd: Milch
Tatleh: Süßigkeit
Tschellebi: bedeutsamer, reicher Mann
Tschibuk: pfeifenähnliches langes Tabakbehältnis
Tschirkass: Tscherkessin; im Orient hochgeschätzte Frauenschönheit, ehemals teuer bezahlt
Tschoban: Hirte (siehe auch çoban)
Tschodschuk: Kind; auch als Anruf verwendet
türbeh: besonders geschmückter Begräbnisplatz
Tychi: Seele (griechisch)
Üsküder: Skutari, alte phönizische Stadt auf der asiatischen Seite. Der Türke vermag ein ›S‹ am Wortanfang nicht auszusprechen, daher bildet er sich in solchen Fällen Sprechhilfen wie Izmir-Smyrna oder Istambul-Stambul
Vefa: Treue
Vekil: Stellvertreter
Vezier: Statthalter des Sultans
Wallaha: Es ist bei Allah wahr!
Yah: Ausruf der Bestätigung oder erstaunten Lobes
Yasmakli: verschleierte Frau
Yasmaksis: unverschleierte Frau
Yassak!: Verboten!
Yilan: Schlange
Zehbadyeh: Stammesname
Zlatorog: weißer Bock mit goldenen Hörnern, im böhm. Gebirge nur als Erscheinung u. Todesvorhersage bekannt